我们一起解决问题

精益实践译丛

CRC Press
Taylor & Francis Group

DESIGN FOR MANUFACTURABILITY

How to Use Concurrent Engineering to Rapidly Develop Low-Cost,
High-Quality Products for Lean Production

可制造性设计

为精益生产、按单生产和大规模定制设计产品

[美] 大卫·M.安德森（David M. Anderson） 著

郭慧泉 译

人民邮电出版社
北　京

图书在版编目（CIP）数据

可制造性设计：为精益生产、按单生产和大规模定
制设计产品 /（美）大卫·M.安德森（David M. Anderson）
著；郭慧泉译. -- 北京：人民邮电出版社，2018.6（2023.11重印）
（精益实践译丛）
ISBN 978-7-115-48274-7

Ⅰ．①可⋯ Ⅱ．①大⋯ ②郭⋯ Ⅲ．①制造工业－工
业企业管理－产品设计－研究 Ⅳ．①F407.405

中国版本图书馆CIP数据核字(2018)第076419号

内 容 提 要

    如何以精益生产、按单生产和大规模定制为基础设计产品系列？产品生产过程中各
流程的设计准则有哪些？如何运用各项质量准则进行产品的可靠性设计？本书对以上
问题进行了详细解答，介绍了企业在产品制造的每个流程中如何通过多功能型团队合理
运用并行工程技术，实现低成本、高品质以及快速达到稳定生产的目标。

    作者根据其数十年来在工业领域的设计和制造经验，将可制造性设计的理念扩展
为一个高级的产品开发模型，同时阐述了在实现各个产品开发目标的过程中，如何有
效地贯彻精益生产和各类质量方案，全面、同步地作出关键性的改善。作者还针对各
类产品开发实例、培训和管理方法提出了优化建议，概述了零件和材料标准化的有效
程序、节约时间和成本的方法以及执行标准化方案的措施。

    本书适合产品研发工程师、团队负责人、生产管理者、项目与研究开发部经理、
营销和投资组合规划人员及投资者阅读，也可作为大学教材、相关研究机构的参考读
物，以及公司内部的培训资料。

◆   著   [美]大卫·M. 安德森（David M. Anderson）
        译   郭慧泉
    责任编辑 陈 宏
    责任印制 焦志炜

◆ 人民邮电出版社出版发行   北京市丰台区成寿寺路 11 号
    邮编 100164   电子邮件 315@ptpress.com.cn
    网址 http://www.ptpress.com.cn
    北京天宇星印刷厂印刷

◆ 开本：720×960   1/16
    印张：26.5   2018 年 6 月第 1 版
    字数：280 千字   2023 年 11 月北京第 13 次印刷
    著作权合同登记号 图字：01-2016-4636 号

定价：95.00 元
读者服务热线：**(010)81055656** 印装质量热线：**(010)81055316**
反盗版热线：**(010)81055315**
广告经营许可证：京东市监广登字 20170147 号

前言

本书介绍了企业如何设计出在第一时间就能够被制造的产品，同时让企业能够凭借设计快速开发出低成本、高品质的产品，从而满足客户需求。

你可能会问："怎么会有企业做不到？"许多企业管理者认为，上述很多元素都属于企业目标和企业使命，随着企业发展，这些目标自然会实现。那么，为什么企业还需要一本专门介绍可制造性设计的书？因为不幸的是，在现实中，很多因素限制了产品被自动设计成可制造产品的形式。

工程师们通常不会在高等院校学到关于可制造性设计（Design For Manufacturability，DFM）或并行工程（Concurrent Engineering）的课程。他们的学习重心通常是功能性设计，很多设计课程甚至不会提及零件是如何制造出来的。工程专业的学生们很少会把他们的设计贯彻到底或获得有关可制造性的反馈。工程师们通常接受的是有关零件设计的培训，而不是产品或系统设计。

同样，功能强大的计算机辅助设计（Computer-Aided Design，CAD）工具能够帮助工程师设计零件，而不是产品。虽然 CAD 工具能够将零件组装成产品以便人们分析，但是它并不会带来有创意的产品设计、简化的概念或优化的产品架构。由于工程培训和相关设计工具更贴近于零件设计，所以工程师和管理人员在进行零件设计时往往会忽略关键的概念、架构阶段以及开展工作的正确方法。这种模式受到大多数管理人员的推动，他们想要"看得见的进展"，例如一个快速构造好的模板一旦能够正常工作，就会被列入计划并且被推至生产环节。

产品开发管理者通常会对进度安排和成本施加压力，如果管理者没有对产品开发流程进行正确的衡量，就会进一步加剧上述的次优行为。迫使工程师如期完成任务，等于告诉他们在限定时间内把工作立即甩手丢给下一个阶段。在实际工作中，影响工程进度的一个重要因素就是衡量产品在什么时候进入了稳定生产的状态，同时能够满足所有想要购买它的客户的需求。

成本指标通常强调的只是零件成本、组装成本和开发预算，其实它们只是成本指标中的一项（销售价格）的一小部分。过度强调这些成本是因为只有它们是能够被衡量的指标，这会诱使工程师们选择廉价的配件、偷工减料、省略一些功能、将装配过程转移到低劳动力成本的国家，并且做出一些其他的短视行为，从而降低了产品的需求度，最终使总成本变得更加昂贵。

此外，工程教育和计算机工具通常强调个人努力而不是团队合作。而且，在大学里，完成一项作业的时间比较宽松，学生会用通宵补习来弥补之前的拖延行为。通常情况下，学校布置的家庭作业会规定截止日期，这段时间足够学生用来完成作业，而且通常只有一个单一的答案。学生们甚至不需要写下正确的答案，他们只要采用了正确的方法就能够得到分数。然而在现实中，除功能之外还有很多约束因素，例如成本、质量和上市时间。而设计师们必须快速且高效地完成所有工作。不仅如此，设计必须是符合"可制造性"这一要求的。极少数人（尤其是刚走出大学校园的年轻人）有足够的经验能成功完成这一切。

幸运的是，企业可以通过配有足够多的专业人员的多功能型团队来成功应对这些约束因素并实现目标。虽然团队工作可能无法通过课程来教授或培训，但是公司需要多功能型团队的合作来完成可制造性产品的设计。

本书的目的之一是介绍目前工程实践、教育、工具和管理方面的诸多进展。本书揭示了彻底的、优化的概念/架构阶段作为一个整体对产品设计的重要性，而不单纯是零件的组合。本书介绍了多功能型团队快速实现这些目标的方法以及100多条设计准则，以帮助开发团队设计可制造性产品。本书阐述了精益生产和按单生产的设计理念，以及如何实现优质、可靠的设计。本书还有一个宏大的目标，就是研究如何在产量、质量和生产效率目标达成的基础上，实现最低总成本和时间成本的设计。

如果工程师们在实践中运用了本书提到的准则，他们将有更多的时间来完成那些有趣的、令人愉快的设计工作，并减少订单变更和补救情况的出现。

阅读建议

工程师：请阅读整本书，熟读第 7 章和附录 A。

团队负责人和工程讲师：请阅读整本书，熟读第 7 章和附录 A。

采购人员：阅读第 1 章、第 2 章、第 5 章、第 6 章，第 7 章的 7.6 节和 7.8 节，以及附录 A。

项目与研究开发部经理：第 1 章、第 3 章、第 6 章，以及附录 A。

财务人员：第 1 章的 1.3 节和 1.4 节、第 2 章的 2.6 节，第 6 章、第 7 章，以及附录 A。

营销和投资组合规划人员：第 1 章的 1.4 节和 1.5 节，第 2 章、第 3 章，以及附录 A。

管理者、投资者和董事会成员：第 1 章、第 2 章、第 3 章，第 6 章的 6.1 节到 6.3 节、第 11 章的 11.5 节，以及附录 A。

目 录

引言

第二部分　柔性

第4章　为精益生产和按单生产进行设计 // 144

第三部分　降低成本

第五部分　客户满意度

第六部分 实施

第 11 章 实施 DFM // 338

第七部分　附录

引言

本书纲要

第一部分：设计方法

第 1 章介绍了可制造性设计的概念，并描述了设计可制造产品过程中可以避免的一些问题。本章还讨论了各种角色、重心以及克服阻力的方法，明确产品开发的神话和现实，并鼓励工程师以可制造性为目标进行设计，避免武断决策，从而使设计一次成功。这一章最后还总结了 DFM 的优点。

第 2 章说明了多功能设计团队如何运用并行工程技术来开发产品。对于多功能设计团队来说，当所有的专业人员能够在早期积极投入工作时，该团队效率最佳。本章介绍了团队效率不佳时可能出现的问题以及获得资源的方法。正如第 1 章所介绍的，大多数成本配置需要遵从产品的概念 / 架构，将产品快速推向市场的关键在于做好全面的前期工作。产品开发阶段与执行 DFM 所需要的各项工作在本章进行了介绍，包括运用质量功能配置（Quality Function Deployment，QFD）来定义能够满足客户需求的产品、为运营和供应链优化产品架构和策略、早期发现并解决问题、并行地设计产品和工序，以及让设计迅速进入生产的方法。

第 3 章的重点在于做好全面的前期工作、优化概念 / 架构阶段以及宏观地考虑设计要素。这一章还介绍了如何运用创造力和头脑风暴来开发更好的产品，以及如何开发成本减半的产品。

第二部分：柔性

第4章介绍了如何为精益生产、按单生产和大规模定制设计产品。

第5章介绍了如何通过有效的工序来规范零件和材料的生产、如何使用现货零件以节省时间和成本，以及在武断地将现货零件的可使用性排除之前，如何提前找到这些零件并实施标准化方案。

第三部分：降低成本

第6章强调最大限度降低总成本的重要性，并介绍了多种通过设计来降低总成本的方法。本章也说明了为什么在产品设计之后很难减少成本的原因。

第7章强调了量化所有产品和间接成本的重要性，然后介绍了简单的总成本计算方法。

第四部分：设计准则

第8章介绍了产品设计的59条准则，包括装配、紧固、测试、修理和维护。

第9章介绍了可制造性零件设计的52条准则。本章还对公差阶跃函数进行了介绍，并提出了如何确定最优公差的方法。

第五部分：客户满意度

第10章阐述了如何根据29条质量准则完成优质和可靠的设计，并介绍了能够最大限度减少错误的防错法（poka-yoke）和设计方法。本章还揭示了产品质量是零件质量和零件数量的累计指数函数。

第六部分：实施

第11章展示了实现DFM的方法，包括确定产品当前在可制造性设计下的状态、估算实施DFM之后能够得到多大程度的提高、获得管理层对DFM的支持和资助、安排DFM培训、成立一个工作组来实施DFM、停止使用任何起负面作用的策略、在团队和个人层面实施 DFM，以及实施标准化和总成本核算方法。

第七部分：附录

附录 A 列出了使产品线合理化的有效方法，从而实现及时的产品开发、增加利润以及最大化资源的可获得性。

附录 B 总结了本文介绍的设计准则，以帮助 DFM 工作组创建个性化的设计准则和清单。

附录 C 包含了一些常用的表格，以获取来自客户、工厂、供应商和现场服务机构的反馈。

附录 D 提供了本书引用最多的参考文献列表、定制的内部培训、研讨会、咨询活动、商业活动和成本减半设计研究资料的相关信息。

写给读者的话

本书非常适合作为大学教材和公司内部培训的材料。它包含了作者在制造企业工作 27 年来内部 DFM 研讨会的最新材料。

本书内容基于作者在英特尔系统事业部进行 DFM 项目所获得的经验以及教授内部课程的教学经验演变而来。它进一步演变为波特兰大学 DFM 相关专业的课程，并且后来成为加州大学伯克利分校技术管理专业的课程。

本书的不同版本被加州大学伯克利分校、伯米吉州立大学、克利夫兰州立大学、科罗拉多大学、戴顿大学、东密歇根州立大学、莫尔黑德州立大学、新墨西哥州立大学、北卡罗来纳州立大学、中北密歇根州学院、北伊利诺伊大学、俄勒冈理工学院、波特兰大学、圣荷西州立大学、辛克莱学院（戴顿大学合作项目的一部分）、南阿拉巴马大学、南卫理公会大学、圣托马斯大学、西卡罗来纳大学、华盛顿州立大学、威斯康星大学和伍斯特理工学院的相关课程采用。

本书给予了大学生足够的实践指导，帮助他们尽快适应生产实践并设计出可制造性产品。每章的结尾以及附录 D 的 D.1 节列出了一些额外的阅读参考资料供读者查阅。

本书也可作为机械设计、工程设计、系统工程、工程管理、工程经济学、价值分析、商业管理以及机械工程或制造工程方面的管理课程的补充材料。

DESIGN
for MANUFACTURABILITY

How to Use Concurrent Engineering
to
Rapidly Develop Low-Cost, High-Quality Products
for
Lean Production

第一部分
设计方法

第 1 章　可制造性设计

DFM 是指主动设计产品以实现以下目标：

（1）优化制造功能——制造、装配、测试、采购、运输、服务和修理；

（2）确保合理的成本配置、质量、可靠性、合规性、安全性、上市时间和客户满意度；

（3）确保产品的功能性、新产品导入、产品输送、产品改进方案以及产品战略计划不受干扰，从而使产品能够应对客户需求的波动。

并行工程是多功能型团队在产品设计阶段的实用技术，所有专家从最初阶段就协同开展工作。第 2 章将会讨论多功能型团队应当采用的并行工程技术。

DFM 和并行工程已被证明是适用于任何规模的公司的设计方法。早期研究制造问题能够缩短产品开发时间、减少开发成本，并确保设计能够顺利进入生产阶段，以最快的时间投入市场。

质量设计（见第 10 章）与概念和工艺的简化、最佳容差、优质配件、防错、稳健工艺的并行设计以及优质零件的规格相关，它能够最大限度地减少零件质量对产品质量产生的累积效应。

若产品能够由较少的零件迅速组装而成，则其中许多成本也会相应减少。这些产品更容易制造，在缩短生产时间的同时兼顾更好的质量。同时，零件应当被设计为适用于更多产品且更加通用的形式。

通过主动实施标准化（见第 5 章）、设计消除配置工序，以及多样化产品和柔性工艺的并行工程（见第 4 章），完成精益生产和按单生产的产品设计。

实施 DFM 的企业已经收获了实质性的利益。它们将产品总成本和上市时间削减了一半，并且在质量、可靠性、可维护性、产品线的广度、运输、客户满意度、增长度和利润方面有了明显的提高。

1.1 DFM 出现之前的制造业

在 DFM 出现之前,业界箴言是"我设计,你制造"。设计工程师独自工作或在公司的工程部和其他设计师们一同工作。设计成果则直接转移到制造部门,随后面临反对(这时候要改变设计为时已晚)或因设计不满足制造要求而无法推出产品的结果,这样做既拖延了产品的推出时间也延误了实现产品全速生产的过程,而这是产品上市时间的衡量标准。

可制造性低会造成多个方面的成本上升,如专用设备的维护成本增加,高难零件制造和低装配效率导致生产费用增加,额外零件的增多、采购难度的加大以及大量的变更带来的间接费用的增加。在成本增加的同时,还增加了产品推出的难度,耽误了出货时间。问题产品的推出可能会让努力白费,并且影响其他产品的生产。

可制造性低还会降低产品质量,这反过来又进一步增加了成本并且延误了上市时间。不以质量为目标的设计会包含不必要的复杂性,例如,企业需要从多个供应商处获得更多的部件,手工装配过于复杂,一致性处理过程中表现得不够强劲,等等。此外,一些降低成本的行为可能会影响质量,却适得其反地增加了总成本。

可制造性低带来的最不明显的效应(是从长远来看,是最具破坏性的效应)是一系列问题产品的推出消耗了新产品开发(New Product Development,NPD)所需的资源(人力和财力),浪费了原本应该让生产线和工厂更具竞争力所付出的持续努力。

额外增加的零件和产品使即时化生产、精益生产、按单生产和大规模定制的难度增加。[1]

DFM 让有竞争力的产品线与极端情况下的无制造性产品之间产生了显著的差异。产品失败的主要原因是成本太高、质量太差、推出太晚,从而进一步耽误了稳定生产;或者虽然产品非常受欢迎,但生产却无法跟上需求。由于这些都是可制造性的问题,因此可以通过实施 DFM 来改善。

DFM 出现之前,企业受到权衡取舍的限制,成本、质量和上市时间里只能满足两项。如果企业仓促完成前期工作、没有汲取教训导致过去的错误重复出现、不尽早解决出现的问题、没有针对可制造性和质量进行设计、没有基于清晰和稳定的产品定义开展工作，以及没有以低成本为考量进行设计，那么企业可能无法满足其中的两项或一项，甚至全都无法满足。

1.1.1　不属于 DFM 的定义

下面列出的八点不属于 DFM 的定义 [2]：

（1）DFM 并不意味着晚走一步，它的实施能够让你通过设计审查或门槛；

（2）DFM 不仅应用于零件级别，大多数出现在系统架构层面；

（3）DFM 并不是由 DFM 工程师来操作的；

（4）DFM 不是在设计审查之后才被发掘的；

（5）DFM 不是事后想起的补救办法；

（6）DFM 并不是通过变更来实现的；

（7）DFM 不是由工程师在自己的小隔间里单独完成的；

（8）DFM 无法由工具来完成。

1.1.2　对企业进行 DFM 调查所得到的反馈

以下是在 DFM 培训之前对企业进行的调查所得到的反馈（这些调查将在 11.2 节讨论）。当调查者被问及缺少 DFM 的后果时，工程师和管理人员通常会引用一些与质量、成本、运输、利润和竞争力有关的回答。这些丰富的反馈意见体现了在一家不考虑可制造性产品设计的企业中，工作将会是什么样的景象。

DFM 不足给产品交付带来的影响：

- 产品线堵塞；
- 零件没有正确组装；
- 无休止的工程订单变更；
- 为了让产品出货，要做太多的修整、梳理和调整；
- 低产量不可避免地导致逾期交付或直到最后时刻才出现奇迹；
- 出现问题之后生产线就停止了；
- 为了保持生产运行，紧急变更订单和红线。

妨碍优质 DFM 执行的行为：

- 缺乏 DFM 培训；
- 缺乏 DFM 知识；
- 设计零件时没有考虑如何构建部件；
- "甩手"综合征：一旦离手，就再也不是工程的问题；
- 永远没有足够的时间第一次就设计出正确的零件，总有时间来重做设计。

妨碍优质 DFM 执行的态度：

- 传统；
- 设计师对制造工艺的知识有限；
- 不愿意接受来自供应商针对设计问题所提出的建议；
- 似乎没有合理地分配时间来预先设计系统，但是会在产品发布之后再来完成它。

生产底线产品的后果，除了对盈利能力的影响，还包括：

- 有时候问题会在现场出现；
- 客户失去了对产品的信心；
- 问题带来总成本的增加，导致竞争能力的下降；
- 低产品质量导致客户满意度变差、产品性能变低，并最终造成高昂的成本；
- 产品发布后的重新设计。

1.2　产品开发的误区和现实

很多人对 DFM 的抗拒可能来源于产品开发的误区。以下是常见的误区及其对应的现实。

误区 1：为了更快地开发产品，立即着手进行细节设计和软件编程，然后强制设定产品交付的最后期限以保证设计发布和第一批客户产品的交付能够按计划进行。

现实：衡量上市时间最重要的指标是达到稳定、无故障生产的时间，这取决于工程师能否在项目开端就做出正确的设计。

误区 2：为了确保质量，找到错误并修复它。

现实：确保质量最有效的方法是把质量因素考虑到设计中，然后再进行制造。

误区 3：为了进行产品定制化生产，接受所有的订单然后采用临时设置的"紧急应对"方案。

现实：有效地进行定制化产品的生产需要对多样化的产品系列和柔性工艺进行并行设计。这就是所谓的大规模定制。[3]

误区 4：可以通过各种措施来降低成本。

现实：成本已经通过设计被固定到产品内部，特别是早期进行概念设计的时候，所以很难在后期削减。

1.3 实现最低成本

图 1-1 显示当产品被设计好之后，80% 的成本已被确定。[4] 当产品投入生产之后，95% 的成本已被确定，所以企业很难在生产后期降低成本。产品开发最深层的含义是一个产品 60% 的终生累积成本由概念 / 架构阶段承担！这就是为什么企业需要全面优化这个阶段，这将在 3.3 节介绍。

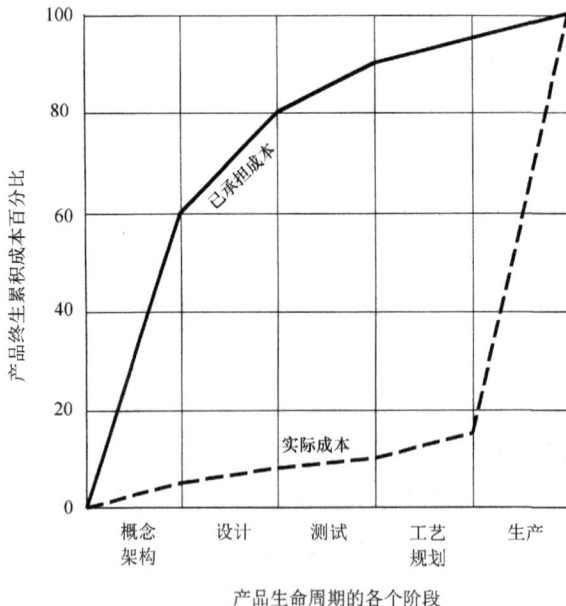

图 1-1　成本什么时候被确定

1.3.1　以丰田公司为例

丰田公司的理念证实了这一点：一个产品的成本主要在规划和设计阶段决定。一旦进行了全面生产，就没有什么方法能够改善成本了；在规划和设计阶段做出的改良比在制造阶段做出的改良有效 10 倍。[5]

1.3.2　超低价产品开发

超低价产品的开发技术已被用于开发价格仅为 2200 美元的印度 Tata Nano 汽车、100 美元的电脑、35 美元的手机和低成本的医疗产品，例如，西门子核磁共振系统 Siemens Essenze 让小诊所和乡镇卫生所能够获得高质量的医疗服务，其成本仅仅是标准核磁共振设备的一小部分。

在发表于《工业周刊》（*Industry Week*）的关于超低价产品开发的一篇文章中，作者 A. T. 科尔尼（A. T. Kearney）指出：“众所周知，超过 70% 的生产成本在开发阶段确定，而额外成本的很大一部分则是由产品开发过程后期所发生的工程变更所产生的。”

1.4　低成本设计

本书中所呈现的 DFM 技术使用了主动型方法来实现比被动型方法更多的成本缩减，典型的被动型方法有“降低成本法”，其中涉及的问题将在 6.1 节中讨论。这一现象揭示了通过努力来降低成本的误区。

> 成本已经被设计到产品本身中，尤其在早期的概念确定阶段，因而在产品生产晚期很难被剥离。

《当精益企业产生冲突》（*When Lean Enterprises Collide*）这本书研究了日本多个精益生产企业之间的竞争和成本方案。作者罗宾·库珀（Robin Cooper）对全成本核算进行了广泛的描述。他就成本开发对成本的决定作用有以下看法：有效的成本管理必须在产品生命周期的设计阶段开始，因为一旦产品被设计完成，那么它大部分的成本都已经变成固定的了。[6]

最小化成本的主要契机是简化概念和产品架构（见 3.3 节），它占据了产品终生累计成本的 60%（见图 1-1）。这其中的一个关键部分是通用模块的最优选择（见 4.7 节）、前期工程（见 5.18 节）和使用现货零件（见 5.19 节），这些做法既节约了成本，还保证了质量和可靠性，因为它们都属于验证过的零件，可以根据其使用记录来证实。第 6 章介绍了通过设计让成本最小化的各种方法。实施这些DFM 措施能够使企业开发出成本减半的产品，3.8 节讨论了其中的一些关键要素。

1.4.1 基于成本的设计

有很多方法能够确定产品的成本目标和价格。

1. 基于成本的定价法

这种方法的通常做法是，工程师设计好产品，然后把零部件和人工费用进行加总，这些通常也是受到重视的成本。此外，公司在此基础上增加了平均间接成本、销售成本和利润，从而得出最终的销售价格。

2. 价格成本法（目标成本法）

目标成本法首先确定一个有竞争力的销售价格。基于这个价格，从中减去利润、销售成本和间接成本，进而确定零件和劳动力成本。[7, 8] 更高级的版本是将利润和销售佣金从销售价格中减去以确定总成本，总成本包括零件、人工和所有间接成本。

然而，我们必须牢记，真正的目标是成本 / 定价策略，而不是以设计低成本产品为策略。如果产品开发团队不知道如何真正设计出低成本的产品，那么这些成本 / 定价方法就会产生不同的结果。

在基于成本的定价法中，不知道如何设计低成本的产品会导致所需的成本更高，这可能进一步导致产品定价过高、不具竞争力。在以价格为基础的成本法中，不知道如何设计低成本的产品可能会导致以下危险的情况。

- 工程师以他们惯用的方式来设计产品——以功能性为追求。

- 会计师将零件和劳动力成本加总，然后再加上传统的间接费用。

- 管理层估计零件和劳动力成本超出目标的程度，然后向工程部、采购部和制造部门施加压力以"降低成本"（零件和劳动力成本）。
- 设计工程师和价值工程师发现很难在设计完成之后降低成本（6.1 节给出了原因），于是他们会尝试用一些极端的方法来实现零件和劳动力成本目标，例如偷工减料、忽略功能或选择廉价的零件。所有这些变化又增加了制造和记录这些变更的成本。此外，偷工减料和使用廉价零件的后果将被计入质量成本中。
- 采购部门会尝试选用低价投标者，给供应商增加压力或为了更低的购买成本而更换供应商。这虽然看起来降低了零件成本，但很可能会提高其他成本并影响质量（见第 6 章）、交付（见第 4 章）以及和供应商协作开发更多可制造性产品的机会（见第 2 章）。
- 制造部门在某种程度的压力下，也会做一些极端的事情，例如外包或将制造过程移交到低劳动力成本的国家和地区，以至于降低了响应速度却并没有真正降低总成本。

3. 成本目标用于策略制定

　　成本目标应当用来确定方案，而不是用来施加压力并试图通过实施同样的做法来得到更好的结果。

　　关键的成本目标应当以设定某种程度或理想百分比增长的形式提交给管理团队和设计团队。例如，通过努力实现 5% 的提升目标。想要获得 20% ~ 30% 的成本改善目标则需要严格运用本书所呈现的所有 DFM 原则。高于 50% 的提高则需要实施突破性的概念创新，因为这个阶段确定了大部分成本。

　　因此，成本降低的程度将决定产品开发方案的深度、人员的水平和项目规划的质量。

1.4.2　成本指标及其对结果的影响

　　本书展示了如何设计最低总成本的产品（见第 7 章）。如果所有的成本都被量化，并且遵守 DFM 的原则，那么设计小组将能够做出最小化总成本的设计。另外，如果成本指标只考虑了零件和劳动力成本，那么结果将会适得其反。

如果成本的驱动指标是劳动力成本，那么决策者可能得出结论：如果离岸的劳动力价格是本地劳动力的 1/8，那么企业能够节约 4/5 的劳动力预算。然而，这种做法没有考虑到总成本会提高更多，4.8 节和 6.9 节介绍了相关原因。

如果成本的主要指标是零件成本，工程师会被鼓励甚至迫使选择廉价的零件。这些"节约"措施无法弥补它所带来的质量成本（诊断、维修、报废、重新测试等），还会引发紧急危机，如图 1-2 所示。

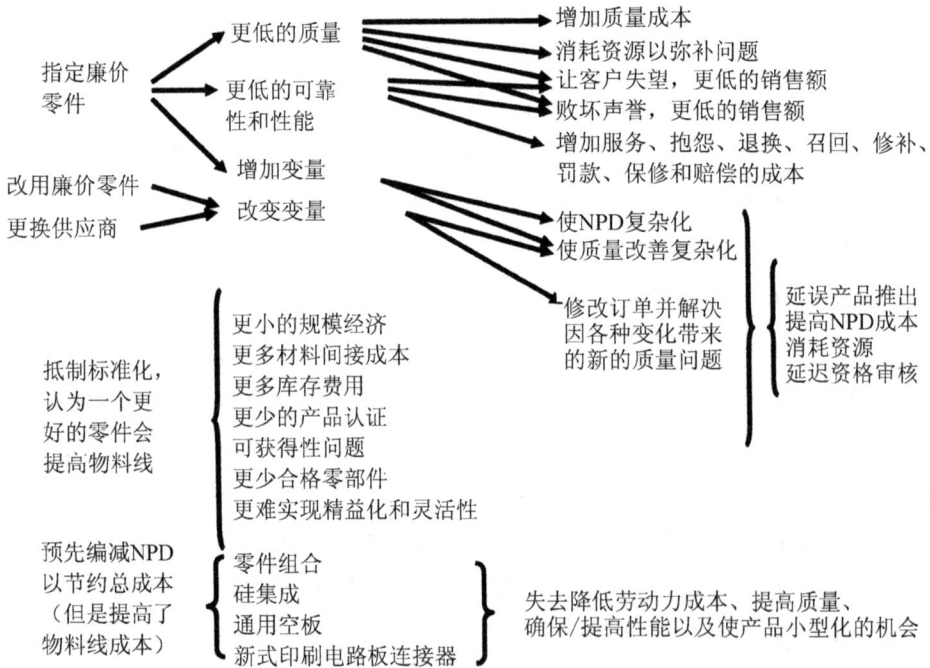

图 1-2　隐藏成本以及使用廉价零件的后果

这将导致产品开发面临以下问题。

（1）为了处理因使用廉价零件和工程变更所带来的问题，浪费了更多设计低成本产品所需要的工程和制造资源，讽刺的是，其中一些问题的解决方案是不得不要求用更好的零件来替换。

（2）给产品和产品开发过程增加不确定因素。这些额外的不确定因素要耗费更多的资源和更长的时间来确定工作原型以投入生产，从而提高了产品开发成本并延迟了产品推出时间。

除了会降低质量、提高质量成本并使产品开发过程复杂化，对最小化零件成本的措施施加压力还会阻碍标准化的推行，标准化的价值会在第 5 章进行讨论。标准化的零件比大多数为特殊应用而生产的零件更好，所以当仅考虑原料成本的时候，从表面上看使用标准化零件可能会提高成本。然而，标准化能够从整体上节约规模经济的净成本、占用更少的库存和减少物料间接成本，与使用混杂的零件相比，标准化零件将会减少 10 倍的成本！同样，强迫降低零件成本可能阻碍创新策略的实施，例如组合印刷电路板、更高级的硅集成技术（VLSI、ASICs、FPGAs 等）和柔性层（见 3.1 节）的运用，尽管这些技术可能会进一步提高物料清单成本。

1.4.3　如何设计低成本产品

- 量化所有的费用。如果不量化间接成本，降低成本策略将仅侧重于统计零件和劳动力，然而零件和劳动力只是成本的一部分，而且更糟的是，短视地减少零件和人工成本的行为通常会更多地提高间接成本。

- 避免某些策略的实施阻碍了真正的成本削减机会或导致资源浪费。例如仓促地完成前期工作、接受生产难度较大及间接费用较高的订单、不优先考虑工程资源，以及不去弥补核心工作人员缺口（这会遏制并行工程的实施）。

- 深入理解产品 80% 的成本由设计阶段承担，而 60% 由概念 / 架构阶段承担的理念（见图 1-1）。鉴于此，不要以为可以通过大批量、大规模生产或自动化技术能让糟糕的设计创造低成本的产品。

- 不要只关注零件清单。这将导致你在架构阶段错过一些机会，而这个阶段能够决定 60% 的成本，同时使用廉价的零件会占用新产品的开发资源，并且还要引入很多新的变量，这会降低质量、提高其他费用以及减慢产品开发进程（见图 1-2）。

- 研究行之有效的措施并根据相近方案（曾经的"经验教训"）找出引发额

外支出的工序。此外，提前发现并解决所有的成本问题，包括质量成本，该成本项应当被量化。

- 发掘并优先考虑降低成本所面临的挑战和降低成本的机会。
- 预先选定能够参与团队工作并帮忙设计零件的供应商和合作伙伴。这将节省更多的费用，避免独自设计零件后选择低价承包方的做法。
- 实施并行工程技术，让多功能型团队完成上述工作。
- 全面搜寻符合标准的现成零件，不要因为武断决策而将其排除。然后，基于这些零件进行产品设计。
- 在符合要求的候选零件范围内全面搜寻并选择零件，而不是简单地告诉采购部："这是我需要的规格，找到匹配这个规格的零件。"（见第5章）

如果一位工程师以功能为目标进行设计，指定需要的零件，然后直接递交给采购部门去寻找该部件，同时臆断现货零件无法满足产品的功能，将导致设计师必须设计指定版本的零件。

1.4.4　通过变更订单来降低成本

除非为了满足个别容易实现的目标，否则在产品设计之后设法降低成本是一种没有效率的方法，原因如下。

- 成本已经被固定到产品当中，80%的成本由设计阶段决定，当产品进入生产阶段后，只剩下5%的成本空间尚未分配。
- 很难在产品生命周期的最后阶段减少成本，因为其中大部分已经尘埃落定，另外一部分则被分配到各个固定支出项中。所以，成本削减通常只侧重零件部分，系统地进行成本降低几乎不可能实现。
- 对一个产品实施成本降低策略将无法留下足够的时间或余地来减少任何间接成本，而这部分间接成本可能有一半以上不会被统计。要降低成本通常会将重心转向寻找更便宜的零件、省略一些功能、给供应商施加压力、选择一家新的更低价的投标方、以劳动力成本为主要因素进行采购和工厂选址决策，或者在产品设计和生产过程中偷工减料等方面。
- 通过偷工减料来降低成本会降低产品的质量，同时损害产品的形象或完整性。

- 变更不仅消耗资金，并且成倍地增加了开发时间，所以在产品的生命周期内可能无法清偿。

- 变更成本将随着产品进入生产环节而急剧上升。图 1-3 显示了各种类型的变更成本在某种大型电子产品的开发阶段内如何增长。[9] 因此，我们可以得出结论：工程变更是一种非常昂贵而且费时的实现 DFM 的方式。然而，这就是早期设计阶段忽略 DFM 和其他考量因素将会产生的后果。

设计变更发生的时间点	成本（美元）
在设计阶段	1000
在设计测试阶段	10 000
在工艺规划阶段	100 000
在试生产阶段	1 000 000
在最终生产阶段	10 000 000

图 1-3 工程变更成本随时间的变化情况

- 变更将耗费更多时间，尤其在需要重新验证资格时，变更会耽误产品推向市场的时间。变更可能会引发更多的问题，从而造成更多变化，除了消耗更多时间和金钱外，还有可能威胁产品的功能、质量和可靠性。

- 成本降低措施难以实现的另一个原因是：事项的优先次序不同，例如强制性变更和新产品设计可能根本没有被计入考量。

- 研究表明，成本降低策略并不起作用。美世咨询公司（Mercer Management Consulting）在超过 5 年的时间里分析了 800 家企业，其中 120 家企业被该公司确定为"成本削减型"。在这些成本削减型企业中，68% 的企业无法在下一个 5 年中继续实现盈利。[10]

- 在设计阶段结束后把宝贵的资源用于实施成本降低策略会让产品开发、质量、精益生产和其他方面中更有效的策略无法获得足够的资源。如果过多的资源用于降低成本，则导致如下问题。

  ◆ 新产品开发中真正实现成本降低的策略无法获得足够的资源。如果这种情况随着时间推移持续下去，成效将会非常低微，这种资源消耗会阻碍新产品的开发创新。

◆ 阻止了从后期载入法过渡到更有效的前期载入法，后者能利用完整的多功能型团队一次成功地设计出低成本产品。

◆ 企业将受到诱导，认为应当尽一切所能来降低成本，实际上，成本并没有真正降低，而成本真正降低的机会则没有被及时发现。

总之，收到订单后，不要在现有设计的基础上尝试使用成本降低策略。此外，在成本数据不完整的基础上尝试成本降低措施，可能阻碍真正能够降低成本的创新方法和有效方法。如果某些产品线面临长期的成本挑战，而且在总成本基础上针对单项成本的降低措施不能生效，那么应当考虑以可制造性为目标重新设计。

1.5 让上市时间减半

（1）上市时间应当从大局进行衡量。从大局衡量上市时间是指达到目标量所需要的时间、质量目标、生产率目标、资格验证、变更单完成情况或客户认可度（见图2-1中间图所示）。为了和以前的项目进行比较，企业可能需要重新计算指标。将产品上市时间定为设计的发布时间意味着需要"按时将设计甩手丢给下一个阶段"。这将迫使设计工程师不得不终止工作，把未完成的设计发布出来，这两种情况都会拖延产品的投放时间：产品实现稳定生产得到客户认可的时间。

（2）系统性地进行产品定义以满足客户需求并避免"变更"。确保产品需求在工程开始之前已经完成，否则产品需求可能无法很好地实现，或者项目会被推迟。在一项调查中，71%的管理者认为糟糕的产品定义延误了产品开发，这是项目拖延的最大原因。[11] 另一项针对153家企业进行的调查[12]得出的结论是，产品失败[13]的最大原因首先是"不明确或不断变更产品定义"，其次则是"产品不符合客户和市场的需求"。

（3）只接受能够快速、高效设计和制造的定制订单，而不是接受所有订单。请记住，不同的产品并不会占用同样的时间和资源，也不会具有相同的成本或者创造同样的利润。

对每次的定制和配置需要占用的实际时间和总成本进行设计。在接受订单之前，收集相关时间和成本数据，针对每个客户订单，获得工程、制造、采购部门的许可，以充分的时间和成本数据为基础创建数据库，生成精确的估算，以便将其整合到组态软件中。[14]

（4）确保所有专业化分工项都可用、有效，对这些事项提前做好准备，从而在一开始就优化好可制造性的各个方面。在整个产品开发阶段，确保所有的资源在需要时都能够立刻得到部署。

（5）结合市场需求和新产品开发能力，创建切实可行的项目时间表。如果市场快速运转而且快速发展，高效的新产品开发方法将能够迅速实现稳定生产或得到客户认可。企业必须确保新产品开发的资源不会分散在太多的项目上，并确保整个多功能型团队能够快速、高效地运转。企业还需要鼓励客户进行预订，并且简化销售和签订合同的过程。提前做好计划并尽早启动新产品开发。

（6）果断地启动项目。企业还需要做好长期的市场调研、行业分析和产品组合规划，从而避免由于落后于市场而急于追赶进度的情况出现。团队不应该拖延工作或消极工作而面临最后期限的压力。对提早下单的情况设立优惠策略或对迟下单、急单的情况设立罚款策略以鼓励客户提前下单。尽量减少洽谈订单的时间。

（7）从过去的项目中汲取经验教训。这样做可以避免因为犯同样的错误而浪费时间（见 3.3 节）。提前发觉和解决问题，避免更困难的订单变更所带来的延误。提早彻底解决技术或功能问题（见 3.3 节）。

（8）整个项目期间保证良好的团队协作。通过开展按需会议解决问题，而不是将问题保留到定期例会上。

（9）提高工作效率。用最有效的设计和仿真工具提高工作效率，并使用产品数据管理技术记录工作进度，确保每个人的工作都基于当前最新的图纸和文件。

（10）明智地选择采购和外包方。为了节约成本而选定的低价投标方往往会造成延误。[15]

（11）避免因为过分"追求简明"而进行无休止且不必要的改进和增强。

（12）避免由设计评审、预算控制和核心人员（临时或长期）的匮乏所带来的行政延误对其他项目产生影响。

（13）进行全面、完整的设计并编写所有的文档材料。上市时间可能会因为设计差距、差错和不完整的文档材料导致严重推迟。前期做好全面的准备工作可以避免产品发布或产品制造延迟造成的损失，相比于应对出现问题后导致的生产延误情况，在相对有序的设计阶段做好准备工作则更有效。设计和文件中出现的问题不仅会延误产品的生产，同时也剥夺了属于其他产品的资源。

（14）避免过早地推出产品。避免错误指标的出现，例如对产品发展预算施加压力或把上市时间定义为"设计发布"，让早期设计被公布并进入制造阶段，此时因为在变更的约束条件下完成设计将花费更多的工作时间，进而缩减了新产品开发的运营资源。

（15）对现有工艺进行设计以避免设计、开发和调试新生产机械。所有工序应遵守每一条设计规则，以避免时间耗费在纠正设计或解决问题上。避免重新设计，因为它需要耗费额外的时间来设计、调试和制造产品，这耽误了产品的上市时间。

（16）选择经过验证的材料、零部件的供应商和销售商。材料和零件产生的任何差错都会延误产品发布。彻底优化材料和零件的可获得性。可以避免由寻找和采用备选方案所带来的延误。

（17）避免过长的供应链。它增加了制造产品的耗时，并且容易产生累积性延迟并受到运输中断的影响。

（18）避免为了让产品上市而折损了产品的功能、质量、成本或可制造性。

（19）做好前期准备工作。全面的前期准备工作大大缩短了实际上市时间，并且避免了在修改、反复更正和提高产量问题上所耗费的时间和资源。3.2 节（关于优化概念和架构阶段的重要性）会就此内容进行充分的讨论，并列举了 Lexmark 模型（见图 3-1）。该模型以图形模式将"并行"模型（基本上，本书建议任何准则都采用此模型）与"线性"模型进行对比，能够将实现产量提升的时间提早 40%，因为它能够快速地完成概念和架构阶段。第 3 章的前半部分介绍了如何优化这些关键的前期工作。

（20）快速的产品开发过程能够降低不断变化的市场条件所带来的风险。

1.6　角色和管理重点

最佳的公司绩效源于全公司的协同合作，意味着全公司各部门通过合作完成可制造性产品的开发。

工程和制造部并行地设计产品和工艺（见第 2 章和第 3 章）。

营销部从最初阶段就开始与团队一同协作，定义满足"客户之声"的整个产品系列。

采购和材料部通过培养和供应商以及合作伙伴的关系，而不是寻找最低的投标者来支持产品开发过程；通过缩短采购时间，减少产品开发团队的压力；鼓励零件的标准化；通过对零件和供应商进行资格预审来优化产品质量和运输。

财务部对总成本进行量化，以支持相关的决策并为新生代产品配置合适的间接费用。[16]

DFM 实施专项小组把 DFM 整合到产品的开发过程中，创建、确立和更新一系列一致的设计准则和指导方案（见 11.4 节）。

1.6.1　人力资源对产品开发的支持

人力资源部应当雇用或培养具备团队领导能力和团队合作能力的优秀项目领导人。索尼（Sony）曾表示："招聘时，你必须仔细考虑新任经理与现有团队能否很好地共事。雇用一位善于协作的团队成员与雇用具备专业知识的人员一样重要。"[17]

人力资源部应为管理者提供团队领导者培训，并为工程师开设团队建设[18]方面的研修班。在诺基亚，"重点不仅在于招聘，还在于整个过程，这个过程以初始定向为开端，以培养一个精练的团队为结束。"[19]

正在成长的部门不能干涉其他部门的工作，这会削弱一些核心内部功能。人力资源部应当聘请一些在制造、测试、现场服务、销售等方面有经验的设计工程师，还应将曾经使用过产品，或者为客户、供应商和监管机构工作过的人员考虑为潜在员工。最后，人力资源部应当安排与产品开发各个方面有关的培训（见第 11 章）。

高级管理层应与人力资源部合作，确保业绩评价能够推动团队合作并支持总体目标的实现。公司还必须确保在低迷、重整和内部转型过程中对人才、信息和完整团队的留用，力求维持最大限度的内部连续性并尽量减少调整率。

1.6.2　岗位轮换

公司应当安排岗位轮换，鼓励相互学习和非正式交流，例如让新入职的设计工程师从制造部门开始工作。这种做法可以让新员工学习公司各部门的工作方式，对于首次工作的工程师来说需要学习更多的东西。

在本田，所有新入职工程师都将在公司的流水线上工作 3 个月。随后的 3 个月里，他们将被轮换到营销部门。第二年，他们会在工程部各部门之间进行轮换——传动、车身、底盘和加工机械。最后，当他们已经接触过设计和制造汽车的所有活动范围后，就会被分配到工程部的专项组中，例如引擎部门。[20]

在三星，团队建设包括所有团队成员都会参加的经常性会议，以及工作结束后的闲聊——这有益于交换内部意见或者解决冲突。[21]

诺基亚曾经的成功大部分归因于鼓励优秀的管理者参与制造部门的工作。诺基亚首席执行官约尔马·奥利拉（Jorma Ollila）说过："如果你在制造部干得很好，你在诺基亚一定会有一个美好的职业生涯。"

1.6.3　管理层对 DFM 的支持

高级经理和行政人员应该掌握以下准则。

（1）鼓励创新。美敦力公司的首席执行官比尔·乔治提倡"亲自走进实验室学习各种创意——在它们被封杀之前"，因为"不论你花费多少钱在研发上，不断扩大的官僚机制对创新理念来说是一个巨大的障碍，而且它会损害创造性。

致力于创新的领导者们必须非常努力才能扫除障碍，给予那些持有不同意见的人和创新者表现的机会，并且在新企业脆弱、初步形成的阶段给予保护。"[22]

（2）客观地规划产品组合及其未来演变。这样做可以使企业随着时间推移获得最大的净利润（即所有的收益减去所有的成本）。

（3）不要为了"接下所有的订单"将资源分配得过于单薄。专注于销售最有利润的产品并合理地放弃"亏损者"。

（4）确保资源的可获得性。资源的可获得性能够确保完整的团队能在早期形成。不要在产品设计后尝试降低成本而浪费了产品的开发资源。预先选定供应商，这样他们能够在早期帮助团队设计那些他们能够制造的零部件，这将比招标方式节省更多开支。

（5）设定与产品开发方法相符的、切实的预期。

（6）通过正确的产品定义，鼓励员工进行周全的前期工作。前期工作包括早期解决问题、概念简化和体系结构优化。避免因为截止日期过早而产生压力，阻挠了前期工作的全面进行。

（7）预测总成本（见第 7 章）。对所有的事项进行优先性排序，规划产品组合，根据实际盈利和相关决策对产品进行合理化设计。

（8）及时跟进。团队有责任跟进项目直到其进入生产阶段，团队应当保持与项目的联系直到生产量、生产率和质量趋于稳定。在 IBM 负责研究的保罗·霍恩（Paul Horn）说："我们所做的一切都是为了避免'切换'——不存在'技术转移'。这在 IBM 是一个负面词。研究小组在到达制造阶段之前都会保留自己的想法。"[23]

（9）鼓励岗位轮换。诺基亚在公司内部鼓励岗位轮换——从执行董事到基层员工。[24]

（10）授权一个高决断力的项目负责人在需要的时候进行决策，从而最大限度地减少对设计审查的依赖。

（11）鼓励反馈。接受有关产品开发的所有消息，创造一个开放式的文化氛围，从而尽早地发现问题，并重点讨论问题的解决方案。现任福特公司美洲地区的总裁马克·菲尔德斯（Mark Fields）最初离开 IBM 加入福特时，在没有获得上司批准的前提下，无法在会议中提出问题。[25]

（12）确保产品开发团队的自主权。团队拥有自主权更容易把握可制造性的各个方面，并对总成本和实际上市时间负责。

（13）落实补偿和奖励机制。鼓励团队以大局目标为重，并将销售意图从收入改变为盈利。对此，摩托罗拉实行的策略是：必须强调企业领导者需要合作伙伴，在摩托罗拉，为了奖励那些推动建立伙伴关系的员工，我们甚至对支付方式进行大量修改。[26]

1.6.4 管理重点

高级管理人员和主管应当注意以下几个方面。

- 重视能够降低成本和加速研发的行为和方法，而不仅仅是根据目标、指标、评论、卡口和期限的完成情况进行评定。开发产品时，产品开发团队有正确的开发重点是非常重要的。
- 注重客户的需求，而不是只考虑公司的项目、竞争力或技术。
- 提前主动地解决问题，而不是在晚期做出反应。
- 避免问题，而不是等出现了问题再解决。
- 避免工程变更，而不是简化变更控制流程。
- 注重设计的核心竞争力及其创新和关键的部分，而不是彻底改造整个产品，在低杠杆效应的行为下让宝贵的资源不能得到充分利用。
- 注重产品和软件体系结构，而不仅仅是图纸和代码。
- 注重产品设计过程本身，而不是项目控制和管理。
- 关注如何优化各阶段的工序，而不是设立卡口或审查。
- 及时进行讨论和决策，而不是定期举行会议和讨论。
- 注重产品设计，而不是原理论证、实验板和原型。
- 优化产品结构，而不只是设计零件和组件的集合。
- 在实际生产环境中快速提高产品的产量，而不是由原型技术人员或工程师进行试生产。
- 注意实现稳定生产的时间，而不是设计发布的时间或首批出货的时间。

- 最大限度降低总成本，而不仅仅是记录在案的成本（劳动力和材料）。
- 设计和制造可靠、高质量的产品，而不是通过测试、检验进行筛选，或者在现场出现问题时做出反应。
- 制定薪酬体系以鼓励有利于公司发展的行为，而不是有利于部门或个人的行为。
- 实现关键、可持续的成本降低措施（卓越的产品研发、精益生产、质量计划等），而不是进行一些可能会折损成本降低效果并且延误稳定生产的削减成本的尝试。
- 注重能够实现目标的措施，而不是关注目标本身。电影《甜心先生》（*Jerry Maguire*）中有一句著名的台词"让我赚大钱"。在电影中，因为足球运动员和他的经纪人只关心如何赚钱，而不是实现真正的目标——踢一场好球，所以他们都没有赚到钱。企业经营者也与此相似。

首席执行官说："让我看看利润。"

首席财务官说："让我看看市场价值。"

销售副总监说："让我看看销售额。"

市场营销副总监说："给我更多的市场份额。"

研发副总监说："给我更多的专利。"

采购副总监说："给我更低的零件价格。"

工程副总监说："给我更快的发展。"

制造副总监说："给我更低的设置成本。"

　　然而，如果没有一个有效的途径，公司不可能实现这些目标。戴明博士说过："没有应对方法的目标是残酷的。"

　　讽刺的是，企业在过多压力之下往往缺乏真正有效的途径来实现各部门的目标，这通常会起到反作用，例如购买廉价的零件（见 6.11 节）会降低产品质量。同样，将制造向低劳动力成本的地区转移实际上增加了其他成本，并且对响应速度和产品开发造成了影响，如 6.1 节所讨论的那样。

1.6.5 衡量 NDP 的有效指标和不利指标

1. 成本衡量（第 1 章）

有效指标	不利指标
总成本	仅量化零部件和人工的成本，可能会对以下几项造成影响： • 制造 / 购买决策 • 零件 / 材料的选择 • 成本核算（如果间接成本被平均分配） • 定价（如果亏损产品被盈利产品弥补，以及难以制造的产品被精心设计的产品弥补）

2. 新产品开发完成（第 2 章）

有效指标	不利指标
衡量达到稳定生产、客户满意或产生盈利的时间	未经过充分的前期准备和"甩手给下一个部门"的不完整设计将会导致以下情况： • 设计和质量问题难以解决 • 延长并延误达到量产的时间 • 错失销售良机和 / 或让客户失望

3. 销售或开发动机（2.2 节）

有效指标	不利指标

基于利润率	基于收入或项目质量，将会导致以下情况：
	• 接受所有的订单
	• 为每个市场开发所有产品，其中：
	  ◆ 因为接受了低利润 / 亏损的产品或项目，导致利润降低
	  ◆ 耗费了用于开发可能销售得更好、获得更多营收的真正低成本新产品的资源

4. 中间期限（第 3 章）

有效指标	不利指标
为了更好地完成前期准备工作，要合理分配： • 时间 • 成本	为了早日获得进展而设立过早的期限，将导致不全面的前期准备工作和不理想的架构，进一步丧失了： • 成本降低的关键机会 • 更短的产品开发时间、更低的 NPD 预算和更快实现稳定生产的机会 • 设计实现高质量产品的机会

1.7 DFM 面临的阻碍

尽管 DFM 有很多优势，但是一些企业和设计师仍然抗拒 DFM。以下是一些常见的原因。

（1）线性思维。我只需要现在能够用得上的东西；迟一点我们（实际上是其他人）会考虑制造性、成本、质量、可靠性、可维护性、品种等其他因素。

（2）对时间的误解。我现在没有时间考虑可制造性的问题，我得在期限到来之前完成工作。

（3）对约束条件的误解。我是一个"不拘一格"的思想者，不要给我施加不必要的限制，更不要限制我的设计自由。

（4）对于创新的误解。我非常有创造性，并且不希望在设计时为了考虑某些因素而扼杀自己的思考。

我们常常说"我没有时间来执行 DFM"，然而，如果你现在没有时间来完成 DFM，那么到后来，一切变得更困难的时候，你又如何找到时间来完成它，也许根本就不可能。

可制造性问题会延后整个产品发布的时间，导致产品在其整个生命周期内出现可用性问题和故障。如果该产品很畅销，那么可制造性问题则会延误产品快速增长的机会、降低产品外观质量和客户对产品的体验，以及导致成本大量增加，企业从而不得不提高价格或降低利润，所有这一切都会造成产品的不成功。接着，会出现针对不同补救措施的常见的抵制行为。

本节以产品开发的墨菲定律为总结：如果你不在设计之初考虑可制造性，那么想要在后来快速、轻松地加入这个因素就变得不太可能了。

1.8　武断决策

设计师可能会认为，更少的限制意味着更大的设计自由，而且很多人可能会因为这些理由而抵制 DFM。但是，在现实中，过少的限制会出现像作家遇到"写作瓶颈"一样的情况。如果每一位设计师都面对很多开放的选择，那么整个设计将面对一个庞大的选择阵列，从而导致设计瘫痪。

因此，设计师会通过武断决策来打破这些僵局。每个随意的决定都可能会导致后期更难加入其他考虑因素。而设计的进展走得越远（更多的武断决策），就越难满足额外出现的因素。

不在开始的时候考虑所有的目标和约束条件，会导致武断决策的出现，并消灭了下游的解决方案。

因此，产品开发团队的另一个座右铭应该是：

杜绝武断决策！

图 1-4 展示了一个决策树。决策树的概念适用于一切现象——从产品开发到生命。电视剧《与天使有约》(*Touched by an Angel*) 的广告宣传语很好地描述了这一点：

每时每刻都有一个能够改变你生活故事的选择。

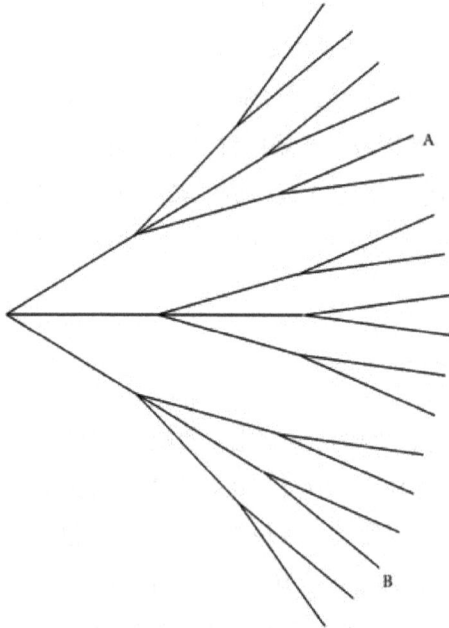

图 1-4　决策树

产品开发过程是一系列决策的过程，它包括开发什么产品的决策、为了零件设计而优化产品架构的各项决策，等等。每项决策都会让设计者沿着决策树的某一个分支继续深入。每个武断的决策都可能会把你送到错误的分支上，以至于限制后续的选择。而更多的武断决策可能让你进一步沿着错误的道路往下深入。因此，与有条不紊地做出合适的决策并到达理想的位置 A 相比，武断决策导致你走到了 B。而你在设计过程中走得越远（更多的工作基于这条路径），就越难通过修正路线从 B 点回到 A 点。

以下是产品开发过程中应该避免的武断决策的常见例子。

- 产品定义通常以随意的形式而不是系统地理解"客户的声音"（见 2.11 节）。

- 如果间接费用被平均分配，那么企业对竞争力市场的选择可能是武断的，从而掩盖了个别产品的盈利能力。这可能导致企业根据以往经验在并不是最有盈利潜能的市场中进行产品开发并参与竞争。

- 项目里程碑的日期设定通常以随意的方式过早地被决定（例如，基于每季度的进展程度），并且没有重点关注关键的架构优化。

- 概念与架构往往起源于传统的观念或第一个浮现在脑海中的想法。

- 技术专家可能选择令人印象深刻、功能被广泛宣传的技术。然而，技术决策还需要考虑该技术的成熟性、应用记录、总成本、现实情况下的可获得性、供应商的生产能力、供应商的财务实力、应急（B 计划）规划和风险。如果存在多个来源的风险，那么考虑上述所有层面则显得更为重要。

- 如果随意制定生产决策，那么可能会导致设计走向错误的方向并且遗漏了最优的工艺和来源。

- 外包决策在"我方"和"他方"之间设定了一条随意划分的分界线，这可能导致即使通过内部整合来生产零件既节约时间和金钱又能提高设计的可制造性（见 4.8 节），但企业仍然将所有的零件进行外包。[27]

- 供应商决策可能仅仅基于零件成本而制定，却没有考虑质量、快速原型开发能力、生产交付和辅助设计产品的价值。

- 零件选择决策可能仅仅基于功能、规格和零件成本，不包括采购、质量、标准化的影响，以及零件对总成本的影响。

- 设计的顺序可能被任意地决定为从头开始或从最明显、最熟悉的角度开始，而不是从最受限制，往往也是最不显著的方面开始。
- 如果设计师忽略任何设计上的考虑，那么细节方面的设计决策往往是武断的。
- 如果设计师不理解所有的工艺、尺寸参考或多个公差之间的关系，那么这些公差往往被任意指定。出现疑问时，很多设计师会指定不必要的严格公差，而不是系统地确定和测算公差，如 10.1 节 Q12 所讨论的。
- 间接费用分配算法通常根据劳动力、加工或材料成本进行任意分配，并不采取总成本的相关计算（见第 7 章）。
- 武断的样式决策可能因为不必要的复杂设计、加工和制造过程而降低产品的可制造性。不要匆忙地决定样式。相反，整个团队应该共同创造既美观又具有可制造性的样式。
- 把设计逼入死角。不要做太多其他方面的武断决策，导致设计变得过于复杂。

当面对太多开放性选择的时候，设计师应该设法寻求额外的约束条件。否则，武断决策会妨碍后期加入这些条件的可能性。遇到障碍的时候，设计师也应设法寻找额外的约束条件。仅仅解决一个问题并不能称其为一个合理的方案，但是如果这个方案能够解决多个问题，那么它便不失为是一个有效的方案。

1.9　DFM 和设计时间

一些设计师可能会认为，考虑所有约束条件将意味着完成设计需要更多的时间。但是，这实际上并不需要更多的时间（甚至只花费更少的时间），因为一次性考虑所有的约束条件将更快地引导设计师完成优化设计。

理论上说，理想数量的目标和约束条件将直接引导设计师完成唯一的优化设计。太多的约束条件将导致无解；然而，太少的约束条件会产生多个解决方案，以至于设计时必须对多个方案进行系统性的评估，否则，被选择的解决方案不一定符合制造性和其他约束条件。

　　不在设计早期考虑可制造性的最终结果是到了后期很难在产品中结合 DFM 原则。为了让这样的设计具有可制造性，设计师可能有必要在设计的后期做一些变更，下文将对此进行讨论。

1.10 　工程变更

　　完成一个"一次成功"的产品开发所带来的最大收益之一是，它避免了昂贵且费时的工程变更指令单（Engineering Change Order，ECO）。

　　尽早且全面地囊括所有产品设计需要考虑的因素能够极大地减少工程变更。按部就班地对产品进行定义以满足客户需求（见 2.11 节）将避免为了"满足客户"而做出改变——但这往往难以做到。通过变更以满足客户意味着产品定义阶段没有把完全收集客户的意见摆在首位。

　　工程变更存在的最大隐患是为了解决一个问题所做的改变可能诱发新的问题，而为了解决新的问题所进行的改变可能引发更多的问题。丰田公司表示，后期的设计变更是昂贵、次优的，而且经常降低产品和工艺的性能。[28]

　　此外，工程变更可能会推翻产品原本所获得的资格或认证。

1.11 　一次成功

　　一次成功，因为你可能没有机会再来一次，尤其是下列情况出现的时候：

- 负责一项快节奏的项目，你可能没有时间重头来过；
- 昂贵的开发项目，你负担不起重做一次的费用；
- 复杂的项目，其中每个变化都可能诱发其他变化；
- 合同规定限制变更，不鼓励对产品做出变更或在任何变更之后强制要求重新进行质量验证。

以上情况是目前大多数公司面临的情况。

　　每一位实施 DFM 的设计师都应当考虑"一次成功"的设计。一方面，这看起来似乎是理所当然的，因为没有设计师希望自己设计的产品到后来需要重新设计。然而，令人遗憾的是许多公司把工程变更视为可以接受的事项，也许是因为它们总会遇到这样的情况。一些公司委婉地把这个过程称为"修正"，甚至美其名曰"更新"。除了叫法的不同，变更对产品的成本和时间进度会造成严重影响，更会影响员工的情绪和企业声誉。

另一方面，如果设计师通过使用 DFM 真正实现了一次成功，新产品将会以较低的成本、准确的交付时间和较佳的质量经由产品导入阶段进入稳定、无故障的生产阶段，提前满足客户的需求。

公司应当以确保每个产品能够"一次成功"为目标，并且该设计可以很容易地制造出高品质的产品，同时保证产品能正常工作。在很多企业，DFM 随着一些"永不再犯"的经验教训成为一个产品能够"一次成功"的强大推进器，下面是部分策略和方法。

1.12 一次成功的策略

在项目早期应聚齐所有的多功能型团队和专业人员并保持各方的能动性，并且对产品进行良好的定义以规避在后期为了满足客户要求所导致的工程变更。

在整个产品开发过程中，团队必须（"如果产品……会怎样"和"设计成……怎么样"）通过模拟、实验、研究及早期模型、实物模拟、实体模型和快速原型尽早地发现问题并解决问题，通过实验设计确保统计学意义。一些关键应用程序可能需要失效模式及后果分析（Failure Modes and Effects Analysis，FMEAs）。

团队必须通过以前项目的总结性数据库、调查报告、供应商和生产环节的介绍和反馈意见来掌握和总结经验教训。[29] 我将在 3.3.4 节进一步讨论。

团队需要制订"B 计划"以应付最有可能出现的困境、延误、短缺，以及与技术、加工、客户、市场、监管等有关的其他问题。设计师可将产品设计为能够接纳"B 计划"的形式，从而应对"A 计划"无法运行或无法及时进行的情况。

团队在进行下一步行动之前需要先取得许可。麻省理工学院的一项研究报告《美国制造：重新获得生产优势》（*Made in America*：*Regaining the Productive Edge*）就日本的产品开发项目管理方式提出了一些见解："管理者的一项主要任务是确保所有的分歧'问题'被所有人获知，并且在一开始就得到解决。在达成共识这一点上可能需要付出大量努力，但是在这个阶段，通过熟练的管理能获得项目团队成员的全力支持，后续的进程就会得以迅速进行。"[30]

首先，企业通过简化的概念和优化的产品结构进行全面的产品设计，着眼于创新和核心层面并运用前期工程、同行评审和设计检查的经验，以及实行良好的文档管理，以便一次性完成产品设计。

其次，设计需要准确无误地传达给生产部门，从而一次性制造出正确的产品。所有的变更、更新和修订必须及时、准确地执行，确保后续设计能够在第一时间完成。

最后，快速的开发周期能够适应不断变化的环境，如不断变化的客户偏好、市场、竞争对手、监管和趋势等。

1.13　DFM 为企业带来的好处

下面的口号总结了 DFM 的重要性：

> 功能性让我们进入战场；
> 质量和可靠性让我们在竞争中生存；
> 可制造性则决定了利润。

但大多数工程师和管理者主要关心的只是功能性。为了在竞争中存活，产品需要兼顾高品质和高可靠性。那么如何获得利润？除非该产品能够一发布便先声夺人或具备优势强大的专利，否则企业需要对该产品进行合理的定价以保持其竞争力，这意味着利润由成本决定。如前文以及 6.1 节所指出的，由于企业很难在产品设计已经出炉之后，通过策略来降低成本。因此，通过设计确保较低的成本（即以可制造性为基础进行设计）将决定利润的多少。

DFM 带来的好处涵盖了显性成本、质量和交付的各个层面，也包含了一些重要的细节。

- 降低生产成本。以更少的零件和更容易的装配过程为目的进行设计有助于降低装配成本（见 6.9 节）。顺利的产品导入意味着在代价高昂的订单变更上花费更少，并且可以通过应急制度来处理产品导入过程中出现的问题。

- 更高的质量。更高的质量源自更稳健的设计、更少的零件、更容易的装配过程（见 10.9 节）、最佳的工艺选择和设计、使用更多已知质量的标准件，并且围绕成熟的工程技术、零件、模块和工艺进行设计。

- 更快的产品上市时间。使用标准件意味着大多数零件已经配备或容易购买；容易组装的设计意味着在装配机械上花费的时间更少；更好的 DFM 意味着产品导入过程中出现的问题更少，导入过程能够快速、顺利地进行。

- 较低的设备资金费用。DFM 产品更适合于现有的工艺，一般不需要特殊的设备和流程，对特殊设备的需求减少节约了设备资本。以最小化设置为基础进行设计（见 4.6 节）并使用标准件导致更少的设置变更，从而提高了机械利用率。

- 更高的自动化潜力。以自动装配为目标进行设计，凭借其成本和质量优势极大地提高了自动化的潜力。

- 更快地达到预期生产速度。更快的开发、更少的产品导入问题和对特殊设备或工艺的需求减少将会促使生产更快地达到预期生产速度。

- 更少的工程变更。早期的调整比起在后期受制于变更控制流程而进行的工程变更更容易完成。如果原始设计满足了所有的目标和约束条件（见 3.5 节），那么企业将避免更改或为了解决可制造性问题而重新设计的情况发生。

- 从供应商处购买更少的零件。购买更少的零件意味着采购费用的减少，特别是对于标准件来说。与更少的供应商打交道加强了企业与这些供应商之间的联系，同时降低了花费在合格零件以及质量问题处理上的成本和精力。

- 更高的工厂利用率。更少的生产问题和更大的机床利用率使工厂更容易生产其他产品。

1.14　DFM 为个人带来的好处

前面列举了公司采用 DFM 的诸多理由。下面的内容是我在研讨会[31]中从个人层面激励工程师的观点。

为什么要做一些与众不同的事情？许多工程师认为他们的公司运转良好，而他们因为太忙碌而无法做一些革新的事情，尤其当公司的成功在某种程度上是基于技术的时候。不过，下面几条令人信服的理由会说服他们采用 DFM。

（1）让公司正常运作和工作安全得到了保障。很少有企业不受到竞争压力的影响，即使那些拥有技术领先地位的企业也不例外。在这样动荡和快速变化的环境中，只有极少数企业能够安全靠岸。

（2）DFM 可以帮助工程师开发出一流的产品，这将增加企业及其员工的财富，并且提供了许多就业机会。

（3）DFM 会让工作变得更有趣。因为通过使用这些原则，工程师将花费更多的时间进行有趣的设计工作，同时减少了考虑工程变更和紧急措施的时间。

（4）DFM 会让下一个项目带给员工更好的体验，因为你不会因为工程变更或者需要处理旧项目中的紧急情况而分心。此外，新项目能够建立新的、成功的实践经验，每一次实践都能在已有的基础上得到提高。

（5）在 DFM 发展过程中很容易让自己进步。如果没有 DFM，生产工人将面临完成订单的压力，工程师不得不帮助工人解决一些生产问题，产量小的时候或许是可以容忍的，但在需求高峰期则会成为障碍。由于工程师新手在解决现有产品的问题时不够娴熟，他们可能会被分配去设计新的产品，新的机会或许会更具挑战性，但是如果一次都没能成功，那么就会带来新的问题。而有经验的工程师继续解决现有产品的问题。

（6）DFM 会让企业更容易成功，也可以提升工程师的职业生涯的竞争力。请你热情地接受、支持并尝试新产品开发方法。这将最大限度地提高你被运用这些原则的团队收录的机会。在工作中可以和其他人协同合作，以开放的心态接受设计、制造零件和产品的新途径。DFM 会让工程师更热情地接受新的、不同的、创新性的任务，鼓励大家自告奋勇地尝试创新。

1.15 结论

DFM 决定了企业在市场上是否具有竞争力。大多数市场都充满激烈竞争，所以即使轻微的竞争优势（或劣势）也会造成显著影响。

DFM 决定了产品线是否具有竞争力。产品失败导致无法进行生产往往是因为成本太高、质量太差、产品推出太迟或生产无法跟上需求。这些都是可制造性的问题，因此受 DFM 的影响极大。

1.16　注释

1. David M. Anderson, *Build-to-Order & Mass Customization: The Ultimate Supply Chain Management and Lean Manufacturing Strategy for Low-Cost On-Demand Production without Forecasts or Inventory* (2008, CIM Press). 见附录 D 的描述。

2. 详见 6.1 节和 11.5 节。

3. Anderson, *Build-to-Order & Mass Customization.*

4. 该数据由 DataQuest 生成，并发表在一篇具有里程碑意义、开启了并行工程运动的文章中——"A Smarter Way to Manufacture: How 'Concurrent Engineering' Can Invigorate American Industry," Business Week, April 30, 1990, p. 110. 在作者的内部研讨会上，作者介绍了来自摩托罗拉、福特、通用汽车、西屋电气、劳斯莱斯、英国航空航天公司、底特律柴油机公司阿里逊分部、德雷珀实验室、伦斯勒理工大学和其他几个公开资源的数据。

5. Satoshi Hino, *Inside the Mind of Toyota: Management Principles for Enduring Growth* (2006, Productivity Press), Chapter 3, "Toyota's System of Management Functions,"p. 133.

6. Robin Cooper, *When Lean Enterprises Collide* (1995, Harvard Business School Press), Part Three, "Managing the Costs of Future Products," p. 131.

7. Ibid., Chapter 7, "Target Costing."

8. Yasuhiro Monden, *Cost Reduction Systems: Target Costing and Kaizen Costing* (1995, Productivity Press).

9. "A Smarter Way to Manufacture: How 'Concurrent Engineering' Can Reinvigorate American Industry," *Business Week*, April 30, 1990, p. 110.

10. Robert G. Atkins and Adrian J. Slywotzky, "You Can Profit From a Recession," *Wall Street Journal*, February 5, 2001, p. A22.

11. A.S.K. Gupta and D.L. Wileman, "Accelerating the Development of

Technology-Based New Products," *California Management Review*, Winter 1990.

12.Jim Brown, *The Product Portfolio Management Benchmark Report, Achieving Maximum Product Value*, August 2006, the Aberdeen Group.

13. 在阿伯丁集团的研究中，产品失败被定义为"无法上市的产品或上市产品带来的经济效益显著低于收入、市场份额或利润目标"。

14. 与耗时且不太精确的人工估计相比，组态软件能够自动确定定制的可行性、成本和时间。详见 Anderson, *Build-to-Order & Mass Customization*, Chapter 8, "On-Demand Lean Production."

15.Jordan D. Lewis, *The Connected Corporation: How Leading Companies Win Through Customer–Supplier Alliances* (1995, Free Press), p. 38.

16.David Pringle, "How Nokia Thrives by Breaking the Rules," *The Wall Street Journal*, January 3, 2003.

17.Shu Shin Luh, *Business the Sony Way* (2003, John Wiley), p. 195.

18.Patrick Lencioni, *Overcoming the Five Dysfunctions of a Team: A Field Guide for Leaders, Managers, and Facilitators* (2005, Josey-Bass).

19.Dan Steinbock, *The Nokia Revolution: The Story of an Extraordinary Company That Transformed an Industry* (2001, AMACOM), p. 186.

20.James Womack, Daniel Jones, and Daniel Roos, *The Machine that Changed the World: The Story of Lean Production* (1990, Rawson Associates; 1991, paperback edition, Harper Perennial), pp. 129–130.

21.Lee Dongyoup, *Samsung Electronics: The Global Inc.* (2006, YSM Inc., Seoul, Korea), Chapter 5, "Research & Development," p. 97.

22.Bill George, *Authentic Leadership* (2003, Jossey-Bass), Chapter 12, "Innovations from the Heart," pp. 133–134.

23."Out of the Dusty Labs," *The Economist*, March 3–9, 2007, pp. 74–76.

24.Dan Steinbock, *The Nokia Revolution: The Story of an Extraordinary Company That Transformed an Industry* (2001, AMACOM), p. 185.

25. "The New Heat on Ford," *Business Week*, June 4, 2007, pp. 32–38.

26. " Smart Partners," *Business Week; review of The Connected Corporation* by Jordan D. Lewis. December 10, 1995.

27. Bryan Bunch with Alexander Hellemans, *The History of Science and Technology* (2004, Easton Press), Appendix D.

28. James Morgan and Jeffrey K. Liker, *The Toyota Product Development System* (2006, Productivity Press), Chapter 4, p. 40, " Front-Load the PD Process to Explore Alternatives Thoroughly."

29. 附录 C 中的反馈表可用于征集来自工厂、供应商和现场服务的宝贵意见。

30. Dertouzos, Lester, and Solow, *Made in America: Regaining the Productive Edge*, from the MIT Commission on Industrial Productivity (1989, Harper Perennial), p. 71.

31. 关于 DFM 专项内部研讨会的更多信息请详见附录 D。

第2章 并行工程

　　并行工程指多功能型团队从最初形成阶段开始，所有的专业人员同力协作、同时开发各种产品及制造工艺的做法。

　　决定并行工程成败的关键因素是资源的可获得性，充足的资源能够让多功能型团队的所有专业人员在早期集结并开始工作。

　　初期资源不足的后果是明显的延误和资源浪费，它还会延误其他项目并耗费这些项目的资源，导致所有项目的开发成本增加。

2.1　资源的获得

　　传统的和高级的产品开发方法之间最明显的区别是早期是否聚齐了所有的专业人员以及是否能够随时开展工作。这个概念由麻省理工学院在一项耗资 500 万美元的标志性研究《改变世界的机器：精益生产的故事》(*The Machine That Changed the World*：*The Story of Lean Production*) 中提出。[1] 在第 5 章的产品开发部分里，作者沃麦克 (Womack)、琼斯 (Jones) 和鲁斯 (Roos) 给出了以下结论：

　　在最好的日本精益项目中，项目初期参与人数最多，所有相关的专业人士都会参与其中，项目领导者的任务是鼓励整个小组权衡项目中会出现的所有困难，并且达成一致。

作者还总结道：

相比之下，在很多批量生产的设计实践中，一开始参与的人数非常少，但在临近发布日期的时候人数增长到了峰值，数百人甚至数千人参与到了解决问题的过程中。然而这些问题本应在一开始就被清扫干净。

这个概念是本书的原则基础，它强调了周全的前期工作的重要性。图 2-1 显示了在项目开始前，高级模式（见图 2-1 下图）与传统模式（见图 2-1 上图）的团队参与度不同。

传统模式

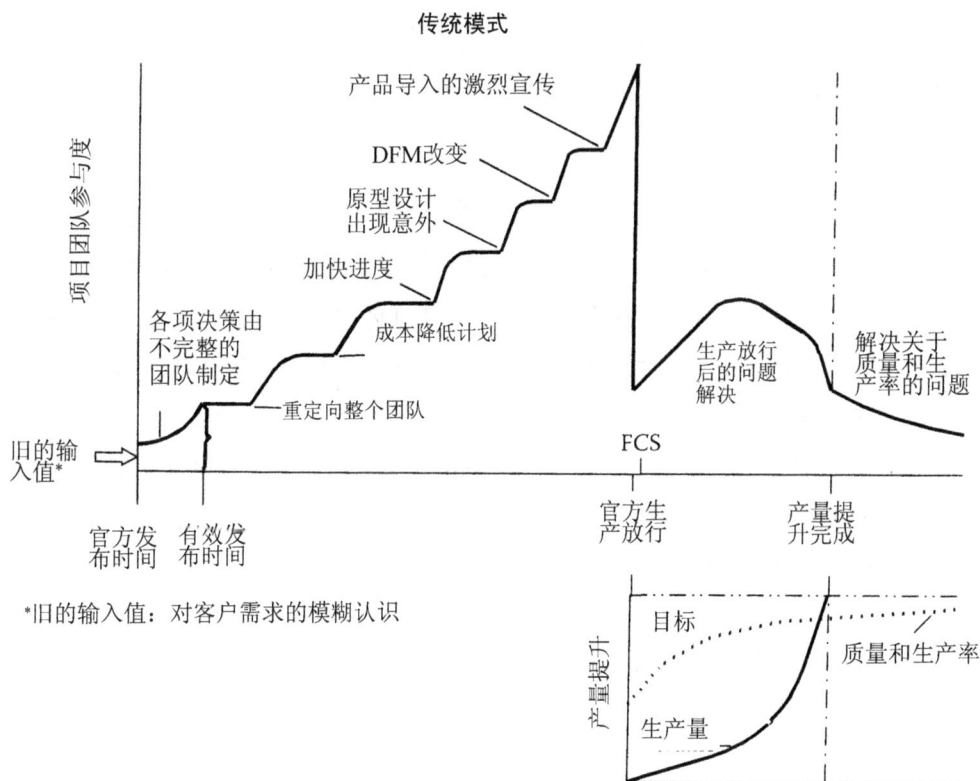

*旧的输入值：对客户需求的模糊认识

图 2-1　团队参与度（传统与高级模式）

高级模式

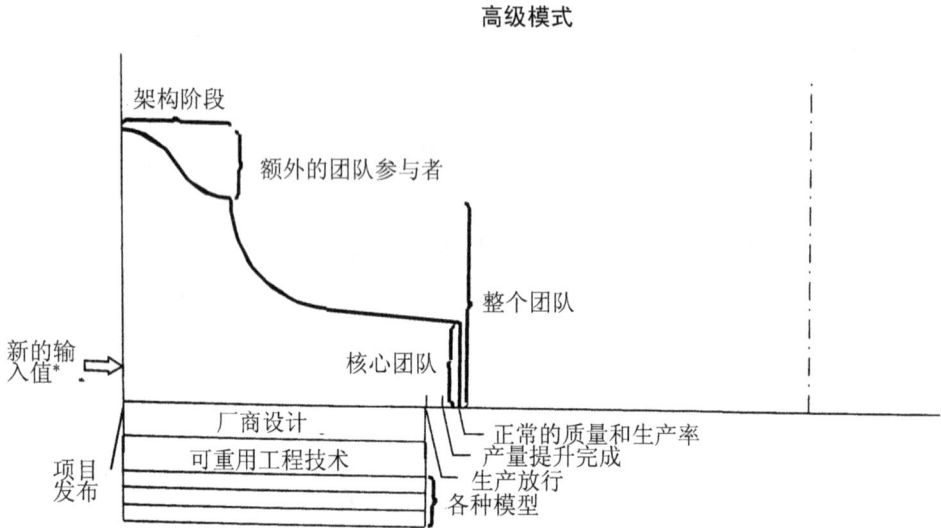

*新的输入值：有依据的产品定义

图 2-1 团队参与度（传统与高级模式）(续)

　　传统的产品开发模式有一个糟糕的开局，它仅对客户需求有一个模糊认识，同时基于技术进步、冲动，或者以前的、竞争性的产品进行生产定义。通常情况下，因为资源的可获得性问题或项目管理方无法发挥整个团队的价值，导致只有少数人参与初期工作。在某些情况下，仅仅因为排他性或因为一些精英人士认为"只需要在产品开发完成后执行 DFM"（这实际上是一位物理学家说的），导致产品开发仅由一个小团队发起。

　　无论团队组成中的缺陷是否被人们所获知，进度压力都将迫使团队取得一些进展。而取得进展的一个关键部分就是制定决策。然而，如果没有完整团队的支持，这些决策可能无法涵盖第 3 章中讨论的所有考虑层面。如果参与者擅长的专业分布不广，例如当每个人都工作在同一个部门并且具有相同的教育背景和经验时，问题会变得更加严重。

　　不幸的是，一个不完整的团队所制定的许多早期决策都是武断的，这会产生很多问题，因为这些武断决策将会成为一系列后续决策的基础，反过来会带来更少的选择余地。经过多个层次的武断决策之后，产品架构将会被固定，这将导致产品很难得到优化或在后期很难修正。

继续按照图 2-1 所示的传统模式发展，一个被认为是"完整"的团队逐渐形成，但按照本书的标准它是不完整的。这个团队或许可以继续在无知的状态下运转一段时间，但最终将因为产品定义的不充分或因为自己做出的武断决策而不得不进行某种形式的重定向。于是，团队需要付出更多的代价，例如投入更多的人力，因为项目已经开始陷入困境。

当成本估算完成后，团队如果发现成本过高，那么降低成本的计划将会被启动。然而，在这个阶段降低成本是非常困难的，因为累计成本的 60% 已经在架构阶段被固定（见图 1-1）。

经过上述重定向和各项延误之后，该项目已经落后，所以在这样的背景之下需要加快进度。这是很常见的，考虑到在这个阶段下时间比金钱更为宝贵，一本关于产品开发的书籍甚至有一章被命名为"在这上面投钱"。

然后企业将面临原型设计中的意外情况，这是一个不完整团队不断做出武断决策并且未能综合考虑第 3 章中详述的设计要点而导致的必然后果。项目继续进行，经过多次紧急补救措施，工程人员试图纠正问题并设法让原型设计能够正常工作。当然，一个原型设计并不具备统计上的代表性，所以现实中的生产问题可能比原型设计所表现出来的问题更严重。

接着，典型的项目只会在即将扩大生产量的时候考虑 DFM。如果一个项目没有在早期被纳入 DFM，那么在后期想要使产品具备可制造性会变得异常困难（产品开发的墨菲定律）。在紧张的时间压力下，面对着通过更改订单实施 DFM 的艰巨难题，团队只会进行简单的修改，导致产品的可制造性更为不可靠。

由于产品已投入生产，制造性的缺陷会导致令人头疼的产量增速缓慢的现象，有时候企业需要耗费几个月时间才能够达到量产目标。缺乏可制造性也会表现为低下的质量和低于预期的生产率，这可能使企业耗费更多的时间才能达到可接受的水平。这些延误和缺陷不仅让客户失望，也耗费了大量资源——这些资源本该在项目初期得到更合理、更积极的利用，而不是在效率低下且被动的项目末期被浪费。这体现了将实现全稳定化生产的时间而不是首批出货（在图 2-1 中标记为"FCS"）时间作为衡量上市时间标度的重要性。以首批出货时间作为上市时间的标度是无意义的，工厂有可能建造了三个单位的产品，而仅仅有一个单位的产品合格！

这种情况是否听起来很熟悉？事实上，大多数参加了研讨会[2]的与会者在讨论中承认，他们遇到过很多次这样的情况，它们都带来了让人头痛的后果。

在图 2-1 的高级模式中，所有相关专业人员都在早期积极参与了项目。如果单个团队成员具备多专业的背景，能够代表多个领域，那么团队可以变得更小且更易于管理。

企业必须在项目初期组建一个完整的团队并且实施概念简化和产品结构优化的措施（3.3 节），因此除了专职的核心团队，还需要供应商、咨询顾问和兼职专家参与一些特定任务，例如展开各项分析和规章监管。

项目工作应当以"系统性地定义产品"为开端，如 2.11 节讨论的内容。在架构阶段彻底优化之后，剩下的工作量实际上可以减少，原因如下：（1）许多工作可能已经完成了；（2）选择现成的零件可以避免相关的额外设计；（3）供应商会参与零件设计或全面负责零件的设计；（4）可以利用已有的模块或与其他项目共享新模块。

这样做的成果是，产量增长将会迅速实现。同时，质量和生产率能够迅速达到正常指标。这种做法能够让以稳定生产时间为标度的上市时间减半。另一个重要的成果是，工程资源（任何一个曲线下方的面积）的成本仅是传统模式的一半。

对于丰田公司而言，因为前期工作从根本上解决了问题，工序的各个层面得以提前进行，这几乎杜绝了传统产品开发过程常常出现的、因为后期设计变更所带来的问题，而这些问题是昂贵、次优的，而且会不断降低产品和工艺的性能。[3]

2.2 确保资源的可获得性

为了开发出优秀的产品，项目进度或工作负载不得超过设计团队的能力。如果在这些方面遇到了困难，解决方案有以下三种：（1）优先考虑产品开发项目并将重点放在能够获得最高回报的项目上；（2）雇佣更多人员；（3）使用更高效的产品开发方法，例如本书介绍的一些方法。

产品开发的成功与否取决于整个团队是否完整、是否包含了多项功能，以及完整的团队能否尽早地开展工作。大多数企业都了解一个完整团队的价值，但是因为资源的可获得性问题，企业无法在早期构造一个完整的团队。对于一家从以后期为重点的工作模式转换为以前期为重点的工作模式的企业来说，其所面临的资源形势更加艰巨，在这种情况下，因为许多人还在忙着修复上一次产品开发带来的问题，所以企业很难找到足够的人员组成一个完整的团队。

资源的可获得性问题可以通过合理地调整各个产品的开发力度，并有效地利用团队成员的时间来解决。在某期《哈佛商业评论》(*Harvard Business Review*) 关于从衰退中复苏的话题中，一篇重点文章提出了以下建议："可根据其战略优先性来分配各项资源。"[4]战略优先性可以表现为良好的产品组合规划，这在 2.3 节中会有更深入的讨论。

优秀的产品开发方法能够解决资源可获得性的问题，节省开发成本和时间。目前有数十种技术可用来解决资源可获得性的问题。

2.2.1 优化产品

与其用类似的商业产品与对手进行价格竞争，不如专注于设计具有差异化的卓越的产品，差异化体现在更低的成本、更好的性能、更高的质量、更好的运输。与其复制或"参考"竞争对手的产品，不如以更好的设计超越它们。

吉姆·柯林斯 (Jim Collins) 在《从优秀到卓越》(*Good to Great*)[5]一书中表示，企业逐步建立起来的势头，就像一个巨大的飞轮。卓越的公司随着时间的推移逐步建立起这种势头，这为它们提供了许多竞争优势。当竞争对手注意到这些公司新产品推出的消息或广告的时候，它们已经落后多时了，因此很难赶超。

2.2.2 优化产品组合

通过考虑产品在开发上的优先性，企业能够从给定的资源中获得更高的回报，尤其在没有足够的工程师、管理者和有经验的工人、人才或技术工人时更应如此。

为了在不增加额外资源的前提下提高收入或利润，确定优先顺序是必要的。

阿伯丁集团（Aberdeen Group）的一项报告就一些常见的产品组合存在的缺点提出了直率的评价："企业经常设立一些惯用或低目标的产品组合，而不是能够获得更高盈利的产品组合，在制定产品策略上则更多的是基于一厢情愿而不是合理的推理，这些做法使得企业不能保证其最终确立的项目和资源规划获得成功。"[6]

加州大学洛杉矶分校战略学教授理查德·曼尔特（Richard Rumelt）在《好战略，坏战略》（*Good Strategy，Bad Strategy*）一书中指出："大多数复合型企业倾向于进行扩张，而不是资源配置。"[7]

2.2.3 优化产品开发项目

对资源很有效的优化方式是对产品开发项目的优化，着手于与其他开发项目有最大协同效应而且具有高回报的开发工作。

《快速创新》（*Fast Innovation*）[8]一书列举了摩托罗拉的案例研究，清楚地揭示了项目数量过多将如何减少项目成功的机会。2002年，摩托罗拉的计算小组试图开发120种产品，但是由于资源过于分散，以至于没有一个产品能够被推出。第二年，他们削减了开发负荷，仅着手于22个项目，并且成功推出了8款产品。2004年，随着项目重点更集中（仅20个项目），他们几乎以前一年一半的开发时间成功推出了两倍数量的产品！

此外，作者在研究摩托罗拉的案例时还将项目成功性与产品组合中传统产品的数量进行了关联：没有产品推出的一年间，产品组合中传统产品的数量有3500个。在此之后，下降到了2000个，随后他们推出了8个新产品，而传统产品的数量则降到了500个，后来他们又成功推出了14个新产品。

在这个时间跨度内，企业的生产效率翻了3倍，早期故障率降低了38倍，客户满意度从27%上升到了90%，收入增加了2.4倍，运营收益从–6%增加到了7%。

2.2.4 卓越企业的优化案例

1. 苹果公司的优化案例

当史蒂夫·乔布斯（Steve Jobs）在1997年重返苹果时，他发现的是一家土气低落的公司，其资源分散到不少于 15 个产品平台。各个团队为了生存而相互竞争……乔布斯削减了公司的项目数量，从 15 个降到了 4 个……每一位员工都清楚自己所从事的项目代表了苹果公司 1/4 的业务，审查资产负债的会计师再没有任何理由终止他们的项目。乐观的情绪飙升，士气高涨，接下来就是创造历史的时刻。[9]

2. 惠普公司在产品开发方面的优化案例

随着 35 亿美元投入惠普实验室，公司针对在预期中能够带来最大收益的项目来分配这些资金。[10]

3. 丰田公司的优化案例

丰田公司的投资重点是研究和开发模块，这能够为未来产品提供基础和便利。在丰田公司，管理者可能花费超过一半的时间来构造一个充满各种想法和项目的组合。[11]

4. 卡车制造公司的产品优化案例

美国最大的卡车车身制造公司 Knapheide 严格关注产品线或产品"漏斗"。公司的产品"漏斗"只有 5 ~ 7 个项目，这使公司能够在少数项目上做得更好，而不是勉强在最后期限应付完成 50 个项目。[12]

2.2.5　为定制化订单、小批量生产、传统产品和备用件优先提供资源

避免接受所有订单或接受所有定制要求，然后把这些订单丢给各个部门，想着"我们的员工可以做任何事情并且从中盈利"！

不要把难以生产的订单计入收入，因为总成本可能超过收入，从而导致资金流失；同时这会从设计部门和其他利润更高的产品项目上占用资源。

不要被产品高峰期计算的已经过时的"利润空间"所误导。无论这个"空间"看起来多大，小批量传统产品的订单在设置成本超过收入的时候都会导致资金流失。

相反，企业应当基于总成本的数据、根据产品真实的盈利能力来安排优先次序。根据发展潜力对所有小批量订单进行优先排序，即能够有潜力带来更多大批量销售订单的应给予高级别的优先权，对于那些不会带来更高销量的订单，可以考虑下面的方法。

（1）引导客户选择更新版本的产品，强调快速交货、更好的质量和足够低的成本。帮助客户克服这种变化需要面对的惯性和阻力。

（2）如果需要重新启用一项传统设计，需要衡量重启传统生产并改善设计和供应链的最低总成本与为了满足客户需求而适应新版本之间的轻重。

（3）如果外包商收取的总费用与所有的内部成本相比显得更为经济，可以考虑将传统产品和备用件外包，内部成本包括管理人员的成本和应急的传统产品零件、备用件——它们可能会耗费 NDP 所需要的人力资源，并且影响 NDP 的时机。

（4）考虑购入其他公司的子系统，必要时甚至可以重塑整个产品系列。可以通过签订共同协定，甚至与竞争对手合作，来弥补和覆盖彼此的弱项产品。

（5）将协同备件和旧部件其并入可变元件，从而根据需求构建出任何零件[13]，运用标准材料自发进行补给供应。[14]如果无法实现，将它们外包给产品线具有协同性的零件供货商。

（6）如果为了内部生产而受理这些订单，不要直接把它们扔给"生产系统"。如果这些活动会消耗分配给新产品开发或任何其他改善计划的资源，那么这一切工作必须在一个自筹资金盈亏中心完成，该中心应该满足以下两个条件。

- 配备一整套人员去完成每一项工作，包括文档检索、工具检索、重新学习已有的"学习曲线"，完成所有的配置、所有的生产步骤、所有的采购、所有的升级、所有的转换、所有的订单变更和所有的应急补救措施，而不需要任何人从事新产品开发和改进项目。人员编制应包括足智多谋的技术人员和有经验的采购代理。
- 其收入应足够支撑这种自我维持的运作方式。如果无法支撑，那么需要相应地提高价格以支付所有的费用。如果无法实现，就不要受理这样的订单。

（7）对其他产品来说，考虑对产品线进行合理化配置[15]，从而筛查出小批量、难以构建或亏损的产品作为淘汰品、改进品或外包对象，或将其纳入新的开发平台（见附录 A）。

如果其中一些产品很有潜力，团队可积极开发一些容易定制的系列。

2.2.6　为定制订单制定验收标准

针对定制订单，首先考虑上述选项，找出每个深度定制和配置需要的实际资源。在接受订单之前，收集订单的时间数据和成本数据，每个定制订单必须获得工程部、制造部、采购部的批准，再创建包含足够时间和资源数据的数据库对订单详情进行较准确的估计，这一步骤也可以内置到组态软件中。[16]

创建能够区分可接受订单和不可接受订单的特性表，任何不在特性表范围内的订单都应当获得批准才能进行。对于小批量订单而言，一个重要的评判标准是配置时间与运行时间的比率以及配置的总成本是否超过收益。如果初始配置的限制太多，应当发展大规模定制[17]功能，通过运用参数化的 CAD 工具、快速程序生成数控机床、标准件或通用的快装夹具来扩展快速高效定制化和配置化的范围。

如果定制产品在不耗费产品开发资源的前提下，无法被快速、有效地生产，应创建一个配备有充足专用资源的盈亏中心来完成定制化和配置化项目的全部工作。如果不能获得利润，应当提高价格，并设法让运营更具有柔性。

2.2.7　让定制和配置更高效

运用模块化设计、大规模定制[18]和组态软件[19]增强定制和配置效率。只接受能够快速和高效地完成定制和设计的定制订单，不耗费新产品开发所需要的资源。

使用可并行工作的工程硬件、软件和工具可以确保快速、简便的配置。[20]如果需要支付新的或特殊的配置开发资金，可以通过投资或向客户收取费用来筹集，而不是挪用原本用于新产品开发的间接资源。

利用延迟策略[21]开发可以通过添加预先计划选项进行配置的多样化产品平台，也可开发用于不同变型产品或后续产品的模块。

柔性设计[22]的准则是在设计产品时巧妙地应对未来的不测。包括加入通用性设计元素以适应不断变化的市场条件。例如，设计人员应当为基线产品赋予足够的可利用空间以实施众多改进方案，并为未来加入的插件提供额外的端口、连接器、安装孔和空间。

2.2.8　成套服务

如果小批量、难制造或定制产品被认为是得到"大销量"必不可少的一步，请考虑以下方案。

（1）在做出任何要约或承诺之前，量化所有的费用，包括达到制造数量所需要的资源和安装成本，然后相应地调整销售价格和投标价格。

（2）如果客户只是为了在交易中得到利益而设计一些难以制造的产品，请予以拒绝并且明确表态这会让企业无法专注地完成主要订单。如果企业有能力，可以为客户提供一些优惠，如更低的费用或更快的运输。

（3）如果原始设计无法顺利用于制造产品并且需要重新进行质量验证，企业可以引导客户选择更新的版本，将产品整合到客户的系统中，或者帮助客户适应产品。与难度更高的产品制造相比，这样做需要的成本更低，资源更少。

（4）退回订单。客户不一定会真的因为这个原因转而投向竞争者。

如果必须完成这些产品的生产，并且还会赔钱，那么要做到以下两点。

（1）不要稀释运营、供应链管理和工程阶段的资源，不要把小批量订单的成本叠加到主订单的成本中，这会降低企业的竞争力或减少收入。另外，尽量将生产外包，或者在本企业的自筹资金盈亏中心完成该订单。

（2）将损失视为销售和营销的费用，不要为了支付这些损失增加优秀产品和高利润产品的负担。

如果不按照上述建议行事，企业可能会耗费新产品开发的资源，为了支撑"亏损"产品带来的过多开销而加重优质产品的负担，还可能拖延盈利产品获得营收的时间。

2.2.9　产品线合理化

有些高要求产品、传统产品和备用件的生产消耗了过多的产品开发资源，而且需要为不常用的零件配备专业人员，甚至需要资源来处理由粗制的、未成型的产品所产生的问题。产品合理化就是指消除这类产品的生产或将这类产品的生产外包出去。

　　一个产品组合中包含过多的产品会占用制造、工程和采购所需的宝贵资源。帮助团队开发新产品的员工必须花时间在众多小批量和不常见的产品上，同时还会在不常用的应急补救措施、解决粗制产品产生的问题以及寻找不常用的零件上下功夫。

　　这些不常见的产品所花费的间接费用较高，通常会亏本（或者带来比预期明显偏少的收入）。为了弥补这些损失，需要优秀的产品来补贴，这将成为优秀产品的一项附加"亏损产品税"。

　　产品组合激增为新产品开发带来了双重打击。制造不常见产品不仅耗费资源，当新产品推出后，也需要为这些无利可图的产品支付"亏损产品税"，从而提高了新产品的销售价格，这反过来降低了新产品的竞争力。

　　这个问题的解决办法是产品线合理化。通过调整产品线或将"亏损"的产品外包，从而腾出宝贵的资源开发成功的产品。产品线合理化不仅立即提高了产品开发能力（因为每当一家企业放弃一项高开销的产品，资源便能得到释放），还会因为取消了亏损的产品线而立即提高利润。产品线合理化的有效方法可参见附录 A。

　　除非这些产品的生产与当前的生产流程和供应链相协同，否则应该合理地取消产品线，或者将传统产品和备用件的生产和管理外包，也可将传统产品和备用件单独划分给一个独立的、具备足够的专门资源来完成所有任务的盈亏中心。如果无法带来盈利，应当缩小生产范围（通过合理化）、提高价格或让运营更有效率。这种做法可以释放用于辅助新产品开发的宝贵资源，而不是通过庞大的补救措施设法生产这些不常见的产品或"死而复生"的产品。如果必须生产传统产品和备用件，要确保收费足以支付所有的成本。

　　将难以生产的传统产品外包有以下优点：（1）终止了对本地支持人员的间接需求，让这些人员能够帮助团队开发新产品；（2）为传统产品提供了单独的间接资源，不需要新产品为这些资源进行补贴，避免对新产品造成不公平的成本提升。

　　将传统产品外包也可能导致成本增加，因为企业仍然需要支付全部的间接费用。如果外包传统产品的总成本超过其销售价格，那么应当在外包之前便将其取消。外包产品也需要良好的文档记录，一些未被记录的"口头相传的信息"则不需要归档。

当外包给自己的工厂，特别是境外工厂，所有转移成本应当由目的地工厂支付，或者在理想情况下，由产品自身支付。转移活动不应该由企业的开发人员来执行，这些人员应当帮助开发团队开发新产品。

如果为了支持高利润产品的销售必须进行传统产品的生产，那么必须做到以下几点。

(1) 量化所有间接成本，包括参与产品开发的所有人力资源的成本。统计传统产品销售将会耗费来自产品设计或产品开发支持团队的所有人员的工时。

(2) 为传统产品设定合理的收费，以支付其所有成本，尤其是可能需要负责这些任务的人员以及为完成暂时性的工作雇用承包商的费用。

(3) 如果有必要，创建一个单独的盈亏中心，以确保传统产品和备用件的相关生产活动有足够的人员配备和支持，而不需要从产品开发团队调用人员。

对于"首要亏损"的产品，收入和总成本之间的任何差额应归为销售费用，或者由有收益的产品支付。如果不这样做可能会耗尽新产品开发和其他改善计划的资源和资金。

不要提供传统产品定制化，除非它们被设计为面向大规模定制[23]并且可以通过灵活的操作（见第 4 章）快速且经济高效地生产。

将难于构建、过于复杂以及需要特殊技能、人员和设备的零件和组件外包。

2.2.10　最大限度地提高现有资源的设计效率

为了最大限度地提高现有资源的设计效率，企业应该确保产品定义和需求文档的完整性和稳定性，以适应新的或不同的需求，避免花费宝贵的资源来重做以前的工作。修改前期工作与在第一时间获得正确的规格相比效率要低得多，需要耗费更多的时间、引入与风险相关的许多问题，并且影响下一个项目前期的准备工作。

企业应该记录、存档和借鉴已有的经验教训以避免浪费资源和时间、避免重复过去的错误技术和方法。

如果团队在一开始就一步到位，那么未来需要的工程变更会更少，这样做可以确保团队成员在设计过程中不会因为迷失方向而降低产品开发的整体效益。因为在变更的影响下者现场环境下完成设计的效率是非常低的。

企业应该专注于产品设计里新颖、关键的方面，而不是设计能够重复使用或直接购买的零件。购买标准的现货零件，而不是设计多余的版本。重用先前设计的细节、零件、子组件和软件代码。使用模块化设计，结合现有模块或者与多个项目共享工程技术。

企业必须最大限度地提高采购效率，避免寻找更便宜的零件（除非这么做能够在不影响时间和质量的前提下大幅降低成本）。将资源从招投标管理中转移出来，特别是从定制零件上转移出来，以便帮助团队完成并行工程，与实施招标相比这将节省更多的费用。

安排供应商并帮助他们设计他们所生产的零件，这比通过低价投标节省更多的资金（见 2.6 节）。同时有助于设计团队获得更多的资源，而不增加开发预算；更快的零件开发并减少零件设计或工具短缺带来的延误；处理那些由经验较少的设计者带来的制造问题时，浪费的团队资源会更少。

企业还必须做好翔实的文件记录，以避免因为买错零件或生产错的产品花费人们更多的精力去弄清楚哪里出错、更正文件记录、快速订购正确的零件、制造正确的产品、重返正确的流程，以及各种其他操作。

企业应尽量避免其他改善项目占用 NPD 的资源。确保其他项目和举措配有足够的人员，不消耗 NPD 的资源或转移 NPD 重心。改善计划的资金应足够支付所有必需的资源，不让其他部门或 NDP 项目提供"免费"的资源。每个人只关注一项主要项目的变化，例如，每个设计工程师应当集中精力关注产品开发改善计划的进程，每个制造工程师应当帮助团队设计产品并实现生产，同时关注制造或质量改进计划中的变化。在摩托罗拉，项目负责人的责任之一就是"能够让自己的团队免受干扰，并且排除那些不积极参与项目的人员"。[24]

企业还应避免将招聘和培训负担转移给核心部门，具备经验的人员的损失和培养新员工将会削弱部门的核心功能。一些缺乏文档记录的企业依赖于"口头相传信息"，这些企业应该尽量减少项目组中具有宝贵知识和经验并且能够将其传达给项目组成人员的核心人员的调动，如果内部人员调整还能为企业带来净收益，可以通过雇用外部人员以最大化整体效益。

企业可以通过更深入的、彻底的前期工作来避免工厂产量增加和实现生产力目标过程中出现的问题。均衡生产以避免人为导致的紧急情况消耗 NPD 的资源，例如大出货量或挑灯夜战以达到周期性的目标。这些情况极可能在关键的时刻导致 NDP 流失关键资源，因为浪费了采购和操作人员的时间，致使这些人员用来推动 NPD 的时间更少。《精益思想》（*Lean Thinking*）一书的作者沃麦克和琼斯表示："要重视销售和生产之间的紧密联系，这有助于防范来自传统销售和接单系统的危害，即通过奖励制度激励销售人员拼命工作，但他们并不了解或者关注生产系统的能力。"[25]

通过遵循最有效的产品开发方法，从而最大限度地提高项目完成的可能性，减少重定向或者项目被淘汰的风险。这些方法包括良好而稳定的产品定义、早期配备所有专业人员形成多功能型团队、汲取过去的经验教训并了解什么可行和什么应当避免，以及为了最快地实现产量提升所做的彻底周全的前期工作。

2.2.11　避免产品开发失败

阿伯丁集团一项调查[26]列举了产品开发失败的几个首要原因，并在报告中对失败产品作了定义：未上市的产品以及推出的产品带来的效益明显低于预期市场份额或利润目标。企业通过运用一个良好的、稳定的产品定义来满足客户的需求，尽早配备专业人员以组建完整的多功能型团队、学习过去的经验教训。周全的前期工作包括提出和解决问题、优化产品架构，以及以足够快的进度生产产品，从而避免产品推出时已过时或市场发生变化，这些做法可以使企业避免产品开发失败。

2.2.12　避免供应链的干扰

供应链的干扰将导致制造工程师和采购人员无法在产品开发中有好的表现，供应链的干扰主要有以下几项。

- 经过寻求、确定和评估，从多个供应商投标中做出选择。正如沃麦克、琼斯和鲁斯在《改变世界的机器》一书中指出的，在最好的企业中，对供应商的选择并不是基于投标，而是基于过去的关系和检验的表现。[27]
- 寻找、确定并评估新的低价投标方以取代目前的供应商。
- 与新的低价投标方合作，帮助他们跟上学习曲线。
- 签订新的合同和变更单，以便让供应商了解材料变化、不同的流程、翻译、CAD 图纸转换和生成新机床的程序设计。
- 解决新的低价投标方关于质量、性能、交货期等相关问题。

2.2.13 优化产品开发项目

企业应致力于优化产品开发项目，确保每一个多功能型团队能够在项目早期组建完成，并在项目早期配备齐全各种人才，包括专业人才和稀缺人才。资源的数量和组合根据难度按比例分配，例如，大项目和投标在启动或提交投标提案之前应当得到足够的资源承诺。

为了防止出现误差，新产品开发资源的预算应当低于总资源的 80%，并确保所有的团队在合适的时间配备了合适的人员。[28]

2.2.14 确保制造工程师的参与性

为了确保产品开发不受到应急补救措施的干扰，并最大限度地发挥制造工程师在产品开发团队的参与度，可将制造工程部划分为三个配备不同资金和人员的小组。

- 新产品开发支持小组（费用由开发项目资金支付；小组由最擅长新产品导入的制造工程师组成）。
- 工艺改进小组（所需费用列入间接费用，但对工艺的改进会节约不少成本；小组由擅长工艺改进的制造工程师组成）。
- 应急补救和工程变更小组（理想情况下，费用由相关产品的盈利支付；小组由对变更单和应急补救过程有一定经验的、劳动成本较低的人员组成，不一定是专业工程师）。

2.2.15　修正关键资源的短缺问题

人员缺失会影响多功能型团队的正常运作，企业可通过有选择地雇用长期或临时员工来弥补关键资源的短缺。通常情况下，以下职位经常出现空缺。

- 制造工程师。他们通常把大部分精力放在变更单和紧急补救措施中，而没有告知设计团队如何通过设计杜绝紧急情况。

- 质量和测试工程师。他们应当在设计阶段确认产品质量是否合格，而不是在后期花费数倍的努力来解决质量问题。

- 各具专长的 DFM 工程师（如专攻电路板或塑料）能够有效地消除一系列后续问题，为了解决这些问题所要付出的代价远远高于可制造性设计的成本。

丰田公司在规划和设计阶段进行改进的成效是在制造阶段进行改进成效的 10 倍以上。[29] 鉴于这种 10 倍杠杆原则，企业雇用人员来填补这些空缺意味着节省了 10 倍的资源。

支持产品开发的小组（制造、测试、质量工程）的开支应当计入开发项目中，从而避免在增加间接费用上受阻。

2.2.16　投资产品开发资源

将产品开发视为一项投资，而不是一项"开支"。一项关于产品开发的巴特尔研发报告发表了如下结论："对研究和开发的支持，被视为是一项开支或奢侈品，而不是一项投资，经常在得不到更多资金时被搁置。"[30] 在德勒对北美地区和欧洲的 650 家企业的一项研究中显示："虽然制造商认为推出新产品和服务是收入增长的首要动力，但他们也认为，产品创新是最不重要的事项之一。"[31]

美敦力公司在研发上的投资

美敦力公司（Medtronic）董事长兼首席执行官比尔·乔治（Bill George）说："企业必须严格地将其利润增加的一大部分重新投资于研发、市场开发和未来的增长机会，不要让一切回到底线。"[32]

美敦力公司将研发支出从收入的 9% 增加到了 12%，尽管他们知道这些投资可能在未来 5 ~ 10 年内无法带来最低限度的回报。[33] 美敦力公司的股东价值 18 年间增长了 150 倍。[34]

通用电气和西门子在研发上的投资

《经济学人》(*The Economist*) 在 2010 年 9 月曾报道："通用电气的首席执行官杰夫·伊梅尔特将公司在研发上的开支提高到其产业收入的 5.6%，这个比例被他称为是'世界级的'……西门子在研发上的开支大约也占据了相同的比例"。[35] 在 2012 年 4 月，《金融邮报》(*Financial Post*) 报道了通用电气的一项声明："本季度的工业订单上升了 20%，而公司旗下大部分业务的销售都有所提升。"[36]

苹果公司在研发上的投资

在苹果公司，创新的一个关键原则是：如果你相信未来，那么你的未来就会依赖研发，不要让研发枯竭。[37]

三星公司在研发上的投资

三星认为，"不断进步是唯一能够保持可持续竞争优势的途径"，并且"一个始终能凭借先锋产品率先进入市场的竞争者，这在很大程度上归功于它对研发的持续不断的投资。"[38]

2.3　产品组合规划

产品开发至关重要的第一步是决定开发什么。产品组合规划是决定开发什么产品的过程。具体规划如下。

- 合理安排产品开发的力度，将资源重点投放在有利可图的产品上，最大限度地提高总收益占据总成本的比例。总收益包括所有变型产品和衍生产品随着时间推移可能带来的潜在收益。总成本包括候选产品所产生的一切间接费用。丰田公司采用"多项目管理方式来优化多个并行项目的共享资源"。[39]
- 对客户和客户群进行划分，重点关注在当前和未来能够为企业带来利润增长的对象。[40]
- 根据新技术、风险、成本、时间等难易程度按比例分配最佳资源（计数和混合）。

- 了解所有变型产品真实的盈利能力，以便从给定的资源获得最高的回报率。

- 为最有价值的客户和客户群体编制说明文件。使用这些说明文件帮助优化产品开发机会、审核异常或进行小批量销售，并且合理地排除高开销、低利润的产品。

- 重点关注能够从产品开发、运营和供应链管理的协同效益中受益的产品系列。挖掘能够让产品从针对标准产品的按单生产和特殊产品的大规模定制中受益的机会。[41] 丰田公司平均在每个平台上制造 7 种不同的车型，最大限度地提高不同车型的可靠性。这些平台可以正常使用 15 年之久。[42]

- 围绕多样化的产品和灵活的流程进行产品组合规划，以便：（1）较容易地满足预期范围内的产品广度和定制化的要求；（2）有潜力满足客户的更多需求；（3）可以很容易地适应不断变化的趋势和升级的可能。

- 凭借产品组合本身具有的低利润对其进行合理规划以避免商品陷阱，同时对产品设计进行创新，实现低成本生产和高利润销售。为蓝海市场中的突破机会保留资源和预算[43]，此时的创新产品将会创造无竞争市场。基于跨越了 100 年、30 个行业的 150 项战略行动的研究和分析，蓝海战略提倡通过价值创新同步实现差异化和低成本，[44] 这个目标也得到了大规模定制的支持，它能够以较低的成本实现溢价。[45]

- 使用上述所有技术确定产品组合的优先顺序以最大限度地从现有资源获得回报。确保所有获批的项目能够得到足够的资源和最佳的人才组合，以便进行周全的前期工作，并且让整个项目始终有条不紊地进行。

- 理性、客观地进行所有产品组合的相关决策。避免因为自动升级、诱人的市场机遇、令人兴奋的技术、冲动、重点工程、竞争性先例等诱惑做出产品组合的决策。不要让组合决策受到政治、投资者、附加物、惯性、恐惧、不切实际的期望、员工口头互传（例如"我听说有的地方……"）的影响。

- 不要把组合仅局限于产品，而应投资在对未来产品的研究和模块开发上。

- 将总成本值作为所有产品组合决策的成本基础，如第 7 章所讨论的。规划用途广泛的新产品以缓解现有产品对资源的需求，合理刨除难以构建或低收益的产品。

2.4　平行产品和未来产品

每个产品开发团队应当与其他平行产品开发团队进行协调，以共同建立可兼容的设计策略，共享共同设计特性的工程工作，确定所有项目均可使用的通用零部件，并且设计可用于多个项目的模块。此外，开发团队需要对未来的项目进行考虑，从而为当前和未来项目制定设计策略，规划当前产品的升级模式，分离最有可能出现变化的领域，尽量减少未来项目的工作，并且设计能够运用于未来产品的基本模块。

管理学大师彼得·德鲁克（Peter Drucker）已经针对一原则提出了一个强有力的版本。[46] 他建议采取以下步骤，其中配有工程师、科学家、营销员和制造商的一个团队在创新的三个层面协同工作：

（1）在最底层，他们对现有产品进行逐步改善；

（2）在第二层，他们尝试一次有力的跳跃式改进；

（3）第三层是真正的创新。

该观点主张，开发团队应针对每个产品运用同样的时间和资金投入，创造三种新产品，这三者之一将会成为新的市场引领者。

类似的是，《2010 大趋势》（*Megatrends 2010*）报道："美敦力公司每推出一款新产品，就已经开始着手于研究产品升级的新工作。"[47]

任何时候，飞利浦公司都在积极地研究三种产品：第一种是正在生产阶段的产品，第二种是最终开发的产品（不接受重大改变），第三种是处于概念生成阶段的产品（这就是新观念介入的阶段）。[48]

在索尼，从第一台机器刚被生产出来的那一刻，甚至在它还未上市之前，工程师们就已经回到了设计台前，开始改进和优化最初的蓝图，以此提供给消费者更好听的声音和更高质量的磁带。[49]

在美国科郎（Crown）公司，当公司开始开发三轮座驾式平衡重叉车时，设计团队心里已经对未来的四轮叉车模型的开发有了概念。这让他们一并考虑与这两项应用相关的设计挑战，并从根本上让团队在同一时间能够勾勒出两个模型。[50]

美国最大的卡车车身制造公司 Knapheide 致力于开发产品的数字模型，并预先向潜在客户展示这些模型。这使该公司能够在设计过程的早期阶段获得反馈；然后，他们在整个开发过程中会继续与潜在客户分享虚拟原型。结果是，在产品首次推出后就能引起客户更大的兴趣，从而引发新的群体效应并促使销售数量的加速增长，因为客户得到了他们需要的产品。[51]

在所有例子中，许多零部件在设计方面是相同的，其他方面也是相似的。在第一层，设计人员可以不考虑连接器、附加容量和未来功能的空间扩展。客户和影响渠道也可以是相同的。采购代理通常得到当前模型或产量的报价，而他们也能够很容易地得到后续替代零部件和更高产量的报价。

2.5 团队作为整体设计产品

下面的讨论既适用于多功能型团队，也适用于个体，无论从哪个角度出发，企业都应当让员工积极地参与运营、供应链管理、质量管理以及客户联络等层面。

- 团队应该作为一个整体协同地设计产品。在多功能型设计团队中，所有成员都应该共同参与产品设计。
- 团队应当在概念 / 架构阶段与设计阶段之间设立过渡性的中段里程碑。这些里程碑是无法单方面指定的。
- 团队成员不应该只通过电子邮件来讨论一些重要的问题，而是应该使用面对面交流的快速对话方式进行沟通。
- 团队成员不对图纸或原型进行改动；在某些东西已经被设计完成或在设计评审阶段时，不要给出第一意见；不要仅在每周例会的时候做出反馈。
- 团队应该作为一个整体进行工作，而不是一群人的组合。团队成员应该通过沟通、讨论并尽早地解决所有问题。在 IDEO 设计公司，有一个流行的说法"我们这个集体比我们之中的任何一个人都更有智慧。"[52]

2.5.1　关卡、审查和定期会议中存在的问题

科尔尼管理咨询公司在《工业周刊》发表了一篇关于新产品开发典型的严格流程："大多数公司都完善了产品开发过程，严格地设立了固定关卡、多个中段里程碑和审查过程，以确保产品开发已经走上正轨并且符合预算。虽然这种方法很谨慎，但是其效率低下，并且在需要添加额外成本要素的时候速度过慢。"

该文章介绍的超低价的产品开发已被用于开发 2200 美元的 Tata Nano 汽车、100 美元的计算机（为"每个孩子一个膝上电脑"基金会提供）、35 美元的手机和低成本的医疗产品，如西门子核磁共振系统——让小诊所和乡镇卫生院能够获得高质量的医疗服务，而其成本仅仅是标准核磁共振设备的一小部分。

文章总结了如何实现超低成本并保证开发时间的目标：要开发一款超低价产品，同时满足紧迫的上市目标，公司应该开发和部署一个灵活的产品开发流程，消除大部分的中间审查和关卡，但保留主要的关卡。

这个过程不需要频繁的跨职能的工程审查，只需要确保跨职能工程及时投入到开发过程中，同时最大限度减少设计冻结后的变化量。

这与 DFM 的原则相一致：不仅主张替代这些中间审查过程，同时建议以按需举行小型会议（下面进行讨论）的方式来取代定期会议。IDEO 公司的 CEO 蒂姆·布朗（Tim Brown）对此表示赞同："好的创意很少会在例会上出现，并且在持续不断的每周会议期间很可能枯萎然后死亡。"[53] 因此，企业应该根据需求及时举办小型会议。

2.5.2　小型会议

与其在定期会议上试图完成并行工程和多项正式审查的任务，团队成员应当保持持续的协同工作，然后召开小型会议进行决策并且解决当前发现的问题。这样做设计受到了持续不断的"审查"，团队内部和外部的人员应该及时聚集在一起参与"同行评审"，而不是积累问题直到某次会议召开再解决。

团队领袖在任何适当的时机都可以召开小型会议，邀请相关人员参与。除了保持与其他团队成员之间的对话，任何团队成员都可以要求领袖召开小型会

议。在适当的时候，团队领袖可以召开小型会议向管理层展示进度。管理层或工作人员可以要求团队领袖召开小型会议以跟进公司、市场、技术、法规等方面新的发展状况。

福特 2009 年成功进行的"臭鼬项目"（见 11.7.2 节）快速地开发了新型"蝎式"柴油发动机，"通过随时随地了解其他人在思考什么、遇到了什么问题，我们得以节约数个月的时间。"[54]

2.5.3　创建多个模型并进行早期实验

IDEO 公司着重强调创建模型的价值，他们称之为"原型"："建立原型让我们能够同时探索各种想法。早期的原型应当是快速、粗糙且廉价的。随着对一个概念注入更多的投资，公司能够实现更多的预期。"

产品设计人员可以使用廉价且易于操作的材料，例如卡纸、冲浪板泡沫、木材，甚至是他们随处找到的物体和材料——任何可以用胶水、胶带或订书钉结合在一起的材料，来创造一个概念的实体近似模型。[55]

IDEO 公司通过多次实验来避免武断的决定。大多数让人担忧的问题是复杂的，而一系列早期试验往往是在各种不同而且互相排斥的方向之间做出选择的最佳方法。[56]

2.5.4　参与制造

确保可制造性的一个最有效的方法是，所有人尽早积极地参与制造过程，其中包括制造工程师、模具设计师和任何经历了与装配、产量、质量、检测、维修和生产倍增相关的问题和订单变更事件的人员。在设计阶段预防这些问题比当产品进入生产后再试图解决它们要容易得多。

下面列出了制造人员在产品开发团队中应当优先考虑的内容。

- 当产品在设计时没有考虑可制造性，应当充分地传达遇到的困难及其导致的后果。
- 把这种经验转化为可操作的前瞻性设计建议和制造策略，包括：
  - ◆ 处理策略，如过程选择、零部件和产品的流通，以及可用于所有产品系列的可变元件和管线的设计。

- ◆ 研究自动化和数控机床的最佳利用方式，如果有必要，将它们改进得足够灵活以应对高混合性的操作（大规模定制）。
- ◆ 优化外包和内部整合的决策。[57]
- ◆ 帮助团队选择和找到现成的可用零部件。
- ◆ 零部件和原材料的补给策略。
- ◆ 确定采购的零部件和材料的供应基地。
- ◆ 零部件由供应商设计。
- ◆ 早期发现潜在的供应商，并且安排其在早期阶段就参与到设计团队中。
- ◆ 保证质量和可靠性的策略与测试。
- ◆ 防错策略。
- ◆ 定制、配置、产品多样性、扩展和衍生品的制造策略。
- 帮助团队设计出实际产品。
- 对与新产品开发相比无法给公司增加真正收益的任何干扰行为予以驳回，例如针对现有产品的成本降低尝试、制造小批量或不常见产品、接受不常见的定制要求、打造纯铜产品、零配件生产、实施大型 IT 项目、寻找符合条件的新的低价投标人并让他们掌握学习曲线、处理低价投标人的质量问题，等等。
- 早期投入并且积极参与团队工作，仔细发现和解决所有与制造相关的问题。积极主动而且行事有力以确保产品设计具备可制造性。

在丰田，制造和生产工程师非常早地就参与进了设计过程——在概念开发阶段和设计工程师一同合作，针对制造上的问题提出各种意见。[58]

2.5.5 采购部门的角色

采购部门需要从仅购买工程师们指定的零部件转变为在更广泛的范围内寻找合适的零部件，从而最大限度地在产品的生命周期内提高零部件的可获得性。广泛搜索理念在 5.19.1 节中有进一步的讨论。

实现这种可获得性需要资金的支持。但在成功避免了因可获得性问题导致的订单变更的问题后，这种做法所节约的资金远高于采购成本的增加。

采购人员应当寻找这样的供应商——他们的其他客户也面临同样的挑战，有同样的质量要求以及使用期限；采购人员还应当对供应商的质量、交付能力和稳定性方面的资质提出要求。

有潜力的新零件应当通过资格预审，从而让工程师将其纳入新的设计。使用现成的可用标准件能够避免漫长的交付时间，在紧急情况下，项目组也可以彼此借用标准件。

2.5.6　团队组成

团队的多功能性是指所有相关专业领域都有所涉及（详见 2.9 节）。核心团队成员可以是全职人员，其他成员可以是兼职人员。团队应当有一个强大的领导者，这将在 2.7 节进行讨论。

在概念 / 架构阶段，团队人员配备应包括：

- 系统工程师（系统架构师），其关注点是简化概念、优化产品（系统）架构、系统集成、布线、现成部件选择等；
- 优化产品架构所需要的所有部门和专业人员（见 3.3 节）；
- 关键部件的设计人员，他们应当尽早并积极参与产品或部件的系统工程，从而帮助优化能够决定零部件要求的系统架构。

在设计阶段，团队人员配备应包括：

- 足够多的系统工程人员，以确保最佳的系统架构；
- 由零部件和子系统设计人员和制造人员组成的、协调良好的工作组，他们在工作中共同设计零部件和工艺流程；
- 制造工程师——与零部件设计师一同协作；
- 采购代理——帮助工程师选择零部件；
- 测试工程师——开发并测试夹具和设备；
- 软件工程师——编写代码。

在苹果公司，大家相信，让所有的专家齐聚一堂——机械、电器、软件、工业工程师及产品设计师，能为产品开发带来更全面的视角。[59]

2.5.7　团队连续性

项目的成功依赖于员工的连续性和责任的一致性。团队应当由各类型的人才构成，从而使整个项目具备足够的专业广度。企业资源规划应维持以上这种状况，参考 2.2 节中提出的方法。

以下是飞利浦公司的团队连续性策略。

团队从规划、设计、互动解决问题到最终交付产品应连续跟进。团队构成的持续性有助于团队成员快速发现问题、共享知识和快速做出决策。虽然新人偶尔加入这个过程，但总体的连续性在反复趋近最终设计的过程中是必不可少的。[60]

2.5.8　兼职人员的参与

规模较小的公司可能没有足够多的资源为整个开发团队配备全职人员。这些公司可能将专家（例如负责规章制度、热流量分析、应力分析或公差分析的实验设计人员）以兼职的形式分配到多个产品项目中。至关重要的是，在制定基本决策的时候，每个团队应当在早期配备一个完整的专家组。因此，这些兼职人员不应该被分配到太多项目中，使他们不能对所有项目做出有意义的贡献。

施美德（美敦力公司的一个分部）确保兼职人员专注于他们负责的所有项目。为了确保工程师对项目足够关注，施美德要求每一位工程师不能同时负责两个以上的项目。施美德无法承担因为时间冲突导致热门新产品上市时间被拖延所带来的损失。[61]

2.5.9　引进外部专家

企业可以通过引进顾问、专家和承包商来满足高峰需求、增强多样性，并在需要时引入特定的专业知识。

注意，在团队有需要的时候确保这些人员可以马上到位，并且确保核心或专有知识的安全性。

为了避免因为"非我所创"问题导致质量或上市时间受到影响，施美德在需要的时候雇用了外部专家。[62]

2.5.10 多样性的价值

企业拥有多领域员工的一个重要好处是，他们可以带来各种各样的经验和观点。这种多样性将帮助团队完成一些重要的任务，如发掘问题、解决问题和创造思想。在比尔·乔治（Bill George）担任美敦力公司董事长兼首席执行官时，他曾说："多样性，以及它所引发的激烈争论造就了最佳的决策。团队成员通过广泛地交流经验可以避开陷阱并做出更好的决定。"[63]

2.5.11 鼓励真实的反馈

企业鼓励反馈并接受有关产品开发的所有消息，创建一个开放的文化氛围，可以让大家在早期发掘并讨论问题，从而专注于解决问题。

当福特公司美洲地区的总裁马克·菲尔德斯（Mark Fields）从 IBM 来到福特公司的时候，他对没有得到上司批准则不允许在会议上提出问题的传统感到失望。[64]

在《为什么巨人倒下》（*How the Mighty Fall*）一书中，吉姆·柯林斯（Jim Collins）提出，领导者在第三阶段开始退缩，拒绝风险和危险，领导者忽略负面数据，放大正面数据，并且把含糊的数据解读成正面信息。[65] 他把走向下坡路的团队描述为"在面对不愉快的事实、惩罚和评论时，人们以那些大权在握者为盾牌，试图在困难的现实里找到光芒"。他将走向上坡路的团队描述为"人们把严峻的事实摆出来——'过来看看，这简直太糟糕了'，然后进行讨论；领导者从不苛责那些提出严峻现实问题的成员"。

2.6 与供应商 / 合作伙伴的关系

2.6.1 供应商或合作伙伴的价值

并行工程的主要优势之一是供应商（这里指为你的公司制造定制部件的供应方）在早期能够积极参与。实现这一点的唯一方法是通过过去的关系和合作记录对供应商或合作伙伴进行预选。为了让他们在早期就能积极参与工作，你要保证他们在之后的合作中能够得到切实的收益，否则，如果你与供应商协定后还进行招标，就会破坏你和供应商之间的关系。

《工业周刊》在 25 家名列前茅的候选企业中就"最佳工厂"的排名展开了调查，结果显示，92% 的企业强调供应商应该在产品开发早期就加入工作。[66]

丰田公司在产品开发项目早期进行供应商的选择，确保业务合作，并且把供应商作为产品开发团队的扩展部分。[67]

团队合作在摩托罗拉公司被嵌入了企业文化，这是公司能够与供应商成功达成联盟的原因之一……团队注重质量（广义上的）、速度（在去除一些无法增值的步骤方面）和成本。[68]

超低价 Tata Nano 汽车的开发同样在产品设计早期阶段得到了供应商全面的参与，供应商被赋予了全面的设计灵活性。[69]

2.6.2　好的供应商能降低成本

供应商参与零部件的设计将大大提高产品的可制造性、质量和交货时间，从而节约制造和质量成本。对供应商所拥有的设备而言，他们非常了解 DFM 的准则。

与供应商进行长期合作可以降低成本，首先，在深入的互动下，他们能够更好地理解零部件的要求；其次，良好的协作能最大限度地降低成本；最后，他们不需要为了应对未知客户而准备"缓冲"的余地。

供应商关系方面的一位权威专家表示，供应商通常将一部分风险溢价添加到他们的定价中（从而提高了客户的成本），以承担保密或未知的客户要求或者以后可能需要调整的设计缺陷所带来的损耗。[70]

武断决策会增加不必要的成本和发货时间并折损质量，而供应商能帮助我们避免这种情况。最糟糕的武断决策是样式决策，特别是设计师把一个漂亮的外形设计直接交给工程部，而后来又被甩给了制造部，最后交给供应商生产，此时，该工具的生产方与设计师之间隔了两道门槛。如果设计师直接与生产方协作，产品将会同时具备好看的外形和容易生产的特性。

与设计团队之间的沟通能让供应商充分理解其所面临的挑战和问题，分享他们的经验和在相似应用上的教训，在早期针对"假设"提供建议并最大限度地提高可制造性，使总成本最小化。

与供应商的合作关系得益于学习关系，和供应商相互学习，从而让每项工作能够更好、更快地进行。

提前选定供应商之后，采购人员能够帮助团队做出最好的零部件选用决策，还能找到成本、质量和交付时间之间的平衡点，为提高产品寿命优化其可用性，等等。当摩托罗拉开始推行并行工程的时候，它发现加入团队的供应商是项目成功的主要贡献者。[71]

如果没有让供应商提前参与，设计将被直接丢给供应商。除非设计师能深入了解工艺流程（这往往很罕见），否则设计不会得到最优的制造性。更糟的是，供应商很难对设计进行更改，原因如下：（1）没有时间来更改；（2）通常没有更改预算；（3）到了生产阶段，大多数更改将难以进行。6.11 节讨论了相关的原因。

2.6.3 供应商的选择

彻底评估潜在的供应商，并根据以下方面进行选择。

- 供应商的能力、过去的关系以及表现记录——不以低投标为标准。[72]
- 供应商的财务应稳定，可根据美国邓白氏认证或其他相似报告判定。
- 你的业务是他们的核心份额之一，尤其包含有任何与传统操作流程不同的不常见的特别要求或变化时，这一项更重要。
- 考虑到与其接触和交付的容易程度应将本地供应商作为首选。
- 如果与供应商为其他公司提供的服务有相似性和协同性，尤其考虑经验、曾用零部件、制造 / 装配机械以及测试设备，那么将最小化学习曲线、延误、交接、零部件变更和程序重写，并且因此能够最大限度地降低成本，把控质量和交货时间。
- 选择愿意在早期参与到团队中的供应商，在帮助设计零部件的同时可以体现他们的加工能力和局限性。
- 选择能够很好地进行协作，献计献策，并提供诚实、坦率反馈的供应商。

丰田希望供应商为自己着想、具有挑战性并且为流程提供能够增值的想法。[73]本田选择供应商的标准是他们在管理上的态度。[74] 作为一个以理念为导向的公司，本田认为传授产品和工艺的知识比寻找一个有技术并具备正确的态度、积极性、响应力和整体竞争力的供应商更容易。[75]

2.6.4　将供应商发展为合作伙伴

企业应当将供应商发展为合作伙伴关系。丰田汽车业务的创始人丰田喜一郎说过："第一级的供应商，必须是研究上的合作伙伴。我们不仅仅向他们购买东西，我们也让他们帮我们制造东西。"[76]

企业不要只询问报价后就把一个配置抛给供应商。与供应商合作，探索各类"假设"条件的情境，了解供应商的工艺、敏感度和处理能力，从而最大化地提高设计的可制造性。直接的互动和观摩访问是首选方式。

团队成员应当直接与供应商工厂的相关人员进行互动（确保团队内的采购人员参与其中），而不仅仅与供应方的采购部门或供应商代表联系，因为他们可能并不了解你的产品甚至他们自己的流程。

供应商应该做到以下几点（惠普的标准）：（1）帮助设计产品；（2）快速建立原型零件和短期项目的零件；（3）建立生产经营单位。

企业不要因为产量增加而更换供应商，因为这会给生产流程和相应的统计数据带来波动，导致意想不到的问题出现。同样，不要为了"更低价格"的零部件而更换供应商，因为总成本（包括变更的成本）通常会更高。不要因为第一次令人失望的表现就放弃一个供应商，可以通过合作使其达到要求。一般情况下，不要随便更换供应商，可以通过多个项目建立融洽、合作、对话和反馈的双向学习关系。

企业不要迫使供应商降低成本。如果他们不知道如何降低成本，可能会偷工减料或削减利润，这两者都不能培养良好的原始设备制造商；相反，企业应该在早期与供应商共同努力，主动降低总成本。丰田生产系统之父大野耐一曾说过："母公司通过欺压供应商提高经营业绩的行为完全违背了丰田生产系统的精神。"[77]

有一项对供应商的调查发现，虽然丰田被评为"最苛刻的客户"，但也获得了 415/500 的好评分，远高于通用汽车的 114/500 得分。具体来说，原因如下：

- 与新加入还处于熟悉阶段的供应商协作，让其跟上速度；
- 在产品开发过程的早期向供应商做出承诺，并且信守承诺；

- 制定简单并且适用于整个产品生命周期的合同；
- 擅长在成本和质量之间保持一个最佳的平衡；
- 尊重合同；
- 礼遇供应商，尊重知识产权的完整性；
- 与供应商合作实现价格目标。[78]

2.7 团队负责人

产品开发团队的负责人是成功的关键。在产品最初阶段到稳定生产阶段应该有一名单独负责人，负责所有的目标、活动、计划和交付。

麻省理工学院的一项研究对产品开发项目最成功的项目经理进行了深入调查，他们既身为领导者，同时也是项目的带头人。

在日本汽车公司，每一个新的产品都分配给一位项目经理，项目经理作为产品的带头人，在公司具有权威性，并与他的工作人员一起伴随着产品从概念阶段直到生产推出。[79]

此外，一个优秀的产品开发团队领导者应当做到下面这些事项。

- 尊重团队和管理，并且比管理员更关心团队。实际上，过多关注预算和进度会扼杀创造力和重要的架构阶段的优化。
- 适当地、广泛地关注各方面工作，抵制只考虑功能性或者过早地开始设计配件的诱惑。
- 深入理解概念 / 架构的重要性，追求最优性，并且能顶住来自团队或者管理层的压力。
- 确保团队成员作为一个整体协调工作，而不是回到他们的工作隔间里分头工作，引导团队完成所有第 3 章讨论的前期准备工作。
- 鼓励团队成员发现问题、解决问题，而不是只看表面现象。
- 确保每个阶段的工作在走向下一个阶段之前都彻底完成。
- 如果所有的原则没有在全公司实行，团队领导应当创建一种微气候环境让团队成员可以马上实施这些原则。

2.7.1 丰田公司团队负责人

在丰田公司，一位优秀的团队负责人[80]（被称为"首席工程师"）应具备以下特质：

- 对客户想要什么有一种天生的敏锐性；
- 卓越的工程技能；
- 直观但以事实为基础；
- 乐于创新但对未经证实的技术保持怀疑态度；
- 有远见又有实践性；
- 是一位进取心强的老师、推动者和严守纪律者，但也是一位耐心的听众；
- 以一种不妥协的态度实现突破性的目标；
- 一位出类拔萃的沟通者；
- 随时准备亲自投入基层工作。

关键决策、指导、游说资源、建立共同的愿景、推动产品走向更高水平，以及实现质量、安全、成本和时间目标都由首席工程师带领。[81]

2.7.2 摩托罗拉公司的团队负责人

一个好的项目负责人最坏的敌人是办公室的桌子和椅子。相比坐在办公室里，项目负责人应当每天至少访问项目组成员一次……项目负责人必须对实现目标非常执着……他们必须愿意在顶端发声，并且在出现障碍时勇于提出问题……项目负责人确保团队成员之间进行持续、稳定的沟通。[82]

2.7.3 摩托罗拉公司的团队负责人和发起人

从本质上讲，一个跨职能团队的成员是被精心挑选出来的，他们专注于共同的目标，同地办公，并且由一位负责人领导，这个负责人在整个项目期间都是全职的项目经理。[83]

摩托罗拉公司有一位团队执行发起人，他是一名早期带头人和支持者，同时也是项目负责人并帮助团队付诸实现的直接上司。在某些情况下，执行发起人向董事会提交投资建议书。[84]

2.8　同地办公

并行工程在产品开发团队与制造部门距离最接近的时候效果最好，能让整个团队频繁会面，作为一个整体共同完成本书所建议的所有任务。让制造部门人员与产品开发人员在不同的地方工作会削弱团队在可制造性设计上的能力，有时候这种影响非常严重。主要的问题如下。

- 意识。设计工程师对生产作业无法频繁地进行第一手观察，也无法与生产人员进行直接的、面对面的交流，从而降低了并行制造产品和展开工艺的可操作性。
- 团队合作。如果因为距离降低了会议和互动的次数，制造部门人员对团队工作的贡献将受到损害。更远的距离使面对面交流的机会减少，进而降低了团队合作的有效性，并妨碍了自发性交流的机会。

2.8.1　离岸外包对并行工程的影响

远距离的外包制造行为会大大降低并行工程的有效性，除了距离、时区、语言和文化差异（公司之间和国家之间）的挑战，接触其他公司的员工也变得更加困难。这种分离式工程的效用在 4.8 节详细介绍。

2.8.2　项目室

每个多功能小组应当为每一个项目准备一个专用的项目室（也称"大房间"，日语称"大部屋"），有足够的空间容纳所有人并能展示团队工作的图表、图纸、实验、样品、模型、原型等。如果没有这样的设施，一些自发性讨论会因为缺乏会面的地方而受到阻碍。大部屋在丰田文化中所起的作用是，它让产品开发的不同参与者在项目的整个周期内积极地聚集在一起（一周举行多次会议），这有助于实现快速决策和信息共享。[85]

团队和团队负责人（首席工程师）几乎每天都会聚集在大部屋内，进行实时决策，而不是举行定期会议时才决策。通常情况下，每两天所有团队成员都会聚集在那里。[86]

在 IDEO 公司，我们有专门的房间举行头脑风暴会议，规则直接写在墙上。[87] 实时可见的项目材料帮助我们确定模式，并鼓励融合创新，比起让这些资料存在文件夹、笔记本或 PPT 里，这么做能够让工作更容易进行。[88]

如果难以配置项目室，应当让商业模式确定设施的规划，而不是反过来做。

2.9　团队成员和角色

设计团队应包括设计工程师、制造工程师、服务代表、销售经理、客户、经销商、金融代表、工业设计师、质量和测试人员、采购代表、供应商、监管合规专家、工厂工人、专业化的人才以及来自其他项目的代表。首先，这有助于确保所有的设计考虑能够被覆盖；其次，这种多样性能够获得来自多个方面的考量，带来更好的设计。这种多样协同的团队与仅由设计工程师构成的单一团队相比，能够创造出更好的设计。

本田产品开发工艺的关键原则是信任，这源于团队协作以及知识共享与平等，即"承认、尊重并且从个体差异中受益"。[89] 诺基亚公司研究主管卡伊·林登（Kai Linden）表示："诺基亚各个研发分支努力的共同点都源自产品开发的并行工程系统，这让产品开发、销售和生产单位能够有效地进行协作"。[90]

重要的是，企业应让所有团队成员尽早地聚集起来并且积极展开工作，从而为设计团队做出有意义的贡献。团队里的每个人都应该很好地协同工作，并接受其他人做出的贡献。团队成员可以不都是全职人员，但是他们不应该过分专注于其他工作，以至于无法做出有意义的贡献。所有团队成员应当积极参与产品的研发，而不是等待设计师设计出一些东西然后对这些设计做出反应。下面介绍一些关键的团队成员。

2.9.1　制造和服务人员

制造部门和服务部门人员的参与是至关重要的，他们能确保产品开发团队将可制造性和可服务性融入产品当中。制造工程师有职责确保产品设计符合目前使用的稳定工艺或者伴随着产品设计而并行规划出的新工艺。制造和服务人员不应该直到有图纸标定时才出现，他们的作用是协助产品设计，并不断确保所设计产品的可制造性和可服务性。制造工程师不应当参与制造过程中出现的日常紧急情况和补救措施，因为通常紧急事项与重要事项相比会被优先处理。

若制造工程师将参与设计视为一种转向工程部的职业机会，往往会引发一些问题，容易将产品某一部分设计得非常符合可制造性，而忽略了产品其他部分的可制造性。

制造和服务人员能够提供极有价值的信息，可以通过邀请他们填写工厂和现场服务反馈调查表（见附录 C）来获取这些信息。

2.9.2　加工工程师

加工工程师的加入，能够在当需要新的或者定制的工艺和工具时，随着产品并行地一同被设计出来。

如果目前的制造程序无法满足成本、时间或质量的要求，那么就需要同时开发新的工艺。

加工工程师要寻找机会创新工艺以取代速度慢、成本高、质量差的工艺，还要并行地开发更高效准确的能够快速装载、部分机械化或者自动化的模具和夹具。

2.9.3　采购人员和供应商

采购人员应当帮助设计团队选择零件从而实现成本、质量和可获得性的最佳平衡。工程师不应该只把零件的单一规格抛给采购人员让其去购买，而应该提供零件的性能范围，让采购人员能够在整个范围内寻找价格合适且容易获得的零件。有时候，在大量生产和广泛使用的前提下，更高性能的零件可能具有更低的价格且更容易获得（见图 5-3）。

采购人员还应为定制部件与供应商建立合作伙伴关系，如 2.6 节所讨论的。这些合作伙伴关系应该替代招标方式，其原因将在 6.11 节进行讨论。

2.9.4　市场营销人员

市场营销人员是连接产品与客户的桥梁，他们必须帮助团队定义产品，以便满足客户的需求。产品定义将在 2.11 节讨论。

工程师和市场营销人员之间的合作是成功开发产品的关键因素。一项关于 289 个项目的研究发现，当工程师和市场营销人员关系"和谐"时，只有 13% 的项目出现了问题。相反，当关系"严重不和谐"时，仅有 11% 的项目能够成功！[91]

2.9.5　客户

产品开发团队应当贴近客户并且了解他们如何使用产品。丰田公司工程师花费数月与客户和经销商对话以了解客户在新的产品设计中需要什么。[92]

美国医疗器材制造商盖丹特公司（Guidant）在开发外科手术工具的过程中，一个重要的环节是在得到客户理解之后，让工程师观察外科手术流程并且获取客户的直接反馈。

惠普公司的医疗产品集团（现在属于飞利浦）在开发超声像系统的过程中，公司为医生建造了全尺寸非功能性的模型，让他们评估这些产品在医院中的可使用性。这使得产品开发团队在用户层面获得了有价值的早期反馈，其中包括戴着手套的医生如何握取探头、打开开关、伸缩线和长度、显示屏的读取以及把设备从一个房间移到另一个房间，等等。

美国乐柏美日用品生产公司早期获得成功的一个原因是，产品开发团队非常贴近客户和产品，从而最大限度地减少了市场检验，大大减少了产品上市的时间，并且使竞争对手很难复制其产品或者生产能够与之抗衡的产品。[93]

让客户亲自参与产品开发已经变得越来越普遍。当波音公司开发 777 客机时，邀请了公司的客户——航空公司的代表来帮助设计产品。起初，波音公司的工程师对此尚存疑虑，但是他们很快从详细听取而来的客户意见中获取了有价值的信息并且加入到了设计当中。[94]

美国施乐公司在产品开发过程中采用了集思广益或者"与客户一同畅想"的策略。他们的目标是"召集熟知技术的专家以及了解产品痛点的客户"。[95]

玩具制造商乐高集团多年前就开始直接以客户为目标——尤其是那些机器人爱好者，从而指导该公司所生产的机器人玩具 Mindstorm 产品系列的开发改进方向，公司还通过创造一个用户面板来激励公司改进机器人套件。[96]

半个世纪前，ABB 公司（前身为瑞典 ASEA 公司与瑞士 BROWN 公司）收购了一家制造电表的美国小型公司。他们的产品开发团队邀请了代表不同类型的乡村和城市市场的 7 家客户（来自公用事业单位）。公司和客户签订了保密协议，而且这些客户在他们帮助开发的未来产品上能够得到优惠。因为有这样的客户参与开发，新的电表占领了市场，很快成为标准使用电表。

1929 年，由 28 家有轨电车运营商（客户）组成的财团和 25 家制造商花费了 5 年时间共同开发了下一代具有更加速、更安静、符合空气动力学原理以及回馈制动系统的 PCC 电车。这是一个巨大的成功，在美国售出了 5000 辆，在欧洲则售出超过 20 000 辆。数百辆电车今天仍然运行在各大城市，如旧金山、费城和波士顿。[97]

让客户参与设计为企业带来了一个附加价值，那就是客户能够和产品产生关联，因此当新产品推出后，他们往往会成为忠实的客户。

《工业周刊》在 25 家名列前茅的候选企业中就"最佳工厂"展开的调查表明，96% 的企业让客户参与了产品开发过程。[98]

2.9.6 工业设计师

工业设计师这样的创意型人才是设计团队必需的一部分，他们不会将产品样式在没有任何解释的前提下直接丢给工程部人员。如果没有工业设计师的配合，工程部人员只能自己思考如何把一切功能塞入一个漂亮的外壳。

令人振奋的是，业界领先的设计公司已经逐步从注重造型演变为在设计中考虑工程性、可制造性和可获得性。[99]

2.9.7 质量和检验人员

对诊断测试的需求依赖于公司的质量文化。如果产品设计注重质量并且能将可控的工艺流程结合到产品中，那么产品"掉队"的概率会很低，可能并不需要诊断测试。

在 IBM 公司，如果产品在预测中合格率超过 98.5%，那么就不再需要诊断测试开发和昂贵的自动测试设备（Automatic Test Equipment，ATE）。高于这个阈值，弃用有缺陷的电路板耗费的资金比起支付测试设备和测试开发项目所需要的资金来说更合算。ATE 测试耗费数百万美元，而对于一些印刷电路板来说，测试开发过程往往超过了成本并且会延迟产品开发。

2.9.8　财务人员

财务人员通过提供相关的成本数据可以协助管理层决策，这些数据无法从大多数审计系统中自动获得。实施基于活动的成本管理（如第 7 章所讨论的）时，可以从总成本角度考虑，这些总成本数据会使得决策更理性（例如，质量 /诊断的权衡分析、制造 / 购买决策、现成零部件、量化质量成本，以及量化因为标准化和模块化所节约的间接成本）。

2.9.9　法律代表

每一个设计团队都需要法律代表来确认最初的产品设计符合所有的法律法规，而不是需要通过昂贵、费时的修改来实现。未来的法律法规也需要考虑，因为有时候法规的变化太快，导致制造商来不及用下一个产品开发周期来应对，因此一些公司在设计团队中安排了法律代表或环境律师来预测未来法规对产品的影响。在生产区域变化性产品时，需要在多个国家大规模定制（这一商业模式具有广阔的应用前景，见 4.3 节），因此这就要求设计团队将每个客户所在国的法规结合到设计工艺里。

2.9.10　工厂工人

无论工厂工人是否参与设计和如附录 C 提供的工厂反馈调查，他们都是很重要的输入来源。工厂工人通常没有反馈渠道来分享他们对以往制造问题的看法和知识，如果让工厂工人参与设计流程将有助于改善劳动关系，并且能让新产品更具有制造性。

2.9.11　专业人才

设计团队可能需要自动化、仿真、应力分析、热流分析、实体建模、快速原型、实验设计、稳健公差设计、实验室测试、安全性、产品责任、专利法等领域的专业人才的帮助。

2.9.12 其他项目团队

和其他项目团队协调多个产品开发项目有助于最大化协同效益，分享共同模块的设计，共享标准件、模块、工具和工艺流程。

多个产品开发项目的成功取决于并行工程应用的优秀程度，其中包括多功能型团队是否完整、整个团队是否在早期积极开展工作、团队是否有好的领导。将办公场所安置在相邻的地方（同地办公）也有助于产品开发取得成功。

调查企业失败范围最广的一项研究《聪明的高管为什么会失败：你能从他们的错误中学到什么》（*Why Smart Executives Fail：And What You Can Learn from Their Mistakes*）强调了多功能型团队的重要性："创建跨职能团队和多样化的工作组，其成员能够看到事物的不同方面。这种差异性团队已证明比同质性团队更有效，尤其在开发新知识的时候。"[100]

2.10 工程外包

许多管理者对工程外包的前景很看好，认为这是一种在产品开发中利用外部工程师节约成本的做法，因为外部工程师的薪酬仅仅是内部工程师薪酬的一小部分。此外，他们还利用三班倒的方式来加快产品开发，通过世界各地的协作来完成每天的工作。

这对于一些单一工作来说或许有现实价值，例如呼叫中心或贷款、保险处理中心，但是产品开发是一个高度互动和综合性的团体行为。当产品由各部门同地协作设计并且贴近客户和供应商时，产品开发才能发挥出最大效应。

任何节约成本的提案必须基于最大限度地减少总成本。第 6 章强调了构成总成本的多项成本，劳动力成本只是其中之一。追求廉价劳动力的后果是降低了劳动效率和产品质量，这可能抵消了劳动力费率上节省的部分，增加了其他方面的成本并导致净亏损。[101]

《商业周刊》(*Business Week*)中一篇名为"IT 外包的隐形成本"的文章证实了这种现象,文章提出这种现象在软件外包上更为常见:"离岸外包(将工作安排到海外完成)并不总是能够如预期那样完成。特别是信息技术,它比将传统的制造业务转移到海外更为复杂。"[102] 这篇文章还指出 IT 产品质量很难定义,因为它需要更多的沟通和管理。当考虑总成本的时候,外包成本通常与在本地开展工作的成本相当。此外,一些专家认为外包软件会产生 35% ~ 40% 的错误,而一些外包者还发现代码缺失和页面未连接的情况,导致"噩梦"产生。由这篇文章可知,出现的这些问题都属于"肮脏的小秘密",因为公司并没有将它们所遇到的问题公之于众。

降低产品开发费用的最好办法是通过并行工程(以及同地协作的团队)和可制造性设计(与制造部门人员保持沟通)最大限度地提高全过程的效率,正如本章一直强调的。

高效的产品开发流程将花费较少的工作时间,节省的时间可以用来开发新产品、解决产品推出过程中的问题、使生产增速达到量产指标、实现质量和生产力目标、实施工程变更单和所有与这些活动相关的紧急补救措施。真正有效的产品开发过程能够有效地避免这些问题,正如本书所讨论的内容。

最佳的产品开发不仅最大限度地降低了工程成本,而且从本质上降低了产品成本,这是产品开发的主要目标之一。让团队成员分散在各地办公(这些人员可能无法同时工作)会降低团队的工作效率,而团队工作对于优化产品架构来说是非常重要的,它决定了产品成本 60% 的内容。将子系统和部件设计外包给远程工程师将会生产出难以整合、有零件交互问题的零部件,或者无法利用协同系统的优点,如第 3 章所讨论的。

一体化的团队合作在产品需要设计为符合精益生产和按单生产的时候显得更加重要。设计团队需要与制造人员紧密合作,并以标准材料和组件为中心、以无配置的数控机床(Computer Numerical Control,CNC)为目标进行设计,并同时设计多功能产品系列和可变工艺流程,如第 4 章所讨论的。对于大规模定制而言,设计团队需要与制造、营销和销售人员密切配合,创立参数化 CAD 模板,从而自动生成 CNC 程序(见第 4 章)。

外包工程会增加某项开支并且可能带来严重后果,如招聘工程师、准备以及转发文件资料都会耗费资金。为了完成工作可能会耗费大量现有的变更资源并且妨碍或破坏其他更有价值的整治措施，例如 DFM、稳健设计、为本地工程师提供更好的 CAD 工具、六西格玛、按单生产。

如果为了从外包工程上节省成本而裁员，那么后果可能更为严重。除了裁员所带来的一般后果，[103] 还会对产品开发造成特别的后果。一旦裁员的消息流出，士气和效率就会降低，优秀的工程师可能会离开，从而减慢了工程进度并且让产品开发效率更低。辞职或被裁员的工程师可能会把宝贵的知识和技能一起带走，其中一些可能是独一无二的，从而削弱了产品的发展。通常情况下，离职会造成严重的文档空白，正在进行的项目也会在连续性上遭受打击。剩余的工程能力在经受了这样的损失之后效率会降低。此外，团队合作将由于缺少人才、知识和多样性则变得事倍功半。

2.10.1　什么样的工程可以外包

某些工程任务只要有助于而不是有损于整个产品开发工作，那么是可以被外包的。研究比开发更适合外包。外包某些其他任务有助于缓解本地工程师的工作压力，从而间接地提高新产品开发力度。

适合本地新产品开发的工作任务包括：研究密集型计算任务，只要它们不指定或者涉及产品架构或者零件设计；关于性能、强度、动力学、热流、可靠性、实验设计、稳健性公差等密集计算分析；材料研究；构造和适应参数化 CAD 模板和 CAD/CAM 程序；[104] 一般文献资料或网络搜索。

容易分散新产品开发精力的任务包括以下行为（针对现有产品）：工程变更单处理；改变图纸；分析现有产品的问题；为了标准化或吸收需要的产品而清理或转换文档、图纸或者零件数量；工程维护以及转换旧的传统产品、备用件和不常见产品上使用的过时材料；为了将传统产品、备用件和不常见产品的制造外包而理清文档；[105] 将图纸转化为几何尺寸和公差（GD&T）格式；将图纸转换为公制或双尺寸格式。

辉瑞（Pfitzer）制药公司创建了一个程序来处理这类任务。辉瑞公司允许大约 4000 名员工将他们的部分工作转移给外部人员，包括网络搜索、数字运算、市场调研、展示准备、平面设计、数据挖掘等。他们在网上填写一份在线表格，列出他们所需要的内容，然后将表格发送给两家印度服务外包公司之一。辉瑞公司估计这一措施在第一年里省了 66500 个工时。[106]

4.8 节讨论了制造业离岸外包的情况，为什么它在总成本基础上并没有节约成本，及其对产品开发、精益生产和质量改善所带来的不利影响。

2.11　产品定义

产品定义可以在产品开发之前开始，产品定义必须满足客户，有条不紊、界定清晰、目标切合实际。有时候产品会被定义成一系列不切实际的妄想组合。

2.11.1　了解客户需求

了解客户需求并开发满足客户需求的产品，而不是认为产品制造出来后，客户自然会来购买。为客户提供解决方案，不只针对产品。

如何了解客户的需求？可以询问客户对产品功能、开支、成本等有什么要求，询问客户对重要特征的排序，以及与其他竞争公司相比，你的公司表现如何。

充分了解客户最基本的需求，可以预测客户可能需要但尚未意识到的东西。HP LaserJet 打印机事业部提出"对用户需求有一个充满想象力的理解"。宝洁公司认为"充分了解你的客户，你可以预测到他们想要什么，而他们自身尚未发觉这些意图"。

了解客户未来的需求是企业研究发展趋势和开发多功能产品，以适应未来环境的基础。了解潜在新客户的需求是适应新市场的基础。如果客户认为一切可能的事情都已经实现了，那就了解他们还想要什么。例如，索尼随身听提出"远远超过消费者想象，甚至根本不认为这种东西是有可能制造出来的"。[107]另一个来自索尼的例子是，索尼在美国的经销商以及公司内部的一些工程师开始拒绝接受索尼公司提出的小型化晶体管收音机的概念。[108]

亨利·福特知道，如果他询问人们想要什么，他们会回答："更快的速度！"所以他在 1906 年的《汽车杂志》(*The Automobile*) 上写下了自己对产品的定义："今天最大的需求是一辆轻便、低价的轿车，配备有马力充足的最新的发动机并且用最好的材料制造完成……针对美国的交通来说，它必须具备足够强大的马力，并且能够搭载乘客前往任何马车都能去的地方。"[109]

2.11.2　编写产品需求

确保在产品需求文档中对所有的客户 / 市场需求进行了描述，在进入产品开发换届后不要添加或变更这些内容。早期通过主动提出以前的需求文档中被遗漏并且无法及时补充的要求来避免后期的变更。

- 询问客户，如"这个怎么样……那个怎么样？"然后确保所有的要求被列入最初的需求文档。
- 根据你与该客户和这种类型的产品以往发生过的变化和经验来提出问题，用帕累托排列图表示，用最困难、最昂贵、最容易造成延误和最耗费资源为标准进行排列。
- 如果探索性的问题仍无法定论，确定可能出现的变化（单独进行"趋势研究"），同时主动创造多功能的设计以轻松应对预期的变化。

不要在大体上指定或暗示产品如何完成。在把产品要求提交给客户或者监管机构的时候，概括性地向他们阐述，不要限制产品架构，保持其开放性以得到最佳的优化。说明"将会完成什么"而不是"我们会如何完成它"。

编写合理的、客观的和适当的产品需求，避免因为市场机会、新兴技术、冲动、喜好、厌恶、偏见和竞争性先例或者对未来产品的预期等诱惑对产品需求的内容产生影响。确保当前的产品需求文档内容全面。避免基于以前的产品或者格式文档模板来编写这些需求。确保所有的目标、规格和指标得到了明确的描述并应与客户相关。

在编写组件和子系统级别的规格之前，确保系统架构得到了优化。让销售商尽早加入团队会有助于快速、正确地完成这项任务，如果没做好，也应避免耗费更多的工作时间来剔除信息不明确的规范或修复错误和不理想的规范。

避免功能蔓延和不必要的难题。飞利浦电子发现，退回的产品中至少有一半与公司没有什么关系。消费者只是无法弄清楚如何使用它们。[110]

思考产品系列（平台）和它们随时间演化的趋势。

2.11.3 产品定义没做好的后果

当产品定义没做好时，时间、金钱、资源和机遇会因为产品客户想要的形式而被浪费，而被浪费的产品开发成本是宝贵的资源。为了满足客户的需求，必须更改产品设计，从而导致项目延迟。

2.11.4 客户意见

首先，创建一个表格来记录客户认为重要的要素，如图 2-2 第 1 列。向客户询问他们偏好的相对重要性，从最低的 1 到最高的 10（也可以多于 10）进行评分。让他们对你的产品与第 3 列中的竞争对手进行比较和评级（第 2 列）。用 A（最好）、B（高于平均水平）、C（平均水平）、D（低于平均水平）和 F（最差）来表示。在表中，A=5、F=0，以此类推。

重要性评分	评级	竞争对手
_____功能性	_____	_____
_____采购成本	_____	_____
_____质量	_____	_____
_____可靠性 / 耐久性	_____	_____
_____人体功能学；易用性	_____	_____
_____外观 / 美感	_____	_____
_____服务、修理、维护	_____	_____
_____拥有成本	_____	_____
_____技术支持	_____	_____
_____可定制性 / 选项	_____	_____
_____安全性	_____	_____
_____环保性	_____	_____
_____其他 _____	_____	_____

图 2-2 客户意见表

其次，优先考虑客户的偏好，这本身就是有价值的信息。这将有助于消除因现有技术、市场或特意培养的特性所导致的误解以及内部偏见。

最后，在图 2-3 中根据其对应的数值在垂直坐标上标出每一项要素，从最低的 1 分到最高的 10 分。以每个要素的竞争性评级为横坐标绘制它们的位置，如图 2-3（上图）所示。接下来，对该图划分对角线区域进行排序，如图 2-3（下图）所示，能够快速地显示出应该将精力投放在哪一个区域。

第一个区域，也就是点 A 所在的区域，代表了最大的挑战，因为这对于客户来说是最重要的，但我们公司的评分最低。下一个区域，B 点和 C 点所在的区域，是其次需要考虑的，以此类推一直到 P 点所在的区域，是我们竞争力最强但是客户最不看重的区域。

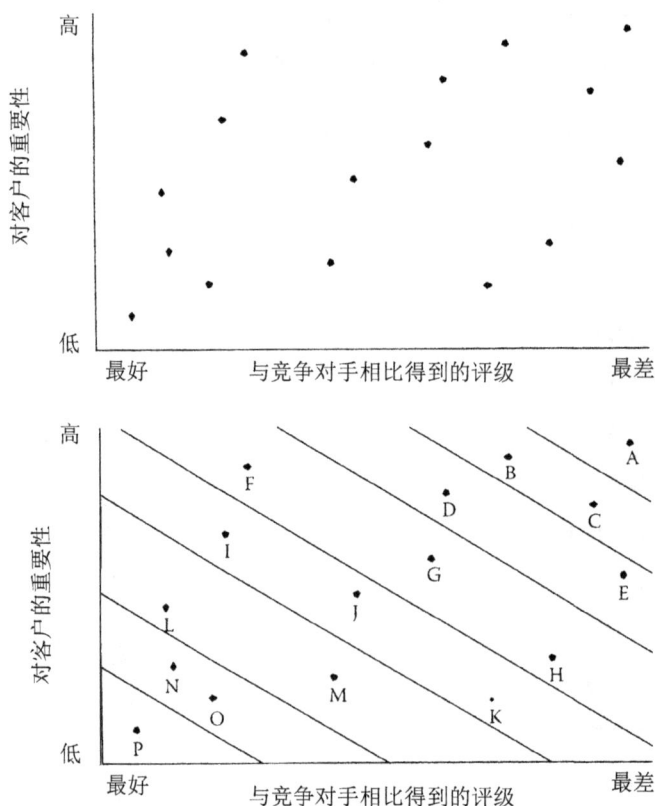

图 2-3　客户对重要性的评分与竞争力评级

2.11.5　质量功能配置

质量功能配置（Quality Function Deployment，QFD）是系统地将客户的意见翻译成产品设计规格和资源优先排序的工具。[11] 它的长处是能够把客户主观上和客观上想要和需要的事物转化成工程师能够用来设计产品的规格。

一般意义上说，QFD 的输入参数是一系列客户的偏好，而输出参数则是产品规格和资源的优先排序（见图 2-4）。"设计规格"一行中的数值是设计团队用来设计产品所采用的真实数值。"资源的优先排序"一行是设计团队应当花费在设计各个方面的百分比精力值。利用这样的优先次序能够确保设计团队致力于实现客户最需要的功能。同时，他们不会在"打磨宝石"上浪费超过客户基本需求的精力。当设计团队得知某些新技术将会在产品中使用时，会诱使他们付出过度的精力。

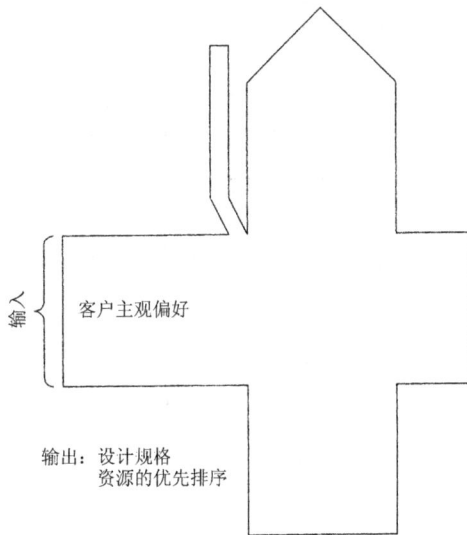

图 2-4　QFD 操作概述

2.11.6　QFD 如何运作

图 2-5 显示了一个完整的 QFD "质量屋"，根据其在该方法论中的功能对每

个区域进行了标记。"客户主观偏好"在图中被列入不同行内，应该用对客户来说能够理解的语句描述，而不是用让人难以理解的专业术语。

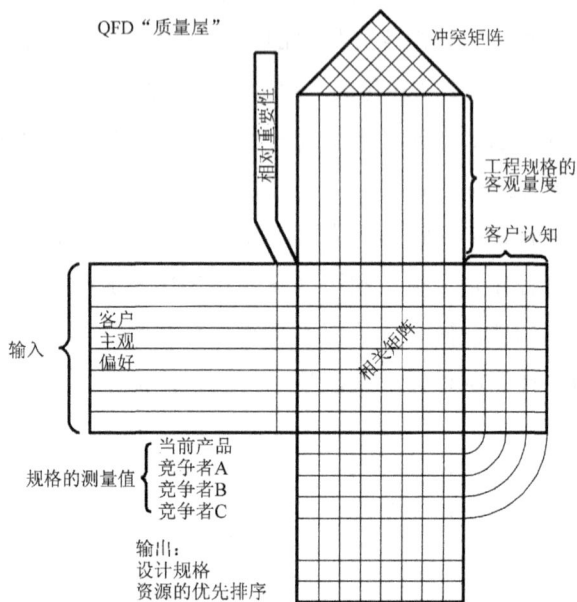

图 2-5　QFD"质量屋"

QFD 最有价值的两个方面是获取客户偏好和对竞争力分级，可以如表 2-2 所示记录成表格形式，或者以图 2-3 所示的图表显示。可以通过调查一个内部小组快速地证明获得这些信息的价值。例如，在一个新成立的产品开发团队中进行调查，结果令人惊讶——一些估计的客户偏好重要性能够涵盖 1 ~ 10 范围内的各个值！团队的反应是："得不到一致的重要性评分，我们如何设计产品？"当然，真正的参数应当来自于真实客户本身。客户的偏好值（1 ~ 10）在"质量屋"的"烟囱"部位输入，关于竞争力的评级在图 2-5 的右侧输入。

完整的 QFD 程序运用这两部分输入参数来计算各种任务最佳的开发预算。如果一个竞争对手在客户的某项重要偏好上得到了最好的评级，企业应当分析该产品，运用"规格的测量值"部分中的数据，了解该产品如何在这个领域内实现客户满意度。需要衡量的因素在标记为"工程规格的客观量度"一栏下列出，它包含了一些客观量度，将最终成为各种分离型产品的目标值或大规模定制产品的目标范围。[112] 客观量度用工程单位表示，用于量化尺寸、力、扭矩、能量、分贝等。所有这些客观量度会在当前产品和几家竞争对手的范畴下得到测量，并且输入在图表中"规格的测量值"一栏中。

"相关矩阵"将客户偏好与影响这些偏好的工程规格相互关联起来。在方格中用符号表明相关性的类型。通常标记为"正"或"负"；"强""一些"或"可能"；"强烈正""中等正""中等负"或"强烈负"。大概半数以上的方格会被标记。如果出现所有方格都被标记或没有方格被标记的极端情况，那么这样的结果就没有太大的参考价值。

"冲突矩阵"罗列了任何可能与其他规格存在冲突的规格，有助于在一个特性与另一个特性之间权衡选择。例如，一个更强力的汽车引擎可能对里程数或者操控性有负面影响，因为它增加了额外的重量。

QFD"质量屋"中的各种元素被标准化为百分数。底部被标记为"设计规格"的项代表了设计目标。另一项是"资源的优先排序"，可以用工程预算的一个百分数或者完成各种设计目标的工作时间来表示。

以满足客户需求而定义产品是一种确保客户满意度的方法，对销售、利润和股价有着巨大的影响。[113]

2.12 注释

1. James P. Womack, Daniel T. Jones, and Daniel Roos, *The Machine That Changed the World: The Story of Lean Production* (1991, Harper Perennial), Chapter 5, pp. 115–116.

2. 关于 DFM 专项内部研讨会的更多信息请参见附录 D.

3. James Morgan and Jeffrey K. Liker, *The Toyota Product Development System* (2006, Productivity Press), Chapter 4, " Front-Load the PD Process to Explore Alternatives Thoroughly."

4. Pankaj Ghemawat, "Finding Your Strategy in the New Landscape: The Postcrisis World Demands a Much More Flexible Approach to Global Strategy and Organization," *Harvard Business Review*, March 2010, pp. 54–60.

5. Jim Collins, *Good to Great: Why Some Companies Make the Leap ... and Others Don't* (2001, Harper Business), Chapter 8, "The Flywheel and the Doom Loop."

6. Aberdeen Group report, "Product Portfolio Management: Targeting and Realizing Product Lifecycle Value."

7. Richard Rumelt, *Good Strategy, Bad Strategy: The Difference and Why it Matters* (July 2011, Crown Business).

8. Michael L. George, et al., *Fast Innovation* (2005, McGraw-Hill), Chapter 7, "Spotlight on Conquering the Cost of Complexity," p. 167.

9. Tim Brown, *Change by Design* (2009, Harper Business), p. 77.

10. Cliff Edwards, "The Return on Research: HP's R&D Productivity Index Shows Which Projects Have the Biggest Payoff," *BusinessWeek*, March 23 & 30, 2009, p. 45.

11. Matthew E. May, *The Elegant Solution* (2007, Free Press), p. 41.

12. Aberdeen Research, "NPD—The 2011 Growth Imperative" (2010), Chapter 2.

13. David M. Anderson, *Build-to-Order & Mass Customization: The Ultimate Supply Chain Management and Lean Manufacturing Strategy for Low-Cost On-Demand Production without Forecasts or Inventory* (2008, CIM Press), Chapter

8, "On-Demand Lean Production." See description in Appendix D.

14. Ibid., Chapter 7, "Spontaneous Supply Chains."

15. Chapter 3 in *Build-to-Order & Mass Customization.*

16. Configurators can automate the processes of determining the feasibility, cost, and time to do customizations, instead of the time-consuming and less accurate manual estimating. See Anderson, *Build-to-Order & Mass Customization*, Chapter 8, "On-Demand Lean Production."

17. Anderson, *Build-to-Order & Mass Customization.*

18. Ibid.

19. Anderson, *Build-to-Order & Mass Customization*, Chapter 8, "On-Demand Lean Production."

20. Anderson, *Build-to-Order & Mass Customization.* Chapter 10 "Product Development for BTO&MC."

21. Ibid., Chapter 9, "Mass Customization," p. 293.

22. Richard de Neufville and Stefan Scholtes, *Flexibility in Engineering Design* (2011, MIT Press).

23. Ibid.

24. Michael McGrath, Michael Anthony, and Amram Shapiro, *Product Development: Success Through Product and Cycle-Time Excellence* (1992, Butterworth-Heinemann), Chapter 11, "Project Team Leadership."

25. James P. Womack and Daniel T. Jones, *Lean Thinking: Banish Waste and Create Wealth in Your Corporation* (1996, Simon & Schuster), Chapter 3, "Flow."

26. From a study of 153 companies by Jim Brown, *The Product Portfolio Management Benchmark Report: Achieving Maximum Product Value*, August 2006, the Aberdeen Group.

27. Womack et al., *The Machine That Changed the World*, Chapter 6, "Coordinating the Supply Chain."

28. Morgan and Liker, *The Toyota Product Development System*, Figure 5.3, "Effect

of Overburdening Capacity on Development Lead Time."

29. Satoshi Hino, *Inside the Mind of Toyota: Management Principles for Enduring Growth* (2006, Productivity Press), Chapter 3, "Toyota's System of Management Functions,"p. 133.

30. John Teresko, "Recapturing R&D Leadership," *Industry Week*, August 2006, p. 29.

31. From a 2005 Deloitte study, cited in an *Industry Week* article on management strategies, May 2005, p. 46.

32. Bill George, *Authentic Leadership: Rediscovering the Secrets of Creating Lasting Value* (2003, Jossey-Bass), Chapter 4, "Missions Motivate, Dollars Don't," p. 65.

33. Ibid., Chapter 12, "Innovations from the Heart," p. 137.

34. Ibid., p. 63.

35. "A Giant Awakens," *The Economist*, September 11–17, 2010, pp. 81–83.

36. *Financial Post*, April 20, 2012.

37. Jeffrey L. Cruikshank, *The Apple Way* (2006, McGraw-Hill), p. 26.

38. Lee Dongyoup, *Samsung Electronics: The Global Inc.* (2006, YSM Inc., Seoul, Korea), Chapter 4, "Research & Development," p. 83.

39. Morgan and Liker, *The Toyota Product Development System*, Chapter 4, "Front-Load the PD Process to Explore Alternatives Thoroughly."

40. Richard Koch, *The 80/20 Principle: The Secret of Achieving More with Less* (1998, Currency/Doubleday), Chapter 4, "Why Your Strategy is Wrong."

41. Anderson, *Build-to-Order & Mass Customization*.

42. Morgan and Liker, *The Toyota Product Development System*, Chapter 4, "Front-Load the PD Process to Explore Alternatives Thoroughly."

43. Mark Stefik and Barbara Stefik, *Breakthrough: Stories and Strategies for Radical Innovation* (2004, MIT Press).

44. W. Chan Kim and Renee Mauborgne, *Blue Ocean Strategy: How to Create*

Uncontested Market Space and Make the Competition Irrelevant (2005, Harvard Business School Press).

45.Anderson, *Build-to-Order & Mass Customization*, Chapter 9, "Mass Customization."

46.Peter Drucker, quoted in the cover story, "The Innovation Gap," *Fortune*, December 2, 1991, p. 58.

47.Patricia Aburdene, *Megatrends 2010* (2005, Hampton Roads Publishing), p. xv.

48.Jordan D. Lewis, *The Connected Corporation: How Leading Companies Win Through Customer–Supplier Alliances* (1995, Free Press), Chapter 5, "Cooperating for More Value," p. 92.

49.Shu Shin Luh, *Business the Sony Way* (2003, John Wiley & Sons), Chapter 3, "Stay Ahead: Feeding the Innovation Engine," p. 94.

50.Patricia Panchak, "The Virtues of Vertical Integration," *Industry Week*, September 2003, pp. 50–52.

51.Aberdeen Research, "NPD—The 2011 Growth Imperative."

52.Brown, *Change by Design*, p. 26.

53.Brown, *Change by Design*, p. 31.

54."Putting Ford on Fast-Forward," *Business Week*, October 26, 2009, pp. 56–57.

55.Brown, *Change by Design*, p. 90.

56.Ibid., p. 89.

57.Ibid., Chapter 6, "Outsourcing vs. Integration."

58.Jeffrey Liker, *The Toyota Way* (2004, McGraw-Hill), p. 62.

59.Cruikshank, *The Apple Way*, p. 38.

60.Lewis, *The Connected Corporation*, Chapter 5, "Cooperating for More Value," p. 93.

61.Robert W. Hall, "Medtronic Xomed: Change at 'People Speed'," *Target*, 2004, Vol. 20, p. 14.

62.Ibid.

63.George, *Authentic Leadership*, Chapter 7, "It's Not Just the CEO," p. 97.

64."The New Heat on Ford," *Business Week*, June 4, 2007, pp. 32–38.

65.Jim Collins, *How the Mighty Fall, and Why Some Companies Never Give In* (2009, HarperCollins).

66."The Complete Guide to America's Best Plants," *Industry Week* (1995, Penton Publishing), p. 12.

67.Morgan and Liker, *The Toyota Product Development System,* p. 193.

68.Lewis, *The Connected Corporation*, Chapter 13, "Successful Alliance Practitioners," p. 273.

69.Joachim Ebert, Shiv Shivaraman, and Paul Carrannanto.

70.Ibid., Chapter 4, "Practices for Joint Creativity," p. 74.

71.Kim B. Clark and Takahiro Fujimoto, *Product Development Performance* (1991, Harvard Business School Press), p. 349.

72.Womack et al., *The Machine that Changed the World*, Chapter 6, "Coordinating the Supply Chain."

73.Morgan and Liker, *The Toyota Production Development System*, p. 185.

74.Jeffrey Pfeffer and Robert I. Sutton, *The Knowing–Doing Gap: How Smart Companies Turn Knowledge into Action* (2000, Harvard Business School Press), p. 23.

75.John Paul MacDuffie and Susan Helper, "Creating Lean Suppliers: Diffusing Lean Production Through the Supply Chain," *California Management Review*, Summer 1997, pp. 118–150.

76.Satoshi Hino, *Inside the Mind of Toyota: Management Principles for Enduring Growth,* (2006, Productivity Press), Chapter 1, "Toyota's Genes and DNA."

77.Morgan and Liker, *The Toyota Product Development System,* Chapter 10, "Fully Integrate Suppliers into the Product Development System," opening quote.

78.Ibid., p. 181.

79.Michael L. Dertouzos, Richard K. Lester, and Robert M. Solow, *Made in America, Regaining the Productive Edge*, 1989, HarperPerennial, p. 71.

80.Morgan and Liker, Chapter 7, *The Toyota Product Development System*, "Create a Chief Engineer System to Lead Development from Start to Finish."

81.Ibid., p. 137.

82.McGrath et al., *Product Development*.

83.Kim B. Clark and Steven C. Wheelwright, *Managing New Product Development and Process Development: Text and Cases* (1993, The Free Press), p. 391.

84.Ibid., p. 534.

85.Morgan and Liker, *The Toyota Product Development System*, p. 308.

86.Liker, *The Toyota Way*, p. 62.

87.Ibid.

88.Ibid., pp. 33–34.

89.Micheline Maynard, *The End of Detroit: How the Big Three Lost Their Grip on the American Car Market* (2003, Currency/Doubleday), Chapter 2 on Toyota and Honda, p. 74.

90.Dan Steinbock, *The Nokia Revolution: The Story of an Extraordinary Company That Transformed an Industry* (2001, AMACOM), Chapter 8, "Nokia's R&D: Focusing and Globalizing," p. 209.

91.William Souder, *Managing New Products* (1987, Lexington-MacMillan).

92.Maynard, *The End of Detroit*, Chapter 2 on Toyota and Honda, p. 67.

93.Sydney Finkelstein, *Why Smart Executives Fail, and What You Can Learn from Their Mistakes* (2003, Portfolio/Penguin Group), Chapter 3, "Innovation and Change," p. 60.

94.From a speech by Boeing President, Philip M. Condit, presented May 7, 1993, at the Haas Graduate School of Business at the University of California at Berkeley.

95.Nanette Byrnes, "Xerox' New Design Team: Customers," *Business Week*, May 7, 2007, p. 72.

96.Jill Jusko, "Customer Created: Open Innovation, Internet Help Put Customers in the Product Development Drivers Seat," *Industry Week,* March 2007, p. 44.

97.John Westwood and Ian Wood, *The Historical Atlas of North American Railroads* (2007, Chartwell Books), "The Last Great Streetcar," pp. 322–325.

98."The Complete Guide to America's Best Plants," *Industry Week* (1995, Penton Publishing), p. 12.

99.Artemis March, "Usability: The New Dimension of Product Design," *Harvard Business Review*, September–October 1994, p. 144.

100.Sydney Finkelstein, *Why Smart Executives Fail: And What You Can Learn from Their Mistakes* (2003, Portfolio/Penguin Group), Chapter 7.

101.Anderson, *Build-to-Order & Mass Customization*, Chapter 6, "Outsourcing vs. Integration."

102.Olga Kharif, *Business Week Online*, "The Hidden Costs of IT Outsourcing,"October 26, 2003.

103.Anderson, *Build-to-Order & Mass Customization*, Chapter 13. See the section, "Don't Lay Off People," pp. 442–445.

104.Parametric CAD is a key tool of mass customization that allows dimensions to "float," with customized data plugged in for various product variations. Once inserted, CAD drawings can generate CNC machine tool programs through CAD/CAM software. See Chapters 8 and 9 in *Build-to-Order & Mass Customization*.

105.Anderson, *Build-to-Order & Mass Customization*, Chapter 6, "Outsourcing vs. Integration."

106.Jenna McGregor, "The Chore Goes Offshore," *Business Week*, March 23 & 30, 2009, pp. 50–51.

107.Shu Shin Luh, *Business the Sony Way* (2003, John Wiley & Sons), Chapter 3, "Stay Ahead: Feeding the Innovation Engine," p. 91.

108.Ibid., p. 95.

109.Robert H. Casey, "The Model T Turns 100! Henry Ford's Innovated Design Suited the Nation to a T," *American Heritage's Invention and Technology*,

Winter 2009, pp. 36–41.

110.James Surowiecki, "Feature Presentation," *The New Yorker*, 28 May 2007, p. 28.

111.John Hauser and Don Clausing, "House of Quality," *Harvard Business Review*, May–June 1988; reprint number 88307.

112.QFD for mass customization is presented in Chapter 10 of *Build-to-Order & Mass Customization*, pp. 324–328.

113.Chris Denove and J. D. Power, IV, *Satisfaction: How Every Great Company Listens to the Voice of the Customer* (Portfolio, 2006); interesting quotes and results summarized at the end of Chapter 10.

第 3 章 设计产品

产品开发的重点是产品，而不是让管理方面的担忧主导了产品开发工作，例如：

- 设立过早的截止期限，导致前期工作无法彻底完成；
- 设立成本目标，如果团队不知道如何实现这些目标或者目标并没有包括所有的开支，则会造成很多麻烦；
- 设立开发预算，它通常不包括变更和紧急补救措施的成本；另外，预算压力会造成未完成或者未得到最佳优化的设计进入制造阶段；
- 设立上市时间，它通常被定义为产品推出（这造成了设计被直接推至下一个阶段）或首批出货的时间。

如果当期产品开发得当，那么截止期限、总成本、开发预算和达到稳定生产的时间自然而然会得到优化。

在电影《甜心先生》（Jerry Maguire）中，主演汤姆·克鲁斯（Tom Cruise）不论喊多少次"给我钱！"，在集中实施能够实现目标的行为而不是聚焦于目标本身之前，他和他的客户什么钱也拿不到。产品设计是实现产品开发的基础，所以必须把重点放在优化设计上。

正如前一章所讨论过的，团队必须尽早地获得所有专业人员的参与，并且需要一个高效的团队领导者能够专注地带领团队设计产品，以满足客户的需求以及可制造性。宽泛地说，这就是第一章开篇所定义的。为了设计一个成功满足客户需求的产品，设计的重点应当涵盖更广泛的领域，不应局限于先设计一些能够"使用"的东西，到后来才处理成本、质量、服务、法规、供应链管理和客户满意度方面的问题。

3.1　设计策略

除了在产品定义阶段（见 2.11 节）制定的设计规格目标，设计团队应当树立最优设计策略。这些策略通常专注于制造、质量、交付等方面的改善；尽早解决在概念 / 架构层面的重大问题；遵守规则和惯例，同时避免某些零件和操作；最大化、最小化或者优化某些措施。

建立最优设计策略将最大限度地为设计团队创造出干净、优化的设计环境。如果这些策略没有在早期主动执行，不好的习惯可能会渗入设计当中，原因如下：（1）某个工程师没有理解设计的重要性，而这能够影响大局；（2）不知道他们的工作如何影响其他部件和整个产品；（3）让设计陷入僵局，而唯一能够脱离的办法就是返回某些并非最优的做法，导致产品为此受到影响。以下我们将介绍一些设计策略的例子。

3.1.1　围绕标准件进行设计

设计团队应当根据预定的目标和期望尽早建立或采用标准件清单。这些标准件应当能够应用于许多产品并且在产品的生命周期内容易获得（见第 5 章）。

围绕标准件进行设计能够节省大量资金并提高可获得性，特别是体积庞大或昂贵的原材料。即使某些零件因此使用了比原先计划更好的材料，总成本也可能有所减少。

1．金属板料

如果金属板料可以在一个类型上得到标准化，那么该材料的重度使用者可以购买该等级的金属板卷材，通过矫正滚轮仪器进行整平，然后根据需要用可编程式的切割机进行切割，从而减少切割成本、材料浪费、处理 / 存储损坏以及所有存储和分发各种金属板料所带来的间接费用。

2．棒料

如果棒料能够标准化为一种类型，加工机床则避免了配置延迟和变换棒料所带来的额外费用，从而能够提高效率。棒料类型过多会产生大量的库存持有成本并浪费宝贵的空间。在库存管理中，多种不同残料带来了难以跟踪记录的问题，从而导致感知性短缺、不必要地订购了过量材料以及催货问题的出现。此外，残料可能未保留识别标记等级（通常在棒料的末端），这可能造成不使用或者错误使用。

3.1.2 整合

将昂贵的部件/模块整合起来能够提高订单量，增加采购杠杆率，将配置变更最小化，减少了多版本零件的库存需求，并且能让整合件稳定流动或方便建立看板系统。即便一个产品使用了一个看起来比实际需要昂贵的零件，但从更大的规模经济、更高的效率以及更少的材料间接成本上看，在节约净成本方面仍然具有巨大的潜力。我们必须利用总成本测量（见第 7 章）来调整零件整合，否则材料成本就可能会增加。

零件整合可能让合并的订单量超过阈值，从而需要更复杂的工艺流程、定制芯片、专用电池或线材（见 5.11 节中图 5-2 ）。

3.1.3 现成零件

设计团队应当利用策略尽早优化现成零件。产品开发的一个悖论是：设计师应该首选现成零件并且围绕它们进行产品设计，否则可能因为他们的武断决策而不能使用这些零件。

但是，在设计初期采用现成零件将大大简化设计工作（见 5.19 节）。

3.1.4 经过验证的工艺

设计团队应当以已验证的工艺为背景进行设计。如果没有正确地进行设计，那么已验证的工艺便无法实施，需要并行地开发特殊工艺——这将耗费更多的资金，并带来延误和风险。

对于技术领先的产品来说，其经过验证的工艺是很有价值的，会成为公司竞争优势的一个要素。如果仅仅因为设计师不知道如何针对现有工艺进行设计、没有遵循仪器设备的设计规则或者设计超出了仪器设备的能力，那么会造成不必要的资源浪费。

3.1.5　经过验证的设计、零件和模块

设计团队应当在早期将经过验证的设计、零件和模块指定为产品架构的关键基础。大量投诉、现场故障、撤回和诉讼并不涉及新功能或者新技术。相反，它们涉及的是一些原本应当基于已经验证的设计、零件和模块开发出来的样板功能。

例如，在汽车工业中，最严重的问题和后果出自燃油系统、安全带、转向、制动、悬挂、轮胎等——明智的公司会为这些子系统使用经过重复验证的组件。讽刺的是，这些零件并不是公司推广或者客户迫切想要的东西，造型、音响系统、导航系统、安全系统和混合动力则更受人们的推崇。

通过重用一个关键的设计策略、设计能够在一段时间内用于多项设计的多功能部件和模块及子系统、鼓励重用策略的接受度并且拒绝"非我所创"现象、避免因为武断决策而排除已验证设计，能够最大化提高重用策略的成功性。

3.1.6　武断决策

设计团队应当避免武断决策，因为它们很可能妨碍会议目标的实现、无法满足设计要求，并且会错过利用现成零件和重用经过验证的设计、部件和模块等的机会。

武断选择零件将增加不必要的零件种类并且使运营和供应链管理复杂化。避免为每种情况独立选择零件，这将导致增长过程的复杂化。相反，针对每种情况，应选择具备广泛实用性的最佳标准零件。

3.1.7　过度约束

设计团队应确保约束条件不多于最低限度。例如，避免出现用 4 个点确定一个平面、用 4 个线性轴承引导精确运动，或用多个圆销 / 螺栓来对准两个零件的情况。过度约束是昂贵的，可能导致质量问题并危及功能性，因为针对一个既定的设计，只有当所有的部件严格地，甚至不切实际地满足了公差的要求才能正常工作。幸运的是，在架构阶段指定确切数量的约束条件能够容易地避免

过度约束的情况（见第 8 章准则 A3）。

亨利·福特（Henry Ford）的 T 型车获得巨大成功的原因之一是，它能驾驭一个世纪以前就存在的道路不平问题。解决方案是：将一个引擎安装到由 3 个点确定和支撑的底盘上，3 个点分别位于后轴的两段和前轴的中心。[1]

3.1.8　公差

设计团队应通过设计优化公差，具体内容如下：

- 选择最佳的公差，而不是参考块状公差带或者武断假设来决策。
- 指定范围最广的公差，但同时能够确保功能性、质量和安全性；不要使用自动提供的块状公差带。
- 分析最坏情况下的公差。
- 运用"田口方法"的公差稳健设计（见 10.2.5 节）。

3.1.9　最小化公差的要求

设计团队应通过确定公差敏感性和创造对于公差不过度敏感的设计来杜绝因为严格公差带来的成本、质量和性能问题。具体措施如下。

- 避免依赖严格的公差、校准、调整，避免零件必须经过匹配、筛选或特别定制的设计方法。
- 避免过度约束（见准则 A3），这会增加对公差的要求。
- 理解所有工艺流程的公差阶跃函数以避免在不知不觉中选定更昂贵的工艺（见准则 P23）。
- 结合零件（见 9.5 节），设计能让所有尺寸的产品以同样的配置得到加工（见准则 P14）。
- 避免陷入死角后用严格的公差来"挽救"设计。
- 避免公差累计叠加。当许多堆叠的零件需要与另一个零件配对或者另一堆零件配对，所有零件的公差会被累加作为该堆的公差。解决方案有：（1）从堆栈两侧控制所有零件的公差；（2）通过简化产品架构消除零件并且在（多个）堆栈中将零件组合；（3）在组装时通过钻、夹或者电焊将一组零件组成一体，前提是这些零件不需要交换，例如结构组合件。

3.1.10 系统集成

设计团队应当尽早对系统集成进行优化，而不是在不知道多个组件如何在产品中整合和交互的背景下将它们单独设计完成之后再优化。

3.1.11 优化所有的设计策略

一次成功的设计不需要团队做任何修改。当你有足够的时间来彻底完成前期工作的话，最有可能做到一次成功。具体的优化设计策略措施如下。

- 通过协同地设计模块和重用或者共享以前的、成熟的工程技术，能够避免不必要的重复劳动。

- 通过学习从前项目的经验教训（见 3.3.4 节）能够避免曾经犯过的错误。这需要积极努力地调查、总结和传播这些信息。

- 彻底避免会产生麻烦的措施，例如避免用黏合剂装配或者使用液体紧固剂来固定紧固件，而应该用一些更容易、更一致的解决方案。实际上，应当使用涂有助流剂的螺钉或螺母、带有变形螺纹的紧固件或者优化地使用防松垫圈。一定要牢记服务需求和周期的限制。

- 开发一个软件调试策略，选项包括：（1）嵌入式软件能够升级或者能够加入补丁；（2）使用面向对象的编程技术和基于先前写好的和调试过的模块（对象）编写后续代码来做出完善的软件。

- 让预选的供应商尽早参与产品设计，最大化供应商的协助作用，或者在适当的时候，让供应商设计由他们制造的零件。

- 应当尽早开发和实施种类和定制策略。如果各方的精力只注重开发多个单独的大规模产品，那么产品开发将无法实现它们的潜能。

- 选项和升级部分应当被设计成容易添加的形式。有时候升级可以通过简单的附加品来实现（将增加一点成本），例如附加的安装孔、信号端口、电源端口、容量和方便的安装控件。

- 总成本应当作为测定所有成本和所有涉及成本的决策的基础。

- 为流程、文档、标准、新设计指南创建实践程序，为特定的流程设计新的实践程序。遵循现有的流程，不要在审核阶段才开始考虑流程。

3.1.12　电气系统的设计策略

完整的电气系统应在架构层面进行优化。

接线和电缆都是架构的关键要素，不应该在事后才考虑这些要素。

通过超大规模集成电路（Very Large Scale Integration，VLSI）、定制芯片、现场可编程的阵列（Field-Programmable Gate Array，FPGA）优化电气系统的架构，从而尽量减少电子元件、速度信号通路之间的连接，缩小空间并减少电路板的数量。

3.1.13　电路连接：最好到最差

设计产品时，应最大限度地传递信号，并且在最高的可靠度和最低的总成本前提下进行供电。

- 最佳：元件直接自动地焊接到印制好的电路板（Printed Circuit Board，PCB）上，通常以六西格玛质量水平生产。
  - ◆ 元件自动地被焊接到一个单一的电路板上。
  - ◆ 多个电路板通过多个柔性层进行连接。
- 次优：电路板通过一个标准现成的电路板插件箱进行连接，这也为在处理、控制、I/O、内存等方面使用标准现成电路板提供了更多选项。电路板的每个针尖对应一个机械连接，镀金能够带来更好的可靠度。
- 第三优选：将现成的电缆接入电路板上自动焊入的标准连接器来连接电路板和设备。每根电缆都有两个机械连接。所有的连接器应当被极化，以防出错。
  - ◆ 将产品所有的电缆连接器标准化：每个电压对应一种类型的电缆、每种信号类型对应一种类型的电缆，每种线都有其独特的引脚配置。
  - ◆ 提供应力消除措施以保护接线并且限制电线/触点上的压力。
- 第四优选：带状电缆，每根线对应4个机械连接和更多的故障模式。带状电缆不应当被接入电路板上的偶数引脚接头上，除非它带有极化特性。

- 次差：接线片/压入线和接线端子，它们布线费时而且容易在制造和安装中出错。此外，接线片随着时间推移会松动或者在服务期间引起短路。如果使用这些材料，最好用指定颜色的电线或在电线上印上编码以防出错。
- 最差：手工焊接。质量与最优相比呈级数递减。

其他创新的路径选择技术包括多路信号传输的 LAN 电缆或一条电力总线（如汇流条）、背板上的电源层或用一条共享电源线取代从电源到每个用电单元设立的多个独立路径。当产品被要求使用更少的本地服务支持时，互联可靠性则显得更为重要。

尽量减少或消除模块化、运输和维护服务时对模块额外的连接需求。当模块单独装运时，设法让必需的连接线能够盘绕在模块的外边缘。如果无法实现，指定牢固的电缆并将其盘起进行装运，可单独运输或者将一端与模块相连后一同运输。以尽量减少额外接线为标准，并行设计产品及其安装、维护和修理。

所有的决策必须基于系统的总成本来考虑；不要选择或者审查系统环境之外的创新零件和组件。在可维护性和一次安装的方便性、总成本和长期可靠性之间寻找最佳的权衡点。

3.1.14 优化柔性层

柔性层由柔性卡普顿电路板插件箱中的许多线路组成，它也是所有连接板卡上的一层，在柔性层上所有元件自动焊接到线路上。这与连接接头的柔性电缆不同。以下是如何充分利用柔性层的方法。

- 早在架构阶段，开发一个最佳策略连接板卡之间以及板组件和其他设备。深入探索各种互联概念。深入评估你的监管环境下具有经验的供应商。预先选择一个能在早期与你的团队合作的供应商，从而优化交互连接的设计，不要试图单独设计并且进行招标。
- 在产品设计完成后，柔性层的运用机会非常有限。不要因为资源、材料、样品或供应商而妥协；不要因为"尝试了，但是不成功"而灰心。在上述情况下，参照以前相似背景下的工作。

- 以总成本作为依据，为整个装配过程使用总成本数值；获知总成本之前，以总成本为基础进行思考。确保团队形成共识并获得管理层支持，包括足够的工作时间、资源和预算。如果超出了单个项目的范围，可将其发展为一个研究项目。

3.1.15 电压标准化

作为一个系统架构策略，不同电压的数目应当被最小化和标准化以减少电源设计的复杂性，并且允许使用可靠的现成电源或模块。

3.1.16 印制电路板的可制造性设计

设计团队应遵守印刷电路板的所有设计规则，包括元件安置、间距和布局，并为垫片、孔洞、导孔、线路、探头、测试访问、测试夹具、定位功能和预留区域进行适当的几何形状 / 间距的设计。违反印制电路板设计规则，或引起自动处理工艺中的质量 / 返工问题，或妨碍元件自动贴片 / 插入，将导致人工贴片或焊接，而这在表面贴装元件的过程中是不被选择的。

通过在早期确定功能密度的程度并且主动在系统架构阶段研究解决方案，可以避免印制电路板出现过度密集的现象，例如水平更高的集成技术（VLSI、ASICs、FPGAs 等）、空间效率更高的电路、更紧凑的部件、除去对客户来说不具备广泛用途或价值的电路等。

尽可能确保所有的组件能够自动贴片 / 插入，从而最大限度地提高生产量、降低装配成本，并尽量减少组配错误（如错误的部件、错误的方向或失败的贴片 / 插入）。任何表面贴装元件都不应该允许手工贴片，即使可自动贴片的部件会花费更多，自动装配也应当作为选择组件的一个条件。

自动焊接（回流或波峰焊）可能是行业内最精细的工艺，许多操作按惯例遵从六西格玛标准（大约每百万出现 3 个失误）。手工焊接质量极低，一些手工焊点在工厂时能够通过测试但是在现场使用时则失败。任何表面贴装元件都不应该允许手工焊接。

零件选择标准应当包括能够进行自动焊接的能力和能够承受回流焊接和清

洗过程的热度，即使这些零件的购买成本更高。

通过标准化印刷电路板零件来防止扩散化，因为如果零件品种超过了电路板设备的零件容量，那么板卡将多次经过机器，并在其间需要变更配置。

避免需要筛选、匹配、校准或调解的零件，这些步骤将增加劳动力成本、制造时间，并且增加了供应链难度。

避免因为离板布线、底部引线连接器、不常见零件等进行手工焊接。相反，应寻找能够自动焊接的零件。

3.2 全面的前期工作的重要性

优化产品架构起始于一个完整的多功能型团队早期对所有设计进行思考的平衡。优化产品架构在产品开发中是最高标杆的活动，并且在确保成功的层面上具有最大的潜在影响力。但是，从产品定义上看，这个阶段的重要性往往被忽视，被简单假设为产品架构将会与前一个竞争性产品相同。

次优产品架构最大的一个成因是看似无害的一步——建造一个电路实验板来检查它能否工作。这个电路实验板通常用手头的材料（并不是从广泛生产级别的材料中进行选择）以最方便的方法（而不是最具可制造性的方法）进行制造。此外，实验板由原型技术人员创建，他们能让一个不具备可制造性的单元仍然发挥功能。产品架构的优化和可制造性在实验板阶段很少被考虑到，因为它们通常被认为会在以后完成。

一旦实验板做成并向管理层或客户展示后，他们会想要把它拟为计划并且投入生产。不幸的是，公司最终将量产这些实验板！用实验板架构决定产品设计会导致错失节省成本和开发时间的最大机会。

正如第 1 章所阐述，产品终生累计成本的 60% 由项目的概念 / 架构阶段决定（见图 1-1）。当设计完成，产品终生累计成本的 80% 被确定了下来。当产品到达生产阶段，只有 5% 的总成本能够受到影响。这就是为什么降低成本的行为有时候是徒劳的，因为成本由设计本身决定，而且很难在以后缩减。

同样，其他重要的设计目标如质量、可靠性、可维护性、灵活性、可定制性和合规性最容易通过优化产品架构来实现。

全面的前期准备工作大大缩短了产品实际的上市时间，并且避免在紧急补救、变更单和提升产量的问题上浪费时间和资源（见图 3-1）。

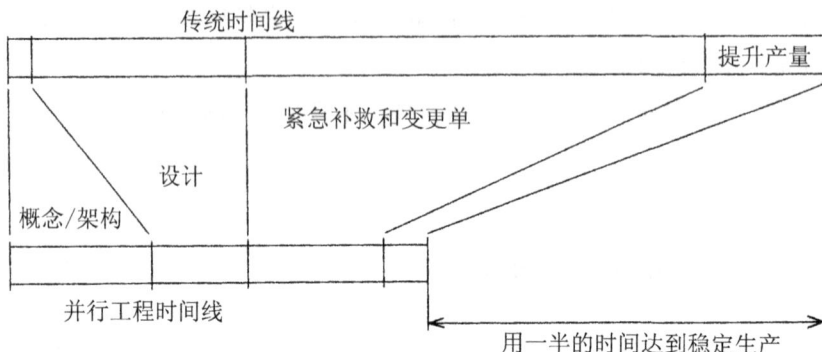

图 3-1 传统时间线与完成了前期工作的时间线

达到稳定生产所需要的时间能够减半是因为做好了全面的前期工作，这最大限度地减少了紧急补救和变更订单的需求，以更快的速度提升产量。需要注意的是，概念 / 架构阶段所耗费的时间在传统模式下仅占据很小一部分，而在并行工程模式下以级数增加。更彻底的前期工作让后期设计工作的耗时从产品开发周期的 3/4 减少到了一半。在早期权衡地加入各种设计考虑与在后期将其以变更元素植入相比更为有效。

图 3-1 强调了减少实际上市时间的最重要的原则之一：全面的前期工作。这幅图中所暗示的内容在我主办的内部 DFM 研讨会上有更多的讨论。事实上，在某家全球财富 50 强公司，我们曾经在 4 个研讨会上花费了一个小时讨论这张图表。

丰田公司在开发普锐斯汽车的时候，团队没有直接进入详细设计阶段：

伴随着巨大的时间压力，对混合动力技术做出一个快速决策并且让它立即生效是一项诱惑。然而，团队艰难而又彻底地重新审核了所有选择，考虑了 80 种混合动力类型并且系统地将选择范围缩小到 10 种。团队仔细考虑每一种类型的优点，然后选定了最佳的 4 种。这 4 种类型通过仔细的计算机仿真评估，基于评估结果，他们有足够的信心提出一个方案，这已经是 6 个月之后了。[2]

随着工程师和管理者意识到全面架构优化的重要性之后，他们会询问在图 3-1 的概念 / 架构阶段还应该做些什么以及为什么能够大量减少最终耗费的时间。下面列出一个最优架构的关键要素。

- 产品定义确定了客户真正的需求，并且最大限度地减少在最初没有体现新客户的需求而引发的产品订单变更。
- 应当彻底研究过去的经验教训，并且理解什么做法行之有效，以及什么原因导致以前的项目出现问题（见 3.3 节）。
- 在进行下一步之前，应当发现问题并解决问题，从而最大限度地减少在后期解决这些问题的情况，因为在后期任何修改都难以实施，而且任何变化反过来可能会招致更多的变化。
- 应当通过巧妙的设计、更少的零件、零件整合、更高水平的硅集成技术、模块化等来简化概念。对成本有严格要求的设计工作可能需要从设计研究上突破。[3]
- 为实现最小总成本、通过设计确保质量和可靠度、提高可制造性和可维修性，以及实现灵活性和可定制性，应当对架构进行优化。
- 不要被提前进度的妄想引诱而匆忙地开始设计，不要因为前期工作不常见，或屈服于将第一个工作原型投入生产的诱惑和压力而忽略了前期工作的重要性。

3.2.1 丰田公司的前期工作

2006 年出版的著作《丰田产品开发系统》强调了企业完成彻底的前期工作的重要性，有人认为这与传统开发流程相比，效率提高了 4 倍。

项目的开端是最能决定产品开发计划成功与否的时段。开发流程越往后延伸，决策所面临的约束就越大。随着项目的开展，设计空间被填满、资金被投入，而变更的过程则变得越来越昂贵、费时，并且不利于产品的完整性。[4]

该书提供了很多关于让来自各个功能性学科的富有经验的工程师协同工作，深入周密地思考项目所有的关键细节、预见问题、应用已有的经验教训、创造明确的规划并且从整个系统的角度设计对策。

3.2.2 摩托罗拉的前期工作

摩托罗拉最有效的产品开发项目会在最初的设计阶段便投入大量的精力，使大多数（尽管不是全部）可能在实施阶段会出现的问题得到提前分析和考量。[5]

3.2.3 IDEO 公司的前期工作

IDEO 公司坚信：如果他们尽早建立多个模块，会放慢他们的脚步，从而加快他们的速度。通过花费时间来"塑造"概念，避免出现代价高昂的错误，如早期就变得过于复杂并且一直坚持一个不够强大的概念。[6]

3.2.4 避免前期工作受阻

企业应确保以下问题不会妨碍前期工作的完成。

1. 销售和合同进程缓慢

确保缓慢的销售和合同进程不会耽误产品开发的启动，特别是有固定交付期限的产品开发。鼓励客户快速下单并且尽早预定。简化销售和合同的流程。避免由于烦琐的条款和繁重的条件导致合同延误。提前做好规划，即使正式的合同尚未签订，也要尽早开始新产品开发。

2. 需要长交付周期的零件

如果需要长交付周期的零件，可能导致缩短产品的前期工作，为这些零件的交付流程腾出时间。解决方案可以是，停止使用这些长交付周期的零件（运用 5.19.2 节所介绍的技术）。

3. 需要进行早期评估而加快新产品开发进程

同样地，来自进行早期评估的单位的压力也可能缩短前期工作。下一节给出了解决方案。

3.2.5　早期评估单位

有时候企业为了获得资质、通过 Alpha 测试和 Beta 评估、参加展览、履行合同义务或通过市场测试，需要一些早期评估单位介入，但不要因此推迟了获得客户反馈的时机。

深入做好各项前期工作，适当增加一些能够尽早交付的评估单位，确保有足够可用的资源。

避免为了让这些单位尽早交付而匆忙完成前期工作。注意：早期单位的架构并不代表或暗示生产单位的产品架构最理想。

通过一个物理评估单位来证明产品功能的可行性，不必实现所有的空间、形状、接口或者重量限制，同时，在合同中列出计划以便在生产单位中实现这些目标。

通过加快早期单位的设计并且采用参数化 CAD、模块化设计、快速成型、增量生产[7]、短期供应商 / 合作伙伴、便利的机床或在大批量生产中被更具成本效益的工艺取代的数控机床来最大限度地弥补花费在概念 / 架构阶段的时间。以下是两种特别有效的技术。

- 特战队。通过熟练的技术人员来快速构建、测试和验证评估单位，确保他们及时地向设计团队反馈各个过程中得到的经验和教训。
- 零件商店。如果评估单位的零件交付时间过长以至于威胁了彻底完成前期工作的时间，那么在确定最终的物料清单之前订购所有可能的替代零件。这可能增加成本，然而，这些评估单位尽早交付能够带来更多的收入。实际上，很多商店里的零件可能以样品的形式免费获得，供应商很乐意免费提供这些样品从而让他们的零件有机会入选。

跟踪记录总成本和资源需求，并且确保它们能够为规划和估算、招投标和后续项目的谈判提供基础。

3.3　架构优化和系统设计

图 1-1 显示了产品终生累计成本的 60% 是由概念 / 架构阶段承担的。同样，

这一阶段对质量、可靠性、可维护性、灵活性、可定制性等也具有显著的影响。图 2-1 显示全面优化架构阶段能够加速生产，并且防止在产品推出后解决在产量、质量和生产效率方面的问题。图 3-1 显示了经过全面的前期工作，并且在优化架构上花费 1/3 的时间，而不是快速地完成架构阶段，能够让实际的推出时间缩减将近一半。

以下内容详细阐述了产品架构优化的重要步骤。

3.3.1　通用的产品定义

在开始设计之前，设计团队应该用最佳的设计规范和资源分配来深入了解客户需求（客户的"声音"）。确保产品定义（需求文档）是通用的，并且不指明、暗示或者限制产品架构。一定要解决和满足产品需求的各个方面。

3.3.2　团队组成和参与性

企业应确保产品开发团队的完整性，确保所有的专业人员能够立即并且持续地接受工作部署。

3.3.3　产品开发方案

设计团队必须了解并就新产品的开发方案达成一致，尤其针对那些和过去的操作流程不同的层面。

3.3.4　经验教训

设计团队应通过了解以往项目的经验教训并制订相应的行动计划来避免重犯过去的错误。除此之外，唯一可以获得的经验可能来自设计团队中个体成员的记忆和印象。

忽视了经验教训会导致严重的延误和资源浪费，反过来会延误其他项目并消耗它们的资源，同时会增加所有项目的开发成本。

设计团队应该将精力重点放在所有相关的经验教训上，不要仅局限于焦点问题的反应措施。深入调查和理解什么样的做法行之有效以及什么原因导致以前的项目在开发时间和精力、功能性、质量、加速生产等方面出现问题。

1. 经验教训的分类

- 产品开发的经验教训，例如订单变更、延误、预算超支、重新取得资质，并且要对所有成本类别（产品的全部费用）进行量化。
- 总结经验教训，如在制造、组装、测试、质量保证和交付上遇到的难点。
- 关于性能和可靠性的经验教训。

对质量和可靠性方面的经验教训优先分级，可运用图 10-1 表现的形式绘制问题频率和严重程度之间的关系图。

2. 总结经验教训的方法

有 3 个方法帮助设计团队理解过去的经验教训：数据库、调查和报告会。

（1）数据库。企业应当将总结得到的经验教训通过数据库进行编制、管理和分配。数据库专家或者团队成员可以查看数据库内的数据，总结经验并且提交给团队。

丰田公司使用单页摘要和工程清单来记录并积累"知识基础，它能够反映一家企业从好的和坏的设计、性能要求、关键设计接口、关键质量要素、制造要求以及让设计普及化的标准上学到了什么。"[8]

（2）调查。团队成员可以探讨过去项目的经验教训，通过采访过去项目的参与人员和数据来获得有利信息。团队成员应该调查、用帕累托排列图标出，然后制订和实施预防措施。

- 什么工作做了？什么工作没有做？
- 在传统时间线（见图 3-1）中造成紧急补救情况和变更的原因。对于每个原因，思考是否可以预防。
- 出现延误的原因。
- 总结质量成本的影响因素，如缺陷、报废、返工、现场故障。

（3）报告会。让参加过以前项目的内部人员和供应商[9]作报告（由团队举办并且团队成员参与），来自以下工作小组的报告者应当向观众展示作为好的设计和坏的设计的零件样品范例：

- 制造工程；
- 采购和关键现成零件的供应商；

- 供应商 / 合作伙伴（如果他们曾经为你制造过定制零件，那么他们的经验是非常宝贵的）；
- 质量 / 可靠性；
- 现场服务 / 安装；
- 变更和紧急补救成因。

根据所有内容，制订能够利用好的因素并且避免坏的因素的行动计划。在项目中不断学习、进步。

3.3.5 尽早提出并解决问题

麻省理工学院的研究报告《改变世界的机器》[10] 总结出在最优秀的精益项目里："……项目领导者的任务是迫使团队面对所有项目中遇到的困难（问题）并就问题的解决方案得出一致意见。"根据团队建设专家帕特里克·伦乔尼（Patrick Lencioni）的观点，团队成员必须克服对冲突的恐惧[11]，以开放的心态，积极有效地解决问题。另外一篇来自《哈佛商业评论》（*Harvard Business Review*）的文章引用了一项调查并表示："出人意料的是，之所以不敢发表意见，最常见的原因是感到没有用处，而不是害怕受到惩罚。"[12]

1. 项目相关问题

每个设计团队应当坦诚地回答以下几个问题：

- 考虑到分配的预算，是否有恰当的机会能够在规定时间内完成该项目的目标？
- 项目是否能够得到足够的资源来完成目标？这些资源是否在早期便分配给项目组？
- 是否存在危险的标志？例如，产品定义是否稳定，是否在不断变化？
- 成本和时间目标是否基于底线指标？例如，以总成本和达到稳定生产的时间为基本指标。如果目标的设定基于错误的指标，设计团队可能会选择廉价的零部件、选择低价投标但无法帮助团队设计零件的供应商、让劳动力成本决定了外包和工厂选址，或不优化产品架构，并且将设计"准时"地丢给制造部门。

2．团队相关问题

每个设计团队应当解决团队内部的所有问题。例如，团队应当讨论来自于以前项目的经验教训，并且制订相应的行动计划。团队成员应该从这些经验教训中彻底了解可能遇到的风险。

- 在早期得到缓解的风险。这是如何做到的？
- 本来可以在早期得到缓解的风险。现在应该怎么做？
- 未被缓解的风险。其后果和相关费用是什么？

一旦发现未解决的问题，任何人都应当立即将这些问题提升到合适的层面来讨论。

3．降低风险

讨论如下风险问题并降低风险。

- 新产品和工艺技术是否能足够成熟、细化地融入新的设计和生产中？
- 新产品技术或新制造工艺是否有多个风险来源？
- 成功率、成本和时间多大限度地依赖于实体，以及开发阶段有多少内容不在开发团队的控制之下？如合作伙伴、供应商、外包、法规等。
- 是否有供应链风险？如通过招标或者其他来源所选的供应商与作为合作伙伴关系的供应商相比。
- 如果在远离设计部门的地域进行制造，"成本降低"的指示是否会影响零件质量、供应商早期参与定制部件可能性、资源的可获得性或并行工程本身？

4．新技术

设计团队应发现和全面调查新的、未经证实的或者曾经带来麻烦的技术、零件、工艺、功能、用户界面等。在进行决策之前，彻底调查所有的问题以确保所有的风险能够在继续下一步之前得到缓解。确保有足够的时间和资源来完成这些工作。

在预期用户的所有用户环境中调查并且验证质量、可靠性、可制造性、易用性、总成本和功能性。全面研究供应商的应用指南；如果文档记录不充分，联系供应商的应用工程师；调查供应商的历史、声誉和财务实力；确保所有的零件在产品生命周期内有良好的可获得性。

5. 尽早解决问题的方法

设计团队可以通过以下措施尽早解决问题。

- 研究。确保技术可行性研究不会指定或推荐次理想的产品架构。

- 设计具有统计学意义的试验。这项试验应当应用于原型测试、首件检验和 β 测试、试生产和公差。

- 网罗专家。例如，从咨询协会 PATCA（硅谷拥有 350 名技术专家）或从研究性服务组织 Guideline（原为 Teltech）寻找专家，Guideline 能够进行研究并且与 3000 名涉猎 30 000 个专业领域的顾问有联系。

- 模拟。包括产品和工艺。

- 风险分析和管理。

- 对于关键应用，进行故障模式和效果分析（FMEAs）。

- 制造早期模型和快速原型。

6. 应急计划

设计团队应制订应急性的"B 计划"以应付最有可能出现的变化、波折、延误、短缺或其他关于技术、加工、客户、市场、监管等方面的问题。例如，可将产品设计为已经接纳了"B 计划"的形式，一旦"A 计划"无法生效或者无法及时执行，则可以实施"B 计划"。

7. 前进之前确保一致

麻省理工学院的另一项研究报告《美国制造：重新获得生产优势》对日本的产品开发项目管理进行了更多观察：

管理人员的一项主要任务是确保所有人能够得知任何分歧，并且这些分歧能在项目初期得到解决。达成共识需要付出努力，但是通过成熟的管理可以让项目团队所有成员达成一致并给出承诺，从而让后续的步骤迅速进行。[13]

美敦力旗下的施美德（Xomed）公司，在项目的每个阶段，公司都努力地验证各个工艺，这迫使员工们越来越早地询问正确的方式，并且减少为了弥补信息不全而做出的错误假设，从而避免了浪费项目时间。[14]

3.3.6　人工作业

很难通过手工贴片和焊接等人工作业实现高质量，而自动化流程，如 PC 板组装和数控加工，通常能够达到六西格玛质量水平。

人工作业是昂贵的，它要求训练装配人员和支持人员、创建工作和质量标准以及程序、解决质量问题、实施变更单。这些支持方面的要求让生产和质量人员无法帮助多功能型团队开发新产品。

人工作业很难迅速扩展，需要发掘、雇用拥有合适技能的人才，并培训他们如何制造公司产品。因为文档记录不完整，所有这些问题、成本和延误随着对更高层次的技能和判断力的需求而成倍上涨，缺乏的文档记录需要操作者凭借其记忆力、个人笔记或者口头传授来弥补。

在启用机器人执行人工作业之前，应先考虑利用标准数控机床来执行这些任务。

3.3.7　技能和判断力

对技能和判断力需求过高的设计存在两个主要风险：

- 需要技能和判断力意味着有出现错误的可能性，如果可能的话，用防错设计来消除这种风险（见 10.7 节）；
- 如果需要技术熟练、经验丰富的人员，那么将难以加速生产并且难以在新工厂实现生产，尤其是在其他国家。

为了消除对技能和判断力的需求，可进行如下操作：

- 尽量减少零件的使用，通过简化设计、整合零件和装配好可以马上使用的现成组件来实现；
- 确保说明指令明确、直观、图形化或以动画形式展现，如果是文字形式，则以本地语言写明；
- 确保使用简单的生产机械——用户界面不需要计算机技能，例如，使用条形码来改变设备配置；
- 避免手动对齐、复杂的流程、校准、棘手的任务等；
- 采用自动定位的零件，首选不需要夹具的零件，如果有必要，同时设计对应的夹具，确保准确定向和对齐等；

- 避免使用液态媒介来固定螺纹，应寻找替代品，例如自锁紧固件；

- 避免使用液态密封胶（见第 8 章准则 A10）以及任何需要胶带、胶水的情况。

- 避免需要对布线进行判断；

- 避免盲目装配紧固件；

- 采用防错技术来避免装配出错（见 10.7 节），运用标准件和无法混淆的工艺、不会倒置的堆成零件、极化的连接器（特别是偶数引脚的插头被用作印刷电路板的连接器）和容易获得的标准工具和标准扭矩装置；

- 避免零件筛选或匹配；

- 消除手工焊接和接线对人工技术的要求和带来的质量问题。

3.3.8 技术或功能上的挑战

如果新技术、新功能或法规面临挑战，工程师保证 DFM 最简单的方式是避免武断决策对可制造性的威胁，如果需要改变方案以符合 DFM，反而会影响解决方案的实施。

在设计的第一时间确保最佳的可制造性，这样当技术难题解决后，设计可以直接投入生产，而且不需要为了可制造性、成本、质量等问题重新设计。

鉴于解决挑战的价值和排除故障的成本，应采用高质量的元件，不要试图在解决高难度挑战的同时减少物料成本。即使这些零件成本较高，总成本在相比之下仍然会较低。充分了解面临的困难，并配置足够的资金、资源和时间来解决它们。

工程师应深入了解新技术在预期环境中的使用效果，探索多种方式来实现目标。不要将思维限制在仅仅扩展传统的方法上，想要有大的进展，需要开发许多后续项目能够使用的新一代方案，而不是试图对每个产品开发项目进行。研究并积极主动地创造解决方案，使其商业化。为了创新而实行的一个两全其美的方案是，引入能够用于现有产品的新模块，进而使其成为下一代产品的基础。当突破可能来自于创新的部件或材料时，要分配足够的时间和精力来研究其他替代方案，然后评估样品，并对组件进行限制。

在架构阶段全面地发掘并解决所有相关问题。如果不需要解决以前项目的紧急问题，那么就有更多的资源能够被利用在新项目上。

设计团队不应接受潜在客户对功能、成本和期限不切实际的期望。适当的时候，向客户或主承包商传达规范中能够明显降低风险、成本和时间的微小变化，不要让武断决策给工作增加困难。

对于一些重大挑战，企业要基于总成本设定一个合理的预期回报，并且一定要分配足够的资源和工作时间。

3.3.9　商品化

在将任何产品投入生产之前，企业需要对其进行商品化以保留其最具竞争力的"皇冠宝石"技术，而其他特性则围绕符合可制造性进行设计。需要将商品化应用于新的产品设计、研究、实验、实验板、原型、专利和已经获得的技术。

"皇冠宝石"技术是创新的基本前提，也是经过验证的成熟技术的核心。在不改变已有功能性的前提下，围绕核心技术和配套系统的零件和部件重新设计以获得更好的可制造性和质量、更低的成本以及更短的上市时间，然后将其整合到一个最佳的产品架构中。

对于关键模块而言，商品化应当及早完成。

对符合"皇冠宝石"的本质功能进行描述，但是应当用通俗性的文字，并留下开放的空间，以便继续对设计进行优化。

3.3.10　可制造性科学

科学家常提出仅根据功能参数发挥作用或优化的设计和工艺，然后把这项设计甩手丢给设计工程师来构建能够执行指定工艺的产品或设备。这种情况常出现在实验室的实验仪器或航空航天设备（其中设备成本潜藏在更大的研究预算内）制造领域。这种做法很少能降低开发成本或加快开发速度，因此不适用于成本敏感的商业产品。

相反，科学家应当了解可制造性方面的所有问题，以及它们如何影响功能性、可靠性、质量、购买成本、拥有成本并最终获得成功；与多功能型团队紧密合作，从最初阶段开发能够在所有预期环境下持续工作的科学、实用并且稳健的工艺，并且能够利用已有的现成零件和材料轻松地进行制造。科学家在指定零件时，应当与采购部门协作寻找可能的解决方案，然后将搜索范围缩小到具有最佳性价比、可靠性和可获得性的零件上。

3.3.11　概念 / 架构设计优化

概念 / 架构设计优化是与制造和供应链策略（见 3.3.14 节）同时进行的步骤。设计团队应根据设计实例来制订设计策略，例如标准零件、现成零件、成熟的加工工艺、重用、避免武断决策、一次成功、避免重犯过去的错误、早期获得供应商的协助、定制化和全面的概念 / 架构优化。

设计团队应全面优化产品的概念 / 架构，而不仅仅将其看作零件和子系统的一个集合。这个阶段为创新和大幅度降低成本提供了最大的机会，并确保加速进入批量生产。

设计团队应保持对架构的重视，不需要设计太多细节，因为它们在架构的发展过程中很容易被淘汰。如果有必要，保留一个记录了细枝末节的列表，从而在架构得到优化之后继续完成。工程师和管理人员都要避免过早地陷入某些零件或子系统"打包收工"的陷阱。

设计团队应专注于创造多个概念，而不是只创造少数的细节设计或模型。记录所有的想法，如打印或用标签、文件名和图层名来记录和保存。如果使用了草图的形式，要保存所有草图，并记录日期。如果相关的想法基于一个同样的草图，可将草图保存为蓝本，然后参照蓝本绘制下一个想法，可以重复使用这个蓝本。

设计团队不应忽视了设计中明显的方面，因为各个方面都会影响系统设计。另外，不要忽略设计中模糊的方面，同样，各个方面都会影响系统设计。

在适用的情况下，设计团队可创建模型来展示或比较概念。像麦克马斯特—卡尔（McMaster-Carr）公司拥有可用于建立模型的大量不同系列的零件和材料。麦克马斯特—卡尔的网站有数百个链接，每个都可让你通过许多参数缩小搜索范围。然而，不要为生产的产品指定建模或实验零件。确保原型中不适合的零件不会进入生产的物料清单。

3.3.12　在概念 / 架构阶段优化 CAD

设计团队在概念 / 架构阶段应以方便编辑的形式进行绘制，用容易编辑的形式表达实体。在概念完成之前推迟合并构件的任务（联合、合并等操作），因为可能需要修改或替换某个单独要素。

设计师应优化数据和图纸的"原点"。从最佳平面上扩展（拉伸）立方体和圆柱，从而让这些最容易改变尺寸的对象能够在后期不经过重绘即可修改。例如，一个中心轴可以被绘制为两个相连的半轴，每个半轴都可被延长或缩短从而保持整个轴线总是居中。

设计师不应只使用最先进的技术；有时候可以将 CAD 中绘制的内容（零件、网格、边界或尺寸线）打印出来，再绘制接下来的细节，然后重复这几个步骤，这样能够快速进步。

在概念完成之前，可以忽略一些细节（螺栓等）；将被忽略的要素列入清单。将"淘汰"的细节保存在"额外零件"图层，通常可将该图层关闭。保存辅助线和构造线，因为概念经常变化，可能需要它们的辅助来适应后续的变化。

3.3.13　简化概念

设计团队应探索多种潜在的概念和方法来优化系统架构。通过创新（见 3.6 节）和头脑风暴（见 3.7 节）来创造多个想法。[15]不要被当前的产品或竞争对手的产品限制了视野。不要紧抓着第一个想法一直不放。

设计团队应通过减少零件数量和工艺步骤，并且优化关于零件组合、现成零件以及最简单的体系架构方面的决策，来简化设计。

用头脑风暴集思广益来获得各种想法。寻找那些能够彻底改变行业的突破性创意，即使它不是项目既定的目标。丰田考虑了一系列广泛的替代方案，并且系统地进行缩减，并最终得到了最优秀的方案。[16]在索尼公司，"井深大（索尼公司的联合创始人）团队的 30 名工程师开始探索多种策略，从而实现同时显示多种颜色的目标"，最终工程师们实现了从一只电子枪中同时发射三个原色电子束的技术，被命名为特丽珑显像。[17]

尝试同时优化所有的目标并满足所有的约束条件。有时候考虑多个目标和约束条件可以克服设计麻痹现象，并且避免做出武断决策。与一次解决一个难题相比，这会带来更快的进展和更好的解决方案。

如果一个特定的想法不奏效，那么要思考能生效的更多方案。如果这么做没有效果，那么回到原点，设法改善原先的想法或创造一个更好的想法。遇到的个别障碍可以通过扩大思维范围、设法同时解决多个问题来克服。例如，解决某一个问题的方案看似代价昂贵，但是如果通过调整该方案能够解决三个问题，那么它不失为一个可用的方案。

在丰田公司，创造多种想法能够呈现不同的格局和可能性。这为不同的想法结合起来提供了机会，经过加工塑造成更丰满的想法。[18]而且，与普遍的看法不同的是，源源不断的渐进式创新最有可能创造出"伟大的创意"。《财富》(Fortune)杂志一篇关于 3M 公司的文章指出："3M 从来不直接创造出下一个大发明。公司贯彻的是年复一年地创造成百上千个小发明。" [19]

设计团队应尽早制订现货供应战略（见 5.19 节），因为武断决策通常会阻止选择现成零件。当最佳组合的现成零件被选择后，设计的其余部分将围绕这些零件进行。最佳的现成利用率使设计团队专注于优化架构和设计的其余部分，同时能帮助设计团队满足各项目标，包括最低的总成本、最快的开发进程、最好的质量、久经考验的可靠性以及最低风险的难题或时间延误。

通过制订策略，设计团队应决定从以前的设计中加强什么以及哪些设计、工艺和时间需要避免。这可能需要额外的研究和实验。

设计团队应优化零件组合和零件的装配、接口、布线、走线和零件 / 子系统交互；决定规范化水平；创建或采用标准零件清单。为零件组合和硅集成技术（VSLI、ASICs）制订策略以支持产品系列和标准化战略。

为质量、可靠性、防错、维修、服务和测试制订策略，包括优化测试点。为多样化、多配置、定制化、衍生产品、国外版本和后续产品制订设计策略。

运用所有已安装的硬件和便于访问的端口来优化软件的可配置性。增加内存或内置足够的内存以便运行要求最高的版本。运用足够大的标准配件来处理产品的多个版本以及能够插入通用连接器的各类零件或模块，确保要求最高的版本拥有足够数量的连接器。

利用可互换的模块建设多样化的架构。采用工业标准接口或建立通用接口。运用多余的零件和能力来开发多功能产品，其成本均低于开发多个版本的总成本。确保产品有足够的空间、连接器端口和实用功能。

使用参数化 CAD（见 4.6.5 节）。可以提前为产品系列构建通用参数模板，当输入定制尺寸的零件后，浮动尺寸参数能够自动进行匹配，而草图则自动变换成定制化的装配图，同时自动更新定制部件图纸和文档。尺寸定制能够快速进行并且有效地利用数控机床和参数化 CAD 的组合来实现成本优化。参数化 CAD 的另一个用途是快速展示如何通过改变某个参数来影响系统。

3.3.14　制造和供应链策略

制造和供应链策略应当与概念 / 架构设计优化（见 3.3.11 节）同时进行。具体策略有：

- 制订处理策略，包括程序选择、零件与产品的流水、制造计划（在哪里制造）以及产品系列的可变元件 / 线路设计。
- 制订零件和原材料的补给策略，基于物料需求计划（Material Requirement Planning，MRP）的采购订单或稳定流水、看板管理法、最低 / 最高库存方法或"面包货车"补给方法（自由存储）。[20]
- 优化外包和内部整合决策[21]，并确定零件和材料的供应商基地。
- 制订非标准零件与外包的供应策略；及早发现能成为合作伙伴的供应商并且安排其在早期加入设计团队。
- 安排质量和可靠性保证测试。
- 将防错措施加入设计中，从而通过设计特性来防止制造错误的发生，同时将其加入流程中以确保制造误差不会在制造或组装过程中出现。
- 为定制化、多配置、产品多样性、扩展和衍生产品制订制造策略。
- 对相关的间接成本进行配置（如果不能自动通过全成本核算完成），从而防止新产品为可制造性较低的产品支付高昂的间接成本，并且鼓励能够进一步降低间接成本的行为。

3.4 零件设计策略

设计零件和组件（以下简称零件）的策略包括：

- 确保产品架构和概念在产品设计之前得到了优化。

- 在开始设计零件之前，抓住任何在架构阶段使用现成零件（见 5.19 节）和模块化（见 4.7 节）的机会。

- 首先设计最关键和最具挑战性的零件。否则，设计挑战性较低的零件可能会导致武断决策，从而损害了最具挑战性零件的设计。

- 对零件进行系统设计，并通过设计让各部分共同协作。不要只设计一组零件，它们可能在后期很难进行整合。不要将项目管理构建为面向独立零件或部件。

- 要适当地根据客户要求来设计产品和部件，如图 2-3 所示，并且在 QFD 表（见图 2-5）的基线中进行计算。

- 学习来自类似零件的经验教训，包括可制造性问题和可靠性跟踪记录。

- 了解能够制造零件的潜在工艺。如果多个工艺都适用，了解所有工艺；与适合的供应商交谈，从而做出最好的决定。

- 与了解这些工艺的设计规则和具备加工能力的供应商协同地设计零件。为了让供应商参与设计，首先应当根据声誉和关系对供应商进行筛选。零件招标的原始模式会将供应商参与设计排除在外，因为在要求潜在供应商投标之前，零件已经设计完成（见 6.11 节关于低价投标缺点的描述）。

- 成本战略应侧重最小化产品或产品系列的总成本。在某些情况下，看似更昂贵的零件可能会带来更好的质量并且更加规范化，从而在供应链管理和运营过程中起到了成本节约的协同效应。不要把新设计与以前以零件为基本参照的设计进行比较，因为这可能妨碍了零件组合策略的推行，例如用 2 个新零件替代 5 个旧零件（见 9.5 节）的做法。

如果任何零件的设计在一开始就遇到了麻烦，那么请立即通知团队内还在围绕该零件进行设计的成员。然后，全员协作使该零件的设计回到正轨。丰田汽车的产品开发过程强调透明度，正如一位高级管理人员所总结的："如果你遇到问题，你最好告诉其他人，因为最终你会在大家的帮助下找到答案。"[22] 菲尔·康迪特（Phil Condit）在担任波音公司董事长兼首席执行官的时候曾经谈道，某个独立的工程师遇到难题时，并没有告诉任何人，而是顽固地试图独自解决这个问题。菲尔·康迪特推测，结果可能是那家飞机制造商不得不告知航空公司："那架你想要的能够直飞悉尼的飞机——它的行程可能要减少 8000 千米。"[23]

设计团队应完成所有零件设计和文档编写。为了尽快建造出原型，很多公司都使用简单的文档编写方式（如草图）或连文档都没有（如通过口头指示），这可能导致沟通障碍并且阻碍加速生产的进程，因为一些步骤需要完整的文档来指示。另外，没有充分完成就提交 CAD 设计会导致无法执行 CAD 装配整合和错误检查，比如零件之间的交互。在极端情况下，设计者可能会将某些"待定"细节留给生产工人，以至于在公司内，生产线上的工人不得不去当地的五金商店为结构元件购买螺栓配件。当然，这种类型的情况会改变设计目的，从而带来性能、质量甚至产品责任方面的后果。

一定要坚持以下文档编写原则。

- 确保所有的文档内容是百分百完整的。文件不全的后果使得生产人员需要了解信息时只能通过口头传授，因此会导致错误和缺漏。许多公司看似能够承担这些文档缺漏，但公司在进行外包的时候这些缺漏的负面效应就出现了，尤其在离岸外包的情况下。与海外工厂之间的通信可能仅限于每天一封电子邮件，翻译和误解会带来更多的问题。生产人员会猜测、解译草图或做出假设。如果生产由一家合约制造商完成，那么为了获得报酬，合约制造商会"根据草图进行制造"，即使零件因为公司的文档问题而无法正常工作，公司也必须对此进行支付。

- 确保所有的文档内容都是百分百正确和准确的。对于错误和不准确的文档内容，本地生产人员可能会发现错误并寻求正确的信息，但海外合同制造商可能不会发现错误，而仅仅简单地"根据草图进行制造"、运输并等待支付，而问题在货物到达之前不会被发觉。如果 OEM 返工不可行，那么又一个加急采购周期开始了（希望是采用了正确的文件），并且执行着损害控制措施。

- 确保所有的修改能够立即更新到所有文件内容中，从而保证后续工作采用了这些修改。

- 对于衍生产品，设定程序以确保只有相关的数据能够进入后续设计中。将数据构建为可以变更和不可变更的模块。

- 确保图纸齐全、明确并且传达了符合设计意图的几何尺寸与公差（见 10.1 节准则 Q13）。

落实有效的产品开发方法、领导力，并传播一种鼓励完整的和正确的文档记录文化，同时留出充足的时间编写文档，要意识到"一次成功"的文档编写能够为稳定生产节约资源和时间。

参考第 9 章中零件设计指南的内容。

3.5　面向各个环节的设计

工程师以功能性为目标进行设计，而他们的 CAD 工具也被预先设定为以功能性为目标。然而，真正好的产品开发源自面向各个环节的设计，又被称为 DFX（Design for X）设计。本节将详细阐述 DFX 设计的注意事项，其关键是及早考虑所有的目标和约束条件。

3.5.1　功能

产品能够正常运作，其功能性是最明显的考虑，但它并不是唯一一个。为了纠正一个纯粹功能性的问题而重新设计会引发另一个产品开发周期，以及另一次产品导入行为。而这些行为会引入新的、未知的制造性问题，导致制造资源流失。

3.5.2　成本

成本几十年来一直是各公司竞争的主战场。但最低的产品成本并不归功于降低成本措施。正如第 1 章指出的，设计决定了产品成本超过 3/4 的部分。

举个例子，一家高科技公司为一条新的核心产品线任命了一位"成本降低经理"，通过购买最廉价的零件，该经理能够让成本降低到目标范围内。然而，这些零件来自于 16 个不同的国家和地区，并且第一批零件交付耗费了 9 个月的时间。这可是发生在一个领先产品上的现象！此外，当生产开始后，由于零件质量太差导致工厂的生产实际陷于停顿，从而进一步延缓了交付过程。

关于成本的内容在第 6 章中有更详细的阐述。

3.5.3　交付

交付受设计影响很大，因为设计决定了产品构建和组装的难易程度。对零件的选择决定了零件采购的难易度，以及生产过程对供应差错的敏感程度。标准化（见第 5 章）影响了精益生产的有效性，它是工厂快速实现产量的关键（见第 4 章）。

3.5.4　质量和可靠性

正如成本一样，质量和可靠性很大程度上由设计决定，这也是一般人没有意识到的。设计者选择零件，因此也决定了零件的质量；设计者还决定了零件的数量，同时也决定了零件质量对产品质量的累计影响效应（见 10.3 节）；设计者也负责确定公差敏感度；由设计者指定的流程决定了零件的内在质量；设计者有责任确保零件设计不会出现组装错误，这被称为防错（见 10.7 节）。这些都是非常基本的可制造性注意事项，质量问题在产品发货前必须得到全面纠正。质量和可靠性会在第 10 章进一步详细讨论。

3.5.5　便于装配

当大多数人听到 DFM 的时候首先想到的是容易装配，因为大部分注意力都集中在面向装配设计（Design for Assembly，DFA）（后改名为 DFMA）和分析设计这些可以提高大批量产品的软件上。本书所介绍的 DFM 技术通过设计优化了装配的难易程度，独立于生产量之外。第 8 章和第 9 章介绍了设计便于装配的工艺流程通用的指导原则。

3.5.6　测试能力

测试策略受企业质量文化的影响很大。在一个具有良好质量文化的企业内，质量是每个人的责任，包括设计师！全面质量管理（Total Quality Management，

TQM）的理念是：与其被测试，不如通过过程控制系统将质量设计加入产品内部。理论上说，如果所有的过程 100% 处于控制之中，那么产品便不需要测试。然而，几乎没有工厂能够对它们的工艺满怀信心，所以它们至少会执行一个合格 / 不合格的功能测试。具有较高失误（失败）率的工厂在制造复杂产品的时候可能需要通过测试来为诊断提供帮助，这些产品的设计师要负责设计一种不仅能够测试产品，而且能够诊断问题的方法，让返修部门得知应如何修复产品。在复杂产品的生产过程中，测试开发成本可能会超过产品开发成本，甚至耗费更多的工作时间。测试准则将在第 8 章中进行介绍。

3.5.7　便于服务和维修

能够修复有缺陷的产品属于可制造性的问题，因为任何无法通过测试的产品都需要进行修理，从而耗费了宝贵的制造资源。现场服务中心与工厂相比通常没有那么多精良的设备，服务和维修会出现更多麻烦。在极端情况下，服务中心无法修理的产品可能被送回厂家维修，因此稀释了制造资源。设计者应将产品设计得便于服务和维修（见 8.9 节）。

3.5.8　供应链管理

通过标准化零件和原材料（见第 5 章）、基于时间段内零件供应的充足性来选择零件，以及合理化产品线（见附录 A）来消除或外包旧的、小批量的和不常见的零件，从而大大简化供应链管理。在很多情况下，这种简化（通常在产品组合规划和产品开发阶段执行）对成功实施精益生产、按单生产和大规模定制为目标的供应链管理举措和计划来说有至关重要的作用。

3.5.9　运输和配送

按单生产[24] 会对产品的配送带来很大的改变，按单生产能够根据需求制造产品并且直接将它们运送给客户、商店或其他工厂，而不是采用传统的大规模生产方式制造大批量的产品，然后通过仓库和配送中心进行运输。销售库存中的产品存在许多问题：整个系统将依赖于预测，而预测客户需求（尤其在市场快速变化的时候）很难。库存通常每年会耗费其价值的 25%！ [25] 如果预测得过高，那么将不得不下调价格以便减少库存；如果预测过低，那么会失去一些销售机会。有时候制造商试图通过加速生产来弥补预测不足，但这可能是昂贵的，并且会中断生产计划。

3.5.10　包装

包装方面的考虑不应该在第一批制造完成的产品即将发货的时候才进行。可以对多种产品采用通用的包装来减少包装的多样性及物流运输上的复杂度。单独信息可以打印在按需标签上或直接打印在包装箱上。环保包装材料和可回收产品包装正变得越来越重要。

设计具有耐撞击性的产品能够降低保护性包装的尺寸和成本，这种设计也有助于减少在运输途中损坏产品而返厂维修的情况，从而减少了成本的增加、客户满意度的降低以及对制造资源的消耗。

3.5.11　人因工程

人因工程学作为社会因素应当在一开始就予以考虑，因为当设计完成后，人体工学方面的修改将难以实施。在产品和工艺方面，良好的人性化设计（见第 10 章）将减少使用和制造过程中出现的错误和事故。在某些行业（如电子产品），很多服务咨询电话与产品的可用性相关。飞利浦电子发现"退货产品中至少有一半的产品与产品本身无关，消费者只是没有弄清楚如何使用它们。" [26]

3.5.12　外观风格

外观风格应当被设计为一个组成部分，而不是在后来添加。有时候，风格由早期的工业设计决定。如果在造型设计中没有考虑 DFM，会阻碍在产品中植入 DFM 原则。一个设计的所有元素，包括风格，都需要在设计的整个过程中同时考量。

3.5.13　安全

安全不应当在遇到召回或诉讼时才予以考虑。应通过精心设计和模拟来避免安全问题的出现。如果一个安全问题浮出表面，必须马上确定问题的根源并立即补救。安全问题会给工程、制造和销售造成重大破坏，同时还会危害产品和公司的声誉。设计师应该尽一切努力，在第一时间设计出安全的产品，这也是遵循道德和法律义务的体现。

3.5.14　客户需求

设计产品的最终目的是为了满足客户的需求。为了做到这一点，设计师必须彻底地认识和了解客户需求（见 2.11 节），然后系统地开发产品以满足这些需求。

3.5.15　产品线的广度

运用精益生产和按单生产的原则（见第 4 章），应在产品设计中使用标准零件，并且用柔性制造生产线或可变元件进行生产。常用配件、标准设计特点、模块化组件和柔性制造互相结合，以满足更多的客户。

3.5.16　产品定制

如果产品和工艺以大规模定制为目标而设计，那么定制化的产品也能被快速、高效地制造出来，如同大规模生产一样。[27]更多关于大规模定制的内容见 4.3 节。

3.5.17　上市时间

上市时间是企业竞争优势的主要来源。[28]在快速变化的市场环境下，第一个进入市场意味着对市场份额有更大的影响。图 3-2 显示了一个早期产品发布行为对收入曲线的影响。阴影区域表示早期发布所带来的额外销售。然而，由于产品开发和模具费用由基线销售所包含的区域支付，阴影部分则代表了真正的额外利润。

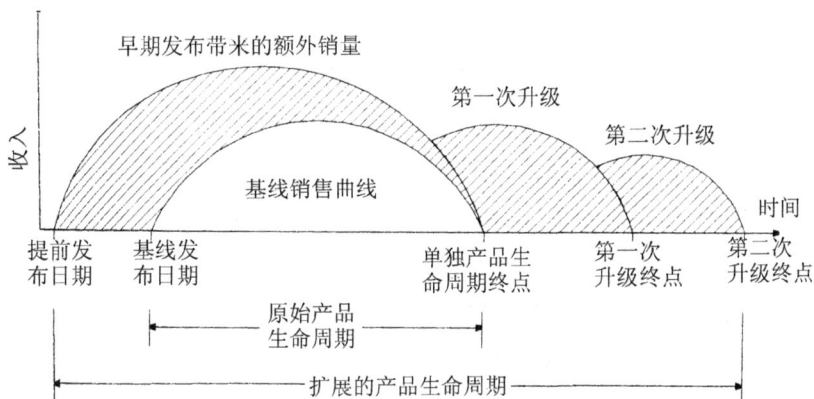

图 3-2　早期发布和升级对收入的影响

3.5.18　扩展和升级

　　设计师应当设计容易由工厂或客户扩展或升级的产品。这种特性能让企业通过延长每一个产品的生命周期来增加利润。营销人员和财务代表应当尽早参与设计团队以帮助制订产品升级策略并计算其价值。通过计算能够指出在产品生命周期后期阶段（当开发成本偿还后）具有高盈利潜力的部分，正如图 3-2 所显示的升级扩展阶段。再次强调，产品开发和模具费用由基线销售部分偿付，所以阴影区域是真正的额外利润。通过规划，用简单的升级来扩展产品的生命周期，在产品设计的初始阶段可能是一个非常有价值的考虑目标。

3.5.19　未来的设计

　　同样，应当设计好目前的产品，这样后续产品能够基于当前产品进行开发。在未来的设计中，如果能够最大限度地利用当前的工程、零件、模块和软件，则能节省大量时间和成本。

3.5.20　环境方面的注意事项

1．产品污染

环保设计的相关考虑不应该在出现产品或工艺被弃用的时候才进行。在这个阶段发现的问题，可能需要通过大的修改或重新设计来纠正。设计师应该能够预见环保趋势并且设计符合未来环保标准的产品。

2．处理污染

产品设计师经常会选定已有的工艺流程，甚至会继续使用一些导致溶剂、燃烧产物、化学废料等方面污染的工艺。新产品的设计师有机会针对环境优化工艺流程，这在设计的早期阶段更容易执行。不要等到环保活动家或监管机构强制公司改变工艺的时候才有所行动，这会对工厂造成很大的破坏性，如昂贵的处罚、工程变更单甚至重新设计产品。

3M 公司制定了一项被称为 3P 计划的环境策略——污染防治奖励计划。该设计的主题是从源头开始防止污染。该计划的三个要素包括：回收、为减少污染重新设计产品和设备，以及设计不会制造污染的产品。需要注意的是，这三项里有两项都依赖于设计来减少污染。

3．易于回收的产品

同样，企业应该关注产品达到使用年限后会发生什么。产品能否被循环利用到新的产品当中？能否将产品升级以延长寿命？公司甚至可以从产品回收和产品扩展上获取一定的收益。如果必须丢弃产品，那么它的降解过程应该是快速和安全的，不会加重固体废物的处理问题。这些因素和其他因素一样，应当在整个设计阶段予以考虑。

3.5.21　总结

产品开发团队应该在早期强调所有因素，因为重新设计或主要产品设计的变更会消耗大量的设计和制造资源。请记住，修改和重新设计会消耗应当投资在新产品开发上的工程时间和资金。这引出了最重要的设计原则之一（不仅仅是为了实现 DFM），即一项设计越是深入，就越难以满足额外的需求。

平衡考虑各种设计因素是非常重要的。不要让任何因素主导设计，否则其他因素会受到影响。很多人不了解应该由谁负责将这些考虑因素纳入设计当中，有人认为装配的难易程度由制造部门决定，有人可能觉得服务的便利性取决于服务部门，还有很多人认为产品质量是质量部门的责任。全面质量管理计划的座右铭以正确的视角揭示了它的真相:将所有考量因素及早地纳入设计当中是每个人的责任。

不在早期设计中考虑这些因素所带来的后果是:

(1)很难在后期加入任何考量因素,并且会导致延误、额外成本和资源枯竭。

(2)产品具有较低的竞争力,或者必须从市场上撤回,又或者需要重新设计。

3.6 产品创新

发明需要创新,为实现可制造性而设计一项发明则需要更多的创造力。在丰田公司,没有实际应用价值的发明不过就是一项爱好。只有在有意义的规模、以现实可行的成本实现了稳定的生产,才表示发明变成了创新。[29] 这相当于实现了稳定的目标生产量,正如图 2-1 中间部分所示。

创造力的先决条件是一个开放的心态和乐于接受想法和意见的态度。达特茅斯商学院关于企业成功和失败的研究报告"创新与变革"一章中指出:"创新不是自然发生的事情,它是开放文化的一个自然结果。"[30]

3.6.1 生成创新想法

设计团队应综述面临的挑战,而不暗示或排除任何解决方案。例如,为了支持电动车和混合动力车的开发,会倾向于鼓励开发更好的电池。然而,广义的一般性描述应当是"储能装置",这也包括了运用超级电容存储器(大电容)、压缩空气、调速轮和氢气(作为能量存储介质,而不是燃料)。

对于新产品而言,创新想法应当应用于设计和制造的各个方面。对于重新设计和衍生产品来说,可以从最昂贵的零件或组件、最难制造的产品或其他任何挑战着手,搜索创新想法。确定传统设计中存在的根本性缺陷,然后思考新的概念以去除这些缺陷。

为了获得好的想法,设计团队应忽略以前使用过的想法,并且不要被困难吓倒。忽略当前的设计和传统思维,专注于那些需要完成的目标。假装自己是这个行业的新手,问问自己:什么会为这个行业带来革命性的变化?

设计团队不应限制思维，只以一种设定为基础进行探索，应寻找各种情况、环境和状态下的想法，产生各种想法来完成所有的挑战或实现更多目标。寻找在各种行业里应用最好的设计，如果可能的话，将其拆解但仍然保持它们的可用性。

设计团队应考虑能够触发想法的工具，即使它们看似昂贵。如果某个概念在技术上可行，把它作为一个灵感以寻找或开发更低成本的版本。

企业创造一个鼓励人们勇于创新并且不被恐惧或无法成功的看法抑制的环境。不要排除创新的解决方案，尤其在传统思维表示"这无法生效""这是不可能的"或"这太冒险了"的时候。奥林巴斯前总裁菊川刚曾经说过："如果你不接受新想法的风险，那么这本身就成为一种风险。"[31]

设计团队不应花费太多的时间对每个想法进行建模和绘图，以至于限制了想法的数量。在想法构建阶段，绘制草图或讨论更多的创新想法比其表现形式更重要。

需要注意的是与项目相关的新的开发目标，即使它们不属于你的行业范围。查找领域内相关的众多具有更低成本或更高性能的先例，以及其他行业中在产品设计、工艺等方面的创新内容。了解并且参加任何可能为你的项目带来帮助的展会。

对于想要使用的想法，可以构建一个仅包含最具挑战性的元素的可视化模型。这样就能避免因为暂时忽略了挑战性低的方面，如框架、附件等，导致创造性受到了限制。

企业应随着设计的进行继续使用创造力，一个创造性工艺的产品通常刺激了对更多创意的需求。[32]

3.6.2 领头企业创造想法的方式

丰田公司每年有上百万个想法。[33] 诺基亚设计副总裁弗兰克·诺沃（Frank Nuovo）曾经说过："你不能爱上你的第一个想法，你必须开放地探索并且接受来自于很多人的各种意见，灵活地接受意见是很重要的。"[34] 索尼的联合创始人盛田昭夫也曾经断言："如果你在人生中坚信自己的方式永远是最好的，那么你将会错失世界上所有的新想法。"[35]

3.6.3　美敦力公司鼓励创新的方式

在《真诚领导力》（*Authentic Leadership*）一书中，美敦力当时的首席执行官比尔·乔治（Bill George）写道："无论在研究和开发上花费多少金钱，官僚作风都会成为创新理念的巨大障碍，并且损害创造性。致力于创新的领导者必须非常努力才能抵消这些倾向，从而优先考虑不同的意见者和创新者并且在保护那些处在脆弱、形成阶段的新的商业投资"。[36] 他鼓励："在它们被系统杀死之前，走进实验室并了解创新理念。"

3.6.4　创造力的 9 个要点

参考《管理人员关于创造力的袖珍指南》（*The Manger's Pocket Guide to Creativity*）[37] 一书，列出创造力的 9 个关键本质。

（1）询问很多问题。大多数的社会机构似乎被设置的目的是限制（如果不是劝阻）创造性的询问。

（2）记录所有的想法。当你需要新的想法，你可以先重新审视旧的想法。

（3）重温思路和设想。在回顾的时候，你经常会发现曾经的设想更引人注目。IDEO 的企业文化强调："缩小或重新思考我们的假设而不是按照原来的计划行事。"[38]

（4）表达自己的想法并且跟进。大多数想法被我们的自我审查修改。

（5）用新的方式思考。一直采用你惯用的方式是没有办法摆脱思维惯性束缚的。

（6）希望得到更多扩展。创造力需要创意思维的熏陶。

（7）每个人都应该尝试创新。大多数人觉得自己不具备创造性，因此也不愿意去尝试。

（8）继续尝试。发现答案的秘密在于重新思考这个问题，并且反复尝试。

（9）鼓励创新并且不断地倡导创造性行为。大多数管理者认为，如果你不在制造一些有形的东西，那么你就是在浪费公司的资金。

3.6.5　团队创造力

对于创新，加里·哈默尔（Gary Hamel）断言："真正的回报来自于利用每一天、每一位员工的想象力。"[39] 从一个具有创造性、开放式思维，并且受挑战推动的团队开始，这个团队应当在知识以及文化和思维方式上具有多样性。

点燃团队的热情。[40] 创造力在人们真正想要发明东西的时候能得到增强。星巴克的首席执行官霍华德·舒尔茨 (Howard Schultz) 曾说："当你被一群围绕一个共同目的分享集体热情的人们包围时，那么没有什么是你做不到的。"[41]

分配足够的时间保持创造性，希望项目经理能够意识到概念／架构阶段的重要性，并分配足够的时间对这个阶段进行优化。

要想抛开先入为主的观念和传统思维的条条框框，头脑风暴可能很有帮助，或许可以由一位经验丰富而且了解市场和技术条件，同时能够提供外部视角的协调人员来参与。

对成功的产品进行标杆分析和拆解。不要局限于只分析你所在行业或竞争对手的产品。

为了促进创造性思维，让团队工作人员在同一个地区办公，在一个长期的公共空间或一个远离电话和闲杂事项并且气氛轻松的场所举办创意会议。选择一个与项目有一定相关性的地点。

团队建设的目标之一是建立足够的信任[42]，从而让人们打开心扉、释放更多的创意。

IDEO 认为："建立模型始终是鼓舞人心的，不是说要建立一个完美的艺术作品，而是它能够激发出新的想法。模型构建应当在项目周期的早期进行，我们希望短时间内能够创造出数量众多的模型，它们是原始而简陋的。每个模型都能代表一个'刚刚够用'的理念，让团队成员能够从中学到一些东西然后继续前进。"[43]

不要以讨论行政问题作为创意产品开发的开端，尤其是讨论截止日期和开发预算的问题。

向后兼容性对于能够快速实施甚至加装到产品内部的小的改进项目来说是重要的。然而，对于重大改进项目来说，为了保持与前任产品的兼容性会阻碍创新。在两者之间，创新举措可以作为新的模块植入，而这些模块能够被引入当前产品，并且继续应用到新产品上。

在执行任何策略的时候应当贯彻使用创造性的解决方案。

3.6.6 创造力的波动

创造力和发明的本质意味着它们有很多波动周期，这就像一条正弦曲线。想到一个好点子是令人振奋的体验，这就是曲线上的峰值。然后，你或别人会说："再试试？"于是曲线遇到了谷值，这个想法在一个不鼓励持续创造力和持久性的文化氛围中可能"夭折"。下降周期是想法最容易受到挫折或缺乏支持的阶段。为了继续上升，需要运用新的思路和解决方案来解决每一次波谷时所遇到的问题。

为了跨过障碍，丰田公司注重的是尽管在最初经历了挫折，也要坚持让想法开花结果的那股韧性。[44] 丰田公司扫除任何阻挡前进道路的障碍。这意味着以一种完全不同的方式来看待目标。询问"是什么阻碍了完美"而不是"我们能够怎么改善"，这就是让丰田旗下那些持续改善的品牌与其他品牌区别开来的关键。[45]

决心是很重要的要素。在开发首个高速列车的时候，日本国家铁路使用了一句中国格言"车到山前必有路"，意思是无论碰到什么难题，总会有办法的。

《突围》（*Breakthrough*）一书提出了一些激进的研究方法来越过障碍、寻找问题的根源，然后寻找解决方案：

在应用研究领域，如果遇到障碍，团队会试图绕过它。如果因为一个障碍卡住了，研究人员会寻找一个快速修复的方案或放弃它。

在激进研究领域，障碍是研究的重点。通常情况下，一个多学科小组会被要求挖掘关于这个障碍的各种观点。随着研究的深入，可能需要更多其他学科方面的人员和信息参与进来。[46]

在丰田公司，工程师们需要将问题分解到最小可定义的单元，然后用巧思将其各个击破。同时，大的飞跃不是一气呵成的，而是通过众多小的努力累积而成的。[47]

3.7 头脑风暴

头脑风暴是一种技术，通常在团队中使用，能够产生很多想法。斯坦福大学的设计研究所重视正确的设定：团队集思广益需要一个安心的场所，在那里，持有不同想法的人们可以共享、融合并且扩展他们多元化的知识。[48]

领导者可以组织一次正式会议或简单地主持一次自发讨论活动，并根据以下规则实施头脑风暴。

- 不允许批评和评判。批评的行为妨碍了新思想的产生并且抑制了大家的响应。
- 赞美所有的想法。由于没有进行评判，所有的想法都应该得到表扬，从而鼓励产生更多想法。IDEO 还鼓励对其他人的想法进行扩展。[49]
- 创造多个想法。诺贝尔经济学奖得主莱纳斯·鲍林（Linus Pauling）曾经说过："得到好想法的秘密在于先有很多的想法，然后用一些标准来筛选。"此外，一个想法可以引发另一个想法。
- 狂野的思考。一个看似荒谬的想法可能最终造就一个有用的解决方案。想想数学中使用虚数（如 -1 的平方根）的例子，有很多计算过程使用这些虚数，但在最后，一个实数答案会出现。

然后，经过了以下头脑风暴。

- 梳理所有候选的想法。这是应用判断力的时候了。尝试将所有想法按照优先次序列入一个首选名单。一些想法可能看起来很有前景，但仍然需要更多的研究。
- 选择最终的解决方案。在所有目标、约束和资源条件的基础上，选择最佳的解决方案。

在确定设计理念，而且最初的跟进分析幸存下来之后，团队必须进行更彻底的跟进工作，以减少需要实践的理念数量。必须积极主动地执行，直到设计满足所有的设计目标。如果暂定设计达不到目标，设计师必须重复上述过程直到产品满足所有目标。很多 DFM 问题都是因为设计出现问题后被迫降低可制造性目标而出现的。

3.8 成本减半的产品开发

首先，企业必须确保其策略不会与最佳的产品开发措施（见 11.5 节）相冲突。这些有反作用的策略包括：脱离工程部门将生产外包（见 4.8 节）、在设计完成后试图降低成本（见 6.1 节）、招标定制零件（见 6.11 节）以及平均化管理费用（见第 7 章）。

3.8.1　成本减半开发的先决条件

1. 总成本

成本的重要性越高，就越需要正确地对它进行估量。对于宏大的成本节约目标，必须对所有与售价相关的成本进行量化（见图 6-3）。

直到全公司的总成本计量实施完毕后，成本减半开发团队需要基于总成本思维进行决策，或者对于一些重大决策，人工收集所有的成本数据。由于成本节约很大一部分属于间接成本，成本计算必须确保新产品不承担平均化的间接成本，只有某些特定的间接费用可与之挂钩。

2. 合理化

希望开发成本减半产品的公司必须立即合理化其现有的产品线，以消除或外包消耗新产品开发资源的需求性产品和必须由更高利润的产品进行补贴的"失败"产品（见附录 A）。对成本减半项目进行合理化确保：（1）多功能型团队总能得到资源，而不是被挪用于制造演示产品或寻找不常用的零件；（2）其他成本减半项目也能够得到资源；（3）新的成本减半产品不需要支付"亏损产品税"来补贴低效率的产品。

3.8.2　设计成本减半产品

成本减半产品并不单纯起源于一个宏大的成本节约目标（见 1.4 节）或其他"需要钱"的目标。如果企业想以一半的成本来开发产品，必须做对每件事情，其中包括实现本书提出的所有技术并实施八大策略（6.3 节介绍了这些策略），从而使成本减少一半或更多。本书将介绍如何完成第一大策略，即在产品开发阶段如何应用成本减半策略。企业应当实施其他的七个策略，从而降低成本，通过量化总成本（见第 7 章）、建立与供应商的合作伙伴关系（见 2.6 节）、标准化零件（见第 5 章）以及合理化产品释放资源（见附录 A）来支持产品开发。因此，在产品开发阶段实现成本减半需要实施本书所介绍的所有原则，重点关注以下内容。

- 产品定义。产品定义必须反映客户的需求（见 2.11 节），并且以一般性的措辞最大限度地提高设计可能性。

- 经验教训。彻底掌握相关产品的总成本结构来确定被过度浪费的资源，例如缺陷、返工、报废、设置、保修费用和其他低利用率的行为，如 3.3 节讨论的。

- 突破概念／架构的优化。由于成本的 60% 在这个阶段确定，成本减半产品开发必须充分挖掘一切可能的方式以突破性的创意来简化概念。[50] 多功能型团队应该安排足够的时间来创造多种想法（见 3.6 节）并且举办多次头脑风暴会议（见 3.7 节），以寻找低成本设计方案以及生产和采购策略。

- 公差。一个系统性的公差计算方法可能是成本减半策略的一个关键要素。应当优化架构以消除对严格公差的需求，因为严格公差会增加成本。减少公差成本的技术包括以下方式。

  - 避免过度约束（如第 8 章准则 A3 所讨论的）和累积叠加（用 3.1 节提出的技术）。

  - 使用同期设计的夹具对零件进行精确定位，然后用螺栓固定，也可在组装时通过钻、钉或点焊固定。

  - 掌握所有预期进程的公差阶跃函数，以避免在不知情时指定了比所需要的工艺更加昂贵的工艺（见图 9-2）。

  - 使用实验设计和田口方法系统地确定一项稳健设计的公差，实现从业者所追求的低成本高品质目标（见第 10 章准则 Q12）

  - 整合零件（见 9.5 节）；设计能适用于所有尺寸的相同设置的机械零件（见 9.2 节 P14 准则）。

当产品中有明显的高成本零件或配件时，应做到以下几点。

- 找出最昂贵的潜在零件或配件。

- 在更广的范围内寻找零件（见图 5-6）。在很多情况下，更高性能的大规模生产得到的零件成本更低，但如果工程师只指定一种完全符合规格的零件，那么这些成本更低的零件通常不会被使用。

- 将昂贵的零件整合成少数标准件，可运用图 5-3 介绍的逻辑方法。

3.9 注释

1. Robert H. Casey, "The Model T Turns 100! Henry Ford's Innovated Design Suited the Nation to a T," *American Heritage's Invention and Technology*, Winter 2009, pp. 36–41.

2. Jeffrey Liker, *The Toyota Way* (2004, McGraw-Hill), p. 57.

3. 安德森博士关于创造突破性概念的设计研究在附录 D 中有所介绍。

4. James Morgan and Jeffrey K. Liker, *The Toyota Product Development System* (2006, Productivity Press), Chapter 4, "Front-Load the PD Process to Explore Alternatives Thoroughly."

5. Stephen B. Rosenthal, *Effective Product Design and Development* (1992, Irwin), Chapter 9, "The Quest for Six Sigma Quality at Motorola Corp."

6. Tim Brown, *Change by Design* (2009, Harper Business), p. 105.

7. Terry Walters and Tim Caffrey, "Additive Manufacturing Going Mainstream," *Manufacturing Engineering*, June 2013.

8. Morgan and Liker, *The Toyota Product Development System*, Chapter 6, "Utilizing Rigorous Standardization to Reduce Variation and Create Flexibility and Predictable Outcomes."

9. 附录 C 中的反馈表可用于征集来自工厂、供应商和现场服务的宝贵意见。

10. 源自麻省理工学院耗资 500 万美元历时 5 年关于未来汽车的一项研究。 James P. Womack, Daniel T. Jones, and Daniel Roos, *The Machine That Changed the World: The Story of Lean Production* (1991, Harper Perennial).

11. Patrick Lencioni, *Overcoming the Five Dysfunctions of a Team* (2005, Jossey-Bass); see the chapter on "Mastering Conflict," pp. 37–50.

12. John R. Detert, Ethan R. Burris, and David A. Harrison, "Debunking Four Myths About Employee Silence," *Harvard Business Review*, June 2010, p. 26.

13. Michael L. Dertouzos, Richard K. Lester, and Robert M. Solow, Made in

America: *Regaining the Productive Edge*, from the MIT Commission on Industrial Productivity (1989, Harper Perennial).

14. Robert W. Hall, "Medtronic Xomed: Change at 'People Speed'," *Target*, 2004, Vol. 20, p. 14.

15. 更多内容见附录 D

16. Morgan and Liker, *The Toyota Product Development System*, "Set-Based Concurrent Engineering," p. 47.

17. John Nathan, *Sony* (1999, Mariner Books), p. 46.

18. Matthew E. May, *The Elegant Solution* (2007, Free Press), p. 50.

19. "3M's Innovation Revival," *Fortune*, September 24, 2010.

20. David M. Anderson, *Build-to-Order & Mass Customization*: *The Ultimate Supply Chain Management and Lean Manufacturing Strategy for Low-Cost On-Demand Production without Forecasts or Inventory* (2008, CIM Press), Chapter 7, "Spontaneous Supply Chains." See book description in Appendix D.

21. Ibid., Chapter 6, "Outsourcing vs. Integration."

22. Micheline Maynard, *The End of Detroit: How the Big Three Lost Their Grip on the American Car Market* (2003, Currency/Doubleday), Chapter 2 on Toyota and Honda, p. 62.

23. 摘自波音公司总裁菲利普·M. 康迪特于 1993 年 5 月 7 日在加州大学伯克利分校哈斯商学院研究生院上的演讲。

24. Anderson, *Build-to-Order & Mass Customization*, 见附录 D 的描述。

25. David M. Anderson, *Agile Product Development for Mass Customization* (1997, McGraw-Hill), Chapter 3, "Cost of Variety."

26. James Surowiecki, "Feature Presentation," *The New Yorker*, 28 May 2007, p. 28.

27. Anderson, *Build-to-Order & Mass Customization*.

28. George Stalk, Jr., and Thomas M. Hout, *Competing Against Time* (1990, Free Press).

29. Satoshi Hino, *Inside the Mind of Toyota* (2006, Productivity Press), Chapter 1, "Toyota's Genes and DNA," p. 3.

30. Sydney Finkelstein, *Why Smart Executives Fail, and What You Can Learn from Their Mistakes* (2003, Portfolio/Penguin Group), p. 73.

31. Norton Paley, *Mastering the Rules of Competitive Strategy: A Resource Guide for Managers* (2007, Auerbach Publications/Taylor & Francis), p. 2.

32. Dorothy Leonard and Walter Swap, *When Sparks Fly: Igniting Creativity in Groups* (1999, Harvard Business School Press), p. 15.

33. May, *The Elegant Solution*, p. xi.

34. Dan Steinbock, *The Nokia Revolution: The Story of an Extraordinary Company That Transformed an Industry* (2001, AMACOM), p. 273.

35. Shu Shin Luh, *Business the Sony Way* (2003, Wiley), p. 103.

36. Bill George, *Authentic Leadership: Rediscovering the Secrets of Creating Lasting Value* (2003, Jossey-Bass), Chapter 12, "Innovations from the Heart," pp. 133–134.

37. Alexander Hiam, *The Manager's Pocket Guide to Creativity* (1998, HRD Press). Excerpted in *The Futurist*, October 1998, pp. 30–34.

38. Brown, *Change by Design*, p. 16.

39. David Kirkpatrick and Gary Hamel, "Innovation Do's & Don'ts in Today's Economy: Good Ideas Aren't Just Good for Business, They're Essential for Growth."

40. Leonard and Swap, *When Sparks Fly.*

41. Camine Gallo, "Inspire your Audience: 7 Keys to Influential Presentations," white paper, p. 3, www.caminegallo.com. Gallo also wrote, *Fire Them Up: 7 Simple Secrets to Inspire Colleagues, Customers, and Clients; Sell Yourself, Your Vision, and Your Values; Communicate with Charisma and Confidence* (2007, Wiley).

42. P. Lencioni, *Overcoming the Five Dysfunctions of a Team*; see the chapter on

"Building Trust," pp. 13–35.

43. Brown, *Change by Design*, p. 106.

44. Satoshi Hino, *Inside the Mind of Toyota*, Chapter 1, "Toyota's Genes and DNA," p. 29.

45. May, *The Elegant Solution*, p. 42.

46. Mark Stefik and Barbara Stefik, *Breakthrough: Stories and Strategies for Radical Innovation* (2004, MIT Press), pp. 23 and 32.

47. May, *The Elegant Solution*, Chapter 2, "The Pursuit of Perfection," p. 49.

48. Robert I. Sutton, co-founder of the Hasso Plattner Institute of Design at Stanford University, "The Truth About Brainstorming," *Business Week*, September 2006, p. 17.

49. Brown, *Change by Design*, p. 78.

50. 安德森博士关于创造突破性概念的设计研究在附录 D 中有所介绍。

DESIGN
for MANUFACTURABILITY

How to Use Concurrent Engineering
to
Rapidly Develop Low-Cost, High-Quality Products
for
Lean Production

第二部分
柔性

第 4 章　为精益生产和按单生产进行设计

在并行工程里，多功能产品开发团队根据生产环境并行地设计产品和新的工艺。当企业开始运用灵活的制造策略时，并行工程便成为决定精益生产、按单生产（Build-to-Order，BTO）和大规模定制能否成功的关键因素。

没有为灵活的生产环境并行地设计各种产品可能会阻碍成果实现、降低投资回报，甚至完全阻止了成功的可能。例如，产品组合包含了太多没有协同效应的无关产品，那么就需要不同的零件和工艺；即使在一个集中的产品组合内，也可能有不必要的和多余的零件与材料；设计师指定的零件可能很难在短时间内买到；产品和工艺可能内置了过多的设置要求；质量可能未被设计到产品或者工艺中，于是在生产流中遇到故障时必须回到源头进行校正，从而导致生产流的中断；产品或工艺设计可能无法最大限度地利用 CNC（数控机床），因为大多数 CNC 以批处理模式运行，并不灵活。

在讨论如何根据上述环境进行设计之前，先来了解不同制造策略的特点。

4.1　精益生产

精益生产在加快生产的同时消除了多种浪费，如重新设置、多余的库存、不必要的搬运、等待、低设备利用率、缺陷和返工等待。前 MIT 研究人员詹姆斯 •P. 沃麦克（James P. Womack）和丹尼尔 •T. 琼斯（Daniel T. Jones）在关于精益生产的一部权威著作《精益思想》（*Lean Thinking*）中表示，精益生产是高效率的，因为它提供了一种方式，以越来越少的人力、设备、时间和空间来完成越来越多的任务，同时越来越贴近客户并为他们提供确切想要的东西。他们总结了精益生产为企业带来的优势：

根据多年来对全球范围内各标杆组织进行的分析和观察，我们总结了一些简单的规

则。将传统的批处理和队列生产系统转换为根据客户需求拉动的有效的连续性生产能够:

- 让系统各个环节的劳动生产率加倍(包括一线工人、管理和技术工人参与的从原材料到产品交付的任何环节);
- 减少了 90% 的生产时间;
- 减少了 90% 的系统库存;
- 让客户遇到的错误减半,并且减少生产过程中的冲突;
- 减少了一半与工作相关的伤害;
- 将新产品的上市时间缩短了一半;
- 只耗费非常少的额外费用,就为产品系列提供了更多种类的产品;
- 如果设备或者设施可以被腾出或者出售,则减少了所需的资本投资,甚至为负投资。

完成了全面调整的公司可以在两到三年内通过渐进式的提升获得两倍的生产力,并且再次将这段时期内的库存、错误和发布期减半。"[1]

4.1.1　混流生产

精益生产的一个关键因素是流动性,有时候也被称为"单件生产流程"。这对于按单生产和大规模定制来说尤其重要,因为其中每一部分都可能是不同的。

混流生产通过减少配置可以让产品有效地使用单件生产工艺被制造,从而取代了传统的批量方式。流动性的一个关键因素是"从仓库到生产线"的运输[2],它指的是零件直接被运送到所有使用点而不需要承担到货检验的延误和代价。要做到这一点,供应商需要获得认证,以确保源头处产品的质量。

混流生产的另一个特点是专用生产单元或线路,它们被设置为不需要进行设置就能够生产产品系列内的任何变型产品。传统的批量方式是每个单元都有一套完整而且"大小合适"的廉价设备,采用集中式大型仪器取代旧设备后,在生产所有单元上的产品时极具成本效益。合作的制造商一般不可能为单元化制造提供专门的设备和空间,因此对于一些老牌公司而言,这成为一种很有效的策略,能够对抗那些将批量生产进行外包的不够精明的竞争对手。

灵活的产品开发是精益生产的一个重要推动力,确保能并发地设计出灵活的流程

（见第 2 章）、围绕标准件设计产品（见第 5 章）、设计便于制造的产品（见第 8 章和第 9 章），以及质量通过设计被巩固在产品内部（见第 10 章）。具体来说，通过废除零件包存在的设置延误、查找并加载零件、安置工件、调整机器设置、更改设备程序，以及查询和理解指令等措施，让产品和工艺的设计以单个"批次大小"为基准进行。

4.1.2　先决条件

一般而言，对根据需求灵活地实行单元化制造（称为按单生产）来说，如果企业能够满足如下两个先决条件，那么将会更迅速地实施精益生产，并且更容易成功。

（1）合理化产品线，废除最不常见的产品，因为它们往往需要很多少见零件和工艺，如附录 A 所描述的。这一措施会带来立竿见影的好处。

（2）对零件和材料进行标准化，从而使新产品可以使用原有设计的部分。第 5 章介绍了标准化零件和材料的有效方法。

4.2　按单生产

自发型的按单生产指能够在收到自发订单时快速构建标准产品，而不会遇到预测、库存或者采购延迟等情况。[3] 这些产品可以直接送给个人客户、特定商店或响应工业客户发出的"信号"（即马上需要某些特定零件）。

同样，你的供应商可能会使用自发型的 BTO 对你的"信号"做出反应。然而，如果供应商无法根据需求制造出零件，那么他们会倾向于从库存中凑数，本质上，就是将你需要的零件库存转移成他们的成品库存。

实现自发型 BTO 的基本策略是供应链简化、并行设计功能多样的产品和灵活的流程工艺、各品种的大规模定制以及开发自发型供应链。[4] 自发型 BTO 实际上能够按照需求以低于大规模批量生产的成本制造出产品，其中成本是以总成本为指标。因此，总成本测量也应当是这个过程的一部分（见第 7 章）。

4.2.1　供应链简化

尽管供应链管理在当今是一个非常热门的话题，但大多数的执行过程都无法遵循工业工程学中最基本的理论：在进行自动化或者计算机化之前先予以简化。供应链管理的简化步骤包括标准化、自动补给技术（如看板管理法），以及对产品线进行合理化从而废除或者外包不常见的小批量产品，因为这些产品需要多种零件却无法创造等比例的利润（见附录 A）。供应链简化的目标是显著减少零件和原材料的种类，从而可以自发地由自动化的、受需求牵引的再补给技术获得这些材料，同时也能够缩小供应商库，并进一步简化供应链。

4.2.2　运用看板系统进行自动零件补给

图 4-1 展示了由两个看板系统构成的两行零件储仓，专门负责补给。初始装备开始的时候，所有的零件储仓均满置。当任何最靠近工人的零件储仓用尽的时候，后面满置的零件储仓向前移动，如图 4-1 中空白格所显示的。空的零件仓随后会返回到它的"源头"，"源头"可以是制造这个零件的机器、组装该零件的子组件工作站或供应方。零件"源头"填满储仓后将返回装配工作站对应的位置。

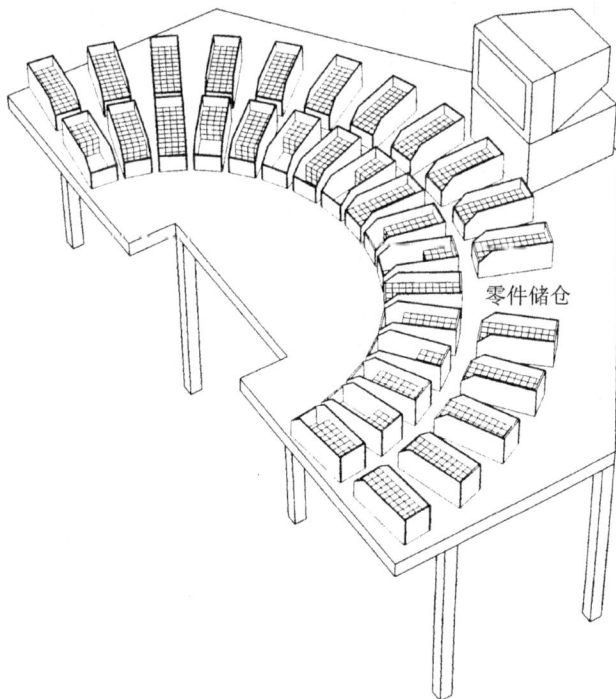

图 4-1　看板系统零件补给

看板系统零件补给的巧妙之处在于，系统能够自动确保零件的不间断供应，不需要预测或者复杂的排序方法。储仓内零件的数量则根据最高预期使用率和最长的补给时间得出。储仓的大小、储仓数量由零件大小决定。对于大型零件而言，有些公司运用双卡车看板系统，一般从其中一辆卡车上取件，另一辆卡车则返回供应处进行补给。替代系统包括为大型零件在地面上标记而进行设置的看板广场以及双卡系统，其中卡片可作为传输媒介返回（如通过传真、电子邮件）源头，取代了储仓。

为了让看板系统正常运作，必须在需要时有足够的空间来分配所有的零件。这再一次强调了零件标准化的重要性。

4.3 大规模定制

在过去市场需求稳定、产品种类匮乏的时代，大规模的生产模式迅速发展了起来。如今，市场复杂多变，而产品种类多样性更是发展到了需要以大规模定制 5 来满足利基市场和单个客户的程度。以大规模生产的模式去满足这种变化的市场将会是一个很漫长、成本很高的考验。因为大规模定制是一种主动应对市场需求变化的机制，所以它能以高效的、低成本的并且在不带来额外成本和延迟的前提下处理各种建模、功能、配置化和定制化的需求。

有大规模定制技术的厂商可以利用高灵活性的设计推出新型的高经济附加值的产品与服务，来扩大市场范围。添加这些新产品并没有多少额外的成本，尤其是当他们可以在已有的计算机数控技术上进行生产时更是如此。他们可以为客户节省很多宝贵的时间和成本，尤其当这些产品的特性是客户不容易获取时，客户愿意支付更高的价格来定制自己的产品。哈夫曼工程公司是我的客户。该公司在肯塔基州莱克星顿市有一个工厂，可以按单定制与大规模定制多种常规的电路机箱。他们的计算机数控激光切割器既可以制作机箱也可以在机箱上钻孔、做开口，而这些是客户无法低成本做到的，这便是获取高利润、高附加值的机会。

大规模定制可以通过一系列方式为公司带来效益，最显著的方式是公司能够为单独的客户进行产品定制。

还有专门为利基市场提供定制服务的公司。举个例子，一个生产电话的公司可能只有几位客户（电信公司），他们需要为数不多但是有着多种颜色和特殊商标的电话。出口商需要应对很多这样的利基市场——通常来说，每一个出口对象的需求都不同。就算产品区别较小，但仅仅是库存种类的数量也对公司的成本和结构有着很大的影响。大多数公司如果可以有效地将业务扩展到利基市场，他们将会从中获得更大的利益。

那些拥有多种不同标准产品的公司（比如，一个闸门、开关、仪器或者密封盖的供应商，以及任何产品手册多达十几页的公司），就像产品定制一样，大批量生产厂商与大规模定制企业在生产常规商品的过程中也是极为不同的。大批量生产厂商通常会困惑于是否应该持有足够大量的库存来满足市场的需求，同时以被动、高成本的做法在收到订单之后才采购零部件并进行批量生产。大规模定制企业则可以利用流水作业与数控机床在"批次大小为1"的配置下高效地生产出不同的产品，如大规模定制的产品或任何常规商品。

与精益生产和按单生产相同，大规模定制同样适用于 4.1.2 节提到的先决条件：产品合理化以去除不常见产品和不常用零件（见附录 A）以及规范化零件与材料（见第 5 章）。

4.4 为精益生产、按单生产和大规模定制开发产品

要在精益生产、按单生产和大规模定制的产品开发上获得成功，企业必须积极地规划产品组合。首先，产品开发团队必须在协同的平台上设计产品，围绕标准化零件和原材料进行设计，能够确保指定的零件迅速供货，能够将刚性零件加固成为多用途的标准化零件，运用并行设计控制技术来确保质量；另外，还要具备并行地制造产品的平台和基于流的灵活工艺。

其次，产品开发团队需要通过在设计中指定现成可用的标准零件和工具（道具、弯曲芯轴、冲压工具等），为每个工作站设计多功能夹具，以杜绝固定零件或变换夹具的设置需要，并且确保每个工作站的零件数量不超过可用的零件储仓或空间容量。

最后，产品设计必须最大限度地利用现有的可编程数控加工和组装工具，而不会面临昂贵费时的设置延迟问题。

4.5 为精益生产、按单生产和大规模定制规划产品组合

对于精益生产、按单生产和大规模定制的产品组合规划（见 2.3 节）而言，必须扩大其关注点，以确保产品开发适合产品系列，使其能够在灵活的生产线上按需生产。

为了实现这一点，需要结构化产品系列，以便所有产品能够在同一个柔性设备上运用标准零件和材料进行制造，而不会受到设置延迟的影响。

一条柔性生产线内所有的产品，也可能是一个柔性工厂内所有的产品，必须与零件标准化、原料标准化、零件 / 材料可获得性、自发供应链、模块化、无须配置和柔性工艺（包括数控机床操作）相兼容。

老一代的产品可能无法与柔性生产线兼容，因而会被丢弃、外包、重新设计或使用替代材料。值得保留的老产品可能要重新设计或升级，并将其加入潜在的产品开发项目列表。

产品组合的演变必须与精益生产、按单生产和大规模定制的实施工作协调。应该基于总成本以及对整体的商业模式做出的贡献进行决策。

4.6 为精益生产、按单生产和大规模定制设计产品

对精益生产、按单生产和大规模定制而言，需要对其产品和工艺进行设计，以便实现以下各项。

- 所有的产品能够被分配到所有的使用点，这是通过围绕标准化清单（见第 5 章）中硬性规定的标准件和材料进行设计而实现的。过多的零件一方面会弄乱工作区域，另一方面，强制零件必须为一批次的产品进行配备违背了灵活范式所提倡的单件生产流程。零件标准化的一个重要方面是紧固件的标准化，这通常是最容易完成的一部分，而且能够带来明显的好处。如果将每个工作站的螺钉标准化为一种类型，那么可以利用全自动螺丝刀自动定位螺钉，并且通过柔性软管补给螺钉（见 8.3 节准则

F4）。当然，为了在每个工作站设定一个单独类型的紧固件，设计团队必须并行设计整个生产流程。

- 产品系列中任何零件和产品的生产都不应该需要额外的设置。[6] 这包括：发现、装备、负载或更换零件和材料的设置；改变和定位塑胶类模具、冲压类模具或夹具的设置；改变工具的设置；负载、定位、钳或校准工件的设置；调整设备或校准机械的设置；改变设备程序的设置。
- 设备程序可以同时被定位和下载，而手动指令则能够被快速发现、显示并且掌握。
- 零件和材料能够自动得到补给。[7] 这包括：指定现成可用的零件和材料；围绕标准件主动进行设计；按照需求依照同样的标准物料尺寸对原材料进行切割。[8]
- 所有零件可以迅速地按照需求进行组装。这需要能够按照需求建造零件的供应商或内部制造部门具有合作制造零件的能力。

4.6.1　围绕标准件进行设计

零件的标准化（见第 5 章）是自发型供应链可行与否最重要的设计指标。激进标准化有助于实施最简单的自发型供应链技术——标准化零件和材料的稳定供给。[9] 如果有太多不同的零件和材料类型，稳定供给则会因为品种和需求的不可预测性而无法实施。标准化的总成本价值及其对商业模式的贡献能够激励工程师和采购人员实施这种激进的标准化。

大多数零件激增是因为设计师没有理解供应链和运营的重要性，同时，即使他们明白了这一点，也没有想清楚应该什么零件最为合适。第 5 章说明了如何有效地创建标准件和材料清单。

在一个零件激增的环境里，管用的经营模式基于预测——无论是为了既定的批量生产还是为了随时装配而预先准备好需要的零件（戴尔模式）。如果零件的多样性确实不可避免，或零件将被大规模定制，那么可以运用本书提出的原则（按单生产和大规模定制）进行按需生产。[10]

4.6.2　通过设计降低原料多样性

并行工程的一项重要任务是不仅要确定材料的功能、规格，也要根据订单尺寸确定如何将它们切割成多个部分。一家制造金属板料产品的企业曾经订购了 600 个不同形状的金属板料，这简直是一个巨大的灾难。我建议他们把这些板料转换成一些标准类型，然后根据需求随时进行切割。更好的方法是，根据需求随时从金属板卷材上进行切割。

另一种设计师可以采用的减少材料种类的方法是：确定单一的公差或者等级，而不是多种等级。正如第 5 章所指出的，靠节约总成本和商业模式所带来价值是不足以补偿将所有材料提升到更高档次所增加的成本的。

应当设计一系列零件家族，使每个数控机床使用的原材料种类最少。最理想的情况是，只有一种，这样就不会出现变更材料时的设置延误。

可以购买卷材或者长度较长的材料，然后按需将其切割成合适的长度。[11]

非柔性的原件，如铸件、型材、定制芯片和印刷电路板，应当将其合并为可用在一系列产品中并能实现不同功能的多功能部件（见 5.12 节）。可编程的芯片都应该被写入同样格式的"空白"器件中。

4.6.3　围绕现成零件和材料进行设计

自发型供应链依赖于随手可得的零件和材料。因此，设计师是否选用现成零件和材料是一个重要的考虑因素。通常情况下，设计师是基于功能性和质量来选择零件的。但是对于柔性操作来说，可获得性也同样重要。

最好能从多个供应商处获得零件和材料，一般情况下，这些零件和材料也可能更标准。反之，只能从一个供应商处得到零件和材料的话，有可能在某天买不到。在巡回演讲中，我发现一些企业在推出产品之前，其需要的零件就已经过时了。

快速交付对于柔性操作来说非常重要，因此，设计团队应当选定能够按需提供材料的本地供应商。许多企业从其他国家的供应商处购买所谓低成本的零件和材料，丧失了自发地获得零件和材料的能力，这么做对于自发型供应链[12]而言耗费了过多的时间[13]。

同样，当地的低投标供应商也可能无法按需提供，而且很可能质量无法达到要求（见 6.11 节）。

总之，指导原则是选择现成零件和材料，以确保其能够按需交付，并且维持总成本不变（包括材料费用、订货、催交、线路设定、航运、加急发货、进货检验、配套、内部分配和所有花费在寻找可替代供货来源上的成本）。

4.6.4　以零设置为目标进行设计

应在产品设计中设法消除以下制造过程中的设置问题。

- 零件设置。产品设计对零件设置有很深远的影响。零件的激增使内部分配复杂化，并且不是所有使用点都能获得所有的零件。即使零件类型很少，也会导致在分配、寻找和装载零件到人工或机械储仓的过程中产生延迟。零件类型更多的话，可能需要为每个批次都进行零件配套操作，这是一种重要的设置。零件准备（例如切割或弯曲电子元件上的引线）是另一种设置类型，可以使用通用设备或指定专门为产品和加工仪器而提供的零件来规避这种设置。

- 夹具设置。设计师可以通过并行设计产品和柔性夹具系列来消除夹具设置。如图 4-2 所示的关于零件 A、B、C 的例子。零件家族的所有尺寸都以 X 轴和 Y 轴为基准，Z 轴以机床床身为基准面。所有零件都会靠着 X-终端条和 Y-终端条放置。数控机床能够得知各个零件的位置，因此可以按照程序来完成所有操作，不受重新定位零件或改变夹具所导致的设置延迟的影响。对于铣床床身来说，可以在四角安装四个柔性夹具，将机床中部空间留给普通的加工操作。也可以开发能够快速更换的夹具，从而尽量减少变更夹具的时间。

- 工具设置。设计师可以围绕一些常用工具（切削工具、弯曲芯轴、冲压工具等）进行设计从而消除变更工具的情况。最理想的情况是永远都不需要变更工具。如果需要多种工具，设计师必须保证工具种类在整个产品线的工具变更容量之内。

- 说明。设计师需要与制造工程师合作，从而并行地开发简单装配流程，在计算机屏幕或纸质说明书上编写能够被快速找到并且容易理解的指令。

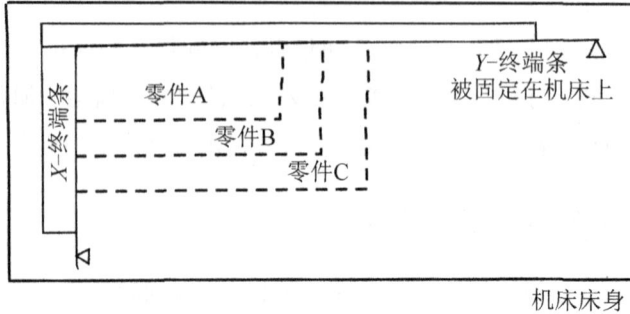

图 4-2 柔性夹具

4.6.5 参数化 CAD

将数控机床和参数化 CAD 结合能够快速而且有效地完成各种类型的加工尺寸（大规模定制或生产标准件），该流程能够包容"浮动"的尺寸，并自动生成 CNC 程序。

可以预先为零件家族创建通用参数模板，当定制尺寸被加入后，该图纸能够转换成一个定制装配图，自动对定制零件图进行更新。

结合数控机床和参数化 CAD 能够快速而且有效地完成尺寸定制[14]。参数化 CAD 的另一个用途是快速展示参数变化对系统产生的影响。

4.6.6 CNC 设计

数控机床提供了大量废除加工设置的机会。[15]数控机床包括金属切割设备（铣床、车床等）、激光切割机、冲压床、折弯机、印刷电路板装配器，以及其他由计算机控制的生产机器。设计师需要对数控操作足够了解，以便利用数控技术的通用性来减少设置步骤。

4.6.7 配件分组

数控设计的第一步是构建会被每个数控机床加工的相互兼容的零件组——这原

本是一种标记式成组技术。[16] 当然，这必须建立在整个制造策略以及零件和产品的流动过程上。这演变自一个严格的并行工程行为，其中分组和零件流动是设计团队负责的关键点。分组可以确定需要的 CNC 类型，或根据现有的机床来确定分组。

4.6.8　了解 CNC

在彻底了解了每个数控机床所能制造的零件范围之后，设计师应该了解设备的能力和局限，可以通过研究设备规格并且与 CNC 操作员交谈来获知。事实上，CNC 操作员应当参与设计团队，对设计和加工计划进行优化。当然，最终还需具有 CNC 的实际操作经验，可通过研究以前的工作项目或进行岗位轮换来实现。

4.6.9　废除 CNC 设置

在零件设计正确的前提下，CNC 的多功能性为废除设置提供了机会。理想情况下，所有的操作能够在一台设备上通过单一夹具完成，如第 9 章准则 P14 所建议的。多台设备需要额外的夹具设置。即使多台专业设备能够有更高的效率完成所有操作（包括设置），但所需要的总的流动时间才是最重要的。相比使用一些廉价但是需要更多设置步骤的设备而言，配备一台不用设置的复杂的数控机床更为合理。

为了用单一夹具来处理所有零件，设计师需要在每个平台制定一个基准[17]，让零件在被夹持到铣床桌面或车床卡盘时能参照该基准进行定位。零件应当被设计为能够通过该夹具完成所有操作，如果无法完成所有操作，应确保最关键的尺寸能够用同一夹具切割完成，达到机床最佳的公差值，该值通常在 ± 0.001 英寸（约合 0.025 毫米）内或更小。然而，仍有一部分零件需要在后续切割过程重新定位，这会降低这些关键尺寸的精确度，因为公差值取决于第二次定位的精确度，这通常比机床精确度差得多。

4.6.10　开发协同的产品系列

产品系列必须基于以下标准进行开发。

（1）客户 / 市场的可行性，主要关注盈利能力而不是完整性。

（2）运作的灵活性，任何变更都能够在没有延迟、繁重的安装成本和库存持有成本的情况下完成生产，理想状态是能够按需生产。

（3）供应链的响应速度，产品系列变更不用花费太长时间来等待零件和材料的交付和分配。

（4）设计的通用性。通用性能保证上述策略的实施。

大规模定制的策略有以下两点：

（1）在架构阶段将一切可行的因素进行标准化；

（2）设计其余产品种类，使其能够运用以标准零件和材料为对象的 CNC 工艺快速构建，理想情况下，这些标准零件和材料在所有使用点都极易获得。

4.6.11　产品系列的设计策略

应围绕标准零件设计通用的标准平台。在对所有元素进行标准化的过程中，通用平台可能成本较高，但是这一策略的实施会降低总成本。同样，标准的零件、模块和材料在仅着眼于物料清单（Bill of Material，BOM）数据的时候可能呈现出比较高的成本，但是最终总成本会更低。

对于已经安装好的设备或机械，确定其最佳容量/性能操作数，一般介于适合所有产品的一个尺寸和每一个订单都对应一个独特的产品之间。

通过平台策略节约的开销将使大多数产品种类以不高于最低容量/性能版本（可能更少）的价格销售，从而为客户提供更低的价格，增加销售量。或者，每个产品种类可以根据市场承受能力定价，从而带来更多的利润。

不要在没有考虑到所有间接成本的前提下，就用单独的价格来评判产品、零件、模块或材料的成本，否则会为了节约成本而缺少通用性。

这种策略应当首先用来生产最有利可图的产品，而不是接受难以生产的订单（这通常是最不赚钱的）。

4.6.12　设计协同产品系列内的产品

设计协同产品系列内的产品时应围绕标准化的零件和原材料进行。以下策略可能看起来会增加 BOM 成本，但对于整个产品系列来说总成本会降低。

- 对不同基线产品的相同原料进行标准化，同时为了更容易获得材料，预设定制选项，避免供应链的延迟、库存成本和工程变更。理想情况下，所有使用点都应很容易获得这些零件和材料。确保指定的零件在整个产品周期内都随时可用。

- 为当前和预期产品选择通用性足够的现货零件。例如，有足够的容量、功率、等级、余地和足够严谨的公差以适应所有品种。对于高度可变的零件，采用柔性 CNC 工艺，如任何计算机控制的工艺、机床或电路板组装器，而不是非柔性的工艺，如铸件、锻件、挤压件、裸板电路板等。

- 并行设计能够在一个可编程流程和柔性夹具的环境内制造的产品系列。制造可按需采用任何标准零件或预定制件制造的柔性元件。这意味着产品家族内的任何零件可以根据需求无须设置而制造，最大限度地增加在最初 CNC 操作中能够实现的定制特性的数量。设计通用的印刷电路板，配备所有的线路、垫件、孔、导孔，以及可适用于产品系列中所有印刷电路板装配的连接器。各种成品印刷电路板能够根据需求采用 CNC 拾取贴装机床进行组装。

- 为了避免增加模具成本，可以考虑为低产量的品种实施增量制造[18]。应在初始制造中就添加额外的安装孔、敲落孔和检修孔，以后添加这些元素会更耗时、更昂贵而且更粗糙。确保模块化零件有足够的搭载通用性，包括为各种尺寸留有足够的空间、连接口、电源孔和安装孔。

- 以较高的等级、边际值、容量等为标准确定原始零件集。例如，原始要求电压为 150 伏特，那么可以在选择零件时指定一个更高的电压。

- 运用大规模定制[19]技术让定制件或种类繁多的零件易于定制。相关技术和设备包括参数化 CAD、机床程序的快速生成和加载、运用标准零件和柔性夹具、制造定制件和多种类零件的多功能数控机床。

- 非柔性流程如制模、铸造、锻造、冲压、挤压或印刷电路板需要昂贵的工具和安装费用。应将非柔性零件整合成能够应用在多种产品上的多功能标准零件。

- 利用延迟策略[20]开发一个通用的"香草"平台（指发布时未经改动或定制），然后通过添加预先设计好的"味道"模块来配置。另一个版本的延迟策略是订购一定数量的通用半成品零件，然后根据需要执行具体操作，如钻孔或加工特定可选的功能。

4.7 模块化设计

模块化设计将各种功能嵌入了模块中，而这些模块还可以应用到后续的设计中。与此相关的一个概念是"可重用工程"，指的是可以把过去设计中的一部分作为新设计的基础。在 CAD 设计中很容易实现这一点，可以将以前设计的细节进行复制，然后转移到其他的图纸中。

重用和模块化设计的好处是：（1）工程量更少；（2）各个模型之间的通用程度更高，使供应链简化、操作更具柔性；（3）使用经过验证的零件和设计（见第 10 章）能够提供更好的可靠性。

这个概念延伸到了生产制造领域，我们认为产品可以由一些"积木式"的模块组装而成。工程人员需要注意的是，在设计中应使用标准接口来达到最佳的灵活性。供应商目录中提供的硬件通常都配备了标准接口，例如发动机安装架、联轴器、液压和电线连接器。

有效的模块化设计应能够满足当前的、未来的产品系列整体功能设计的各个组分。例如，一部机器可以配备模块化的组件、框架、驱动器、齿轮箱、控制器和充电柜，这些单元都可以嵌入具有特定功能的模块。

4.7.1 模块化设计的优缺点

如果现有模块已经通过了完整的设计、记录、调试和认证，那么新产品的上市时间会更快，如使用现成的印刷电路板。如果产品能够用标准模块组装而成，交付的过程会更快。模块化可以扩大产品线，并且可以作为一项主动型升级策略的基础。此外，模块化可以简化维护和现场服务的步骤，可以很容易地更换出现故障的模块或者在断线后进行维修。

模块化能够降低库存和间接成本。广泛使用模块能够减少备货时间延迟的情况。插入式模块可以简化一些装配步骤，还可以接纳第三方的插件模块，例如个人计算机。

模块化是延迟策略的一个关键因素。[21] 延迟策略是一种大规模定制技术，适用于某些在出货之前才确定其形式和特征的产品。

模块化的成本只能在总成本的基础上确定。如果能够使用现有模块，工程成本将会降低，如果必须设计新模块和接口，那么这些成本则会更高。设计接口的成本可能会比一个集成产品的成本高，但是在多个产品上使用通用模块，在规模经济的影响下，能够降低总成本。相比于一个全新的一体化设计，选择现有的模块能够节约成本，并且减少测试和调试带来的时间延迟。

同样，如果现有模块已经通过测试、调试和认证，那么产品测试将更容易通过。由于每个模块承担较少的功能，诊断工作也更容易进行。但是，如果产品中的所有模块都是新的，那么仍然需要根据产品设计测试步骤，而且所有的模块都需要通过测试，必要时，还需要对模块进行维修。在所有模块通过测试之后，整个组件还需要再次接受测试。

对于模块化的产品而言，可以针对现有产品进行新模块的开发（以更低的成本或者更好的性能），也可以针对当前领域的所有产品进行模块的改型。新的模块则可以作为新产品的基础。这是模块化产品架构的优点之一。

模块化也有一些缺点。产品开发的成本因为必须设计模块化接口而增加。模块化在一些自身一体化的产品上是不可行的。模块化接口因为增加了重量、弱化了结构、减缓了电信号，甚至会因为低电压引起信号中断，导致功能受损。在电子行业，模块化所需要的额外的连接器可能导致可靠性问题或者降低了产品的性能。模块化接口可能有损外观（如接缝、接头等）或增加不必要的噪声（如异响和声震）。

4.7.2　模块化设计准则

企业应该重点投资设计那些适用于多种产品或产品系列的模块。一般没有充足的预算或资源来为多种产品设计单独的模块，所以模块应该具有足够的通用性来适用于当下和未来的各种产品。模块化的设计准则应包括如下各项。

- 总成本准则。不要以单个项目为基准来核算模块成本，应当以所有使用了该模块的产品的总成本作为标准。

- 可重用工程。模块化设计不应局限于设计实体模块，还应包括可重用工程技术或软件代码等形式。

- 操作界面与操作协议必须在系统架构的层面上进行优化。

- 标准化。为了最大化利用率，模块必须拥有标准接口。如果允许的话，应使用行业标准接口；反之则需要设计灵活性较高的模块接口。丰田的工程师们一致认为他们的汽车是一个整体系统，这促使他们投入了大量的技术和精力来设计各种接口。[22]

- 简洁的接口设计。所有的模块接口都应该使用简洁设计并且可以方便地进行连接。

- 文档记录。对模块化进行记录，使用效果最好的 CAD 图层文件、物料清单、对象识别软件等对模块化的相关信息进行记录。

- 调试。使用已经调试过的模块可以减少调试成本。一些领头企业，比如惠普公司，认为这是制造无漏洞软件的最好方法。在提高模块利用率的同时，可以将调试步骤耗费的精力和成本运用在其他方面。

- 一致性。避免频繁地"改进"模块，除非这些改进措施能带来显著效果，而且能够弥补设计变更、生产变更、评估、调试、重新检验和重新认证所需要的成本和时间。除非成本削减措施为所有模块节约的总成本与开发新一代模块的成本相当，否则不要对模块设计实施成本削减策略。

4.8　离岸外包和可制造性

许多公司妄图采用外包策略节约成本（如在美国进行产品设计并且在美国销售，却在海外制造），因为他们的原始成本系统让这看起来能够节约资本。如果他们仅对零件和劳动力进行量化（见图 6-2 中的饼图），那么把生产转移到低劳动力成本的国家或地区，看起来能够降低成本。如果其他成本没有得到量化（见图 6-3 中的饼图），那么粗略计算后将会选择外包作为制造策略。[23]

然而，如果基于总成本进行考量（见第 7 章），考虑劳动效率、航运、质量、库存、通信、差旅、培训、产品转移、支持和生产所需要的配套设备所带来的成本，那么进行离岸生产然后在美国销售的做法几乎没有节约净成本 [24]。

此外，离岸制造会让 8 个成本削减战略中的 6 个受到影响，其中最重要的是产品开发。

4.8.1　离岸外包对产品开发的影响

图 1-1 中指出，产品终生累计成本的 80% 由产品设计决定。不幸的是，离岸生产妨碍了所有未来设计的机会，因为它阻止了并行工程的团队合作，而这是真正开发出低成本产品最有潜力的机会。

离岸生产阻止了这样的团队合作，因为设计师和制造人员并不位于同一个地区，甚至无法在同一时间工作。如果没有制造人员的参与，设计师将独自设计产品，把设计结果丢到大洋对岸，然后取回完成的零件，这些零件的可制造程度仅取决于设计师自身的 DFM 专业技术，而他关于设计准则的知识是有限的。另外，处理离岸外包产生的所有问题（见下文）将造成资源流失，如果与其他适得其反的做法（11.5 节对此进行了讨论）相结合，会消耗 2/3 的产品开发资源！

4.8.2　离岸外包对精益生产和质量的影响

离岸工厂尤其是合同制造商，分批制造（批量生产）产品之后，按批远洋运输到目的地增加了设置成本。当众多的库存预测需要在工厂以及船舶跨洋航行的长途运输管线中进行时，很难对市场动荡做出反应。

沃麦克和琼斯在《精益思想》[25] 一书中简洁地进行了概括："海洋和精益生产是不兼容的。"他们还表示在考虑运输成本、库存持有成本以及几周前制造的产品已经不能满足客户需求所带来的废弃成本的前提下，接近装配工厂和市场的较小型且自动化程度较低的工厂，总成本将更低。

因此，精益生产能够带来的众多潜在节约成本的机会（见 4.1 节）将无法实现，因为产品不能跨洋受到客户需求的拉动 [26]，也无法进行按单制造（见 4.2 节）。距离问题也阻碍企业建立能够为利基市场和独立客户（见 4.3 节）大规模定制产品的柔性工厂，从而使其错失这些颠覆性的机会（见 4.9 节）。

没有精益生产和优秀的并行工程团队在以质量为目标的设计上做出贡献（见

第 10 章），质量和可靠性则无法设计并嵌入产品内部，于是总部将不得不依赖于对所有产品实施严格而且昂贵的测试，之后还有维修费用或废弃成本，以及为了打造换代产品所付出的额外的设置成本和快速运输成本。更糟的是，如果合同制造商是基于低价投标而入选，质量可能下降更多，其原因在 6.11 节有所讨论。

4.8.3 离岸决策

劳动力成本实际上是售价的一小部分，但通常离岸决策完全基于劳动力成本，因为它是唯一能量化的工艺成本。但是，任何在劳动力成本上能够节约的成本通常仍旧少于以下介绍的隐性成本。如果所有的间接费用都能够以总成本核算（见第 7章）的方式被量化，那么这些费用将不再是隐性的，而且决策将更具相关性。

一些基于总成本方面的考虑可以为外包决策提供依据，包括劳动效率（这可能抵消劳动成本方面的节约）；很难控制不在同一时间进行的操作；产品导入延误（因为额外的增产，通常会延误几个月）；运输成本和延误，尤其在为了补偿上述问题不得不进行催交的时候。

此外，在企业增加更多筹码并且做出更多承诺（例如将工程也转移到海外）之前，劳动力价格往往会上升，而税收优惠则有时间限制。

将生产移向海外一个最具讽刺意味的理由是设计是劳动密集型的。然而，实施本书介绍的原则可以减少劳动力投入，以至于不需要将生产转移到低劳动力价格的地区。

所有的隐性成本都应当在总成本（见第 7 章）的基础上进行量化，包括质量成本和解决质量问题导致的延误；培训费用，对于难以构建的产品或周转率高的操作培训费用则会高于预期；离岸设置和管理成本以及资源消耗；转移工作和当前的间接支持工作，这会消耗产品开发资源；出行成本，通常会高于预期；其他应对本地风俗和法律约束的成本。

不幸的是，对于产品开发来说，离岸制造所需要的成本以及隐性成本通常由公司总部的支持人员来偿付——否则，离岸外包的商业项目就会崩溃！讽刺的是，这些支持成本让总部效率更低，反过来却鼓励更多的离岸外包行为，并且导致恶性循环。

可悲的是，离岸外包最终产生的隐性成本，是企业意识到所有上述费用或发现离岸外包导致企业错失了真正能够降低成本的机会（通过产品开发、运营和质量保证计划），从而将运营移回产品设计的发源地所产生的费用。

4.8.4　离岸外包的底线

建立和经营离岸制造并不能节约总成本，反而影响了质量、交付和产品开发，这些阶段是能够真正节约成本和获得高盈利的机会。与其让离岸外包的负担削弱了本地运营的能力，甚至完全取代了本地运营，不如让本地运营帮助设计低成本产品，运用精益生产消除浪费、降低质量成本，并在没有库存成本和风险的前提下建设生产标准化产品和大规模定制版本的柔性工厂，进而更有效地降低成本。

如果这些做法无法为你提供任何有用的金融依据，那么你需要一个更好的成本体系，如第 7 章所介绍的。

4.9　精益化按单生产和大规模定制的价值

将精益生产扩展到按单生产和大规模定制[27]（BTO & MC）是一种商业模式，也是一种将卓越的响应能力、成本以及客户需求结合在一起的强劲模式。这种模式能让企业根据需求制造产品，而不需要进行预告，考虑批次、库存或营运资金。

BTO & MC 型企业可以通过扩大标准化、定制化、衍生品和利基市场产品的销售来提高销售额和利润，同时避免陷入商品化陷阱。BTO & MC 型企业是第一个将新技术推向市场的企业，因为它不需要清空分配渠道。

BTO & MC 大大简化了供应链，不仅是管理，还包括让零件和材料能够自发地进入生产，而不需要考虑物料需求计划、采购、等待或库存问题。

按单生产是为那些需要快速补货、低成本和高订单履行率的店面进行补给的最佳方法，它避免了传统的库存问题：库存过少虽然节约了成本，但是有可能出现脱销、催货以及无法满足客户的情况；库存过多会增加成本和淘汰的风险。当库存持有成本被考虑在内，产品若在成品库中滞留 5 个月，那么利润就会完全被抵消。[28]

大规模定制可以有效地为利基市场、国家、地区、工业和单独客户定制产品。在按单生产和大规模定制之间存在一种自然协同性。它们共享同样的单件批量生产操作流程和自发型供应链。按单生产和大规模定制操作流程同样有效并且非常兼容，不会发生诸如大规模定制实验必须脱离大规模生产队列而单独运行的情况。在相同的生产线上按单生产和大规模定制的产品往往会让总量超过用来矫正这些操作所设定的临界阈值。

以下是按单生产和大规模定制价值的几个要素。

4.9.1 BTO & MC 的成本优势

BTO & MC 型企业享有很大的成本优势，可以将这种优势用来实现极具竞争力的价格、再投资或提高利润。BTO & MC 原则使得累积总成本降低到绝对最低的价格——能够带来更高利润或极具竞争力的价格。

按单生产一个最大的成本优势是消除了所有与库存相关的费用：库存持有成本（通常每年占据库存价值的 25%[29]）、仓储成本、管理费用、报废注销和为了销售未售和过时库存进行的折价成本。及时交付零件减少了零件和材料的库存成本。混流生产和减少设置 / 批次的努力几乎能够消除在制品（Work in Product，WIP）库存成本。按单生产和直接运输能够从根本上消除成品库存成本。

按单生产能有效减少或消除耗费在预估、物料需求计划、采购、催交、调度、规划、生产配置上的成本，以及当预测库存无法满足需求所要进行的一系列额外措施，如重新预测、重新采购、重新催交、重新调度、重新规划，并且重新进行生产配置时的成本。

无批次制造消除了设置变化、工具配套带来的成本，并避免浪费昂贵的设备时间和宝贵资源。流水生产快速反馈的特性杜绝了重复性缺陷导致的成本，该问题通常出现在大批量生产中。[30]

精益生产杜绝了很多浪费和低效行为，如 4.1 节所讨论的。大规模生产所有低效率的因素，如更低的生产效率以及缺乏在生产线之间切换的能力都会增加成本，并且大规模生产企业与柔性 BTO & MC 型企业相比需要更多的加班时间。消除库存、进货检验和配套过程能够明显地降低地面空间成本，并且进一步放缓了建设更多工厂或仓库的进程。

因为有效执行规划，定制和配置成本会更少，而大多数企业使用了非常低效的工艺生产和紧急补救措施。从相关性中学习让重复订单的生产更有效率的方法。[31]

并行工程能够显著节约成本，但这对于 BTO & MC 型企业来说有更深的影响力，因为这些企业有更多的机会在设计中减少多个类别的间接成本。

利用柔性 CNC 自动化技术能够节约劳动力成本。柔性夹具和设置步骤的减少让 CNC 更有效率。

对于 BTO & MC 型企业来说，货物更少，配送费用更低，因为运输更为直接，没有成品库存，而且不需要通过催交来弥补短缺。

最后，运用产品线合理化（见附录 A）和总成本计量（见第 7 章）方法来消除高开销 / 微利润产品和高利润产品身上的亏损产品税，从而即使降低它们的销量也能赚取更多利润。这种先进的经营模式杜绝了对产品打折或以低利润率进行销售的需求。

4.9.2　BTO & MC 具有反应灵敏的优势

BTO & MC 型企业根据需求来生产产品，不需要预估、订购、等待、构建和存储。对于电话和网络销售而言，100% 的订单能够迅速地直接从 BTO & MC 工厂运输到目的地。"电子商务革命"过早夭折的原因之一是糟糕的可获得性和延误情况。可获得性差是任何以预测库存为销售源的系统都会遇到的困境，因为它依赖于不可靠的预测。常常因为出货或试图在一个大规模生产的环境下进行按单制造而导致延误。

如果顾客想要购买一些零售货架上现成的商品，BTO & MC 型供应商能够以最佳的方式对货架进行补给，为顾客提供充足的商品。经常从 BTO & MC 型供应商处补货的商店和经销商因为其优秀的可获得性会得到良好的声誉，并最终吸引一批忠实的客户群和回头客，因为客户知道他们总能找到他们想要的东西，以服饰为例，客户总能找到他们想要的款式和尺码。对合作关系进行研究能够更快地履行每一个重复订单。BTO & MC 型企业能够以最快的速度适应不断变化的市场条件。

当新产品仅仅作为"主题产品的各种变化形式"出现，则其开发和导入都会变得更迅速和容易，因为受到了模块化、参数化 CAD 和柔性工艺的影响。在柔性生产线上能够更快地实现生产递增，因为生产线不需要为新产品调整设备。

《华尔街日报》(*Wall Street Journal*) 有一篇文章曾报道，柔性汽车制造商能够在一年里发布一个品牌的各种不同版本，而不是采取传统方式在秋季发布单一车型。[32]

BTO & MC 型企业是最先将新技术引入市场的推手，因为它们不需要事先清空销售渠道中的旧产品，通常为了清空销售渠道这些产品会打折销售。即使不存在这样的问题，更短的直接销售渠道能够让客户更快地收到新产品，他们总是期待更新、更好的版本。

如果新产品的推出带来了超过预期的增长，BTO & MC 型企业可以通过将生产转移到其他柔性生产线来满足高涨的需求。BTO & MC 的实施能够为增产腾出更多地方，因此，不太可能因为空间不足而阻碍其增长。

总容量更大意味着标准件可以从更多的来源获得，因此，标准件在快速增长的时候更容易配备和获得。供应链确保了最佳响应力，能让装配工快速取得零件，而不需要冗长的交接或依赖于对零件库存的预估。

对按单生产的货物而言，分配过程变得更加直接，因此速度更快，避免了将库存从工厂运往库房，然后发往配送中心并最后抵达客户或商店所产生的延误。去掉分销链中的库存和过多的节点不仅能让速度更快，而且消除了因为缓慢、多节点的分销链所固有的订购 / 反应滞后导致的订单偏差和需求波动问题。这也是麻省理工学院供应链模拟课上的教学内容，被称为"啤酒游戏"，可由高级管理人员在会议室中进行[33]，也有网络游戏版本。

对于资本设备的公司而言，更快的产品交付本身就是一个竞争优势。此外，使用组态软件能够对询价做出更快捷的响应，同时也能减少因为订单输入错误和客户出现变化所导致的影响。

4.9.3 BTO & MC 带来的客户满意度

BTO & MC 可以增加工业客户或最终消费者的满意度。消费者因为总能得到最优惠的价格而感到满意，OEM 和工业客户因为能够按需收到零件完成按单生产计划而感到满意。

大规模定制能够带来更高水平的客户满意度，因为这些客户能够快速收到高质量、低成本，而且专门为他们个性化定制的产品。就定制产品而言，客户通过组态软件能够做出更好的选择。即使个别定制品有偏差，但当产品为了符合他们的企业文化、人群、国家或地区而定制时，客户满意度还是会得到增强。

BTO & MC 型企业因与供应商的合作关系、持续改进和为了防止缺陷再次出现而进行的快速反馈等措施让质量得到了增强。柔性化数控操作大多通过更稳定的公差提高了产品质量。

对合作关系的研究让 BTO & MC 型企业相互学习并且彼此适应，从而在之后的订单上能更好地满足客户需求并逐步向致力于客户满意度的方向发展。

4.9.4 BTO & MC 的竞争优势

现代竞争由不同的商业模式产生——具有优秀商业模式的企业将会成为强有力的竞争对手。达特茅斯商学院教授西尼·芬克尔斯坦（Sidney Finkelstein）在他的著作《聪明的高管为什么会失败：你能够从他们的错误中学到什么》中总结："几乎每个业务失败的真正原因是那些把公司引向错误路线并继续前进的事物。"[34]

作为一种商业模式，按单生产和大规模定制能够很好地对抗各类竞争对象，因为它具备速度、成本和定制化的最优组合。如果没有卓越的商业模式，企业可能不得不在利润上有所妥协以提高市场占有率。BTO & MC 避免了最差的情况——产品恢复到商品化状态，采购决策仅由价格来决定。

BTO & MC 型企业通过按单生产（交货、成本、质量等）带来的差异化以及更好地满足客户需求的大规模定制能够避免其产品出现商品化状态。针对每一个订单中的合作关系进行学习和总结，能够让企业获得更高的客户忠诚度。

BTO & MC 型企业有能力扩展相邻业务、利基市场、衍生产品等。最后，上述所有优点能够让企业作为一个领先者建立良好的声誉，从而进一步提高销售额，吸引投资者和优秀人才。

4.9.5 BTO & MC 的底线优势

降低总成本能够增加利润或降低售价，也可能二者兼有。更快的交货速度、更好的质量以及更低的成本能让收入和市场份额均有所增长，如果属于市场敏感度高的商品，则有利于扩展新的市场，各项优势将有助于创造高盈利机会。有了足够的竞争优势，再制订较高的价格也是可能的。

我在《按单生产和大规模定制》（*Build-to-Order & Mass Customization*）一书第 14 章中介绍了"BTO & MC 的商业案例"，[35] 第 13 章介绍了实施方法。我举办的一系列专项内部研讨会（见附录 D.4）和实施方法研讨班（见附录 D.5）介绍了企业如何实现精益生产、按单生产和大规模定制的各个环节。[36]

4.10　注释

1. James P. Womack and Daniel T. Jones, *Lean Thinking: Banish Waste and Create Wealth in Your Corporation* (1996, Simon & Schuster), p. 27.

2. "Dock-to-line" may sometimes be referred to by the more ambiguous title of "dock-to-stock," which technically means parts go from the dock to some form of incoming inventory "stock" area without inspection.

3. David M. Anderson, *Build-to-Order & Mass Customization: The Ultimate Supply Chain Management and Lean Manufacturing Strategy for Low-Cost On-Demand Production without Forecasts or Inventory* (2008, CIM Press). See description in Appendix D.

4. Ibid., Chapters 3–9.

5. Ibid., Chapter 9, "Mass Customization."

6. Ibid., Chapter 8, "On-Demand Lean Production"; see section on "Setup and Batch Elimination."

7. Ibid., Chapter 7, "Spontaneous Supply Chain."

8. Ibid., Chapter 7, section on "Material Cut to Length."

9. Ibid., Chapter 7, "Spontaneous Supply Chain."

10. Ibid.

11. Ibid., see Figure 8.1, "Build-to-Order & Mass Customization for Fabricated Products."

12. Ibid., Chapter 6, "Outsourcing vs. Integration."

13. Ibid., Chapter 7, "Spontaneous Supply Chain."

14. Ibid., Chapter 9, "Mass Customization."

15. Ibid., Chapter 8, see the section, "CNC to Eliminate Machining Setup."

16. Charles S. Snead, *Group Technology: Foundation for Competitive Manufacturing* (1989, Van Nostrand Reinhold).

17. The datum concept is a key element of geometric dimensioning and tolerancing (GD&T), from the ANSI Y14.5 standard.

18. Terry Walters and Tim Caffrey, "Additive Manufacturing Going Mainstream," *Manufacturing Engineering*, June 2013.

19. Anderson, *Build-to-Order & Mass Customization*, Chapter 9, "Mass Customization."

20. Ibid., Chapter 9, "Mass Customization," p. 293.

21. Ibid., Chapter 9, "Mass Customization."

22. James Morgan and Jeffrey K. Liker, *The Toyota Product Development System* (2006, Productivity Press), Chapter 4, "Front-Load the PD Process to Explore Alternatives Thoroughly."

23. Anderson, *Build-to-Order & Mass Customization*, Chapter 6, "Outsourcing vs. Integration."

24. Anderson, *Build-to-Order & Mass Customization*, Chapter 6, "Outsourcing vs. Integration."

25. James P. Womack and Daniel T. Jones, *Lean Thinking: Banish Waste and Create Wealth in Your Corporation* (1996, Simon & Schuster), p. 224.

26. Ibid., Chapter 3, "Pull."

27. Anderson, *Build-to-Order & Mass Customization*, Chapter 14, "The Business Case for BTO&MC."

28. Ibid., Figure 2.2, "How Inventory Erodes Profits over Time When Selling from Finished Goods Inventory," which assumes 10% profit margin and 25% inventory carrying cost per year.

29. Ibid., Figure 2.1, "Inventory Carrying Cost since 1961" which shows the average carrying cost at 25% of value per year.

30. Ibid., See the section in Chapter 2, "Defects by the Batch."

31. B. Joseph Pine, II, Don Peppers, and Martha Rogers, "Do You Want to Keep Your Customers Forever?" *Harvard Business Review*, March–April 1995, p. 103.

32. Jonathan Welsh, "A New Status Symbol: Overpaying for Your Minivan; Despite Discounts, More Cars Sell Above the Sticker Price," *Wall Street Journal*, July 23, 2003, p. B1.

33. 现场进行的啤酒游戏通常由一位经验丰富的主持人引导，他持有游戏面板和定购筹码。这是一个十分有趣的游戏，卖场、销售、分销和制造领域的多个小组可以一起进行游戏，从而快速体验需求波动在配送网络内传播所产生的影响。

34. Sydney Finkelstein, *Why Smart Executives Fail: And What You Can Learn from Their Mistakes* (2003, Portfolio/Penguin), p. 138.

35. Anderson, *Build-to-Order & Mass Customization*, Chapter 14, "The Business Case for BTO&MC."

36 作者举办的关于按单生产和大规模定制的内部专项研讨会总结了大规模生产的缺点，以及在批处理和队列生产的环境下，不断增长的产品种类和市场波动性如何导致成本成倍上涨。互动研讨会还介绍了如何建立自发型供应链、按需制造零件和产品、废除设置、开发柔性元件、大规模定制产品、为 BTO & MC 开发产品、标准化零件和合理化产品的方法，以及如何实现上述所有方法，其中有关于实施方法的研讨班可供选择。

第 5 章　标准化

零件和材料的标准化是 DFM 的一个基本方面，它可以简化产品开发工作、降低零件和材料的成本、大幅降低材料间接成本、简化供应链管理、提高可获得性和交付能力、提高质量、提高服务能力，并且有助于精益生产、按单生产和大规模定制。本文提出的标准化过程是一个强大的工具，可以帮助新设计实现许多积极的成果。

标准化凭借其更快、频率更高、更可靠而且不容易受到短缺问题的影响等优势，使精益生产成为可能。标准件可以取代那些筹备时间漫长的零件和材料。标准化还促进了更有效的内部分配（针对更少的零件），让从仓库到生产线运输成为可能，让自动补给和稳定供给成为可能（见 4.2 节），从而消除了对预估、MRP 和采购订单的依赖。

标准化凭借更好的采购杠杆和规模经济效益能够降低成本，还会降低零件和材料的库存持有成本，每年可节约 25% 的库存成本。广泛应用标准件能够减少催货和变更单等问题。此外，标准化后的材料间接成本仅为非标准件的1/10，这反映标准件的节约能力并鼓励工程师选择标准件。激进的标准化让按单生产和大规模定制成为可能，从而在各个方面节约更多成本，如第 4 章中所讨论的。

企业可以通过订购实现标准件的稳定供给，在紧急情况下各项目能够彼此借用这些零件。最小化零件种类有利于建设小型紧凑型工作站，并鼓励流水线、U 形生产线和看板补给型工作站（见图 4-1）。标准化将最大限度地减少因为零件缺货而产生的停工、运输延误、紧急补救和罚款等问题。标准化能够提高生产力。

标准化能促进产品开发，因为采购人员减少了耗费在采购上的精力，能够更多地参与产品开发团队的工作，帮助团队建立与供应商的合作伙伴关系。这也确保了在早期能够对现货零件进行全面搜索，避免遗漏。标准化也意味着更严格的资格认证，从而确保最高的质量、最低的成本，并杜绝了对数量不足的零件进行变更的情况。更集中的采购还可以确保整个产品生命周期内零件的可获得性，从而避免催货、缺货、错失销售良机、购买停产产品，以及为了获得性更高的零件而进行的变更。

凭借规范化，设计团队可以并行设计精益工作站，这些工作站的设计将围绕单一流程、单一的多功能夹具——配备有一种扭矩设置、一个扳手、一个压力表等标准紧固件。

标准化提高了质量，因为采购人员将有时间和精力来寻找最优质的零件，在选定这些零件之前，还会对其进行质量认证。请记住，高质量的零件将提高产品质量，尤其针对复杂度高的产品——零件数量越多，产品质量越按指数级下降（见10.3 节）。这些高品质的零件在质量保证计划和产品开发工作中不会遇到不定因素的影响。

标准化核心零件能够让采购人员将更多精力投注在选择和评估零件上，并确保其处理流程和加工能力相一致。这避免了为"拯救"设计而运用不常用的零件，导致供应链复杂化、增加了质量风险并且阻碍了标准化的实施，但这对于核心零件来说至关重要。

实施标准化并采用防错技术，能够减少装配过程中使用了错误零件的概率（见 10.7 节）。

本章介绍了一个功能强大而且易于实施的标准化流程，它提供了足够多的优点，并且足以作为一个独立的程序运行。扩展化应用的标准化能够在《按单制造和大规模定制》一书中找到，可以参见关于"零件标准化"和"减少材料种类"的章节。[1]

在以下内容中，"零件"一词也包括材料和子组件。"材料间接费用"则包括了所有类别。

5.1 零件激增

竞争压力迫使制造商想方设法来降低总成本并且提高灵活性。其中一个推力是关于如何减少材料种类和零件成本的研究。

一家电子企业拥有 1500 种不同类型的电阻器，其中 100 欧姆的电阻器就有 120 种不同的种类、尺寸和容差。[2] 为了便于生产，该企业将这 1500 种电阻器类型减少到 200 种以下。

我认识的一位制造消费品的客户发现自己的公司使用了以下不同类型的零件：1248 种线组件、152 种电机、151 种螺钉、74 种开关、67 种继电器、65 种电容器、37 种阀门、16 种变压器、62 种胶带以及 1399 种不同标准的标签。

每个企业在面对零件激增的时候都有类似的"恐怖体验"。有人可能会问，为什么会这样？特别是在零件激增带来了间接成本并阻碍柔性制造的情况下才意识到，零件激增是不必要的。

5.2 零件激增的成本

零件激增是昂贵的。泰克公司的一项研究表明：半数以上的间接费用在某种程度上与其处理的零件种类相关。[3] 大多数企业甚至不知道该费用具体花费了多少美元。一项针对《财富》500 强制造企业的调查显示，没有一个公司或部门能够对零件在其生命周期内的成本有一个准确估计！[4]CADIS 公司负责销售零件管理软件的文卡特·莫汉（Venkat Mohan）曾表示："对每个标准件最直观的估计是 5000 美元甚至高达 60 000 美元，而定制化零件甚至能达到 100 000 美元。"[5]波士顿先进制造研究所（AMR）的主管詹姆斯·谢泼德（James Shepherd）认为，对电子产品来说，加入新采购零件的成本为每件 5000 美元至 10 000 美元。[6]《全面成本管理安永指南》（*Ernst & Young Guide to Total Cost Management*）中表示："制造商们预计每种零件每年的管理费用为 10 000 美元甚至更高，这并不少见。"[7]

除了这些正常的材料成本，零件激增为现场服务和制造过程中各种重要的但是很少被衡量的层面增加了额外成本，如设置、库存、地面空间、低机械利用率和其他灵活性问题。

零件激增也降低了装配效率。在沃顿商学院一项针对汽车行业的报告中，费舍尔、亚恩和麦克杜菲写道："零件多样化对组装工厂的生产效率带来了最大的负面影响。"[8]

5.3　零件为什么会激增

零件激增有如下几方面原因，而这些都是很容易避免的。

- 设计师没有深刻理解。大多数产品设计师没有理解零件标准化的重要性，因此并没有围绕标准件进行设计。我就一份针对电阻器进行标准化的建议列表（采用下文所述的技巧编写）向设计师征求反馈意见时碰到了这种态度的一个实例。一位电气设计师表示："我们为什么要标准化电阻器？它们不是很廉价而且不是都存在计算机里了吗？"这位设计师没有意识到零件的成本和企业订购/跟踪系统的复杂性，每一个零件必须运送到工厂，经过检验入库，然后再分发到每个使用点。解决这种理解性问题的一个方法是进行培训和教育，强调零件标准化的重要性并且将其与企业目标相联系。
- 非我所创。有时候标准化受到了"非我所创"综合征的抵制。通过团队协作、培训，并鼓励设计师为产品、客户和企业做出最佳选择，可以打破思维定式。
- 武断决策。在指定零件时，产品设计师可能会做出许多武断决策。他们可能武断地选择一个 2 分半细牙、长 7/16 英寸（约合 1.1 厘米）的圆头螺钉，其实一个更通用的 3 分粗牙、长 1/2 英寸（约合 1.2 厘米）的六角螺钉足以胜任同样的工作。1.8 节讨论了在产品开发上做出武断决策的常见问题。英特尔系统事业组的电子工程师表示，对于数字电路，他们并不真正需要数值在 1000 ~ 2000Ω 的电阻。得到这个反馈之后，这些数值的电阻立即从获批的新设计零件清单中剔除了。

- 为同一零件创造多个版本以"节约成本"。当产品设计师受到成本压力的影响，会导致所有的考量仅针对零件成本，他们有时候会为每种应用指定最廉价的零件。这可能会让零件成本看起来降低了几分，但是这样带来的零件激增会产生更大的间接费用。例如，一个医疗器械制造商在单个电路板上安置了 11 个大小为 1K 的不同版本的电阻器！这种做法不仅引起零件激增，因为需要用组装机安置更多的零件，迫使电路板两次通过组装机。本书提出的标准化原则是：提倡为所有应用程序使用最好的单一版本。

- 最小重量谬论。可能导致零件激增的一种现象是所有零件的大小都必须"恰到好处"——具有最小的重量、以最低数量的材料制成。设计师抵制标准化可能因为在确保足够强度和功能的前提下，标准件的尺寸比较大。以下基本规则可以帮助设计师突破这个障碍：

  ◆ 如果不能迅速得到一个合适的零件，应使用比较大的标准件。

  ◆ 如果不是由贵金属制成，也应使用较大的标准件。

- 使零件族通过认证。零件激增的一个成因是为了使整个零件族（如紧固件、电阻器和电容器）通过认证（为了被列入批准零件清单）。英特尔的系统事业组发现在 20 000 种通过认证可用于印刷电路板的零件中，有 7000 种从未被使用过！换句话说，超过 1/3 的获批零件未被使用于任何产品。然而，任何设计师都有可能随意从这些未使用的零件中选择一些零件，或者在没有任何批准或授权的前提下将新的零件增加到系统中。在这种情况下，这些未被使用的零件应当立即从新设计的获批零件表中删除。

- 合同制造。有时候，一个短视的经营策略会破坏标准化工作。一些企业为了应对经济衰退、工厂加量的压力，变成了一个合同制造商。这种要么利用、要么失去的做法可能会带来一些额外的收入，但是从长远来看，这么做往往会损失资金。如果成本计算包含了与总成本相关的事项（例如，为了支持零件多样性所支付的开销，以及耗费在构建学习曲线为新产品开发做准备的资金）就能及时地了解这些损失。

- 兼并和收购。内部品种激增的另一个原因是企业、产品、专利等的兼并、合并和收购使不同产品聚集在了一起。产自不同公司的产品可能具有差异很大的零件和工艺。因此，在进行这些类型决策的时候，应当将柔性制造作为主要因素来考虑。

- 零件重复。当产品设计师不知道有什么零件的时候，往往会增加一个新零件到数据库中，即使已经存在同样的零件。虽然他们也怀疑需要的零件已经存在，但仍然会购买新零件，因为他们认为寻找某个已有的零件会耗费更多的时间。同样，他们也可能设计一个新零件，从而节省寻找零件的时间。通常情况下，设计师觉得设计新零件或购买新零件比起在复杂的数据库中进行检索要容易得多。

许多企业有几百个关于同一个零件二重、三重甚至多重的副本，占用了不同的零件编号，还有更多类似的情况，如原本可以使用一个相似的现有零件，却被引入的新零件代替。

在我的建议下，一家航空航天公司就此进行了调查，发现公司内有 900 种不同类型的垫片！显然，设计第 901 种垫片比检索 900 种现有的垫片要容易得多。所以，每次设计师需要使用垫片的时候，他们所做的就是设计一个新的！他们认为，垫片的设计是"轻松"的，但是，在现实中，文档、采购、生产、储存和分配 900 种垫片并不"轻松"。

一家大型机床企业在对这种现象的调查中发现，他们有 521 种非常相似的齿轮。他们最终对这些齿轮重新分类，并规整到 30 种标准齿轮中。[9]这显示企业曾经拥有比实际需要的数量高出 17 倍的齿轮种类！平均每一个齿轮有 17 个重复件。

5.4 零件激增的后果

零件激增的最终结果是，大多数企业都有几千甚至上万种不同的零件类型，这种内部多样性在很少的情况下是必需的。零件激增通常是因为粗心导致的，因为没有任何标准化目标或意识，设计人员只会为新设计选择新零件，而不去考虑先前使用的相似零件。

通过简单查询所有零件类别下经常使用的零件总数，每个企业都能调查零件激增的程度。在许多情况下，激增是显而易见的，即使最粗心的观察者都能发现。为所有与零件相关的间接费用总结其材料预算可以作为一个有效的调查方法。我们希望这些调查能为消除现有重复零件提供动机，并且运用本书介绍的非常有效的策略来为新设计大幅减少零件类型。

5.5 零件标准化策略

5.5.1 新产品

零件标准化为新设计或重新设计提供了极佳的机会。通常在零件层面上转换现有设计的成本很高，并且替换零件的向后兼容性会存在很多问题。因此，可以让现存产品通过当前的资格认证来避免改变现有的设计。

5.5.2 现有产品

对现有产品完成标准化的主要方法是设计出"更好"的替代品。如果设计出了替代品，那么标准件和材料清单将把重点放在更好的零件和材料上。大多数情况下，标准化节省的开销和供应链优势将远超因使用更好的材料所带来的成本。

随着运用标准件和材料的新产品逐步推进，将给生产运营和采购带来更多益处。当使用标准件和材料的产品达到一定的临界质量阈值时，工厂将会从淘汰不常用零件和材料中受益。在这个阶段，老产品可以围绕标准件重新设计、外包出厂，或运用附录 A 中介绍的策略合理化地进行淘汰。

5.6　标准化的早期步骤

5.6.1　列出现有零件

许多零件以一种逻辑顺序进行排列，如表 5-1 所示。

表 5-1　零件类型排列顺序范例

零件类型	排列顺序
螺纹紧固件	直径、螺距、长度、头型、等级
垫圈 / 垫片	外径、内径、厚度、材料、表面处理
齿轮	周节、齿数、齿轮面宽度、材料
齿轮箱	比率、马力、轴朝向、轴径
电动机	马力、电压、香味、轴径、安装
泵	压力、流量
电源	输出电压、瓦数
电阻器	欧姆
电容器	微法拉

只需要简单地按顺序列出现有零件，然后把列表传递给设计部门，鼓励设计师尽可能使用现有零件。这一步应当立即执行，在能够使用现有零件的时候阻止设计师增加新的零件。下面介绍从列表中确定首选零件的流程。

5.6.2　统一数据库命名规则

在进一步处理之前，我们首先需要整理零件和材料数据库。如果在一个类别内的每个零件都不具有一致的命名规则（通常发生在螺纹紧固件上），我们可能很难对它们进行排序，也很难确定重复的零件。所以，我们有必要将多个标签转换为最常见或最合逻辑的标签。如果很难对官方数据库进行转换，我们可以提取信息到一个用于标准化工作的数据库中进行修改。

5.6.3 清除获批但未被使用的零件

许多零件族得到认可后，会集体进入获批准清单中，但这些零件族中的很多零件从未被使用过。如果它们留在清单上，任何设计师都有可能在未经批准或授权的前提下将某个新零件纳入制造流程。因此，需要筛选出从未使用过的获批零件，然后立即将它们从新设计列表中剔除。

5.6.4 清除近期未使用的零件

不建议将近期未使用的零件列为新设计的标准化清单中的候选对象，这个意见是合理的。在标准化工作中，要清除那些过去几年内未使用或订购的零件和材料，可以是 2 ~ 5 年内，该时段取决于不同产品的生命周期。不让这些零件从获批零件清单上消失，是因为在制造备件或者不常生产的产品时可能会用到，但是，如果这些不常见产品在合理化过程中被淘汰，或不常生产的零件和备件的制造被外包（见附录 A），那么工艺操作柔性能得到很大提高。

5.6.5 清除重复的零件

同一零件对应多个零件号所产生的问题不仅会导致额外的材料间接成本，还会在每次生产需要时分批地订购同样的零件。这影响了大宗交易的折扣率，并且损失了合并订单所享有准时递送的机会。此外，较小的订单数量增加了短缺的可能性。更讽刺的是，导致生产延迟所缺少的零件可能被放置在另一个不同零件号的箱子里。

对于精益生产、按单生产或大规模定制来说，不同的产品所需要的同样的零件被标记为不同的零件号，则问题会更加严峻。自动装配设备，如用于印制电路板组装的设备，可能会装载放置在不同容器中的相同零件。即使设备操作者发现有一些零件看起来很相似，操作员也没有时间和权限在现场将这些零件进行合并。如果在产品系列内的零件种类（包括重复零件）超过了设备配有的装载容器数量，那么这种重复性会阻碍柔性操作的进行。这种情况发生时，针对每个产品可能不得不重新加载两次零件，而这恰恰是柔性操作流程中必须被排除的设置类型。

使用零件管理软件，泰克公司从 150 000 个活跃的零件库中剔除了 32 000 个零件号。泰克公司副总裁兼首席信息官鲍勃·万斯总结了清除多余零件所带来的好处："从小的层面来看，制造企业投入如此少的精力便产生了显著的影响。我们要将资源投资在产品创新和客户服务上，而不是承担一个超重的零件库存。"[10]

停止重复零件有一个简单的方法，就是设法让现有零件的查询过程比发布新零件更简单，如表 5-1 所示。然后，重复的零件应当被清除，并且合并到一个较短的、单独零件列表内。

5.6.6　合理安排次序

下文所提出的标准化程序必须实施在每一类零件和材料上，所以重要的是如何合理安排次序，我们可以从具有以下特征的类别开始：

- 不必要的零件激增通常发生在紧固件、电阻器、某些原材料等上；
- 过多的零件 / 材料库存；
- 过多的材料间接成本；
- 因为品种过多而错失自动补给的机会，例如使用看板和"面包货车"技术；
- 配套打包的零件，因为有太多的零件需要分发到所有使用点；
- 如果零件种类超过了自动装配设备内装在容器的数量，会产生额外的设置变更步骤，例如印刷电路板；
- 因为零件短缺造成生产延误；
- 催交次数过高。

除了这些标准，可以简单地通过询问员工对这些类别进行排序来获得其他有价值的间接方式。可以给员工所有主要类别的零件清单，然后请他们投票。

5.7　从零开始的策略

有一个易于使用的方法，比其他零件种类减少措施更有效，即减少常用的零件号。比如从 20 000 个减少到 15 000 个能够让材料间接成本有所下降，但它可能不会达到阈值（消除与零件相关的设置），从而使工厂能够灵活地构建产品，而不受到延误，并且不会为了获得零件、零件配套或更换零件容器而进行额外的设置。

减少零件种类最有效的措施是对特定的优选零件进行标准化。这通常适用于外购件，也适用于制造零件和原材料。该方法基于从零开始的原则，提出了一个简单的问题：我们在设计新产品时需要的最少的零件类型有哪些？

为了回答这个问题，可以假设公司或新的竞争对手刚刚开始这条产品线，并正在决定这个全新的产品线需要哪些零件。作为新竞争者的一个优势是能够从头开始、没有旧的包袱（太多的零件）所带来的压力，可以围绕着标准件同步设计整个产品线。然后，再想象一下如何在企业内部做同样的事情。这就是所谓的从零开始策略。

从字面上看，"从零开始"意味着从"无"起步，只增加需要的东西，而不是从一个满载的列表上剔除不需要的东西。比如在清理书桌上最杂乱的一个抽屉、整理一个钱包或一个杂物箱时，除去不需要的部分会花费很大力气，但仍然不是非常有效。更有效的从零开始的做法是把抽屉里的一切东西都丢到一个标有"垃圾"的箱子里，然后只把那些必不可少的东西放回抽屉。这两种方法的区别在于：杂物的最终去向是留在抽屉、钱包或杂物箱里，还是留在垃圾箱里？同样，要想减少零件，必须耗费大量精力才能够消除这些额外的零件种类，而从零开始的方法在初始就排除了所有杂物。如果围绕标准件设计的话，杂物指的是不需要的零件激增。这些多余的零件不仅需要间接管理费用来处置它们，而且造成工厂效率和设备利用率的下降，因为将过多零件分发到每个使用点会产生额外的设置过程。

这种策略可以为新设计确定最少数量的必须零件，其目的不在于消除已有产品所用的零件，除非通用零件在所有方面都具有与之相同的功能。在这种情况下，如果新的通用零件比已有产品中的旧零件有更好的性能，则可用这个通用零件替换旧零件。

在产品容易过时和生命周期缩短的今天，即使只在新产品上实施零件标准化的措施，所有老产品也会在几年内被淘汰，尤其是企业通过合理化会让产品在开始消耗资源之前就被淘汰（见附录 A）。

5.8　生成标准件列表

为了确定标准件列表，企业各部门必须对新产品设计中所需要的最低零件数量达成共识。特别是所有的工程组，必须共同通过该列表，因为他们是用这些标准件设计产品的人员。可以从设计、采购、质量和制造部门选取代表来组建一个团队就该问题达成共识。对各类零件应当实施的步骤罗列如下。

（1）确定使用历史。如果通过增加更多新的零件来创造标准件列表会产生适得其反的效果，那么，对每个类别的零件，应根据现有产品的使用历史建立一个基线列表。使用历史可以基于每年购买的所有零件的总数量或使用这些零件的产品数量（可以在 MRP 系统中创建一个"用在何处"的报表来得到这些信息）。排除那些处在生命周期末端的产品所使用的零件。帕累托排列图的形状类似图 5-1，但实际曲线在接近纵轴的位置通常更陡。

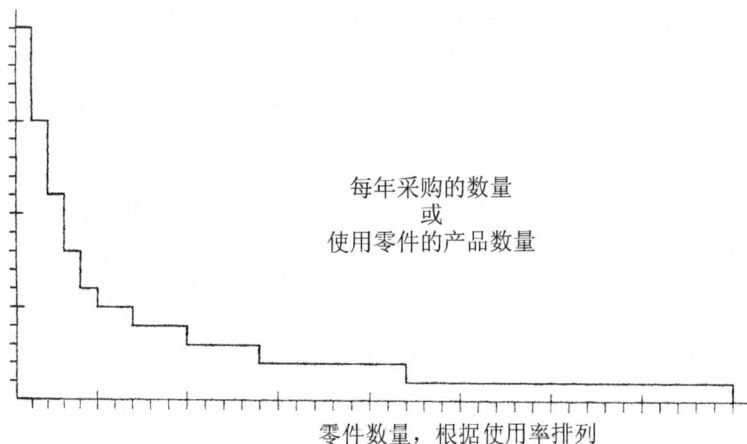

图 5-1　已有零件使用率的帕累托排列图

（2）建立基本零件列表。基于现有零件的固有共性绘制一个基本零件列表。显然，曲线左侧高使用频率的零件应当是基本零件列表的一部分，而右侧低使用率的零件则应当被剔除。需要判断从哪里开始画分隔线（将通用零件与其他零件区分开来），这个判断应当基于所有工程组、制造部门、采购部门，以及评估零件和供应商（质量或材料工程部门）的部门所达成的共识。质量部门的人员应当对此很有兴趣，因为减少零件类型对采购和质量活动能够产生积极的影响，较少的零件类型意味着能够将注意力集中在采购零件、评估供应商和解决标准件质量问题上。

如果零件使用曲线看起来像图 5-1，左起第三或第四的零件可能有资格被加入基本零件列表。需要注意的是，当零件激增更为严重时，低使用率和一次性使用的零件将在右侧延伸得更远。在这种情况下，标准件可能仅占全部零件的5% 或 10%。

在某些情况下可能有反常情况出现，如低使用量的零件可能出现在许多产品中。尽管使用量低，但该零件广泛使用，因此有资格被列入基本零件列表。另一种情况是，一个零件可能仅在一种产品上使用，但其使用量非常大。这可能需要进行一些调查，从而确定设计团队是否发现了可能将该零件巧妙地运用到未来产品设计中的方法。

这些零件组成了基本零件列表，可以根据适当的顺序对其排序，如我们在 5.6 节所讨论的。

（3）指定添加新零件的流程。积极开发可将新零件（例如，新一代零件）增加到基本零件列表中的流程。理想情况下，应该由材料评估小组执行（有时候被称为"材料工程"），他们负责评定新的零件和零件供应商。如果无法实现，增加新零件的行为应当由来自高级设计和研发团队小组和制造、采购、质量部门的研究人员和工程师共同完成。

（4）合并重复的零件。如前文所述，很多重复的零件进入了系统，而优秀的零件管理方法可以正确地清除这些重复信息。当企业开始调查重复件时，他们往往会发现这些重复件之间存在细微的差别。这提供了一个机会，即能够从中选择最有可能取代其他零件的个体。这个过程可以使用下面讨论的步骤来选择更好的零件。

（5）合并平行的零件系列。如果整个零件系列是具备各种公差、质量等级、螺距、表面粗糙度或纯度水平的零件，小组应当将它们合并成一个零件组，即使这样做需要对更昂贵的零件进行标准化。通常，由于采用了更好的零件使得成本增加，但可以由减少总零件数量所节约的开支来补偿。如果企业的成本核算体系无法量化这种价值，企业就必须定性地估计其在柔性制造和降低材料一般性管理费用方面的价值（见 5.11 节）。下面的案例就是将不同强度等级的螺钉或不同允差等级的电阻进行合并。

当我在英特尔系统事业组开始一个零件标准化项目时，有两种不同的电阻族：5% 允差的碳电阻和 1% 允差的金属电阻。通过合并为 1% 允差的电阻，为新设计减少了几百种零件。现有产品中的这些零件也被替换了，因为这被视为一种"升级"的替换方案。几年后，在一个公共 DFM 研讨会上，一家公司报道了通过采购同等允差（1%）的电阻带来的采购杠杆，节约了成本，并且工厂生产的每个应用产品上都配备了一个更好的电阻。

　　注意：实际上，即使较低质量的零件在理论上已经足够满足要求了，但基于高质量零件所进行的合并仍可能提高产品质量。

　　（6）优化可获得性。应当对标准件列表中的所有零件和材料的供应和采购进行调查和优化。应当选择随时可以从多个源并且可在产品预期寿命的任何阶段中获得标准件和材料。调查应包括源的数量、源的技术和业务优势以及任何时间可以获得的平均量。

　　（7）对列表结构化。根据合适的顺序对列表进行结构化（见表 5-1），由直径、螺距、功率、流苏、电压、电阻、微法拉等作为标准。

　　（8）检查列表。让所有相关工程部门的代表对暂定基本零件列表进行审查，并给予反馈和批准。这可能是创建标准零件清单步骤中的一个正式过程。或者，以非正式的形式获得部门代表、经验丰富的工程师对此做出的反馈。早期让这些部门代表参与工作小组将会减少在这个阶段得到的不利反馈。

　　（9）传播列表。将暂定列表传递给所有工程师，向他们解释标准化对企业目标的重要性，如在简化产品开发力度、降低零件成本、降低物料管理成本、简化供应链管理、提高可获得性和运输能力、提高质量、提高服务性等方面能发挥什么作用，以及如果适用的话，它在支持精益生产、按单生产和大规模定制上能发挥什么作用。就暂定的基本零件列表中是否为新设计提供了正确的零件征求反馈意见。向审查者询问列表中是否有多余的零件，或者是否有重要的零件被忽略。

　　（10）确定最终列表。审查所有的反馈意见，研究有远见的意见并且从列表中适当地增加或减去列项。确定最终名单，并为实施做准备。

　　（11）确定实施范围。标准化涉及的范围应当与实施资源及企业对基于标准件进行设计的重要性和价值的认识相匹配。某些企业会从低目标开始（如紧固件或电阻）。在这方面取得成功后，可以进一步推广到其他类型的零件。当企业开始重视操作柔性的时候，强有力的标准化工作则势在必行。

（12）对设计人员进行培训。在发布标准件清单之前，需要对设计人员教授在新设计中使用标准件的重要性，指出它对柔性操作和降低间接成本的重要意义。另一种教育和激励技术是采用"揭老底"的方法：揭示以往零件激增的程度及其成因，这通常是因为尽管存在一个同样可用的高使用率的零件，设计人员也想当然地选用了低使用率的零件而造成的。

设计人员应当认识到，不论一个零件看起来多么简单，都会带来文档记录、零件采购、存储、分发和补充的一般性管理成本，同时也会因小批量制造造成巨大的费用。

（13）确定严格程度。通常，限定90%～95%的信任度能够在不阻碍设计自由度和标准化的前提下带来显著益处。例如，通用电气照明设定的目标是90%的零件可重用于所有新设计。[11] 对标准零件表设定严格的信任度可能对于柔性制造、自动化技术程度、降低一般性管理成本和良好服务来说是必需的。一个产量大、有昂贵的自动化设备的柔性工厂要求100%地遵循标准零件表，这样才能保证不会因装载非通用零件而将设备停机。精益生产、按单生产和大规模定制环境下，通常也要求100%地遵守标准零件表以确保制造柔性。不打算100%地遵循标准零件表的企业，应该分析一下这种非通用化对柔性操作造成的影响。

（14）发布标准零件表。将标准零件表中作为标准、常用和优选的零件正式确定下来，用星号或粗体字把它们在更大的、可能仍用于非大规模定制的产品的获批零件表中加以突出。一种更有效的方法是将优选的标准零件单独地列在一个表里，或者列在包含该类零件的相应区段介绍的前面（打印在纸上或记录在企业数据库内）。英特尔系统事业组将优选零件列在一张黄色的纸上，后面则用白纸印上现有的获批零件。如果只使用标准零件，就只需将标准零件表下发给工程师。

5.9 零件标准化结果

我在英特尔系统事业组中实施了零件标准化。针对20 000种应用于印制电路板和计算机的零件，用零件标准化方法构造了一份优选了500种零件的列表！把

2000 种电阻、电容和二极管减少到 35 种，分为两组，一组是需要进行轴向安装的，另一组是需要进行表面安装的。计算机系统的紧固件被标准化成一种螺钉。

标准化过程是这样进行的：服务部门想使用十字头螺钉，这样他们和客户就能使用同样的工具；质量部门想使用凸状垫圈来保护表面油漆，同时还能确保锁定效应；工程设计部门想采用长度仅为 1/4 英寸（约合 0.6 厘米）的 6—32 规格的螺钉；制造部门建议螺钉长度定为 3/8 英寸（约合 0.9 厘米），这样在使用自动送料的电动螺丝刀时，才不会翻倒（见 8.3 节准则 F4）。在以前的设计中，不同类型的螺钉太多，以至于根本无法使用自动送料的电动螺丝刀。新的设计在 40 个地方使用了标准螺钉，再加上螺钉正确的几何形状，使自动送料电动螺丝刀得以有效应用。为了自动补给螺钉，其长度必须比实际所需长出 1/8 英寸（约合 0.3 厘米），但是这种长度，会让螺钉从紧固件中凸起。这违背了禁止有这种凸起现象的操作标准，有些人甚至认为标准化注定要失败。但由于这种凸起不造成安全问题，或者不在任何方面牺牲产品的功能，因此对工作质量标准进行了相应的修改，从而允许这种凸起的出现。

对于完全柔性操作而言，英特尔公司的执行目标还不是 100%，但他们感到，即使 95% 的使用率也能大量节省材料的一般性管理费用。

一般情况下，一份优选零件可能占据零件激增 2% ~ 3% 的数量。对于高标准化零件而言，如紧固件或无源电子元件，优选零件可能占据当前零件不到 1% 的数量。

5.10　原料标准化

如果原料能够被标准化，那么工艺就可以具有足够的柔性来制造不同的产品，而不需要改变材料、夹具机构或切削工具。这对于按单生产而言是一个极其重要的先决条件，其目的在于用标准的原材料按需制造任何产品，而不需要预测和订购材料。原料标准化可以应用到棒料、管材、板材、注塑、压铸金属、防护涂料以及可编程芯片上。

- 棒料和管材。如果原料能够基于单一尺寸的棒料或管材进行标准化，那么计算机控制的切断机就可以通过程序从同样的物料上切割需要的长度。这种柔性能让以适合尺寸切割的定制化更可行。[12] 对于手动切割操作，材料标准化将简化为仅针对长度进行操作。这将最大限度地减少选错材料等相关失误。

- 金属板材。如果金属板材可以标准化为单一形状、厚度及合金构成，那么计算机控制的激光切割机可以在不更改板材类型的前提下切割所有需要的钣金零件。自动放料机可以根据需要对设备进行补料。如果零件尺寸很小，那么更应该运用标准化，让大多数零件能够由相同的板材切割制成，而无须改变板材。板材的标准化使重度使用者能够通过订购成卷的板材或直接从制造厂订购板材来节约资金。

通过购买经过彩涂、预镀、压花、膨胀、阳极氧化处理或具有不同的合金包覆表层的预制材料，可以取消某些制造方面的操作。通过使用不锈钢金属板材，可以不再需要钣金喷涂。在考虑了喷涂总成本的前提下，采用这种措施是合理的。订购预制材料时，可以在成品外侧覆盖一层可剥离的黏性衬里纸作为保护，装配时再将其取下。

- 成型及铸造。柔性操作策略可能涉及各种铸造成型的零件。如果可以基于同样的原料进行标准化，那么模塑和铸造操作将更具成本效益，从而使许多不同的零件可以在同一台设备上制造，而不需要改变设备的原料。甚至有可能用同样的模具来制造不同的零件，从而共用处理时间和模具费用。标准化的材料避免了变更材料和清洁设备的工作。如果模具被设计为使用标准化的夹具，那么可以迅速地更换模具以减少安装时间。随着铸造材料的标准化，还可以将同一种"熔融材料"以同样的方式"倾倒"在不同的模具中。

- 防护涂层。对防护涂层进行标准化处理，减少了更换涂层材料和清洁设备的工作，简化了工艺并使喷涂和包覆操作的柔性更高。与零件的标准化相似，涂层可以标准化为更好的涂层。即使更好的涂层花费更多，但这种标准化的工艺价值最终还是能在整体上节约成本（5.11节对这个概念有进一步的讨论）。如果喷漆的目的是单纯在功能上的考量，而不是为了美观，涂层标准化也适用于喷漆，如工业设备或大型电器。实际上，许多工业和农业产品因为使用了一种标准的喷色而增加了品牌认知度，就像农民一眼就能认出某辆绿色的拖拉机是约翰迪尔公司制造的。

- 可编程芯片。许多集成电路（Integrated Circuit，IC）可以单独地或在产品内部进行编程。对于可编程芯片而言，标准化的目标是空白器件的种类最少。由于被组装到产品内部，允许操作人员通过在线编程站按需地对这些设备进行柔性编程。理想情况下，每个编程站只负责一个空白器件，避免设置变更和错误。因此，可编程芯片的标准化最大限度地减少了编程站的数量，并且使芯片被插入或放置到电路板上之后，也能对芯片进行编程。

- 标准化线性材料。标准化也可以应用于金属丝、绳索、塑料管、电缆、链条等线性材料。线性材料的种类可以通过以下方式来缩减。

  - ◆ 随需切割。线性材料可以按照类型进行标准化，然后根据需要切割合适的长度。现有设备甚至在切割的同时能够剥离电线两端的外皮。这种方法意味着每个使用点需要配备一台绕线机。

  - ◆ 看板系统。能够预先切割线材和管材，但是为了保持低管理费用，不要分配单独的零件号。以下系统由美国万机设备有限公司（MKS）开发，该公司以其压力和流量测量与控制技术闻名。与其将不同长度的切割材料视为不同的零件并且给予不同的零件号，MKS 则将一定数量（如单日所需要的量）的电线或管材切割成需要的不同长度，并且在每个使用点（见图 4-2）放置在每两个相邻的看板仓之间。如图 4-1 所示，看板仓层层排列。当前列的储仓排空之后，它会被发送到一个中央分配设备处。储仓上的标签告诉设备操作人员材料类型、长度和数量，以及储仓在工厂内返回的目的地。储仓被装满后，会被返回到使用点，并置于另一个装载了同样零件的储仓后面，以便当另一储仓被清空之后可以向前移动。这种简单的方法让工厂避免使用成百上千的零件号，从而降低成本、减少延误，并且有助于柔性操作的实施。

  - ◆ 在分配的同时进行印刷。用仪器在分配电线和管材时进行标识打印，可以进一步减少线材的种类，从而使该材料不同颜色的版本不需要排序和存储。在电线和管材上印刷能够最大限度地减少组装和服务中的错误，因为工人不需要记住或参考颜色代码。使用文字而不是颜色也能解决与色盲相关的问题，例如，可以打印"地线""+12 伏""电源""复位""100psi"等标识。对于国际产品而言，这些代码能够以多国语言印刷，从而避免因为标签不同导致工厂内部出现过多种类的标识。这种打印和分配设备可以安置在每个使用点或安置在看板系统的中央分配处。

5.11   昂贵零件标准化

通常，廉价零件的标准化方案（如紧固件）不会遇到严重的阻碍，因为人们认为标准件的成本不会超过非标准件（实际上，它们的成本会更低）。但是随着零件成本增加，标准化的工作会面临更大的阻力，因为人们认为选用一个更大的（而且更昂贵）的标准元件与一个正好满足产品需求的元件相比，将会耗费更多资本。然而，考虑标准化对总成本带来的节约效应，我们提倡对更昂贵的元件实施标准化。

下面的经验说明了昂贵零件标准化所带来的机会和遇到的阻碍。在对一家生产空气调节系统（Heating, Ventilation and Air Conditioning，HVAC）设备的企业进行培训时，我发现该公司使用了 152 种不同类型的电动机。当我向设计师提出质疑时，设计师坚持认为每一种应用都需要一个大小正好的电动机。然后，我们就问题"如果这 152 种电机被缩减到 5 ~ 10 种，能够节约多少成本？"咨询了他们的供应商 GE 消费电机事业部，一个词就能对此做出回答："巨量！"为什么？因为如果只有 5 ~ 10 种电机，其订购量将会是他们当前订购量的数十倍，从而带来更大的规模经济。此外，优选的 5 ~ 10 种电机对他们的产品线而言将是最经济有效的——这些产量高而且设计得最好的电机同时也受到其他客户的欢迎。

在图 5-2 内，上图明确显示对于给定的产品，标准件与正好满足性能需求的零件相比，成本会更高。然而，如果企业的所有产品都使用标准件，这些零件的成本会更低，因为节约了采购杠杆和材料间接成本。因此，对昂贵零件实施标准化能够为企业节约净成本（见图 5-2 下图）。

元件成本阶跃函数

进行独立采购决策时

元件成本阶跃函数

因为更大的采购杠杆和更低的
材料管理使标准元件的成本降低

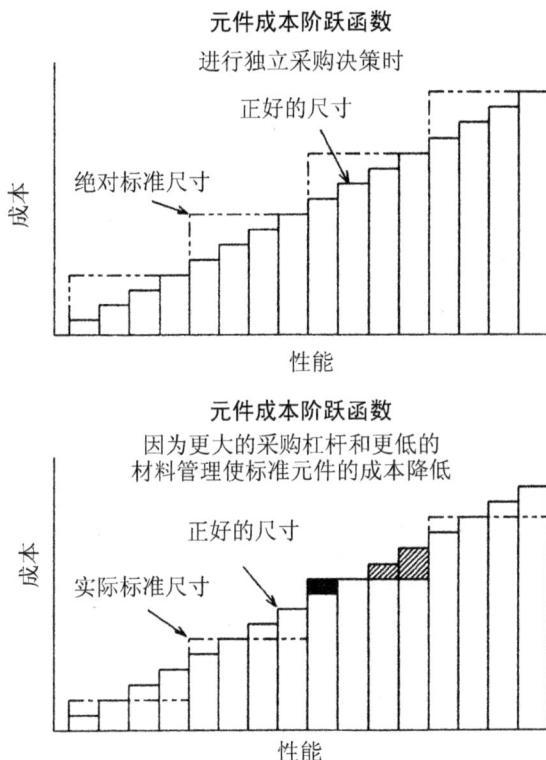

图 5-2　昂贵零件标准化

　　一些产品可能被迫使用比基本要求更昂贵的零件（如图中黑色阴影所表示的部分），但是大多数产品能够使用较便宜的标准件（如图中斜线阴影部分）。结果是企业能够节约净成本，并且提高精益生产、按单生产和大规模定制所需要的柔性。

　　此外，当标准化工作组对昂贵零件进行标准化的时候，可以选择大批量制造的、最具成本效益的零件，从而有效利用供应商的规模经济效应。这些零件通常具有更高的可获得性，并且可能有更好的质量和可靠性。然而，很多设计工程师没有意识到性能、价格、可获得性和质量之间存在的这些非线性关系。

5.12　合并非柔性零件

　　5.11 节的逻辑也可应用于非柔性零件的合并。非柔性的原始零件，如铸件、模具、冲压件、型材、线束、印刷电路板等，能够被合并为可应用在各种产品上的多功能常用零件。这些零件的典型问题是，他们的工艺在本质上是非柔性的，需要进行冗长的设置，所以它们通常按大批量进行建造，这让供应链管理复杂化，频繁的设置变更扰乱了操作流程，并且造成库存。

几种不同的原始零件可以通过足够的金属、特征、功能、支架或电路被合并为一个单独的多功能零件，从而实现多种应用。如果整个产品线实施这种合并，可能会大幅降低原始零件的种类，这将带来更大的采购杠杆、减少对预测的依赖（让稳定供给得以实现）、更少的存储空间和更简单的供应链和内部物流。

表 5-2 列出了将 N 个零件合并为一个零件带来的成本增加项和成本节省项。

表 5-2　零件合并在成本方面的权衡考虑

成本增加项	• 某些零件需要额外的材料、电线、电路等，导致每个零件附加了额外成本 • 对现有产品实施合并操作的一次性成本（不适用于新产品开发）
成本节约项	• 对 $1/N$ 种零件类型订购了 N 倍于原订购量的零件产生的规模经济所带来的成本节约（采购杠杆） • 因为零件更少节约了材料管理费用 　◆ 物料清单和物料需求计划开支 　◆ 订购费用 　◆ 原材料库存仓储 / 存储成本 • 不必对已淘汰零件进行设置所带来的成本节约 　◆ 减少了人工安装 　◆ 提高了机械利用率 • 因为零件类型更少节约了在制品库存 • 在新设计中取消了 N 种零件的使用，从而节约了设计成本 • 更少的零件节约了原型和调试成本 • 减少了新设计和现有设计中已淘汰零件的文档编写和行政管理成本 • 减少了因为零件短缺出现停工的现象 • 合并方案对柔性操作的贡献价值

例如，可以将水表和气体调节器的铸件合并，并为所有铸件添加额外的端口，如检测端口。类似的逻辑也适用于塑料制品，多个产品的所有特征可以合并为几个多功能的塑料零件。实现了上述功能后，还能因不必制造多个模具而节约成本。

通用印刷电路裸板可以将适用于不同产品的所有线路、孔洞或垫片包含在内，而不需要对每个产品或变体设计不同的电路裸板。知道能够以哪些方式使用这些电路板后，可以安排通用裸板的稳定供给。广泛使用昂贵的或长筹备时间的零件会促使项目组在紧急情况下相互借用这些零件。可以为这些零件实施自动补给技术，使它们能够按批量制造（见 4.2 节）。类型更少的零件和材料使其材料管理成本和需要的地面空间也越来越少。

实施零件合并使得企业更有可能从规模经济中获益，并且能实现更频繁和更可靠的交付。

印刷电路板组装机是电脑可控的设备，能够通过编程将特定组合的组件放置或插入到多功能标准裸板上。汽车线束正朝着这一原则演变，无论客户订购了哪些功能选项，都使用一种配线方案。在传统模式里，工厂会制造不同的线束，所以一辆最低选配的汽车不会有额外、未使用的线路。然而，计算总成本时发现，制造和装配不同配线所带来的各种成本大大超过了未使用线路所带来的成本。

如果成本系统没有以总成本为考量，那么很难判断零件合并的合理性，一些额外的功能马上会清楚地显示为额外成本。然而，常规的成本系统可能很难量化零件合并的巨大好处。在实施总成本核算系统之前，表 5-2 所给出的标准可以让你逐项分析合并带来的好处，并作为量化计算的依据，或者，至少作为突破性决策的依据。

5.12.1　合并定制芯片

规模较小的公司可能认为他们并不会使用定制芯片。然而，多功能而且广泛使用的专用集成电路（Application Specific Integrated Circuit，ASIC）是会选择的。定制芯片可以被设计成具有足够的通用性，即便每个产品只使用了芯片的一小部分性能，也可应用于很多产品。多功能芯片用量的增加分摊了一次性工程费用（Non-Recurring Engineering，NRE）和工具成本，从而鼓励为中小批量产品使用定制芯片。表 5-3 对比了 ASIC 的传统分析（通常不鼓励使用）和面向其广泛使用的总成本分析。

表 5-3　ASIC 决策

独立应用的传统 ASIC 分析	
ASIC：	现状：
• 高 NRE 费用 / 芯片	• 无 NRE 费用
• 高工具成本 / 芯片	• 无工具成本
• 低产量时，每个 ASIC 有很高的成本	• 不同分立芯片的成本
• 备货时间	

广泛应用的多功能 ASIC 分析	
• 低 NRE 费用 / 芯片	• 无 NRE 费用
• 低工具成本 / 芯片	• 无工具成本
• 高产量时，每个 ASIC 成本降低	• 不同分立芯片的成本
• 仅在初始需要备货时间	

总成本等方面的影响
- 减少可变性是指更快的发展、更好的稳健性、更高的设计质量
- 当几十个分立芯片被一个 ASIC 取代后具有更高的质量，这避免了由于零件质量和数量对产品质量带来的累积劣化效应（见图 10-3）
- 整体质量更高，因为只剩下很少零件，可以用低质量的版本取代
- 避免了因为太多组件被放置到同一个 PC 板上所增加的质量成本
- 更少的互连元件有助于提高可靠性
- 更紧凑；尽快进行开发从而走在小型化的前端
- 高密度是指更少的电路板，可能只需要一块，甚至可以不使用电路板插件箱
- 紧凑度让 ASIC 电路和其他芯片的信号路径更短，从而带来更快的性能，尤其当电路可以汇聚到同一块电路板时
- 因为使用了更少的元件和电路板，让工厂产能更高效
- 更好的设备利用率，同时降低了设备费用
- 更少的集成模块有助于简化装配
- 通过为广泛的变体和定制件植入额外的代码增强多功能性
- 简化供应链管理
- 为快速交付和按单生产提供更好的柔性
- 在定制芯片上印上你的 LOGO 增加竞争效应
- 防止逆向工程并且更好地保护知识产权
- 吸引客户

5.12.2　整合 VLSI/ASIC

　　惠普公司为许多利基市场提供如商业分析、工程计算、数学分析等专业计算器。在《产品神话》[13]（*Product Juggernauts*）一书中，理特咨询公司管理顾问让 - 飞利浦·德商（Jean-Philippe Deschamps）和 P. 朗迦南德·纳亚克（P. Ranganath Nayak）表示：

"根据所提供的功能，这些计算器有很大的不同。但是，惠普已经开发了通用的体系结构、子系统和零件，并且将其功能发挥到了极致。这种策略通常意味着更高级别的元件已经进入了中低端产品中。在这种情况下，惠普为了减少元件多样性在低端产品上应用了高于基本等级的零件，实行了整合策略，在跨越整个产品线的生产过程中，这个策略为企业带来了效益。"

诺基亚用普通定制芯片来设计手机，从而获得规模经济效益、平摊设计投资、简化供应链管理，并且废除了生产过程中的设置变更。[14]

5.12.3 惠普的电源整合策略

惠普的运营人员使用了总成本分析方法，证明为惠普激光打印机选用一个全球通用的电源能够节约成本。通用电源的零件成本看起来似乎更高，因此受到了工程师的抵制。但是，当全球物流成本被计算在内之后，他们发现通用电源可以节约大量的总成本。

5.13 工具标准化

与零件标准化相关的一个主题是工具标准化，它确定在装配、调整、校准、检验、维修和服务过程中需要多少种不同的工具。工具标准化通过消除制造过程中定位和更换工具等辅助性工作增强了制造的柔性。如果要交由经销商或客户完成调节，那么理想的情况是不需要工具。一旦需要工具，产品的设计就应该围绕标准工具进行，这些工具应易于使用，而且经销商或客户也能很容易获得。产品中可以附带一个简单的、能完成所有调节工作的工具。

有的设计可能要求使用几种不同长度的螺钉，但如果螺钉的头部形状相同，那么可以仅使用一个螺丝刀来固定所有螺钉。如果维修服务人员在移动或不方便的环境下工作，如在清洁室内、爬行空间、狭窄的通道、公用电线杆、水下、空中等，那么，工具的标准化就更加重要。工具标准化还有助于降低为产品附带维修工具箱的费用，从而让客户能自己完成更多的维修。

应当根据标准进行工具标准化，使之成为易于获得的工具。通常，因为在设计过程中没有考虑工具的种类，所以才需要专用工具。有时，仅仅因为在产品设计时没有考虑将其设计为能够用工具拆解的形式，就需要使用专用的工具。

企业范围内的工具标准化可按下列方式进行：首先，分析用于现有产品的工具。按使用情况排出优先次序，找出现有工具中最常用的。如果可能的话，与制造和服务人员以及经销商、客户，一起确定优选的工具。然后，把选出的标准工具与优选的标准零件进行协调和匹配。最后，将标准工具列表与通用零件列表一起下发。

5.14 特征标准化

诸如钻孔、铰孔、冲孔和金属板材弯曲半径等特征需要使用专用的工具，即钻头、铰刀、冲模和弯曲心轴。如果没有一台可装备所有工具的设备，就要不断更换工具，这使每次更换工具时都要进行相应的配置工作。有些机器有自动更换工具的功能，但其工具库容量大都受到限制，并且工具库的选择必须足够广泛，才能涵盖一个柔性系列内所有的零件。

讽刺的是，大多数的金属板材弯曲半径只要求在适当的范围之内，并不要求符合某个特定的值。但在设计时，设计者为了完成设计图必须给定一个弯曲半径值。遗憾的是，大多数设计者会武断地指定一个弯曲半径，使得加工车间不得不频繁地更换和重新定位轴心，按照不同的半径卷板。最坏的情况是，因为武断决策要专门制造一个专用工具！利用功能标准化，设计师会使用车间里最常见的弯曲半径。某次在惠普的一个内部 DFM 研讨会 [15] 上，许多主要供应商都受邀参加了这次研讨会，一位金属板材供应商站了起来，说他只能生产四种弯曲半径的弯曲金属板材，然后他指出了一个通常用在折弯机上的芯轴，如果设计人员使用该弯曲半径，就会减少安装延误和成本。

在设计用于铣削的零件时，设计师应该确定整个产品系列的基本形状，从而可以只使用单一的铣刀进行加工。这一设计使得在铣削该产品系列的所有零件时，不必改变设备的设置，因此保证了制造的柔性和昂贵设备的高利用率。

为了实现特征的通用化，应根据标准的加工工具进行特征的标准化，并确保不超过工具库的容量。可以调查一下本工厂和主要的外部经销商所使用的工具（不论其现在是否使用）。一种可靠的办法是，只选择所有（至少是大多数）潜在生产设施和经销商能够轻松制造出来的特征。根据加工工具的可获得性和加工能力，编辑一张特征列表，并将其随同标准零件列表、手工工具和原材料列表一起下发。

5.15　工艺标准化

工艺标准化源自于产品和工艺的并行工程设计，以确保工艺确实由设计团队指定，而不是留下来等待稍后确定。工艺必须经过协调并且足够通用以确保产品系列中的所有零件和产品能够在无须设置变更的前提下进行制造，才不会破坏柔性制造的完整性。

受零件标准化影响的工艺之一，是螺钉的机械化紧固。自动送料螺丝刀是一种加工成本很低的机械化工具，它能确定螺钉的方向并由气流将螺钉沿管道输送到螺丝刀的顶部，然后由操作者按下改锥手柄上的开关，拧紧螺钉（见 8.3 节准则 F4），一个预先调整好的扭矩限制装置能够保证螺钉被适当地拧紧。这种生产工具能使用任何类型的螺钉（如机加工螺钉、自攻螺钉等），但一次只能是一种类型和规格。可以更换不同规格的螺钉，但这在柔性操作中需要很长的准备时间。因此，只有当紧固件具有通用性时，自动送料螺丝刀才能得到有效的利用。

并行工程的另一个问题是，所选定的螺钉的长度必须比其宽度要大，这样，螺钉在沿管道由气流输送时才不至于翻倒。每个制造商都会提供如何确定这些尺寸的详细说明书。

在位于温哥华的惠普 DeskJet 工厂，当类似设备被安装在特殊设计的用于分发螺钉的机器人或装配装置上的时候，符合同样原理的类似设备就能够自动地拧紧螺钉。

5.16　鼓励标准化

鉴于标准化对成本、供应链简化和优化当前或未来柔性操作的重要性，当务之急是尽早鼓励制造企业实施标准化。这意味着要鼓励设计工程师围绕标准零件进行设计（即使标准零件看起来比较昂贵），确定标准设计特点、选择标准工具、基于标准材料进行设计，并且并行地设计能够用标准工艺制造的产品。我的经验表明，设计工程师并不会自觉地致力于实现这些目标。实际上，设计工程师可能在一些指标的影响下偏离目标，例如仅关注单个项目中的零件成本和低价投标，而不是使用标准化降低所有产品系列的总成本和与零件相关的开支。

可以通过下列步骤促进标准化：给标准零件的物料一般性管理成本打折扣、预先审定标准零件、制订易于获得的标准零件的样本和说明书，并强调总成本的思维模式，最好将其结合到总成本核算系统中。除了上述步骤外，管理者还要抓住每个机会，在目标、政策、指令、激励性的谈话和培训中，强调标准化的重要性。

（1）物料的一般性管理成本率

标准零件的采购及它们在工厂内的分配所造成的一般性管理成本，比过多的内部多样性所造成的成本负担要轻。因此，标准零件的物料一般性管理成本率比较低，进一步反映出实际较低的一般性管理成本，而且也鼓励了工程师选用标准零件。

这是一个合乎逻辑的方法，根据本章指出的原因，标准零件确实耗费较少的管理成本。为了平衡标准零件较低的材料管理成本，一般性材料管理成本率可能比以往单一的费率更高。由于利用率低的零件的一般性管理成本较高，所以给这些零件指定一个较高的一般性管理成本率也是合理的。因此，如果设计工程师选用了标准零件，他们的设计将因为较低的物料一般性管理成本率而获得奖励；相反，如果他们选用非标准零件，则其一般性管理成本率甚至会比原来的单一比率更高。6.16节表明这种差异通常会是10:1的比率，所以标准零件占有的管理成本是非常用零件的1/10。设计师应当获知的唯一成本，是零件成本加上这部分材料管理费用，这会引导设计师采用标准零件。

确定通用零件一般性管理成本率的另一个方法是建立一个与数量成反比的可变比率，这样，大量使用的零件其一般性管理成本率就非常低，而使用量很小的零件其一般性管理成本率就比较高。泰克科技有限公司的便携仪器部将这种方法作为"成本驱动要素"来阻止工程师使用小批量的零件。[16]

（2）预先通过认证的通用零件

使用通用零件的企业与不使用通用零件的企业相比，用于新设计中的零件类型要少得多。所以，这些标准零件能够得到更彻底地评估，而它们的供应商也会得到更彻底的资格审查。经过预先认证的标准零件可以立即使用，设计小组不需等待零件的合格性审核，这可以加速产品开发过程。

（3）现场库存

通常，由于标准零件种类不多，所以，可以在工程区域现场存放一部分标准零件，这样，工程师能够随时对标准零件的样品进行评估，也可以根据标准零件将设计构思具体化，从而促进标准零件的使用。当然，也可以把现场存放的样品安装在设计小组附近的展示板上。

（4）个人展示板

对于紧固件之类小型廉价零件，可以发给每一位工程师个人展示板，上面安装了带有标签的标准零件，标签上标有零件的一般参数和企业的零件编号。在我的推荐下，惠普公司采纳了上述方式，将大规格绘图仪的紧固件数量从几十个降到只剩下 7 个。这 7 种紧固件样品被固定在一块铝板上，板上贴着印有参数和零件编号的纸条。这些个人展示板被分发给所有工程师，鼓励他们使用标准紧固件。

（5）规格说明书

可以复制和编辑标准零件的规格说明，将其写成一本单独的规格说明书或存入数据库。这样做能鼓励工程师使用标准零件，因为他们能在一本参考手册里找到所有零件的规格。

（6）成本指标

如果成本指标是建立在产品系列总成本的基础上，那么这些指标便能够促进标准化的实施，尤其是当物料管理费已经被纳入设计师所能查询到的零件成本统计数据时；如果核算系统无法量化总成本，那么应当鼓励设计师采用前面讨论的标准化所能提供的定量收益来平衡这些成本。

（7）通过培训、指导、政策和程序鼓励设计师使用标准的零件和材料

（8）确定实现目标

通常情况下，90% 以上的标准化使用度能够带来显著的效果。自动化或柔性工厂可能有更严格的标准。

（9）避免给标准化带来负面效应的操作

- 避免为了利益更改材料。采购部门应当避免为了某些预想的采购成本节约方案而对材料进行变更。柔性制造的价值（或材料种类过多的成本）远超任何预想的采购成本节约方案。

- 不要将兼并或收购后同一工厂内不同的产品合并。如果这样做，收购费用应当另加一项预算，以负担整合这些产品，以及增加或转换这些附加零件的工作，确保这些操作不会消耗产品开发和标准化的资源。

5.17 重用已有的设计、零件和模块

除了自动标准化带来的益处，提高零件常用度最显著的方法是使用已经制造的零件，现有零件在检验和调试后已经实现了稳定生产。因此，围绕现有零件进行设计能够减少问题的出现。

第 10 章提出的一个关键的质量原则是重用经过验证的设计、零件、模块和工艺，最大限度地降低风险、确保质量，尤其针对设计的关键方面（准则 Q20 和准则 Q21）。这也是 3.1 节提出的设计策略之一。

对于产品设计师而言，利用现有零件的一个好处是避免重蹈覆辙而浪费时间。在使用以前设计的零件之前，设计师应该检查这些零件是否还在生产、是否容易制造，以及在使用中的表现如何。

如果不能找到精确的零件或设计，可以修改现有设计从而以低于从零开始所需要耗费的精力来创造一个新的设计。运用计算机辅助设计能够对先前的设计进行复制和修改，如果各种细节能被绘制在单独的"图层"或"视图"上，则更容易修改。

除了检查零件使用历史，设计师应该进行足够的分析，正如对每个设计进行分析一样，确保能够满足所有的设计目标。

为了使用现有的零件，设计师需要知道哪些零件已经设计完成。一些企业采用了综合编码和分类方案来查询，但是这些方案并不是普遍适用的。不过，大多数零件能够根据某种逻辑顺序进行排列，如 5.6 节所讨论的。

5.17.1 可重用工程面临的障碍

因为非我所创（Not-Invented-Here，NIH）综合征，一些工程师抵制使用以前的工程结果，有的人则想从零开始。有时候，糟糕的文档记录妨碍了重用以前设计的尝试。不全的文件已经很糟糕了，而错误的文件更是雪上加霜。

通过团队训练或有选择性地雇用人员可以克服 NIH 综合征。文档问题则可以通过坚持让每个项目团队将建立良好的文档记录作为其职责来予以纠正。

5.17.2 重用研究

一个针对 53 家使用成组技术的企业进行的调查表明，对设计新零件的需求下降了 50%[17]：

* 其需求的 20% 可以通过现有零件满足；
* 18% 只需要对现有零件进行细微的修改；
* 12% 需要大量的修改。

一家航空航天企业发现一个几乎相同的零件被单独设计了 5 次。这个零件已经从 5 家供应商处购买，其价格范围从每个 22 美分到每个 7.5 美元！

5.18 现货零件

对于种类较少的标准零件，设计师可以大大减少开发时间和成本，另外通过围绕标准零件列表进行设计，还能降低产品成本。很少有企业能够通过设计和制造现货零件来节省资金或时间。

设计师经常受到他们自己核算系统的误导，认为内部生产的零件能够比现货零件的成本更低，因为核算系统很少会报告零件的总成本（见第 6 章和第 7 章）。通常，当设计师在核算数据库中查询零件价格的时候，他们只会看到材料成本和劳动力成本，而这两项的管理成本非常少。一些企业巨大的管理成本中，零件成本可能是被大大低估的部分。

使用现货零件对一家企业的零件清单有自发的标准化影响，因为许多零件目录被广泛使用以至于成为事实上的标准。

设计师应当先选择现货零件，然后围绕现货零件进行产品设计，否则他们可能会因为武断决策而放弃使用这些零件，在设计初期将现货零件纳入设计将大大简化设计工作。

除了购买所有组成零件的开销和非核心竞争力的制造成本，考虑其设计、文档、原型、测试和调试的成本，现货零件的设计更低廉。在考虑其设计、文档、管理、构建、测试和调整原型设计的时间上，现货零件还能够节约时间。

现货零件供应商在他们的专项上则更有效率，因为他们对自己的产品更有经验，能够不断地提高质量、验证可靠性、为 DFM 设计更好的零件、有专门的生产设施、提供标准化零件，并且有时候承担了保修或服务的成本。

利用现货零件有助于让内部资源专注于自己真正的任务，从而更好地设计和制造产品。

5.18.1 优化现货零件的利用率

确保现货零件在早期的概念 / 架构阶段就得到了彻底的考量，避免因武断决策而限制其使用。彻底查询所有可能的零件，尤其是大批量制造的常用零件，而不是效率较低的、内部制造的而且具有高设置变更成本的小批量零件。寻找你所在行业内符合你需求和寿命要求的零件。专用零件可能对可获得性和工艺产生影响，除非供应商能够对它们进行大规模定制。

一定要基于总成本考量做出制造或购买的决策，因为现货零件成本反映了总成本，但是内部生产成本可能不会包括所有的开销。

以不同寻常的方式使用现货零件的时候要小心。这些零件可能没有被设计为能够适用该用途，或者供应商可能会改变尺寸和特性，因为他们觉得这些改变不会对客户造成影响。

5.18.2 何时使用现货零件

设计师应当在满足下列条件时使用现货零件。

- 零件是标准的。现货零件在符合事实标准的时候，通常应用广泛、容易获得，而且能够从多个供应商处购买。

- 高产量。标准零件能够大批量生产。即使是订单量小的公司也能够受益于供应商的规模经济。高产量的零件可能在专用生产线上大批量生产，这进一步降低了成本并且提高了质量。

- 质量和可靠性是很重要的。优秀的供应商能够更专注于他们的产品，因此，与装配工厂偶尔进行生产相比，供应商能够实现更高的质量水平，尤其从业已久，已经处在顶端的供应商。生产了一定时间的零件有相应的历史记录，可以作为预测和确保可靠性目标的根据。

- 专业技能、专业知识或昂贵的设备。供应商可能有专业化的技能和知识。高产量的供应商可能安装了精密的设备能够以更快速度、更低的成本和更高的质量生产零件。

- 不同的加工工艺。如果某些零件需要采用一些不同的工艺，而企业内部无法有效地完成，应当从现货供应商处购买这些零件。

- 增长或受限的能力。如果内部能力有限或需要根据预期增长，现货零件能够缓解产能限制，并且为产品增长提供空间。

- 最低的总成本。现货零件通常会带来较低的总成本，即使在一些应用中，现货零件可能看起来比尺寸正好的零件更昂贵，如图 5-2 所示，但是当采购杠杆和材料管理费用被计入考量之后，选购现货零件对企业来说是最低成本的解决方案。

5.18.3　寻找现货零件

寻找现货零件的第一个任务是搜索所需零件类型所有潜在的来源。常见的错误做法是只粗略地搜索了一下，然后下结论认定没有人在制造该类型零件，导致设计师合理地认为应该自行设计并制造该零件。

许多指南和其他参考来源能够告知设计师去哪里寻找现货零件，包括互联网搜索、托马斯名录、贸易杂志年度"目录期刊"、黄页和贸易展览。采购代理知道能够在哪里找到零件，这也是为什么应当让他们早期加入团队的原因。

可以从互联网上，或者公司总部、地方代表处、贸易杂志的读者服务卡、行业展会、公司书库和同行的私人收藏中找到现货零件目录。许多网站提供在线的完整目录，如果在线浏览不方便，一本印刷完整的目录可能更容易浏览。

企业网站和目录包含了丰富的信息，包括规格、选择指南、设计指南、对于其他品牌的交叉引用、本地销售代表处列表以及面向专用零件和定制零件的政策。

通常情况下，目录不会列出价格。具体的零件价格可以向总部或当地销售代表处咨询。整条生产线的价格列表对"假设"分析更有用。可以通过告知供应方目前设计正处在定价阶段，你必须使用有价格列表的目录作为参照，来要求对方提供价格列表，而这些初步选定的零件往往会被最终使用。

设计师可以参照其他品牌来获得一些信息，从而找到大多数供应商提供的尺寸或模型，这些可能是最标准的零件，这比起只从一个或两个供应商处得到的零件具有更高的可获得性，可获得性最好的提示是查询库存量数据。在库存中具有最高数量的尺寸或模型可能是最标准的版本，它可能有最好的可获得性，以及最优惠的价格。

在找到需要的零件之后，设计师可能需要对实际零件进行评估，最快的方法是索要一个样本。通常供应商会立即送出样本，而且不需要任何费用，除非这些零件非常昂贵或属于半定制形态。索要样本比购买更快，而且节省了开支。为了成功获得样品，一定要说明该零件一旦被选用，其消耗会以年度或产品寿命为周期。

从多个供应商处获取能够在功能上和质量上彼此替代的现货零件。如果无法直接替换，设计能够接受各种适配器的多功能支架。如果是用 CNC 机床制造的零件，增加额外的安装孔几乎不消耗任何资源。

如果客户坚持某一特定品牌，你要强调最佳（或客户要求）的交货时间取决于你的供应链的多功能性，而要求特定品牌可能带来额外的成本和交货延误。

对于稀有材料和潜在的稀有零件，及早发现其变化趋势，并且积极研究可替代的材料和零件。

如果这些解决方案不适用于核心零件，考虑收回外包的生产线，学习如何制造自己的零件，与最好的供应商建立隶属关系，或者收购一个专属供应商。

对于具有成本挑战性和时间目标的项目，重要的是尽早发觉能够使用现货零件的机会并彻底贯彻下去。

5.19　采购的新角色

5.19.1　如何搜索现货零件

对于重要的零件和材料，不要指定一个规格然后让采购人员去购买，应收集更广泛的候选零件数据，然后绘制成图表（成本与性能表）。在许多情况下，高性能的零件可能成本更低，但是通常不会考虑。一些情况下，如果允许多个零件并行使用，那么两个较小的高产量零件可能比单个大版本零件的成本更低。为所有的相关零件绘制其可获得性和交付时间（见图5-3）。

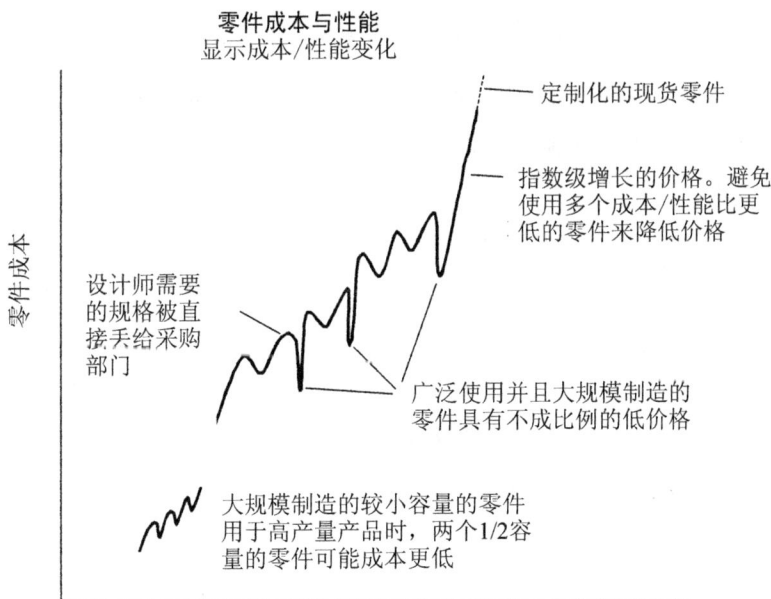

图 5-3　寻找零件范围

采购部门从仅购买设计师想要的某个零件转变为寻找合适的零件范围，从而可以优化以下内容。

- 最大限度地提高零件在整个产品生命周期内的可获得性。为提高可获得性可能需要预先支付；通过避免使用变更单来解决可获得性问题，能够极大地节约物料清单成本。

- 就多功能零件为多个应用进行标准化。这可能会让物料清单成本增加，但是能够最大限度地节约总成本。
- 通过选择立即可用的标准零件能够消除较长的备货时间。
- 确定其客户群面临相似挑战、质量要求和寿命的供应商。
- 预先审核能够让设计师立即部署的零件。
- 根据质量、交付能力和稳定性对供应商进行审核。

鉴于上述条目的重要性，企业需要专门的专家来执行这些任务，以证明、量化上述因素的价值，并且统计过去没有这样做所产生的成本。

5.19.2 尽量提高可获得性并最小化备货时间

彻底寻找具有最佳可获得性的零件，即使它们的采购价格看起来高昂，但是通过避免催货、客户不满、延误罚款、销售损失或糟糕的产品开发，能够节约更多的成本。

对于那些仍然有很长备货时间的零件，选择功能最多的版本，这样可以做到：

- 可以商议更好的交货条件（如必须设法实现稳定供给），避免单独订单需要排队等候的情形；
- 可能需要存储这些标准零件，因为你知道迟早要用到它们，而不需要面对来自许多不常用版本所带来的额外成本和库存风险；
- 紧急情况下，各种项目可以相互借用资源；
- 为客户改善服务和备件供应，运用较少的库存部件来服务更多的产品，提供更好的运行时间、更简单的维护、更容易的培训，并且减少客户可获得性问题。

不要为了降低成本更换这些通用的、短备货期的零件，或者转向一些想要把你的零件替换成他们供应链提供的零件的供应商。

最大限度地减少因为多个连续操作所产生的累积队列，例如预处理、多个主处理器或后处理。通过消除额外的步骤防止这种情况出现，如使用功能更多的设备站或使用完全硬化材料和更锋利的切割机。另一种方法是根据供应链的处理能力做出更高级的设计。如果有必要，为队列中的所有步骤设定一个短周期条件。

对这些零件进行标准化，以实现稳定供给或存储。

如果因为数量太少、设置太多、参数太不寻常而产生队列，考虑升级内部处理能力或引进新的功能。制造还是购买的决策必须考虑更短备货时间的价值和所有的延误成本。

考虑在你的工厂内安排一个供应商运营一项专属操作，以克服上述缺点并且消除延误。这可能会增加开支，但实际上节约了净成本，同时提高了响应能力和竞争力。

5.20　实施标准化

可以通过建立一个标准化工作小组来实施标准化，其中包括来自工程、制造、采购、质量和财务的主要负责人，加上适量的管理者和实施者。这项工作的一个主要成员是"数据库向导"——作为一个指定的人员，他应当有能力快速提取数据，并从 IT 系统中创建各种帕累托排列图。标准化的步骤如下。

- 创建一个总览帕累托图，以递减的顺序显示所有零件的定期消耗量（标于纵轴上），横轴仅根据递减的顺序进行计数，以此来吸引相关人员对标准化的兴趣。
- 安排关于标准化方法的培训（或至少让所有执行人员阅读本章），并开展对各类零件和材料进行标准化的研讨班[17]。
- 讨论之前创建的每个帕累托图，包括标准化缺点的任何传闻和被记录的后果。
- 开展早期工作，如通过列出现有零件（图 5-1）来立即停止零件激增、整理数据库命名法（如螺栓和螺钉对应许多不同标签）、清除获批但是未被使用的零件、清除最近没有使用的零件、清除重复的零件（见 5.6 节）、将多个级别和公差的零件合并、用更好的版本替换较低的版本、审查备货时间长的零件（研究能否转换为具有更短备货时间的标准零件）。

- 对各个类别的零件标准化进行优先排序，从列表的顶部类别开始，使用 5.7 节和 5.8 节提出的流程创建标准零件列表。可以通过调查或让工作组成员投票来选择优先次序。
- 对原材料（见 5.10 节）、工具（见 5.13 节）、功能（见 5.14 节）和工艺（见 5.15 节）进行标准化。
- 指定相关的调查工作，以确定标准化的问题，如向后兼容性、"精确复制"策略和精益/单元化制造的结果。
- 开始开发标准化执行程序的过程。讨论并分配任务，以修正可能阻碍标准化实施的流程或政策。
- 分配任务并创建更多的帕累托图。
- 指定人员来完成上述工作。
- 在后续的会议上，分析新的帕累托图、指定其他的调查、开始创建标准零件/材料列表、获得批准并分发列表。
- 对昂贵的零件进行标准化（见 5.11 节）、计算标准化的益处（以图 5-2 所呈现的形式），并且在特定情况下，创建一个财务模型以帮助量化整体节约的成本，并避免一些产品在运用更好的标准零件的过程中受到阻碍。
- 发放标准化列表（见 5.8 节）并且将其纳入后续 DFM 培训。
- 通过适当的材料管理费率、预先认证的标准件、现场存储、个人展示板、规格书和成本指标（见 5.16 节）来鼓励标准化。
- 进行产品线的合理化，如果时间允许，最好在第一步时进行，消除或外包最不常用的产品，这些产品通常使用的不常见零件最多（见附录 A）。

5.21　注释

1. David M. Anderson, *Build-to-Order & Mass Customization: The Ultimate Supply Chain Management and Lean Manufacturing Strategy for Low-Cost On-Demand Production without Forecasts or Inventory* (2008, CIM Press). Chapter 4, "Part Standardization" and Chapter 5, "Material Variety Reduction."

2. Brian H. Maskell, *Software and the Agile Manufacturer* (1994, Productivity Press), p. 335.

3. Robin Cooper and Peter B. B. Turney, "Internally Focused Activity-Based Cost Systems," *Measures of Manufacturing Excellence*, edited by Robert S. Kaplan (1990, Harvard Business School Press), p. 293.

4. Timothy Stevens, "Prolific Parts Pilfer Profits," *Industry Week*, 244(11), June 5, 1995, pp. 59–62.

5. Venkat Mohan, President and COO, CADIS Inc., Boulder, Colorado.

6. George Taninecz, "Faster In, Faster Out," *Industry Week*, 244(10), May 15, 1995, pp. 27–30.

7. Michael R. Ostrenga, Terrence R. Ozan, Robert D. McIlhattan, and Marcus D. Harwood, *The Ernst & Young Guide to Total Cost Management* (1992, John Wiley & Sons), p. 150.

8. Marshall Fisher, Anjani Jain, and John Paul MacDuffie, "Strategies for Product Variety: Lessons From the Auto Industry," The Wharton School, University of Pennsylvania, October 9, 1992. Revised January 16, 1994.

9. Eric Teicholz and Joel N. Orr, *Computer Integrated Manufacturing Handbook* (1987, McGraw-Hill), p. 96.

10. Stevens, *Industry Week* .

11. CADIS case study, CADIS, InC., Boulder, Colorado.

12. Anderson, *Build-to-Order & Mass Customization.* (2008, CIM Press).

Chapter 9, "Mass Customization," presents three ways to customize products: (1) modules or building blocks, (2) adjustments or configurations, and (3) dimensional customization, which involves a permanent cutting-to-fit, mixing, or tailoring. See book description in Appendix D.

13. Jean-Philippe Deschamps and P. Ranganath Nayak, *Product Juggernauts: How Companies Mobilize to Generate a Stream of Market Winners* (1995, Harvard Business School Press), pp. 35–36.

14. David Pringle, "How Nokia Thrives by Breaking the Rules," *The Wall Street Journal*, January 3, 2003.

15. Cooper and Turney, *Measures for Manufacturing Excellence.*

16. Urban Wemmerlöv and Nancy L. Hyer, "Cellular Manufacturing in the US Industry, a Survey of Users," *International Journal of Product Research*, 27(9) 1511–1530, 1989.

17. 欲了解更多作者的专项内部研讨会以及标准化研讨会的信息，请阅读附录 D5.4。

D E S I G N
for MANUFACTURABILITY

How to Use Concurrent Engineering
to
Rapidly Develop Low-Cost, High-Quality Products
for
Lean Production

第三部分
降低成本

第6章　通过设计最小化总成本

成本由产品和产品工艺确定，在产品设计完成后很难降低成本。许多降低成本的措施甚至无法补偿实施这些措施所付出的费用，所以导致总费用增加。

本书大部分内容介绍了如何降低零件成本（见第5章和第9章）、劳动力成本（见第4章和第8章）以及系统成本（第1～3章和第10章），但重点介绍的不是直接降低这些成本，而是设法降低间接成本。

为了让产品成本最低，其核心是要从总成本的角度进行思考和决策，在第7章将进一步介绍。不幸的是，传统的企业成本系统只研究材料和劳动力成本，其他方面的费用被统称为间接成本，根据一些随意分配（平均）算法，间接成本被分摊到企业各项活动中，例如，间接成本与材料、劳动力或加工成本成正比。然而，并不是所有产品都需要那么多间接成本。实际上，可以通过设计来降低很多间接成本，这意味着找到一个合理的分配间接成本的方式非常重要。

本章将讨论两类成本：记录成本（如人工成本和材料成本）和未记录成本（如间接成本）。本章还将介绍如何利用先进的设计技术，最大限度地降低劳动力和材料成本，然后实现间接成本的显著降低。

本章将介绍很多通过设计来最小化总成本的方法。第7章将介绍如何从总成本的角度进行思考，以及如何计算总成本，使产品开发团队在尽量减少总成本的情况下做出最佳决策。

6.1　为什么不能降低成本

首先，让我们看看"功能失调型企业"采用的传统成本降低措施（见图

6-1）。在这个很常见的场景里，有什么不正确的现象出现呢？问题是它在产品已经设计完成而且进入生产之后才开始推行成本降低措施。为了让产品尽早进入市场，许多企业匆忙地暂时将成本问题搁置一旁，直到后期才实施成本降低措施。这种策略的第一个问题是：由于企业对竞争优先权的选择，可能不会有机会实施降低成本的措施，因而在产品余下的生命周期里，成本依然居高不下。第二个问题是：成本降低措施根本无效！

图 6-1　常见的关于成本降低措施的讨论场景

6.1.1　为什么在设计完成后很难缩减成本

在产品设计完成后实行成本降低措施是一种无效的方法，因为成本通过设计已经固定在产品内部很难在后期去除。80% 的成本由设计阶段决定，当项目进入生产阶段，只剩 5% 的成本空间（见图 1-1）。设计完成后，决定了 60% 的成本，很多内容已成定局，因此系统性地降低成本几乎是不可能实现的。

针对一个产品所进行的成本降低措施并没有时间或余地来减少间接成本，甚至所需费用会占据成本的一半以上。此外，除非企业有一个总成本系统（见第 7 章），否则无法对间接成本进行统计。

因此，为了降低成本通常会选择更廉价的零件、偷工减料、减少特性、压榨供应商、选择新的低投标者，或让劳动力成本决定采购和工厂选址决策。这些措施会消耗资金，而且在产品生命周期内可能无法得到补偿。同时还耗费时间，特别是需要重新进行资格认证的话，产品上市时间又会被拖延。

这些措施可能会引起更多问题，需要做出更多改变，从而花费更多的时间和金钱来完成后续变更，还可能影响产品的功能性、质量和可靠性。丰田公司认为："后期的设计变更……是昂贵的、不理想的，而且终究会降低产品和工艺的性能"[1]。

除了上述理由，不能对成本降低措施抱有期待还因为企业对竞争优先性的选择，导致没有机会实施，例如强制变更和设计新产品。在设计完成后将宝贵的资源用于成本降低措施，会让产品开发、质量把控、精益生产等其他更有效的工作得不到足够的资源。如果消耗在成本降低措施上的资源过多，会导致以下问题。

（1）通过新产品开发创造的真正能够降低成本的措施得不到足够的资源来实现。如果这种情况持续下去，真正的成本降低措施的成效将会微乎其微，而资源的流失同时会影响新产品的开发力度。

（2）会阻止企业从被动型策略过渡到更有成效的主动型策略——主动型策略能够通过完整的多功能型团队一次性设计出低成本的产品，如第2章和第3章所讨论的内容。

（3）企业被误导，认为这是尽一切所能来降低成本的措施，而实际上它并没有真正降低成本，真正能够降低成本的机会却没有得到重视。

最后，降低成本的尝试加上不完整的成本数据，可能会阻碍通过创新的方法来降低成本的努力，甚至阻碍了更具前瞻性的尝试。在向企业教授DFM技术的同时，作者经常建议使用创新性的方法在设计中降低成本，但往往得到的是众人一致的反对——"我们已经对此进行了研究，但是没有成功。"然而，在大多数决策已成定局的情况下，几乎没有任何能够实施创新的机会。

6.1.2　成本缩减措施不起作用

美世咨询（Mercer Consulting）公司对800家企业进行了调查和分析。他们发现其中120家企业属于成本缩减型。在这些企业中，68%的企业在后续5年间没有实现盈利。[2]

过分注重降低成本也会带来无形的不利影响：它吸收了本可以应用到其他更高产的工作上的精力和人才，如开发更好的新产品和改善业务。常见的情境是：一家大型国际企业旗下一个部门的人都没有时间参加作者举办的低成本产品开发研讨会，因为他们正忙于执行 31 项成本缩减措施！

6.2　成本统计

6.2.1　成本的一般定义

传统的成本系统对成本的细分如图 6-2 所示，其中只有零件和劳动力被量化。成本的其他部分被归为几个分类，统称为间接成本，然后由所有产品平摊（分配）。这种做法造成产品成本的信息失真，从而导致：

- 定价扭曲，因为间接费用反复变化；[3]
- 交叉补贴，即好的产品需要补贴不好的产品[4]以及标准产品需要补贴定制产品和特殊产品；
- 优秀的产品定价过高——竞争力下降；
- 不好的产品定价过低——亏损；[5]
- 扭曲的盈利——糟糕的产品规划；
- 当重心只放在零件和人工成本时会做出糟糕的成本决策；[6]
- 零件和劳动力是成本降低的对象，这通常会增加其他成本。

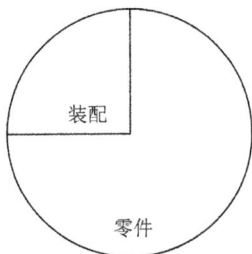

图 6-2　传统成本细分图

这种成本方案鼓励产品开发团队只重视材料、劳动力和工具成本。只考虑这几项成本会限制开发团队的发展，并导致团队得出短视的结论——认为大多数产品的成本由零件和工具构成。因此，降低成本的措施往往只着眼于最大限度地降低零件成本，通常是购买廉价零件。

但是，"不要在成本上竞争，应该在价格上竞争"口号透露了客户真正重视的东西。客户并不关心你的成本，他们只关心自己的总成本，也就是你的价格。这时候，唯一相关的数据是销售价格。

6.2.2 销售价格细分

总成本统计要求创建售价细分图表（见图 6-3）（针对一家综合型企业），并鼓励每个人参与决策，从而实现成本最小化和利润最大化。

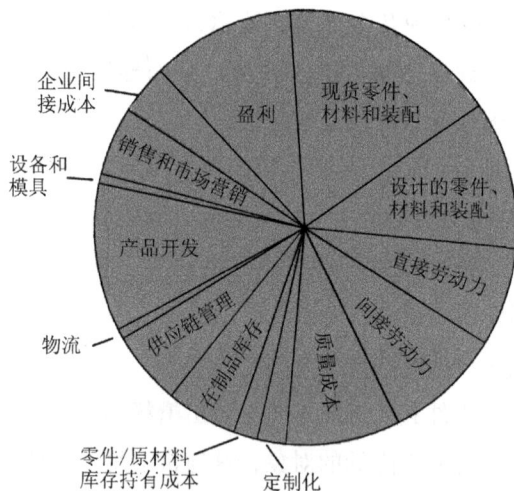

图 6-3 销售价格细分

6.2.3 外包企业的销售价格细分

与综合型企业不同，外包型企业需要购买大量零件（图 6-4 左侧的饼图），因此它们认为不用考虑间接费用。然而，原始设备制造商（Orignal Equipment Manufacture，OEM）的每一个零件都是一个供应商的产品，所以外包型企业有很多零件都是其供应商的产品，这最终创造了一系列的饼图（图 6-4 右侧的饼图），其成本占比和综合型企业间接成本占比相同。很多间接成本（如库存），会被整个供应链平摊（所有饼图的空白部分）。OEM 为了在外包供应链中能够监管并控制间接成本，必须与供应商有良好的合作关系，或持有供应商的一部分股份。

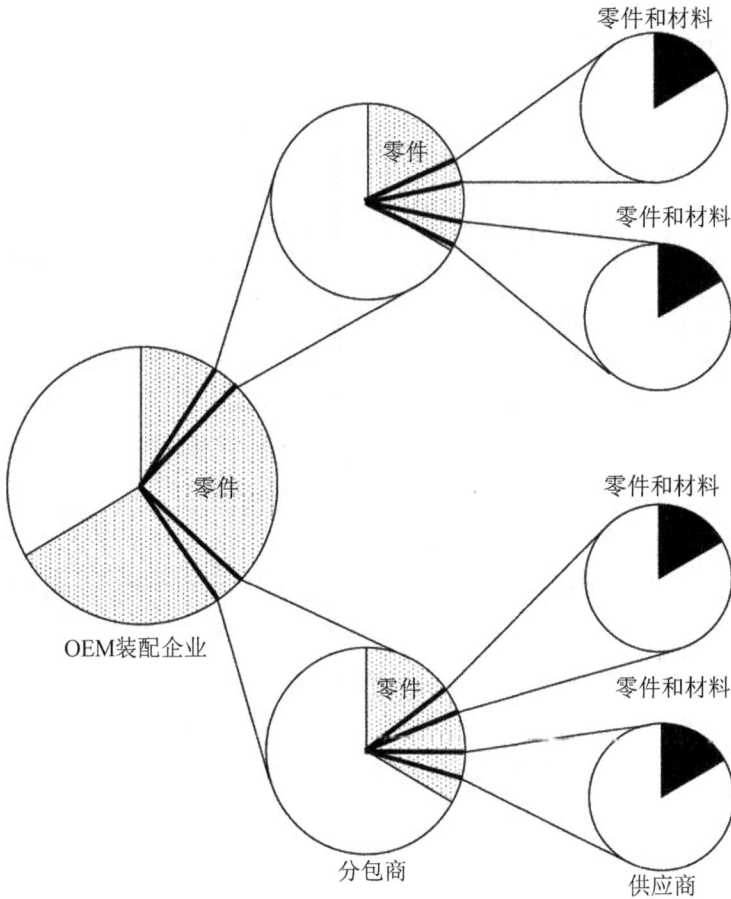

图 6-4　整个外包供应链中零件成本的百分比

6.2.4　间接成本最小化策略

　　确定所有与售价相关的成本有助于最大限度地减少总成本。图 6-5 显示了整个策略，包括以提高可制造性和精益生产效率为目的所进行的设计，从而降低直接劳动力、间接劳动力和质量成本。并行工程、标准化和产品系列的协同效应能够最大限度地减少材料管理费用、产品开发成本费用、运输和销售及市场营销费用。按需进行的精益生产、按单生产和大规模定制（见第 4 章）能够有效地抵消工厂和分销渠道中的设置转换成本、定制化成本、原材料库存成本、在制品库存和成品库存成本。

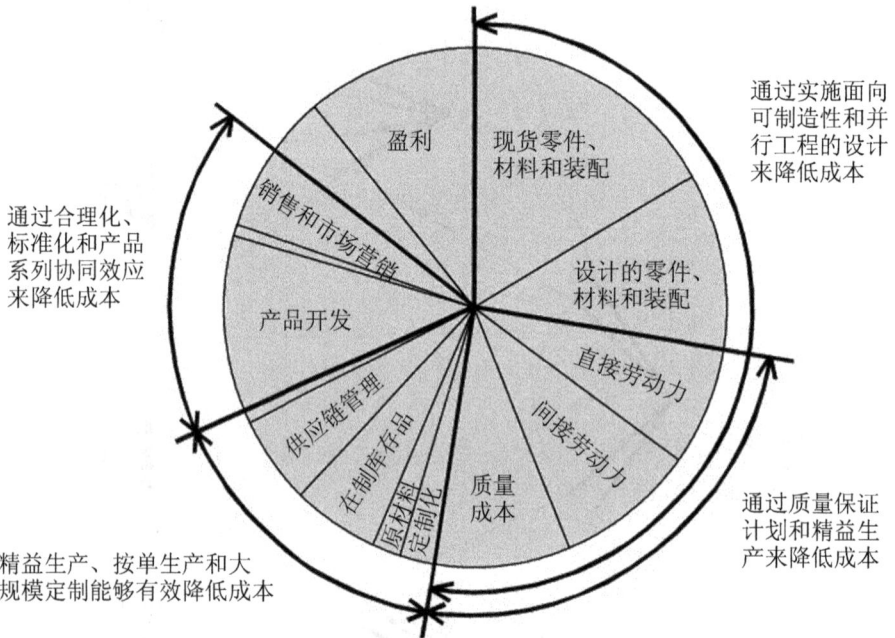

图 6-5 降低各项具体成本的几类方案

下面讨论总成本的各种要素，以及如何实现成本最小化。

6.3 使成本减半的策略

作者提出了综合型成本降低的 8 个策略，每一个策略都能作为一个独立的措施创造显著的回报。如果合并使用，这些协调的成本节约策略能够互相支持，实现"整体大于局部之和"的效果，不应选择不具效率而且可能提高其他成本的影响长期成本降低举措的成本缩减方案，如强调零件和劳动力成本、抢夺资源。

这 8 个成本减半策略具体如下。

（1）通过设计降低成本

产品开发决定了 80% 的产品成本（见图 1-1）。概念 / 架构阶段本身则决定了 60% 的成本。成本减半的产品取决于突破性的理念。有时候这些理念出自研讨班上进行的头脑风暴（见 3.7 节）。更宏伟的成本目标可能需要创新型的概念研究。[7]

其他策略通过面向质量的设计、面向精益生产和按单生产的设计，以及与供应商合作进行并行工程（比招标能够节约更多成本，见 2.6 节）和围绕标准零件进行设计（简化了供应链管理）等措施得到增强。

（2）通过精益生产降低成本

精益生产的好处[8]包括消除多种形式的浪费、有能力让劳动生产率加倍、减少 90% 的生产吞吐时间、减少 90% 的库存并且减少了一般的错误和废料，从而降低了质量、采购、库存等其他成本（见 4.1 节）。

（3）降低间接成本

按单生产能够根据订单制造标准化的产品，避免对库存进行预测，因为每年的平均库存持有成本占据其库存价值的 25%（见 4.2 节）[9]。特殊产品通过大规模定制技术能够被快速、方便地制造出来（见 4.3 节）[10]。

（4）通过标准化降低成本

标准零件列表可能是激增的零件列表的 1/50，从而创造采购杠杆、降低材料管理费用和库存成本，并且提高质量（见第 5 章）。

（5）产品线合理化

废除或者外包不常见的、高管理费用的、小批量的产品，实施能够立即降低总成本并且腾出宝贵资源用于其他成本的策略。这一方法消除了高利润产品为了补助低利润或赔钱产品所支付的"亏损产品税"（见附录 A）。

（6）供应链管理

通过支持产品开发团队、建立与供应商的合作伙伴关系、购买高质量的零件、推动和鼓励标准化实施、合理化产品（因为不常见的产品需要少见的零件和材料）、支持精益化工作和零件的自动补给（消除了预估、采购订单、库存和催货成本）以及对本地内部制造保持控制权，能够让供应链资源最有效地发挥它在成本缩减中的作用，这有助于支持产品开发、精益生产、按单生产、减少库存和质量保证计划（4.2.1 节和 4.2.2 节对其中一部分内容进行了总结）[11]。

（7）质量成本降低

质量成本可能是收入或售价里显著的一部分（见 6.9 节）。通过面向质量进行设计、精益生产和合理化能够改进质量成本，因为通过合理化淘汰不常见的产品可以提高净工厂质量，并且避免将优质资源浪费在固有质量较低的产品上（见 A.9 节中合理化如何提高质量的内容）。

（8）通过总成本统计来支持、证明和量化所有成本降低策略的节约量

在总成本被量化之前，所有人都应当基于总成本思维模式进行决策（见第 7 章）。

6.4 通过设计使成本最小化

低成本产品设计的基本前提是成本通过设计被植入了产品内部，特别是早期概念决策时期。通过设计最小化成本的策略如下：

- 可制造性设计使得产品更容易被制造，因此可以降低成本；
- 如果团队能够并行地设计工艺和产品，那么并行工程能够确保最低的工艺成本；
- 通过稳健的设计技术（基于实验设计的 Taguchi 方法），质量能够通过设计固定到产品内部，然后运用过程控制系统（而不是按规定的检查模式）进行制造；
- 有效地利用现货零件能够最小化零件成本（见 5.19 节）；
- 供应商的早期参与能让外包零件成本较低；
- 总成本核算数据（见第 7 章）有助于制订能够最小化总成本的决策；
- 运用所有 DFM 技术能让企业开发总成本减半的产品，并且符合上文以及 3.8 节所讨论的关键点。

架构阶段能够为实现成本最小化创造最大的机会。然而，这种高杠杆机会实际上在很多产品开发项目中被忽略，设计师经常随意决策或简单地假设当前产品应当和以前的产品或竞争力产品具有同样的架构。产品开发的架构阶段（见

3.3 节）提供了非常多降低成本的机会，通过实施创新性的概念（见 3.6 节）并进行头脑风暴（见 3.7 节）能够有效地利用这些机会。

6.5　最小化间接成本

设计师、采购代理和成本降低经理经常花费巨大的精力试图在统计报告中降低成本，例如针对劳动力和材料。他们精确地计算这些费用，然后乘以 3 倍或 4 倍得出销售价格。然而，他们很少研究间接费用，称其为"负担"。

设计对间接成本有显著影响，因此产品开发可以让间接成本最小化。降低间接成本可以运用以下技术：（1）并行工程，它最大限度地减少产品开发费用；（2）面向质量的设计，它最大限度地减少质量成本；（3）面向精益生产的设计，它最大限度地减少库存和其他工厂管理成本；（4）标准化，它最大限度地减少材料管理成本。

运用产品和工艺的并行设计、零件和工艺的标准化、工程和软件代码的重用、模块化设计、通过设计将质量固定到产品内部、一次成功的设计以及优化制造柔性的设计，能够有效地降低间接成本。

6.6　最大限度地降低产品开发成本

先进的产品开发能够显著降低产品开发及其相关成本，下面进行详细介绍。

6.6.1　产品组合规划

总成本是产品组合规划的一个关键考虑因素。在一家企业确定参与哪个细分市场的竞争之前，应当掌握现有产品真正的盈利能力。然而，现有产品账面利润所具有的意义跟账面成本一样。第 7 章会介绍，典型的成本报告系统过于集中而无法区分产品之间实际的成本差异，因此扭曲了产品成本。[12] 扭曲的产品成本导致对利润率出现扭曲的看法，因此，确定开发哪些产品的决策也被扭曲。为真正有利可图的细分市场开发产品，能够让产品开发资源得到最有效的利用。为细分市场开发自认为最赚钱的产品，但实际上没有竞争力甚至赔钱，会白白浪费产品开发资源。避免这种浪费将降低产品的开发成本，或以同样的成本创造出更好的成果。

6.6.2　多功能设计团队

为了最大限度地降低产品开发成本，产品开发团队必须有效地运作。他们必须一次成功，因为工程变更是昂贵的，而重新设计的代价更高。一次成功地完成产品设计需要良好的产品开发方法。

通过多功能型团队尽早发现和解决问题与到了后期已经尘埃落定再这么做相比，能够节省可观的费用。多功能型团队可以并行地完成设计并且选择最佳的工艺和供应商来降低总成本。如果制造人员和供应商在初期参与了团队的开发工作，那么团队将能更好地设计出低成本的产品，并且在加工和自动化方面做出理性决策。

运用高效的设计人员能够有效降低产品开发成本，因此不应只依靠内部工程人员。多功能型团队在制造人员和供应商积极地协助下比单独工作而且孤立的工程师群体更有效率。与制造零件的供应商合作也能有效降低零件成本。

记住：没有最有效的零件设计策略。只有最佳地利用现货零件（见 5.18 节）才能接近这个目标。

6.6.3　系统的产品定义

通过一次性正确地完成产品定义也能最大限度地降低产品开发成本，因为在原型构建阶段，如果最初的产品定义不正确，以致顾客屡次表示"这不是我想要的产品"，将会导致产品定义反复进行，代价是非常昂贵的。设计不需要的功能浪费了产品开发资源，导致产品成本过高因而定价虚高。

6.6.4　总成本决策

即使总成本不能被量化（见第 7 章），所有决策也必须自觉地以总成本为核心进行考虑。产品开发必须以总成本的角度进行有意义的决策，即使在当前的成本系统中无法对其进行统计。

必须避免武断决策。武断决策通常基于这样的假设：每个方向所需的成本都相同的情况很少出现，所以必须选择成本最低的方向。

另外，如果决策者把太多的精力放在如劳动力和材料成本的账目成本上，而没有对总成本足够重视，那么决策者对成本的考量有时候会适得其反。当产品开发团队基于对账目成本的粗略估计，而不是立足于总成本的角度时，会采用面向多种方法、思路和方案的优秀的成本模型来制定重大决策，这限制了他们。

6.6.5　设计效率

在产品开发过程中最大限度地利用现货零件、可重用工程技术和通用模块（见 4.7 节）可以避免重蹈覆辙。产品开发项目有一个常见的错误，就是忽视以前的工作并且完全重新开始，实际上他们可以利用以前的工作获得更高效的成果（见 5.18 节）。可以用 CAD 实例来说明：好的图层创建习惯能够明确定义图层，使后续的开发项目可以轻松找到并且高效利用。模块化设计也允许运用标准模块衍生出新的产品。

6.6.6　现货零件

基于现货零件进行设计能够节省设计这些零件的成本，同时能降低零件成本和质量成本（见 5.18 节）。

6.6.7　延长产品寿命

可以通过升级，而不是重新设计，来实现延长产品寿命的目标。可以将产品设计成易于通过升级扩展其寿命（见图 3-2）的形式。模块化设计有助于实施升级，更新换代时尽量用最少数量的模块来完成。一个产品的许多常用功能也可以重复用于产品更新换代的各个版本中。

6.6.8　调试成本

通过使用已有的、调试完备的模块能够最大限度地降低产品的调试成本。一些知名企业（如惠普公司）认为这是生产无缺陷软件的最佳途径。如果再利用的比例很高，开发和调试工作能够更有效地专注于新的层面。

6.6.9　测试成本

通过设计，并且运用过程控制系统将质量整合到产品内部，能够避免对诊断型测试开发的需要。在这样的质量环境中，故障率很低，不需要进行诊断测试开发，因为扔掉故障零件的成本低于测试开发、测试设备维修的成本（8.6 节所讨论的）。取消诊断测试对产品成本具有显著的影响，如电路板的诊断测试设备费用高达 200 万美元，对于某些产品而言，诊断测试开发的成本可能会超过产品开发的成本！

6.6.10　产品开发费用

更快的产品开发周期能够更快地偿还开发费用，这将降低投资于产品开发的资金利息或机会成本。同样的逻辑也适用于技术开发的工具和研究费用上。

6.6.11　更有效的开发，成本也更低

先进的产品开发方法更有效，因为该产品得到了正确的定义而且其架构围绕创意理念进行了优化。这种完备的早期开发工作，意味着起步错误或重复的情况越来越少，同时减少了变更和重新设计的可能。

6.6.12　产品开发风险

更快的产品开发降低了产品过时的风险。缩短产品开发周期可以减少产品进入市场出现变化的可能性和技术老化等问题，从而进一步降低变更和重新设计的可能性。

6.7　现货零件对节约成本的贡献

使用现货零件和组件（5.19 节提供了各种方法）可以尽量减少产品开发、采购、制造、质量和可靠性的成本。

　　如果考虑设计、文档、原型、测试、调试以及必要时变更订单或重新设计的成本，那么设计现货零件的成本更低。购买一个现货零件只是一次购买行为，它所带来的材料管理成本比购买所有组成零件所带来的成本更低。

　　现货零件的供应商通常在他们的专业领域内效率更高，在产品上更有经验，能够不断提高质量，设计可制造性更好的零件，并且有专用生产线。此外，他们处在技术的领先地位，不需要耗费时间和资金来学习如何建造好的零件，因此现货零件的成本更低。

　　好的供应商还能利用统计过程控制和六西格玛质量技术让制造工艺处于控制之中，这样质量成本往往能够降低很多。拥有专用生产线的供应商能确保更高的质量，而小批量供应商必须为不同的产品不断切换生产线，所以无法很好地做到这一点。

　　尤其当供应商的零件已经生产了足够长的时间时，可以从现场得到反馈并且实施相应的纠正行动。供应商还能对于这些零件提供可靠性数据，那么可靠性成本能够进一步被降低。

6.8　最大限度地降低工程变更成本

　　先进的产品开发方法能提高产品设计一次成功的概率，可以有效减少工程变更。更好的产品定义在满足客户需求的基础上减少了变更次数。在早期规划阶段出现的变更与后期的硬件阶段出现的变更相比，其变更成本相对较低。

　　即使变更成本报告（包括紧急补救或解决问题）中不包含间接成本，精心设计的产品也能最大限度地减少间接费用。在解决生产问题时，经常会用到变更单，当新产品被推进到生产阶段的时候尤其频繁。变更成本随着产品逐渐走向生产呈指数级上升（见图 1-3）。

6.9　最大限度地降低质量成本

　　质量成本实际上是低质量的成本，即发现和修复产品缺陷的成本。企业如果没有强有力的全面质量管理系统，其质量成本将会占总收入的15% ~ 40%。[13] 先进的产品开发能够通过设计控制质量，受到良好控制的并行工程能通过制造控制质量。这种双向兼顾质量的方法可以大大降低质量的内部和外部成本。

质量的内部成本包括非增值活动的成本，例如测试、报废、诊断、返工、返工复验、为了获得替代材料/零件的采购行为、质量问题分析、纠正措施的成本、变更导致的质量成本，以及为了纠正设计而采用的变更成本。

质量的外部成本包括处理客户投诉、退款、退货、维修、保修索赔、修补成本、法律责任、召回、损害控制、罚款和针对上述情况采取纠正措施所付出的成本。外部成本还包括难以量化的成本，如负面宣传、信誉损失和销售损失等成本。

企业成本的内部质量成本较低，会带来较高的外部质量成本，但是一个好的"检验筛选窗口"能够剔除残次品。完全由测试和返工来追求外部质量是昂贵的，依赖于测试也会导致质量成本过高。许多昂贵的产品，如精益环境下制造的豪华汽车，享有很高的质量信誉，但是它们价格昂贵，因为质量是以很高的成本换取的。在全面质量管理延伸到这个行业之前，一些豪华汽车在修理上的成本比制造一个设计详尽的汽车所付出的成本要高出好几倍！[14]

另一个质量成本是"批次缺陷"效应，指大批量的零件连续而且重复地产生缺陷，直到该批次已经被多个工作站处理之后才被发觉。当缺陷在最终检验过程中被发现后，数百甚至上千有缺陷的零件已经被制造完成，只能返工或报废。而在精益生产中，零件在单件生产流程中被制造，并在每个零件切换时都能得到及时反馈，所以在生产中出现重复性缺陷的可能性很低。

在由美国质量管理学会编写的《质量成本原理：原理、实施和应用》（*Principles of Quality Costs: Principles, Implementation, and Use*）手册中，质量成本的类别被完整地归纳在了一个列表中。[15]

持续改善（Kaizen）是通过逐步的改善保持成本持续走低的有效方法，具有显著的累积效应。持续改善[16]作为质量项目的一部分，可以由内部工作人员自发地进行，或与供应商合作完成。[17、18]

6.10　合理选择成本最低的供应商

合理选择成本最低的供应商既包括自制和外购决策也包括对供应商的选择。必须在总成本的基础上理性制订这些决策。正如本章一直讨论的，如果只对劳动力和材料成本进行统计，那么传统的成本系统会误导决策者。在内部制造的过程中没有对所有间接成本进行考虑和统计，产生的认识偏差会将决策者引向错误的方向，这是因为采购过程包含了所有的费用，内部生产则不会。

对于供应商的选择，如果过于重视购买成本而没有重视一些微小但是重要的特性，如质量、交付时间、柔性以及对产品开发的支持度，那么总成本实际上可能会因为选择了所谓的低投标者而增加。乔丹·刘易斯（Jardan Lewis）在他所撰写的关于客户—供应商结盟关系的著作《互联企业》（*The Connected Corporation*）一书中，评论了 1992 年通用公司要求供应商予以两位数的降价所带来的后果，这一要求是由现在已经臭名昭著的 J. 何塞·洛佩兹（J. Ignacio Lopez）所制定的：

"由于只向供货商强调价格，通用公司马上就节约了费用，同时却忽略了总成本。在其位于得克萨斯州阿灵顿的工厂，一个不达标的新供货商所提供的烟灰缸不能正常安装，结果造成别克 Roadmaster 型汽车停产了 6 个星期。"

通用公司的另一家工厂从低价投标人那里节约了 5% 的开支，却在零件交货时发现，有一半的零件不合格。这使另一家未中标的供货商不得不在 4 天内增加产量，并租用飞机将零件送到通用公司。这家供货商评论道："我估计他们节约下来的 5% 的费用变成了 15% 的损失。"[19]

彼得·德鲁克在《巨变时代的管理》（*Managing in a Time of Great Change*）[20]一书中鼓励通过减少供应商和制造商之间或制造商和经销商之间的间隙成本来降低总成本：

能够决定一切的，其实是整个经济过程的成本，其中各个独立制造商、银行或医院只是链条中的一个环节。这整个过程的成本是最终客户（或纳税人）所支付的费用，它们也决定了某个产品、某种服务、某个行业或某种经济制度是否具有竞争力。

日本企业通过围绕在制造商周围的供货商"族"和分销商"族"（被称为keiretsu，即企业集团）对这些成本进行控制，这正是他们在成本上取得优势的原因。例如，将企业集团视作一个成本流，实现了零件的及时交货。它还使企业集团能够改变运作方式，以实现最高的成本效率。

让供应商尽早地积极参与产品开发能够带来更低的净成本，因为在供应商的帮助下零件设计将大大提高可制造性和质量并减少备货时间，因此会带来更低的制造成本和供应链成本以及更好的质量（2.6节介绍了与供应商的合作关系）。

6.11 低价投标

多年来，管理顾问一直在试图阻止企业追求低价投标，但现在它又再度回归，因为这很容易在互联网上实现。这种现象随着许多采购部门面对沉重的压力不得不选择价格较低的竞标人而出现[21]，比如一家企业的董事会主席下达给采购部门的命令是每年的采购预算是90亿美元。

招标最廉价的零件不仅对于实现真正的成本降低毫无效果，而且能大幅度提高其他较不明显的成本，同时破坏了其他重要的生产目标，例如质量和交付时间。当购买决策都集中在采购成本的时候，质量通常处在次要地位，尤其在招标时。有些人认为可以对所有的投标人设立质量标准，但是质量可以简单地通过一个指标来确定是一个天真而且危险的假设。此外，将成本削减的重心放在零件招标上，会导致错失真正能够降低成本的机会。

戴尔公司的交付与供应链管理事业部副总裁迪克·汉特（Dick Hunter）表示，网上拍卖并不是什么"灵丹妙药"：

拍卖与交易让人们不断相信价格就是一切。但是，采购材料不仅仅考虑价格。质量、服务、响应能力以及愿意提高通用工艺的态度对于降低材料总成本而言也是非常关键的。[22]

6.11.1　成本降低的错觉

在传统企业，成本降低的重心主要集中于零件和材料（以下统称零件），因为这是除劳动力之外大多数成本系统能够量化的因素。许多制造商，特别是在汽车领域里，会对他们的零件供应商施加压力以不断降低成本。

然而，在制造商得到任何"灵丹妙药"之前，他们应当思考在这样的压力之下，零件成本到底是怎么降低的。

合理的推断是，要么采购人员天真地支付了过多的费用，要么自负的零件制造商一直在欺诈他们的客户。在过去不够活跃的产业环境中，这种现象可能存在，然而在当今不断变化的交易市场上，很少会出现这样的情况。

另一个假设是，供应商以低于平常价格的方式获得合同之后，通过施压获得高效能。然而，在供应商赢得竞标后，按照惯例是尽快根据合同交付货物，根本没时间实施有用的成本削减计划。由于没有一个真正的手段来降低成本，供应商将不得不削减其利润率（这是所有人都会反对的）、偷工减料或对它旗下的供应商施加压力，而这些供应商可能也同样无法真正降低成本。另外，如果供应商的利润很低或在降低成本的过程中举步维艰，那么他们也不愿意帮助处于困境之中的客户实施一些按需建造零件的方案。

在某些情况下，供应商会通过暂时亏损来"购买业务"，期望能够在得到合同之后设法提高利润。甚至有一些供应商的策略是进行零利润投标，然后设法利用变更单来盈利。

其他情况是，低价投标者能够"赢"是因为他们并没有发现最终可能无法完成交付。还有的情况是，中标者都是空壳企业，他们的目标是不断低价竞标直到获胜，然后拼凑组成一个虚拟的网络联盟来完成订单。这种现象在一次内部研讨会上被提出，当时讨论的话题是：是否有人注意到任何与网络竞价投标相关的问题？马上，就有一位采购经理挥舞双手表示想要发言。他叙述了自己曾经发现一名低价投标者凭借策略赢得了竞标，之后才考虑如何设法交货。该采购经理也表示，那些曾经具有良好关系的宝贵供应商们会因为企业发出招标而与企业疏远。

6.11.2 招标的成本

招标过程会让采购部门非常忙碌，以至于无法帮助自己的团队开发产品、确保零件可获得性，也无法与供应商建立合作伙伴关系。《丰田产品开发系统》一书总结了招标所浪费的资金和资源。

搜索全球，寻找最低的成本意味着要管理大量的供应商，以及将新的供应商源源不断引入你的系统。这些供应商不熟悉要求，因此需要投注很多精力来准备和运行。在管理复杂的合同、全球竞购战，并且监督不断引进的新供应商的过程中，美国汽车制造商必须维持庞大的采购机构、处理令人难以置信的烦琐和缓慢的采购流程，并在开发过程中面对能力不同的供应商。[23]

所有这一切都为节约成本！

即使付出了这么多努力，还是经常出现各种问题，因为低价投标方并不会意识到这些问题，也可能偷工减料，这些都会提高其他方面的成本，例如质量、催交、延迟推出、保修成本或召回成本。

招标最大的花费可能是占用了产品开发上的资源（客户和供应方二者皆有），这些资源被用于：（1）更新或更改文档、CAD文件、材料、模具和加工过程；（2）完成转移运输；（3）处理与增产、交付、质量有关的新问题或者持续出现的问题，有时为了提高技术水平，这些问题会反复出现。所有上述问题在进行离岸外包时更加严重，4.8节介绍了相关的案例。

6.11.3 为降低成本对供应商施压

向供应商施压来大幅度降低零件成本是洛佩兹在通用公司实施的手段。这种策略不但没有带来真正的、持续的成本节约，反而疏离了供应商，并且导致最好的供应商转向竞争对手。洛佩兹利用专有供应商信息对所有供应商施压以获得更低的价格，导致剩下的供应商把他们最优秀的人才投入了福特和克莱斯勒项目，而暂停了与通用公司在最新的开发项目上的合作。另外，采购成本上所谓的节约导致了其他方面出现大量开支。洛佩兹的"成本削减"运动，因为其高压手段赶走了很多公司最好的供应商……倒行逆施，提高了通用汽车公司的总成本。[24]

当美国乐柏美（Rubbermaid）日用品生产公司第一次遇到来自强大零售商（如沃尔玛）的成本压力时，其作为领先企业的第一反应是：确保客户了解提高价格的必要性！当乐柏美们意识到真的不得不降低价格的时候，尝试了洛佩兹在通用公司实行但没有成效的策略，这同样导致了供应商的疏离。《聪明的高管为什么会失败：你能够从他们的错误中学到什么》一书针对企业倒闭进行了大量研究。

由于在内部成本削减上毫无经验，乐柏美试图转移责任。供应商被迫降低他们的价格，而一些好的、低利润的供应商在这个过程中被渐渐疏离。[25]

招标在买卖双方之间造就了一种冷淡关系，这妨碍了双方通过合作降低成本的可能，而这才是真正实现成本降低的关键。在美国发起精益生产运动的著作就招标对供应商的影响也进行了总结。

以市场为基础的竞标，其主要特点是供应商只和装配企业共享一小部分信息，即每个零件的投标价格。供应商会竭力捍卫他们的运营信息，即使他们是装配企业的一个部门。供应商隐瞒他们对零件制造的规划以及内部效率，尽力隐藏利润，不让装配企业得知。[26]

6.11.4　合作关系对成本降低策略的价值

如果供应商知道他们不得不竞价，那么他们会实施长期有效的成本降低策略。然而，降低成本真正有效的举措来自于长期的合作关系，这要求制造商与供应商一起合作。[27、28]

再次引用《改变世界的机器》一书中对精益生产企业的描述："选择供应商并不是以投标为基础，而是基于与其历史合作关系以及得到证明的运营能力。"[29]

本田选择供应商的标准是供应商的管理态度。[30] 作为一个以理念为导向的公司，本田认为传授产品和工艺知识比发现具有正确态度、积极性、响应性、技术能力并且整体符合资格的供应商要容易得多。[31]

大部分真正能够降低成本的机会不仅取决于装配企业或供应商，而在于他们的合作关系。在针对日本精益制造商的深入研究《当精益企业产生冲突》一书中，作者罗宾·库珀表示："已经不可能成为最有效率的企业，但是必须成为最有效率的供应链中的一环。"实现这一点的关键是公司间的合作，库珀总结如下：

随着竞争加剧，组织边界变得模糊，这不仅缩短了整个供应链推出更好功能性新产品的时间，而且在降低成本的同时提高了质量。

库珀建议合作公司创建共享组织资源的联系，包括有助于提高企业间互动效率的信息。[32]

这类企业间的合作为成本降低带来了契机，如果供应商能够为按单制造的装配企业按需建造零件则更是如此。[33] 这样一来，两个企业都能避免零件库存带来的所有成本和风险，还能减少如采购开销、物料管理费、催货、仓储、内部分配等成本。

每逢竞争对手降价就更换供应商是违背本策略的做法，并且可能危及与供应商的长期合作关系。沃顿商学院领导力与变革中心主任杰里·尤西姆（Jerry Useem）在《财富》杂志上发表的一篇文章总结了一个在线招标网站的失败原因。

对于大宗支出，企业早已在向完全相反的方向发展，以"总成本"的方式与几个备受青睐的供应商建立深厚的关系。在这种方式的指引下，价格不过是一系列标准中的一项，其他标准还包括质量、周期、服务和地理位置。[34]

同一篇文章还透露了采购流程的一些真实现象，对一些传统的买方为什么喜欢招投标表示了疑问。

现在回想起来，分析家表示，大多数 B2B 行为明显违背了真正的产业采购模式。这些 B2B 发起人推测采购经理会很乐意从网上进行招标，从数十个到上百个争先恐后拉低价格的供应商中进行选择。

另一篇文章宣告低价投标拍卖网站为"昔日的宠儿"，文中说道："许多企业并不愿意抛弃他们多年来搭建的供应商网络，而去选择一个新的、不熟悉的媒介来完成采购。"[35]

6.11.5　廉价零件：现在省钱，以后赔钱

其实，这句话更精确的表述应该是：现在省一点，以后赔更多。通常情况下，想节约采购成本，会意想不到地提高其他成本，甚至是所节约成本的数倍，就像一句谚语：捡了芝麻，丢了西瓜。或者更通俗的说法是：一分价钱一分货。廉价零件所引发的连锁反应可以参见图 1-2。

廉价零件通常会给人带来质量差的印象，如果出现劣质产品则会增加更多的成本，除此之外还存在危及生命健康的可能性，损伤企业名誉。

尽管质量灾害被认为是罕见的，但这些成本必须包括在企业质量度量的成本中，而不能作为一次性的费用。旨在提高质量的方案应当符合企业的执行能力以预防所有的质量成本，包括各种积累的小单到大单。

1990 年著名汽车市场研究公司 JD Power 对汽车可靠性的评级中，梅赛德斯—奔驰获得了最高的评级。但是到了 2003 年，奔驰的评级已经下滑到第 26 名（总共 37 名）。[36]欧洲分析家认为其质量下降的原因之一如下：

当时奔驰公司的高管对 90 年代初期生产成本的提高产生了担忧。管理人员遂做出决策，下令通过降低许多组件的规格来削减成本。[37]

6.11.6 减少总成本而不是着眼于使用廉价的零件

除了零件投标对成本降低的无效性及其对合作关系的不利影响，各种有说服力的论证表示其他类别成本能够为真正的成本削减带来更大的机会，正如本书所强调的内容。有很多方法能够减少总成本，如第 7 章介绍的量化总成本的简单方法。

有众多通过供应链减少总成本却没有任何不良后果的契机，比如通过可制造性设计、使用现货零件、去除库存和过时的成本，同时能大大减少质量、分配和材料管理的成本。

6.11.7 高质量零件的价值

对于精益生产和按单制造而言，使用高质量的零件是非常重要的，原因如下。

- 从仓库到生产线的交付要求质量从源头上得到保证，这样不需要进货检验，零件可以直接送达所有使用点。这不仅节约了进货检验的成本，而且还能在后续阶段使用自发型补给技术。[38]

- 单件生产流程非常容易因为出现坏零件而导致流程重新开始，这扰乱了整个流程。

- 对大批量同样的零件进行测试有违柔性操作的原则。

- 从源头上保证零件质量，加上单件生产流程对质量的持续反馈，使得工厂可以通过过程控制来确保质量，而不是进行昂贵且耗时的测试或高风险的低价招标方式。

- 提高零件的质量有助于提高产品质量（见 10.3 节）。

幸运的是，有一些供应商会实行持续改善计划并且以低廉的价格向客户提供高质量的产品。他们乐于合作的本质和展望全局的发展方向，自然会和重视长期合作关系的客户达成联盟，而不是参与招投标。

另一个相关的趋势也变得越来越明显：最好的供应商拒绝招投标。亚利桑那州立大学采购学教授兼美国高级采购研究中心（Center for Advanced Purchasing Studies，CAPS）执行董事菲利普·卡特（Philip Carter）表示："倾向于通过贸易交换来确定核心零件和材料的来源的制造商，会发现很难与具有创新和质量意识的供应商产生联系，因为这些供应商大都抵制招标拍卖过程，视之为一种'压榨利润的游戏'。"[39]

6.12　最大化工厂效率

快速的产品开发可以迅速地淘汰旧的、昂贵的产品，推出新一代高性价比的产品。旧的、低效率的产品除了在劳动力和材料方面带来更高的直接成本，也会在工程变更单和紧急补救方面带来更高的间接成本。针对设计更好的产品进行更有效的生产能够让已有的工厂和设备输出更多，推迟了增加新设备或扩大设施的计划。

6.13　利用柔性降低间接成本

柔性操作能够显著地降低间接成本。在柔性和质量之间存在着一些有趣的相似之处。几十年前，人们普遍认为质量的成本更高。当时，菲利普·克洛斯比（Philip Crosby）所著的《质量免费》（*Quality Is Free*）[40]一书中表示，通过降低质量成本所带来的收益将弥补质量改进项目的成本，因此可以使质量免费。

同样，柔性操作所带来的财务收益远超于实施柔性操作所需要付出的资本。这些收益将成为企业竞争优势的来源，使企业能够战胜那些不接受精益生产方式、按单生产和大规模定制的传统企业。

有很多营运资金与各种形式的库存捆绑在一起：原材料和零件库存，在制品库存和在工厂仓库、分销商和经销商处的成品库存。在《财富》500强企业中，营运资金平均值约占销售额的20%。[41]

讽刺的是，在资产负债表中，库存作为了一项资产，其实，库存对于任何制造工厂而言都是一项负债。这一点是高德拉特（Goldrate）的小说《目标》（*The Goal*）所要呈现的启示之一，当虚构的工厂经理面临工厂濒临倒闭的现状，才意识到必须把重点放在目标（赚钱）上，而不是让无关紧要的性能和成本核算指标来决定自己的行为。[42]

一家设备制造公司的材料经理表示，经过大量卓有成效的工作成功减少库存之后，他收到了来自公司高层管理者的电话，该高管在编制年度报告时遇到了麻烦，因为根据传统的会计规则，库存的大量降低会使"公司的资产变少"。但是企业必须确保他们追求的是真正的目标，而不是一些不相关的指标。[43]

下面的内容描述了如何通过将柔性设计整合到产品和工厂生产中来，以获得降低库存和其他间接成本的机会。

6.14　最小化定制/配置成本

许多企业提供定制化产品服务，但是并没有以符合成本效益的方式来进行。通过大规模定制产品，定制的过程被嵌入了系统——产品设计和制造流程。更多关于大规模定制的内容，参见4.3节或阅读相关书籍，如《按单生产和大规模定制》。[44]

大规模定制企业相较于在定制化和配置化方面效率低下的企业而言，具有成本优势。两个与定制化相关而且被低估了的成本是定制制造成本和变更标准设计及工艺成本。这两项工作的成本通常比目前成本系统所估计的要高得多，许多企业甚至不按项目记录工程费用。此外，工程师常常试图从各种支持人员身上得到"免费"的帮助，而这些人员往往属于"间接费用"之列。

被动地进行临时定制和配置所带来的额外制造成本远远超过大规模定制产品的成本。被动定制化成本通常包括额外的工具、小批量生产导致的冗长设置、低效率的生产控制、低设备利用率、特殊的编程、较慢而且频繁的学习曲线、专项测试和检查，以及大量的紧急补救措施，从而迫使工厂制造大批量定制产品。此外，小批量定制产品可能对标准产品的制造产生干扰，从而增加了它们的成本。因此，通常的情况是，在运用传统会计核算系统的企业里，定制产品的成本通常需要标准产品进行补贴。

6.15　最小化品种多样化成本

营运资金的很大一部分与品种多样化成本捆绑在一起，这在《为大规模定制建立灵活的产品开发》(*Agile Product Development for Mass Customization*) 一书的第 3 章中进行了深入讨论。[45] 尽量将多个批量分类，减少切换，消除品种多样化的成本。

　　精益生产的关键要素就是淘汰设置过程。如果能够废除设置过程，操作将是柔性的，这意味着每一个产品都可能是不同的，但仍然能够具有进行大批量生产的能力。在小批量的操作中，任何不同的行为都需要重新设置，例如，获得零件、更换模具和夹具、下载程序、寻找说明书、任何形式的手工测量，以及调整和固定零件、夹具的操作。《按单生产和大规模定制》的第 8 章"按需进行精益生产"[46] 对减少设置过程进行了讨论。

6.15.1　在制品库存

　　在制品库存可以通过减少设置、准时化生产（Just in Time，JIT）和零件与工艺的通用性设计来降低。在制品库存成本的增加与批量大小成正比，当批量大小为 1 时，在制品库存几乎能够完全被消除。在制品库存每年的持有成本可能是其价值的 25%，[47] 因此消除在制品库存能节省大量成本。

6.15.2　地面空间

　　可以通过减少库存、消除为了移动零件所需要的叉车通道、消除装备配套，以及提高设备和人员利用率来减少其占地面积。地面空间的成本和价值需求会根据扩大生产的需要而变动，但是始终要设法减少占用地面空间。扩大生产面积的成本是一个大的阶跃函数，可能会迫使公司从过于拥挤或昂贵的地区迁移。减少对地面空间的需求，让企业考虑是扩张还是重新选址。此外，对地面空间需求的减少远快于建造新设施的速度。工厂扩建的准备时间非常漫长，启动这样的计划必须早于预期时间，因为预期时间往往是基于对市场进行的不准确的长期预测。在 1991 年至 1994 年，康柏电脑在没有增加厂房空间的前提下将生产效率提高了 5 倍，这一成果是通过减少在制品库存的各类项目得以实现的。[48]

6.15.3　内部物流

　　内部运输成本，例如叉车的运用是可以合理减少的。事实上，当零件和产品在相邻的工作站之间流动，而不是在遥远的工作站之间设置大型、笨重的储箱来存放它们，这些内部运输成本便可以被省去。

6.15.4　利用率

在更少的切换下，能够提高机床利用率，从而降低设备成本。这对于昂贵的设备来说，有很大的成本节约潜力，例如数控加工中心、表面贴装印刷电路装配设备、昂贵的测试仪器。机床利用率如果低至10%，则意味着制造零件只耗费设备可工作时间的10%，剩余的时间是设置时间或等待时间。关键要认识到，加倍的利用率能够带来加倍的输出。如果生产设备以前有30%的利用率，那么将利用率提高到60%能够让输出加倍，再将利用率提高到90%，意味着在前者的基础上能够再增加1.5倍的输出量。改善利用率对于提高产量而言是一个极具成本效益的方法，而且相比于购买和安装新的生产设备需要耗费的时间，这种方法更为迅速。

6.15.5　设置成本

可以消除花费在设置上的劳动力成本，包括用来改变机器设置和检索零件、工具和草图所耗费的劳动力成本。

6.15.6　柔性

柔性能够让劳动力和机械利用率在顺序操作中更平衡，如应用在装配线中。柔性生产线上生产的产品能够以最佳的顺序进行排列（某个对 A 工艺有高要求而对 B 工艺有低要求的产品排在另一个对 A 工艺有低要求而对 B 工艺有高要求的产品之前），以抵消相邻机器或者人员工作负荷的失衡，这是一种被称为产品互补性的理念。[49]

在同一条柔性生产线上生产所有的产品，能够让生产迅速适应不断变化的市场条件。非柔性的操作往往面临两难选择——对模型 A 的需求超过了生产能力，而模型 B 处于销售低迷期。制造部门可能有足够的整体生产能力，但是模型 A 的生产线或工厂无法满足需求，而模型 B 的生产线或工厂处于闲置状态，甚至出现裁员。一个更柔性的方法是将人员从 B 生产线转移到 A 生产线，但这要求 A 生产线的设备有足够的生产能力。完全柔性的操作则是简单地在柔性生产线上生产较多数量的 A 模型和较少数量的 B 模型。

　　柔性操作使企业将生产从一个柔性生产线或工厂转移到另一个生产线或工厂，以应对市场条件的变化，而不是以代价更高的方式（如加班、迅速让合同工跟上进度或外包）来缓解需求产品的产能瓶颈。同样，通过转移生产，企业能够避免对生产低需求产品的工厂裁员。马自达曾经在陷入困境时将备受欢迎的 Miata 车型的生产从广岛工厂转移到了防府工厂，此前，防府工厂的生产线用于生产马自达 626 型号，但并未得到充分利用，这一做法解决了马自达的产能危机。这种柔性制造方案让马自达用同一个工厂并行地生产一种畅销的跑车和一种家用轿车，从而使两个工厂的输出得到平衡。[50]

6.15.7　配套成本

　　柔性工艺可以减少配套成本和空间。如果没有柔性工艺，需要付出劳动力成本和空间来收集一个批次所需要的所有零件，将其匹配成套件，然后把它们运输到制造部门。

6.16　最小化物料管理成本

　　如果只需要购买较少的零件型号，那么购买成本也会因此而降低。标准零件的成本较低是因为购买更多数量的标准零件所带来的更大的采购杠杆能够降低该成本。自动补给技术，如看板管理法、最低 / 最高库存法或"面包货车"补给法能够在几乎没有物料管理成本的基础上进行零件补给。[51]

　　如果零件设计良好而且记录完备，尤其是供应商参与了设计团队的工作，那么供应商对制造和组装都比较在行，因此速度更快而且成本更低。有时候让供应商设计零件或子系统可能更符合成本效益，这在时下的汽车行业内极为常见。

　　更少的零件型号意味着原材料和零件库存、文档记录、控制等方面会产生更低的物料管理成本，难以获得的不常用零件也会有很低的追查成本。在每一个研讨会上，我都会准备一张纸来列出一个标准件清单，然后询问会上最高级的采购经理："你的部门用多少精力来专门订购这些标准件？"典型的答案是 10%，这意味着标准件的物料管理成本应当是其余少见零件的物料管理成本的 1/10。

6.17 最小化营销成本

制造商应该不断了解顾客的需求，通过设计和制造产品以满足这些不断变化的需求，创造一种学习关系，从而永远留住顾客。[52] 这不仅有利于创造收入，同时也节省了获取新客户以满足增长目标所产生的大量成本。一些研究如美国消费者事务局进行的技术援助和资源项目显示了获取新客户的成本是保留旧客户成本的 5 倍。[53]

6.18 最小化销售/分销成本

在产品的仓储和经销环节有相当多降低成本的机会。物流配送系统占据国民生产总值的 10% 左右。[54]

设计模块化的产品，同时并行地对产品和生产系统进行设计以实现按需生产，能够在产品配置、包装、运输、分销和销售等方面节约很多资金。实际上，按单生产能够去除大部分分销链的成本。有能力进行按单生产并且直接从工厂配送产品可以消除仓储成本以及将产品从工厂运输到客户所产生的相关的配送成本。尤其在产品多样化行业，如服装行业，考虑其尺寸和样式的数量，该成本可能非常庞大。

6.19 最小化供应链成本

供应链管理已经成为一个战略性的竞争优势，尤其对于像惠普公司这样的企业而言。[55]

彼得·德鲁克提出了在供应链中降低成本的可能性："从供应商工厂内的设备到商店结算柜台之间的过程成本也是造就沃尔玛崛起的基础。其结果是消除了众多的仓储空间和大量的文书工作，从而削减了 1/3 的成本。"[56]（4.2.1 节和 4.2.2 节介绍了如何简化供应链的方法。）

6.20　最小化产品生命周期成本

总成本里一个经常被忽略的部分就是生命周期成本，这里指的是随着时间推移而出现的成本，例如服务、维修、维护、现场故障、质保索赔、法律责任、产品生命周期内出现的变更，以及后续产品开发等。

可以通过设计减少产品生命周期成本。变更成本和后续产品开发成本能够通过系统的产品定义和彻底的产品开发使其最小化，如模块化产品架构，其中很多模块可以保持不变，仅升级或重新设计其他模块。

6.20.1　可靠性成本

面向可靠性的设计能够最大限度地减少与产品可靠性相关的各种成本。第10 章介绍了很多能够最大限度提高可靠性的技术。

6.20.2　场地物流成本

通过标准化和模块化的零件设计，可以大大简化备件物流和现场服务，因而降低成本。围绕常用零件进行产品设计能够减少备件包。这可以降低产品的实际价格以满足精明的客户，因此这些客户会将备件包的价格加到产品标价上。零件标准化能够减少因为零件短缺而停工的现象。如果能够在更有效率的设施内快速更换和维修出现故障的模块，那么服务成本也可以降低。

6.21　通过按单生产来节约成本

如果产品和生产流程设计为按单生产的模式，那么可以节省很多成本。

6.21.1　工厂成品库存

通过按单生产的模式，工厂可以有效减少成品库存，如果根据预测进行生产，则需要将产品保存在仓库里，直到经销商或客户订购产品。与在制品库存一样，成品库存具有同样的持有成本，唯一不同的是成品已经制造完成，所以价格更高，其库存成本每年约占库存品价值的 25%，即价值 1000 万美元的库存品每年将耗费 250 万美元的持有成本。按单生产可以有效减少工厂成品库存，节约每年的库存持有成本。

6.21.2 经销商成品库存

如果能够迅速填补再补给订单，并且交付给客户，经销商成品库存几乎可以完全被去除。与工厂库存相似，经销商库存也有持有成本。即使销售商或分销商与制造商并不隶属于一家企业，但产品的持有成本最终不得不由顾客来承担。

例如，一家汽车经销商在库存中有 200 辆汽车，平均价值为每辆 3 万美元，那么库存车辆价值为 600 万美元。以每年 25% 的持有成本率进行计算，每年的库存持有成本将是 150 万美元。换句话说，如果一辆汽车在库存中保留了一年，其库存持有成本将是 3 万美元的 1/4，也就是 7500 美元，因此经销商的销售额必须高于这些成本才能偿还库存持有成本！

通过按单生产可以去除这些成本。欧洲汽车工业协会赞助了一个研究项目以研究如何对汽车进行按单生产，这些研究结果被收录在《按单生产：走向 5 天制造一辆汽车的未来》（*Build to Order: The Road to the 5-Day Car*）。[57]

当新车的价格超过了客户购买能力时，作为一个具有成本效益的替代方案，客户会购买更多二手车。[58] 按单生产模式生产的新汽车凭借其更低的价格可以很好地与二手车市场竞争，因为新汽车能够去除经销商的库存费用，而二手车本质上一定会产生库存。

6.21.3 供应链库存

供应链库存可以被最小化，因为按单生产的产品不需要存放在供应链沿线（经销商、拼装承运商、转运商等）的各个仓库中。同样，一个按单生产系统基于即时的需求从各个供应商处获取零件，从而消除了供应链沿线的零件库存。无论哪一方承担这些库存，消费者最终会为此付出更高的代价。消除过多的供应链库存成本能够让消费者为同类产品支付更少的费用。

以快速交货闻名的公司，例如联邦快递，可以将零件和产品直接发往工厂或从工厂发出，满足了企业实现较少库存的需求。因客户满意度增加而带来的额外销量将使较少库存的分配方式更具吸引力。

6.21.4　利息支出

因为柔性工厂更快的吞吐量和成品库存的减少，产品的销售周期更快，与产品中昂贵组件相关的利息支出也会减少。

6.21.5　冲销

因为库存量的减少使得产品出现变质、损坏或淘汰的概率更低，库存冲销的成本可以被有效降低。如果成品库存中有相当数量的昂贵产品，那么在产品寿命末期报废注销的成本可能非常庞大。

6.21.6　引入新技术

如果没有以旧技术制成的产品库存时（并且必须将其销售完毕），那么较快地过渡到新的技术是可能的。戴尔公司总是率先引进新技术，因为它们没有大量库存，不用先将库存销售完毕。

6.21.7　MRP 费用

通过按单生产可以将物料清单和 MRP 的费用降到最低，因为按单生产能够有效减少根据材料订购要求和 MRP 系统将预测转化为采购订单的间接费用。大规模定制可以按需为产品系列创建物料清单，而不是为每个变型产品记录单独的物料清单。

6.22　造成负面效应的成本降低措施

如果企业为了降低成本试图采取一些会带来负面效应的措施，那么在降低成本的过程中会遇到很大障碍，例如下面几种措施。

- 将制造部分进行离岸外包的企业很难实现并行工程，因为无法与制造人员"并行"工作。在离岸外包时，设计和制造人员甚至不在同一时间工作。更多的信息可以参见 2.8 节和 4.8 节。

- 企业试图在产品设计完成后减少一部分成本时，将会发现很难实现这个目标，而且这种做法是对资源的浪费（6.1 节讨论了其中的原因）。

- 坚持通过招标来获得定制零件的企业实际上排除了与供应商达成合作关系的可能性，导致这些供应商不会帮助企业设计零件。与供应商构建合作伙伴关系的优势在 2.6 节进行了讨论。这些企业也会遇到低价投标所带来的各种问题（6.11 节就此进行了讨论）。

对于采用了以上 3 个做法的企业而言，产品开发资源的很大一部分会被浪费在以下几个方面：制造变更单从而试图实施 DFM（因为无法通过并行工程来实现它）；试图在产品设计完成后通过变更单来减少一些成本，转换文档内容以便实施外包；让外包商加快速度；处理质量和交货问题，等等。我在各地访问的经历中，曾经遇到许多企业耗费了 2/3 的产品开发资源进行上面 3 种行为，如果企业的未来依赖于开发新产品，那么实际上这些做法会让企业的未来处于波动中。更多带来负面效应的做法在 11.5 节中有所讨论。

6.23　注释

1. James Morgan and Jeffrey K. Liker, *The Toyota Product Development System* (2006, Productivity Press), Chapter 4, "Front-Load the PD Process to Explore Alternatives Thoroughly."

2. Robert G. Atkins and Adrian J. Slywotzky, "You Can Profit from a Recession," *Wall Street Journal*, February 5, 2001, p. A22.

3. Robin Cooper and Robert S. Kaplan, "How Cost Accounting Distorts Product Costs," *Management Accounting*, April 1988.

4. H. Thomas Johnson and Robert Kaplan, *Relevance Lost: The Rise and Fall of Management Accounting* (1991, Harvard Business School Press).

5. Douglas T. Hicks, *Activity-Based Costing for Small and Mid-Sized Businesses: An Implementation Guide* (1992, John Wiley), p. 20.

6. Michael R. Ostren, Terrence R. Ozan, Robert D. McIlhattan, and Marcus D. Harwood, *The Ernst & Young Guide to Total Cost Management* (1992, John Wiley & Sons), p. 146.

7. 安德森博士在专项内部研讨会后主持了多次特定产品研讨班（见附录 D）。这些研讨班包括以简化概念和优化架构为主题的各种头脑风暴讨论。更多有挑战性的主题，如开发成本减半产品，可能需要他的概念研究内容，他提出了很多突破性的想法，并行工程团队能够将其开发成为可制造性产品。

8. James P. Womack and Daniel T. Jones, Lean Thinking: *Banish Waste and Create Wealth in Your Corporation*, (1996, Simon & Schuster), p. 27.

9. David M. Anderson, *Build-to-Order & Mass Customization: The Ultimate Supply Chain Management and Lean Manufacturing Strategy for Low-Cost On-Demand Production Without Forecasts or Inventory* (2008, CIM Press), Figure 2.1, "Inventory Carrying Cost Since 1961." See book description in Appendix D.

10. Ibid., Chapter 9, "Mass Customization."

11. Ibid., Chapter 7, "Spontaneous Supply Chains."

12. Robin Cooper and Robert S. Kaplan, "How Cost Accounting Distorts Product

Costs," *Management Accounting*, April 1988.

13. Philip B. Crosby, *Quality Is Free* (1979, Mentor Books).

14. James P. Womack, Daniel T. Jones, and Daniel Roos, *The Machine That Changed the World: The Story of Lean Production* (1991, Harper Perennial).

15. Jack Campanella, editor, *Principles of Quality Costs: Principles, Implementation, and Use* (1999, Quality Press, American Society for Quality).

16. Kiyoshi Suzaki, *The New Manufacturing Challenge: Techniques for Continuous Improvement* (1987, Free Press).

17. Jordan D. Lewis, *The Connected Corporation: How Leading Companies Win Through Customer–Supplier Alliances* (1995, Free Press), Chapter 8.

18. Womack, Jones, and Roos, *The Machine That Changed the World*, Chapter 6, "Coordinating the Supply Chain."

19. Lewis, *The Connected Corporation*, p. 38.

20. Peter F. Drucker, *Managing in a Time of Great Change* (1995, Truman Talley Books/Dutton), p. 117.

21. Philip L. Carter, professor of purchasing at Arizona State University, Tempe, and executive director of the Center for Advanced Purchasing Studies, was cited in *Industry Week* (February 12, 2001, p. 43) as observing that "Many purchasing organizations are under heavy pressure form the corporate brass to implement some form of e-commerce."

22. John H. Sheridan, "Proceed with Caution," *Industry Week*, February 12, 2001, pp. 38–44. One of the cover stories on manufacturing exchanges.

23. Morgan and Liker, *The Toyota Product Development System*, Chapter 10, "Fully Integrate Suppliers into the Product Development System, p. 200.

24. "Smart Partners," *Business Week; review of The Connected Corporation* by Jordan D. Lewis, December 10, 1995.

25. Sydney Finkelstein, *Why Smart Executives Fail: And What You Can Learn from Their Mistakes* (2003, Portfolio/Penguin), p. 62.

26. Womack, Jones, and Roos, *The Machine That Changed the World*, Chapter 6, "Coordinating the Supply Chain," p. 142.

27. Yasuhiro Monden, *The Toyota Production System*, Second edition (1993, Institute of Industrial Engineers).

28. Womack, Jones, and Roos, *The Machine That Changed the World*, Chapter 6, "Coordinating the Supply Chain."

29. Ibid., p. 146.

30. Jeffrey Pfeffer and Robert I. Sutton, *The Knowing–Doing Gap: How Smart Companies Turn Knowledge into Action* (2000, Harvard Business School Press), p. 23.

31. John Paul MacDuffie and Susan Helper, "Creating Lean Suppliers: Diffusing Lean Production through the Supply Chain," *California Management Review*, Summer 1997, pp. 118–150.

32. Robin Cooper, *When Lean Enterprises Collide* (1995, Harvard Business Press), Chapter 9, "Interorganizational Cost Management Systems."

33. Anderson, "*Build-to-Order & Mass Customization.*"

34. Jerry Useem, "Dot-Coms: What Have We Learned?" *Fortune*, October 30, 2000, p. 92.

35. "Lessons from the Dot-Com Crash," *Fortune*, October 30, 2000, p. R8.

36. Lee Hawkins, Jr., "Finding a Car That's Built to Last," *Wall Street Journal*, July 9, 2003, p. D1.

37. John O'Dell, "Even Mercedes Hits a Few Speed Bumps," *Los Angeles Times*, July 13, 2003, pp. C1 and C4.

38. Anderson, *Build-to-Order & Mass Customization*, Chapter 7, "Spontaneous Supply Chain."

39. Carter., p. 43.

40. Crosby, *Quality Is Free*.

41. Shawn Tully, "Raiding a Company's Hidden Cash," *Fortune*, August 22, 1994, p. 82.

42. Eliyahu M. Goldratt, *The Goal*, Second revised edition (1992, North River Press), Chapter 33, p. 268.

43 高德拉特的《目标》一书中反复强调需要做符合情理的工作以实现目标，而不是将决策和行动立足于试图满足一些随意的性能指标和成本核算，尽管看似有生产效率或成本效益，但它们通常只占据系统的一小部分。

44. Anderson, *Build-to-Order & Mass Customization*, Chapter 9, "Mass Customization."

45. David M. Anderson, with an introduction by B. Joseph Pine, II, *Agile Product Development for Mass Customization* (1997, McGraw-Hill), Chapter 3, "Cost of Variety."

46. Anderson, *Build-to-Order & Mass Customization*, Chapter 8, "On-Demand Lean Production." See book description in Appendix D.

47. Ibid, Chapter 2, Figure 2.1.

48. Ronald Henkoff, "Delivering the Goods," *Fortune*, November 28, 1994, p. 62.

49. Marshall Fisher, Anjani Jain, and John Paul MacDuffie, "Strategies for Product Variety: Lessons from the Automobile Industry," Working paper from the Wharton School, University of Pennsylvania, January 16, 1994, p. 26.

50. Ibid., p. 31.

51. Anderson, *Build-to-Order & Mass Customization*, Chapter 7, "Spontaneous Supply Chain," or see summary of spontaneous resupply techniques in Section 4.2.

52. B. Joseph Pine, II, Don Peppers, and Martha Rogers, "Do You Want to Keep Your Customers Forever," *Harvard Business Review*, March–April 1995, p. 103.

53. Wilton Woods, "After All You've Done for Your Customers, Why Are They Still Not Happy," *Fortune*, December 11, 1995, p. 180.

54. Robert V. Delaney, *Sixth Annual State of Logistics Report*, Cass Information Systems, St. Louis, MO, June 5, 1995, Figure #8.

55. Dr. Corey Billington, "Strategic Supply Chain Management," *OR/MS Today*, April 1994, pp. 20–27.

56. Drucker, *Managing in a Time of Great Change*, p. 117.

57. Glenn Parry and Andrew Graves, Editors, *Build to Order: The Road to the 5-Day Car* (2008, Springer-Verlag, London).

58. Douglas Lavin, "Stiff Showroom Prices Drive More Americans to Purchase Used Cars," *Wall Street Journal*, November 1, 1994, p. 1.

第 7 章 总成本

为了掌握第 6 章所提到的所有成本节约和收入提升的策略，量化成本是非常有必要的。如果在总成本的基础上对各项成本进行跟踪记录，那么便能获知设计完善的产品所具有的成本节约潜力，产品也能被分配适当的间接费用从而使定价更具竞争力。如果不对总成本保持跟踪记录，那么设计完善的产品可能会与亏损产品被分配一样的间接费用，这是一项不公平的负担，可能最终影响优秀产品的成功。

大多数企业的成本系统都有缺陷，阻碍了优秀产品的开发并且误导了产品开发决策。仅对劳动力和材料成本进行定量记录会鼓励（有时候是强迫）设计师选择廉价的零件和低价投标者以实现成本目标，同时为了节约成本将制造部分外包，使其与工程分开进行，这实际上阻挠了并行工程的执行。本章列举的许多文献指出了过去 20 年间传统成本核算系统的缺陷及其后果。希望这些权威资料提供的信息能够让你开始关注自己的总成本计划。

有太多设置、库存、紧急补救、工程变更单、零件类型、低设备利用率和高质量成本的产品，其间接成本率可能会更高。使用本文所呈现的面向快速和方便制造的方法设计的产品，其间接成本率则较低。间接成本率通常与间接成本需求成正比，其大小则因产品而异。

能否对总成本进行量化对于可制造性设计而言是至关重要的。让我们来看一下著名的 T 型车工厂，这个工厂只生产一种产品，没有变型产品。《全面成本管理安永指南》一书讨论了单一产品型工厂成本管理的特性。

如果没有产品多样性的存在，经营环境会很简单……在这样的世界里，你甚至可以在信封背面手动计算产品成本。你也可以简单地用总生产成本除以生产总量来计算得到单位成本。[1]

　　但是，库珀（Cooper）和卡普兰（kaplan）[2]在《成本核算如何歪曲产品成本》（*How Cost Accounting Distorts Product Costs*）一文中指出：间接费用随着产品线的多样性和复杂性变化而有所不同。而且，产品的多样性和复杂性已经不在控制之中，因为企业在不断增加产品的同时并没有进行合理化处理，如附录 A 所讨论的。因此，对间接成本进行量化是非常重要的，分配在某个产品身上的间接成本应当与该产品所有的间接成本成比例。

7.1　总成本的价值

　　总成本系统对所有的成本进行计量，因此，应当作为所有成本决策的基础。所有的成本都应归属于某个产品或服务。可变成本不应在所有产品中平均分配，但是在大多数企业中，间接成本"像花生酱一样被抹平"。应该以总成本为基准来推行降低总成本的相关策略。

7.1.1　优先权和产品组合规划的价值

　　对所有成本进行量化才能计算出产品真正的盈利能力。了解所有变型产品的相对收益能够帮助你确定以下事项的优先次序：

- 产品开发中回报最高的事项、质量与运营改进事项；
- 接受哪些高回报的订单，拒绝哪些低回报的订单。

对新产品开发组合和销售策略而言，量化所有的成本将有助于：

- 针对哪些产品应该重新设计以降低成本的问题做出最佳决策；
- 决定哪些传统产品应当淘汰、外包或改进；
- 确定开发资源使用在当前产品还是未来产品上；
- 针对产品优化其产品组合、产品线、客户和市场细分；
- 创建一个配置数据文件来预测估算阶段的盈利能力；
- 基于盈利能力决定销售激励计划，而不是销售额或数量。

7.1.2　产品开发的价值

更好的优先次序能够避免产品开发浪费在低潜力的产品上。全面掌握真实成本，通过成本削减措施对资源重新分配，使它们经过产品开发、精益生产、质量改进计划等创造更多的利润。对硬件和软件模块的开发进行投资将有利于未来产品的开发工作。对质量成本进行计量可以有效避免使用廉价零件来节约成本。

7.1.3　资源可获得性和有效性的价值

在完成难以制造的产品或变型产品时，更好的优先次序和组合规划能够防止浪费宝贵资源。以总成本来考量，有助于产品合理化，或者通过小批量销售、传统零件和备件建立盈亏中心。

对收益进行量化将提高资源利用率，有助于为设计工具、培训和其他间接成本制定的削减计划（如精益生产和六西格玛质量改善计划）提供依据。同时，也有助于实施或使用自动化技术、生产工具、多功能数控机床以及设置简化措施。

7.1.4　掌握真实盈利能力的价值

对所有成本进行量化有助于计算所有产品和变型产品真实的盈利能力，这种做法能够确定低利润和亏损的产品，帮助你完成以下工作。

- 制订更实际的定价。
- 避免接受低利润的订单，将资源用在利润更高的项目上。
- 对低利润产品实施合理性规划（见附录 A），引导客户选择更新、更好（利润更高）、更快交付的产品。销售人员可以说："对不起，这种老型号产品已经停产，但我们有一个更好的产品，它的成本更低而且我们能够更快地送达您所在的地址。"
- 在自筹资金的盈亏中心生产剩余的产品，并配备专门负责的人员，不要从产品开发项目中借用资源。
- 外包给专门生产小批量和传统产品的制造商。

7.1.5 量化所有间接成本的价值

对所有间接成本进行量化将会使得分配到产品上的间接费用更低。对质量成本进行量化能够鼓励实施更多降低质量成本的策略，还能减少因降低常见的量化成本（如零件成本）导致质量成本上升的现象。

对所有成本进行量化有助于推动真正的成本削减措施，这样做通常会提高物料清单成本，但实际上能降低总成本。比如，这种做法会对整合、标准化、模块化和多功能性起到促进作用。对所有成本进行量化有助于在离岸制造和集成制造（4.8 节对此进行了介绍）之间做出更符合实际的决策。

7.1.6 供应链管理的价值

总成本能让人们认清标准化生产带来的益处。一般情况下，人们认为选用一个更好的零件提高了物料清单成本，会导致费用更高，然而，这么做实际上会节省更多的间接费用。

清楚掌握零件和材料可获得性问题的一切费用（催货、购买终身库存、变更订单以设计替换零件的成本，以及所有用于完成这些工作的资源）将有助于寻找更多可用的零件，甚至只需要多付一点就能确保其可获得性，因为这么做能够在总成本的基础上节约更多资本。总成本能够帮助决策者在进行设计和 / 或制造零件以及购买现货零件的相关选择中做出最好的决定。

7.2 量化间接成本

量化间接成本的第一步是了解现行成本核算系统的缺陷，这是约翰逊（Johnson）和卡普兰（Kaplan）的重要著作《相关性的遗失：管理会计兴衰史》（*Relevance Lost: The Rise and Fall of Managment Accounting*）[3] 一书的核心主题。传统的核算统计系统是为了向投资者以及税收或管理部门提供企业总体经营结果和财务状况。而管理者和工程师需要更多的成本信息，以做出正确的决定。传统的成本核算系统造成的典型问题将在本节进行讨论。

7.2.1 产品成本统计中的偏差

库珀和卡普兰在书中详细论述了产品成本统计中的偏差。他们一致认为：

"管理会计系统无法提供精确的产品成本。成本被用过于简化的方法分摊在了产品上，通常只考虑直接的人工成本，它不能反映每件产品对企业资源的需求。"

《全面成本管理安永指南》一书认为，产品成本被歪曲了，因为给每件产品都分摊了一部分间接成本，而分摊的过程是建立在一些武断想法的基础之上，如直接的人工成本、销售费用、加工时间、材料成本、生产设备，或其他一些分摊量。[4]

产品成本统计的偏差造成了价格的偏差，导致一些产品因定价过低而赔钱，而其他产品则因定价过高而缺乏竞争力。[5]产品成本统计的偏差造成企业对其拥有的所有产品在利润率的认识上存在偏差。这种认识上的偏差使得管理者在产品开发的优先次序上受到错误的引导而"喂饱了问题，饿死了机会"。了解真实的利润率，能够使企业淘汰没有利润的产品，将精力集中在产生利润的产品上。

7.2.2 交叉补偿

平摊间接成本时，以大批量生产的产品补偿少量生产的产品、以标准产品补偿定制产品时，就发生了交叉补偿。约翰逊和卡普兰已经明确表示："多数机构所采用的标准的产品成本核算系统经常导致产品之间出现巨大的交叉补偿。"[6]

库珀和卡普兰等人在他们所属的管理会计师学会发起的一项研究中，对 8 个制造企业实施了总成本统计法并且发现："如同预料的那样，这些制造企业普遍发现，小批量生产的复杂产品的成本通常高于现有的标准成本核算系统得出的数值。"[7]

交叉补偿最危险的后果之一就是对新一代 DFM 产品和项目（如按单生产和大规模定制）的破坏，这让它们与需要高间接成本的产品付出了相同的间接费用。这种不公平的费用分配方式最终可能阻止新一代产品和项目的开发。

7.2.3 制定相关决策

在任何商业冒险中，正确的决定是成功的关键，这一点特别适用于产品开发。不幸的是，当数据是误导性的，甚至不正确的时候，许多管理人员和工程师仍试图根据数据做出决定。我们再次引用约翰逊和卡普兰的话：

"可笑的是，当管理会计系统变得更不适当、更不能反映企业的运作和策略的时候，许多企业却被那些自认为能够'利用数据'来运作企业的高级主管所统治。"[8]

同时，我们再次引用《全面成本管理安永指南》中的言论：

"如果成本统计是错误的，那么所有关于价格、产品组合规划和推广的决策都可能损害长期的盈利能力。"[9]

约翰逊和卡普兰指出，建立在总成本基础之上的精确的、相关的数据能够引导人们做出更正确的决定：

"管理会计系统还应报告准确的产品成本，这样才能根据产品资源需求方面最可靠的信息确定产品的价格、推出新的产品、淘汰过时的产品，并对竞争对手推出的产品做出反应。"[10]

约翰逊和卡普兰还指出，准确、相关的数据对改进计划而言是很重要的支持："一个无效的管理会计系统甚至可能削弱企业在产品开发、工艺改进和经营策略中付出的最佳努力。"

7.2.4 成本管理

除了生产速度、质量方面的挑战之外，可制造性设计所面临的一个主要挑战是以较低的成本生产产品。所以，成本管理的重要性达到了一个新的高度。但是，传统的成本管理系统在这里并没有太大的帮助："对于试图降低成本、提高生产率的管理者来说，管理会计报告没有任何帮助。"[11]

7.2.5 螺旋式下降

成本统计中的偏差会造成一系列强化行动（强化循环），它可能造成企业出现螺旋式下降的现象。彼得·圣吉（Peter Senge）在其著作《第五项修炼》(*The Fifth Discipline*)[12] 中提出了强化循环的概念。共同制造大批量和小批量产品的企业实际上会有不同的间接成本，如上述成本管理相关的参考文献所指出的。然而，如果间接成本被平摊，将发生如图 7-1 所示的螺旋式下降的现象。

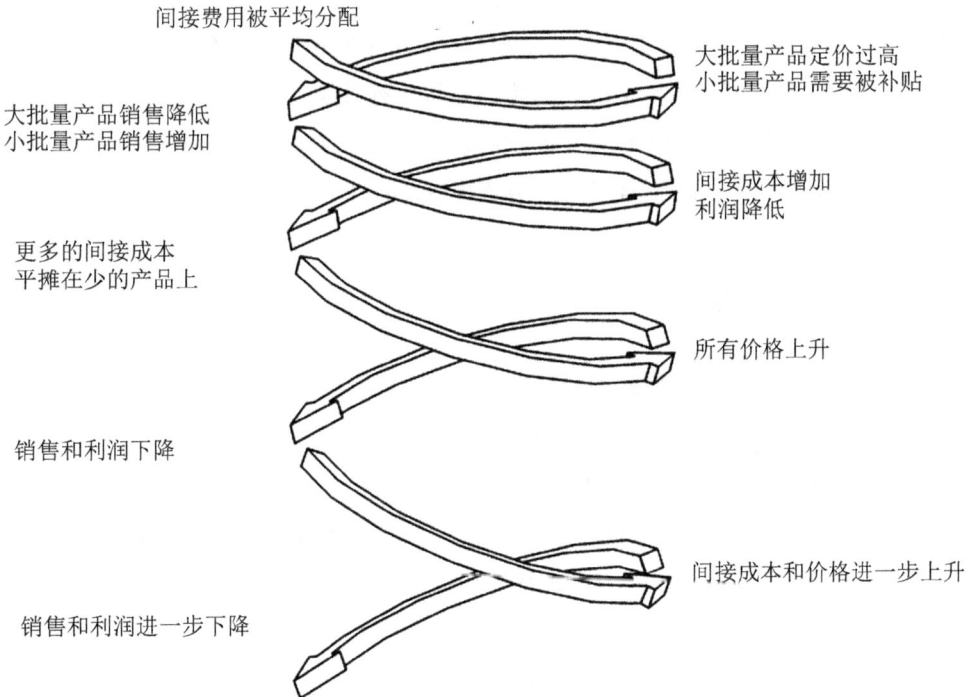

图 7-1 成本偏差导致的螺旋式下降

因此，这个循环不断强化，导致企业不断地出现螺旋式下降的现象，这将使企业衰退到没有利润的境地或使一个曾经强大的企业逐步走向衰弱。

7.3 总成本核算的障碍

尽管传统成本核算系统的缺陷已经被发现，许多管理者仍然拒绝在全公司内实施作业成本核算（Activity Based Costing，ABC）系统，这种情况源自人们对变化的抵抗。

（1）许多管理者并不接受当前系统的缺陷。这是本书总成本核算第一节的主题。这一节引用的很多参考书目对这一点进行了彻底的分析，尤其是约翰逊和卡普兰所著的《相关性的遗失：管理会计兴衰史》[13]。

（2）许多管理者低估了总成本核算的好处。本章和第 6 章强调了使用相关的成本数据作为正确决策的依据，具体而言，可作为产品组合规划、产品线合理化、标准化工作、实施柔性制造以及产品开发许多方面的决策依据。

（3）许多管理者高估了改善措施的效果。有时候阻力来自于一些可怕的传闻—— 一些正规的作业成本核算方案非常复杂，以至于它们因为自身的累赘而失效。然而，7.8 节所介绍的"低目标法"能够在不耗费大量的时间和资源的基础上创造利润。

7.4 总成本思维

在实施任何正规的总成本核算方案之前，企业能够通过总成本思维方式主观地改进一些决策。本章所总结的原则能够纠正管理者对于成本的误解并且树立正确的态度和信念，从而制订更好的主观性决策。

企业文化必须培养员工的总成本思维，因为管理政策可以起到促进作用，同时也能起到阻碍作用。如果所有的提案都必须满足严格的投资回收期和投资回报率（Return on Investment，ROI）的标准，那么将会限制决策的制定。如果各项标准建立在传统的成本核算基础之上，那么各项决策只会从节约零件和劳动力成本的方面考虑，许多真正好的提案将无法获得支持，因为用当前的核算系统不能定量地反映出这些提案能够带来的效益，而这些效益往往源于无法被当前核算系统计算的成本节约项目。如果企业刻板地坚持采用不完整的成本统计数据，那么即使总成本的主观决定对企业和客户都是最有利的，但试图引入这个决定的努力也不会获得成功。

罗伯特·卡普兰（Robert Kaplan）在一篇证明计算机集成制造（CIM）价值的文章[14]中提出了解决这一难题的一种主观方法。卡普兰"解决"核算系统的缺陷的技巧是：

（1）计算该提案与客观标准的距离有多大，即其中的差距；

（2）总结"无形的"效益（所有无法定量统计的效益）；

（3）提出"对于这个差距而言，获得的这些无形的效益是否值得？"这一问题。

另一种方法是溯因推理法，即发现各种可能性的逻辑——这可以用来绕过"证明"的障碍。一篇《商业周刊》的文章表示："为了使用溯因推理，我们需要创造性地组合不同的、看似相关的经验和数据来进行推理，即通过一个逻辑上的飞跃来得出可能性最高的结论。"[15]

第 5 章曾引用了零件标准化的实例之一，在该案例中，我努力将所有的电阻器标准化为 1% 的公差，以取代使用 1% 和 5% 两个版本的做法。没有数据能够证实这一变化所带来的效果，但其"确实合理地"削减了 3 个工厂中一半的电阻。随后，我访问了一些采用同样的零件整合的企业，定量地进行了分析并得出结论——合并订单的购买力抵消了更高公差所产生的成本。

有时候，主观决策必须基于数据。我的一个生产水表的客户把 7 种铸件毛坯减少到了 3 种，其做法是：给每个产品都加上额外的铜衬作为检测孔，而不管它们实际上是否需要这个带螺纹的孔。由于给不需要检测孔的产品也加上了额外的铜衬，所以，有一半的铸件毛坯需要增加额外的材料开支。实际上，做出这一更改决定的人曾经认为，他会因为提高了标准成本而受到"批评"，但企业管理层在了解到这样做能降低多样化的成本，并获得净收益，同时使操作更加柔性化以后，他们支持了这一决定。

授予产品开发团队负责人足够的权利，使他们能够根据自己的判断做出最好的决定，而不是试图要求他们根据一些无关的数据和不完整的标准，达到某些预先给定的"最低要求"从而"防止做出错误的决定"，这样的管理方针能够鼓励团队运用总成本统计的思维方式。

7.5　实施总成本核算

总成本核算的重点是了解生产产品所需要的各项步骤。因此，正规的方案被称为作业成本法（ABC 成本法），不过现在有一些更易于实现的技术，如 7.8

节介绍的内容。成本被直接分配到步骤上，然后根据每个步骤所对应的产品，将成本分配到产品上。

总成本核算系统并不取代现有的财务制度。在大多数情况下，这些措施创造了独立的决策模式。库珀和卡普兰等人为管理会计师协会所做的研究表示：

"不需要对现有财务制度进行修改，企业可以继续运行他们现有的所有系统，并且和新的 ABC 模型同时运行。"

"作业管理模型被视为一个管理信息系统，而不是作为会计系统的一部分。"[16]

这个模型所统计的数据比现有成本系统所统计的数据更加有用：

"管理人员发现作业成本法计算得出的数据比从官方成本核算系统生成的数据更加可靠和相关。"

7.6　成本驱动要素

在改进过程中，可以将某些"低目标"作为起始点，"低目标"指的是用很少的努力就能实现某些早期结果。在这些杠杆作用很高的领域所取得的成功，能够激发各种兴趣并且为更多的宏伟目标提供支持。在缺乏广泛支持的情况下，"低目标"策略也是一种启动改进的好方法。

在实施作业成本法的过程中，低目标就是对简单的成本驱动要素的识别和实施，它使得成本核算更加精确和合理，并且鼓励降低成本的行为。成本驱动要素被定义为导致某种成本的根本原因，即驱动成本的事物。

识别成本驱动要素让成本的根本成因浮出水面，会产生两个重要的结果：

（1）总成本可以被统计；

（2）提倡降低总成本的行为。

成本驱动要素法确定驱动成本的关键因素，应该把这些关键因素定量地从其他间接成本中分离出来。成本驱动要素法易于实施，它从最重要的、需要定量化的间接成本开始。采集新数据的工作仅仅集中于几个关键的成本驱动因素。只要存在普遍的一致性，就能够根据估计确定成本驱动要素。成本驱动要素可以为实施各项措施提供一个更合理的基础。

通常，平均成本是间接成本的分配基础。可以在超过平均水平的重要范围内，对引起下列成本的活动进行分析：

- 标准零件和自发补给零件相关的材料间接成本；
- 特殊产品、配置和定制产品相关的间接成本；
- 为了最大限度地减少成本所开发的新产品的相关间接成本；
- 设置成本和设备利用率，这对于小批量零件而言尤其重要；
- 库存成本和与之相关的成本；
- 工程变更成本；
- 质量成本（废品、返工、现场服务）和其他无增值行为的成本；[17]
- 现场服务、维修、担保、索赔和诉讼等方面的费用。

应该对引起上述成本的行为进行分析，从而找出造成这种变化的原因。有经验的管理者能够识别出关键的成本驱动要素，它们是这些行为中造成成本差异的决定因素，例如下面所列内容：

- 数量——大量的还是少量的；
- 定制的程度——标准的还是定制的；
- 零件标准化——现有清单还是标准零件清单；
- 零件使用目的——用于生产中的产品还是作为备件用于生产后的产品；
- 分销成本——直接分销还是通过渠道进行分销；
- 产品所处的阶段——是刚刚推出、处于稳定期、处于退化期，或与新产品的工艺不能兼容，而且 / 或者遇到零件和原材料的供货问题；
- 市场细分——商用、OEM、军用、医用以及核工业产品市场对质量、文档、计划、报告、证书、可追溯性等有各种不同的要求。

应当研究由于以上这些成本驱动要素中的变化而引起差额成本的行为，并相应地赋予其成本开支。例如，小批量生产的产品成本比大批量生产的产品成本高，那么这一点就应该反映到间接成本的分配中。如果标准零件的材料间接成本较低，那么就应为这些零件分配较少的间接成本，如下文案例所暗示的。如果某项操作的间接成本比其他的高，那么应该在成本驱动要素中对此有所反映，这同样会在下面的案例中进行说明。

7.6.1 泰克科技有限公司便携仪器事业部

为了促进零件的通用化和精确分配材料间接成本，泰克公司（Tektronix）指定了一个与使用量成反比的材料费用。因此，大量使用的零件的间接成本很低，相反，少量使用的零件被分配了很高的费用。[18]

7.6.2 惠普罗斯维尔网络事业部

惠普罗斯维尔网络事业部（RND）的印制电路板装配原来只有两个成本驱动要素，即直接的人工时间和插件的数量。一次专项调查表明，轴向插件的成本是双列直插封装技术（Dual In-line Package，DIP）插件成本的 1/3，手工插装的成本是自动插装的 3 倍，同时可获得性低的零件还要在其材料成本的费用上额外增加 10 倍。于是，惠普 RND 实施了以下 9 个基于单元的成本驱动要素[19]：

（1）轴向插件的数量；

（2）径向插件的数量；

（3）DIP 插件的数量；

（4）手工插件的数量；

（5）检测的小时数；

（6）焊接接头的数量；

（7）电路板的数量；

（8）零件数量；

（9）插槽的数量。

7.6.3 惠普博伊斯表面贴装中心

惠普博伊斯表面贴装中心（BSMC）为表面贴装印制电路板的制造实施了 10 个

成本驱动要素（见表 7-1）。[20] 注意第 7 个驱动要素，鼓励的是零件的通用性。

表 7-1　成本驱动要素

序号	成本类别	驱动要素
1	胚板操作	印制电路板占整块坯板的百分比。如果一个坯板由 4 块印制电路板组成，那么每块印制电路板承担 25％的坯板费用
2	小型元器件的贴装	被贴装的小型元器件的数量
3	中型元器件的贴装	被贴装的中型元器件的数量
4	大型元器件的贴装	被贴装的大型元器件的数量
5	插入通孔的元器件	被插入通孔的带引线的元器件的数量
6	手工贴装的元器件	不能通过自动贴装、只能用手工贴装完成的所有元器件贴装所需要的分钟数
7	材料的采购和处理	电路板中特殊零件的数量
8	安排作业进度	6 个月内用于安排作业进度的小时数
9	装配准备	6 个月内用于装配准备的分钟数
10	检测和返工	每块电路板的检测和返工的分钟数

图 7-2 显示实施了这些成本驱动要素之后产品成本的变化。需要注意的是，1/3 的产品成本得到降低，而 2/3 的产品成本增加了，其中有一个产品的成本增加了 1 倍。

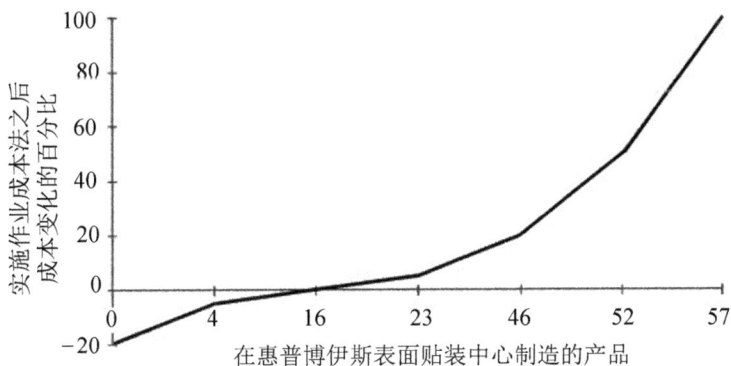

图 7-2　实施作业成本法之后成本的变化

《管理会计》（*Management Accunting*）上的一篇文章对这个结果进行了如下解释。

现在的会计师为产品设计和开发决策提供了重要的意见。在以前的成本系统内，所有间接成本被视为直接材料成本的一部分，并且很难理解一个电路板设计的改变会如何影响制造成本。另外，设计师几乎没有动机来优化电路板以提高生产效率。然而，在作业成本法的帮助下，成本系统得以反映生产过程，使工程师和生产管理人员可以轻松地看到设计的改变将如何影响成本。[21]

7.7 跟踪产品开发费用

由于某些企业认为不能让工程师跟踪其所从事的项目，所以这些企业未能收集到重要的信息，比如产品开发的费用。实际上，许多工程师确实会拒绝这种严格的要求。但是，这些信息对于做出产品开发和成本统计的正确决策来说是非常重要的。解决这一问题的方法如下。

（1）利用本书以及其他参考书目中的理论，强调这些信息的重要性。相关领域的一些专家指出，"实际上，一个企业的成本统计系统既可以创造也可以打破原本稳健的经营体系"。[22]

（2）让设计时间的跟踪变得更加容易。有一个近似的统计总比没有统计要强。惠普公司的一个部门运用"保龄球得分表"的方法来跟踪设计工作。他们发给每位工程师一张表，在表上将他们可能从事的每一项工作都画了线，每条线的右边有一个方框。如果某工程师一整天做的都是同一个项目，那么他就画出一个像打保龄球一次全中的标记"X"；如果他做了两个甚至更多的项目，就在每个项目备用的地方做一个标记"/"。因为这个系统很简单，所以工程师们愿意合作。由于他们本身就很认真仔细，因此他们最终甚至纠正了系统中不够精确的地方，并且自愿地开始添加更多精确的条目，如工作的小时数或时间比例。

如果紧急补救的行为很常见，那么需要制订足够的类目来跟踪记录这些产品或项目相关的工作，而它们最终会指派到各个产品上。

（3）按照要求去做。总成本统计需要输入充足的数据。如果高层主管认为这是一项重要的举措，那么企业里的每个人自然都要参与。强调其重要性，并使之简单化，能够让每项要求更加容易地实现，而且最终使之更加有效。

7.8　abc：低目标的作业成本法

有一本很好的指南介绍了容易实现的总成本 abc 方案，这本书就是道格拉斯·希克斯（Douglas Hicks）所著的《作业成本法》（*Activity-Based Costing*）。该书内容建立的前提是：近似的准确总比精确的错误要好；准确比精确更重要。[23]知道某个产品的负利润率为 –55% ~ 65%，比认为它的利润为精确的 10.89%更有意义（这些数据摘自附录 A 中 A.7 节总结的哈佛案例研究中）。

希克斯指出，对产品成本统计精确性的错误追求是不切实际的："没有一个成本核算系统能够为企业提供精确数据。所有产品成本的统计都是近似的。所有的成本统计系统都包含许多估计值和分配值，所以不可能是精确的。"

适当地考虑精确性，比"力求十全十美"的做法更容易实施作业成本法，尤其针对较小的企业。希克斯把这种低目标的作业成本法用小写字母 abc（与 ABC 区别开）表示，并将其描述为："在 abc 成本法，活动被定义为成组的相关过程或步骤，它们共同满足企业中某些特定的工作需要。在这种定义下，账目表明有利润的部门所从事的活动是最有可能有利润的。反之亦然。"

希克斯同样把整个采购任务当作一项活动，而不是区分采购中的所有活动。许多采购成本可以通过看板系统和"面包货车"补给系统来减免。另外，大批量订购更少的零件类型降低了采购成本并且增加了采购杠杆。《及时化采购》（*Just-in-Time Purchasing*）一书中发表的一篇研究报告表明：及时化系统的使用者希望把催交的工作量削减 1/3。[24]

7.8.1　估计

如果缺乏准确的定量数据，那么最好实施以下某些简化措施，而不是继续进行粗略的、不正确的成本分配。简化措施之一是：估计由某一特定成本驱动要素引起的活动成本所占据的百分比。例如，比较大批量生产与小批量生产引起的活动成本各自的百分比。因此，不是平均地分配成本，让每个产品分摊相同的费用，而是按比例分配，比例由小批量生产的产品负担 80% 的成本，大批量生产的产品负担 20% 的成本（这对应典型的帕累托效应）。

第 6 章介绍了一个很好的案例。当问采购经理购买标准零件的花费比例时，典型的估计是 10%，这意味着标准零件的材料间接成本是不常用零件的 1/10，而不常用零件的材料间接成本应设置为标准零件的 10 倍——这些设定都基于最初的估计。为了鼓励标准化，设计师应当反映的唯一成本是零件成本加上这部分材料间接成本，这将进而引导他们选择标准零件。

7.8.2　实施 abc 成本法

理解总成本统计对于相关的成本核算、定价和决策具有重要作用。对于任何成本削减计划，成本核算与削减成本的步骤同样重要，因为总成本核算能够：

- 帮助企业做出正确的、有效的战略决策；
- 持续指导降低成本的各种行为；
- 量化真正的成本节约（或损失），进而影响后续的决策。

实施 abc 成本法的驱动力应该来自于最积极的小组，而 abc 成本法的实施则应当由最有意愿和能力的小组执行，它可以是财务部门，也可以不是。

如果"作业成本法"不是一个合适的名称，你可以以一种减轻阻力并且增加支持的方式来处理和命名这个计划，称其为成本核算或决策制订模型。

确定各个活动中能够被量化的成本驱动要素，而不是和其他间接成本混为一谈。将量化的成本驱动要素数据并入总成本模型，及时地更新这些数据，确保总成本信息能够很容易地获得、理解，并应用于所有与成本相关的报告中，作为决策依据。

希克斯提出了一项实施 abc 成本法的简单方案，它强调准确性和相关性，而不是精确性。他创建了一种适用于电子表格（如 Excel）的 abc 成本模型。如果不使用电子表格建立模型，可以使用专门为 abc 成本法开发的软件。管理会计学会在关于 abc 成本法研究中介绍了 8 个案例，这些案例中的企业使用的都是基于 PC 的软件包。[25]

7.9　实施工作

大多数企业并不需要和跨国大型企业一样复杂的成本系统，只需要利用适量的资源就能实现一定程度的总成本统计，而很多企业往往错误地选用了复杂的成本系统。在管理学会研究的 8 个企业中，聘用外部顾问进行中度参与的企业平均使用了 2.1 个全时工作当量（Full Time Equivalent，FTE），在 6.5 个月内实现了 ABC 模型，而聘用顾问进行积极参与的企业则平均使用了 1.6 个 FTE，在 3 个月内实现了 ABC 模型的实施。[26]

一位参与者说："实施 abc 项目所耗费的时间在一家小型商用打印机企业上只需要 80 小时，而在一家有不良的财务和运作历史纪录的、大型汽车供应商则需要 500 小时。"[27]本书用一节的内容对总成本核算系统的实施进行了总结（见11.9 节）。

7.10　实施总成本策略的典型结果

当 ABC 项目实施完毕后，企业开始认识到真正的产品成本数据，这些数据往往是出乎意料的。库珀和卡普兰等人提到了"典型的 ABC 模式"，即只有几种产品具有较高的利润率，大多数产品处于或接近收支平衡，而有几种产品是非常不赚钱的。[28]关于施拉德 - 贝洛斯（Schrader-Bellows）公司的一项研究[29]表明：在 7 种原来被认为能够赚钱的产品中，有 3 种确实能够盈利，1 种刚刚达到收支平衡，另外3 种则是亏损的，其中 1 种还赔得很厉害。然而在成本核算系统改变之前，该工厂没有办法发现并淘汰亏损很厉害的产品（见 A.7 节）。

通常，总成本分析法得到的大多数产品制造成本往往比通常认为的要高，只有少数几个"货真价实的"产品例外。当惠普公司在其博伊斯表面贴装中心实施了上面提到的 9 个成本驱动要素之后，发现 72% 的产品其实际成本都比设想的要高（见图 7-2）。成本的调整范围则从略低一直到翻倍！[30]

当作者在英特尔（Intel）公司实施零件的标准化工作时运用了第 5 章所描述

的方法，其结果是 500 种通用零件被选作新设计的首选零件。与之前保留下来的 13 000 种可选用的零件相比，这 500 种通用零件确实降低了材料的间接成本，因为它们是以更大批量采购的，而且再订购也很容易。标准化实施项目希望鼓励工程师选用这些零件。为了反映出标准零件的优势和鼓励工程师选用标准零件，会计部门用一个具有双重结构的系统来处理材料的间接成本：一个是针对 13 000 种已认证零件的间接成本费用率的系统，另一个是针对 500 种通用零件的较低的间接成本费用率的系统。

7.11 注释

1. Michael R. Ostrenga, Terrence R. Ozan, Robert D. McIlhattan, and Marcus D. Harwood, *The Ernst & Young Guide to Total Cost Management* (1992, John Wiley & Sons).

2. Robin Cooper and Robert S. Kaplan, "How Cost Accounting Distorts Product Costs," *Management Accounting*, April 1988.

3. H. Thomas Johnson and Robert Kaplan, Relevance Lost: *The Rise and Fall of Management Accounting* (1991, Harvard Business School Press).

4. Ostrenga et al., *Ernst & Young Guide*.

5. Doug T. Hicks, *Activity-Based Costing: Making It Work for Small and Mid-Sized Companies* (2002, Wiley).

6. Johnson and Kaplan, *Relevance Lost*.

7. Robin Cooper, Robert S. Kaplan, Lawrence S. Maisel, Eileen Morrissey, and Ronald M. Oehm, *Implementing Activity-Based Cost Management* (1992, Institute of Management Accountants, Montvale, NJ), p. 4.

8. Johnson and Kaplan, *Relevance Lost*.

9. Ostrenga et al., *Ernst & Young Guide*, p. 146.

10. Johnson and Kaplan, *Relevance Lost*.

11. Ibid.

12. Peter M. Senge, *The Fifth Discipline: The Art and Practice of the Learning Organization* (1990, Doubleday/Currency).

13. Johnson and Kaplan, *Relevance Lost*.

14. Robert S. Kaplan, "Must CIM Be Justified by Faith Alone?" *Harvard Business Review*, March–April 1986, p. 87.

15. Roger L Martin and Jennifer Reil, "Innovation's Accidental Enemies," *Business Week*, January 25, 2010, p. 72.

16. Cooper et al., *Implementing Activity-Based Cost Management*, p. 7.

17. For a complete list of quality costs, see Jack Campanella, Editor, *Principles of Quality Costs: Principles, Implementation, and Use* (1999, Quality Press, American Society for Quality).

18. Robin Cooper and Peter B. B. Turney, "Internally Focused Activity-Based Costing Systems," *Measures of Manufacturing Excellence*, edited by Robert S. Kaplan (1990, Harvard Business School Press), pp. 292–293.

19. Ibid., pp. 294–296.

20. Mike Merz and Arlene Harding, "ABC Puts Accountants on Design Team at HP," *Management Accounting*, September 1993, pp. 22–27.

21. Ibid., pp. 22–27.

22. Hicks, *Activity-Based Costing*. Also see the article about the "abc solution" at Doug Hicks' website: www.dthicksco.com.

23. Ibid.

24. A. Ansari and B. Modarress, *Just-in-Time Purchasing* (1990, Free Press), p. 44.

25. Cooper et al., *Implementing Activity-Based Cost Management*, pp. 6, 25, and 256.

26. Ibid., p. 296.

27. Hicks, *Activity-Based Costing*.

28. Cooper et al., *Implementing Activity-Based Cost Management*, p. 5.

29. 施拉德·贝洛斯的案例研究在哈佛商学院案例系列 9-186-272 中进行了介绍；a summary of the findings appears in "How Cost Accounting Distorts Product Costs," by Robin Cooper and Robert S. Kaplan, *Management Accounting*, April 1988.

30. Merz and Hardy, *Management Accounting*.

D E S I G N
for MANUFACTURABILITY

How to Use Concurrent Engineering
to
Rapidly Develop Low-Cost, High-Quality Products
for
Lean Production

第四部分
设计准则

第 8 章　产品设计的 DFM 准则

本章列举了一些产品设计策略常用的准则，并介绍了装配策略、紧固策略、装配动态和测试策略的相关内容。这些策略是图 3-1 所示的体系概念 / 结构的重要组成部分。

8.1　装配设计

所有工程师都应当学习产品相关的装配方式，设计对应的执行计划并权衡利弊，择优避差。基于本书所介绍的知识和 DFM 的潜在优势，我们在设计过程中将会遇到新的装配问题，而旧的问题则能够得到解决。

设计的目标是用更少的零件、已经装配好的现成零件和已经整合到单片电路板、铸件、冲压件、挤压件和模制品中的配件进行简化装配。在装配设计中要实现无技巧、无判断力干预的操作，尽量减少人力工作，例如用连接器取代接线片和手工焊接。设计小组应当设法设计出无须使用任何液体进行紧固、黏结或密封的产品，并设法消除产品装配过程中的调准或任何扭转操作。

以自动化跳汰方式或能够自动对齐插头、插槽和其他结构特征的零件为基础，设计简单化的装配结构。设计对称化的零件，从而减少重定向过程。在每个操作工位，减少零件的种类并规范化限定每个工位只配备一个紧固件。同时，减少每个工位的工具种类，并且规范化限定每个工位只配备一个扭矩器、一个密封剂和一种黏合剂。为了避免失误，应详细标注每一种操作的流程。零件和夹具的设计以同步交互方式进行，从而降低装配难度，确保装配的准确性。

通过以下方式，减少人工对机床内零件族进行配置的工作：

- 确定零件的结构以及与之相连的夹具部分结构；
- 加工零件和夹具上的插脚、衬套或铰孔（见准则 A3）；
- 同步设计的夹具因其多功能特性，能够迅速、精确地装载零件族内的所有零件，图 4-2 采用了最优基准尺寸标注法。

零件组合是一项技术，用于减少零件数量并简化装配过程。组合好的零件不过大、过复杂的话，需要引入昂贵的加工处理过程或大型机床，这是我们不愿意看到的。

组合零件具有以下优点：它免除了接口结构的制造，保留了耐受性，同时节省了装配所需的时间和开支。

一台机床的一次配置足以制造出适当的组合零件。具体例子包括：将零件集成在单片塑料或加工过的部件上、将集成电路组合在超大规模集成电路（VLSI）或专用集成电路（Application Specific Integrated Circuit，ASIC）上，以及将多个电路板组合成单个电路板从而减少卡栏和板间布线的操作。

可以根据如下几个问题判断组合零件是否适用：

（1）当零件在运作的时候，相邻的零件是否需要借助彼此来运作？

（2）相邻的零件是否必须以不同的材料制成？

（3）相邻的零件在装配或服务过程中是否必须分离？

如果这三个问题的答案都是否，那么就可以考虑将所有零件整合为一个整体。需要注意的是，针对每个不同零件的接口应设计特定的几何结构，并保证所有接口的耐受性。

取消接口，则避免了设计接口结构和保持其耐受性的需求。

8.2 装配设计的指导准则

为了清晰地表述，本书所有指导准则将会采用如表 8-1 所示的编号系统。每个公司都应该制订最有利于自身运转的编号方式。使用不同类目的指导准则，便于将新的指导准则加入合适的类别，而不是简单地直接添加在列表最后。如果新的指导准则被安排在相关内容的旁边，那么设计者在引用准则的时候可将其视为一类。通过这种形式，新的指导准则在设计的过程中不容易被遗漏。

表 8-1　编号系统示例

前缀	类目
A	装配策略（Assembly Strategy）
F	紧固（Fastening）
M	动态装配（Motions of Assembly
T	测试（Test）
S	标准化（Standardization）
P	零件形状（Part Shape）
H	自动化处理（Handling by Automation）
Q	质量和可靠性（Quality and Reliability）
R	修理和维护（Repair and Maintenance）

如果需要以清单的形式列出指导准则，那么应当修改用词以强调清单列项。设计小组和管理人员通过检查清单可以发现指导原则是否被遵守，或产品的某个目标偏离了多少，比如 0 还是 100%。

A1：学习现在、以前和其他相关产品中出现的制造问题。为了更好地从以往的经验中学习，并且不再犯同样的错误（见 3.3 节），我们学习现在和过去产品中存在的所有问题是非常必要的，这些问题与可制造性、生产导入、质量、可修理性、适用性、安规测试性能等相关。这一条特别适用于旧的工程设计被新的设计所囊括的情形。可以在清单里将学完的项目标记为"完成"，表示已交付。

A2：为实现有效的生产、处理和装配过程而设计，识别出难以执行的工作项目并通过设计避免这些项目。在设计产品的同时，对装配序列进行并行化处理。简单的零件生产、材料处理和产品装配过程是最根本的设计理念。即使人工费用只占据售价的一小部分，生产、处理和装配过程中所产生的问题仍会带来庞大的间接费用，进而导致生产滞后，长时间占用珍贵资源。

A3：消除过度约束条件从而降低对容限的要求。当约束条件超过了最低要求，那么过度约束的情况便会出现。例如，用四个螺栓来连接两个钢架、用四个刚性架构的轴承来安置一个刚性平板，或通过将多个圆销插入圆孔来实现两个部件的精准匹配（这些操作的解决方案会在下面给出）。

如果针对一个既定的设计，只有当所有的部件严格地甚至不切实际地满足了紧密度容限的要求才能正常运转，那么这种过度约束会带来高昂的代价，还会造成质量问题并降低功能性。约束条件不足会导致过多的自由度（某处松了）；约束条件过多则会带来过度约束的麻烦。幸运的是，过度约束情况很容易避免，通过精确限定约束条件的数量便能解决这个问题，下面是一些解决方案。

（1）在三个不共线（而不是四个）的对应点位上装载轴承座或刚性构件。除非四点式的装载模式能创造完美的工程容限（通常这是非常罕见且昂贵的），三点式装载已经能够完成定位，而第四个点位会造成两个结构的扭曲。

（2）用圆销和菱形销来实现零件的临界对准。用便宜但紧密度容限高的定位销来定位关键零件。对准如图 8-1 所示的高紧密度容限的孔洞可以很容易地用铰刀来实现。为了消除孔洞之间存在的容限度匹配问题，用一个圆销在 x 和 y 方向进行定准，然后用一个菱形销从角度上来定准。

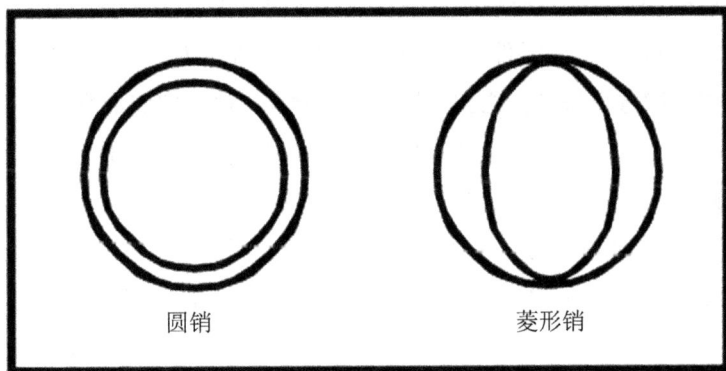

图 8-1　用圆销和菱形销实现对准

这种组装技术将加工件固定在一起形成恒定应力的组件，其中每个部分的厚度与其负载成比例，应用该组装技术可节约材料、重量和成本。这些零件能够用数控机床快速而且廉价地制成，数控机床能够自动切削零件的形状并且钻铰对应的孔洞。因此，不会出现用不上的材料——比如恒定截面的零件需要生产多个尺寸从而负担最高的负载（它们的作用是固定或支持其他零件）。如果零件是从一个单独的金属板料上切割而成（这在航空航天工业是非常普遍的），那么也不会有材料浪费的情况出现。

A4：能够无障碍地安装零件和使用工具。每个零件不仅应当设计为能够安置在它的目标位置，同样还需要设计能够将它组装到产品内部的路径。这个操作不能让零件或产品本身受损，而且更不能对工人造成危害。

同样重要的是工具的使用以及工具的操作者，无论使用工具的是工人或者机械手臂，通常都需要更多的空间。在安装过程中，会使用螺丝刀、扳手、焊枪、电子探针等工具。请记住，工人可能一整天都在组装这些产品，而在组装每个产品的过程中如果因为空间狭小或不能轻松地拿到工具使工人不得不扭曲动作来完成操作，容易导致工人疲劳、很慢的吞吐量、产品质量差，甚至造成工伤。此外，还需要为现场维修保留足够的访问空间，这时候需要的工具可能更简单或更笨重。

A5：使用能够单独更换的零件。配备可独立更换零件的产品更容易维修，因为目标零件能够在不移除其他零件的前提下得到更换。装配的顺序变得更加灵活，因为零件能够以任何顺序安置。这在零件短缺的时候非常重要，这意味着产品可以在难以建造的零件到达之前，先装配其他零件。

A6：对装配进行排序，先安装最可靠的零件，最后安装最可能损坏的零件。如果零件必须依次组装，确保最容易损坏的零件能够被方便地移除。这对于工厂组装和现场维修而言都很重要。

A7：确保能够方便地添加别的功能。可独立更换零件的另一个优点是能够方便地在以后添加别的功能，无论是在工厂内部还是在现场维修点，这一点都非常重要。应当预测未来可添加功能，产品也应设计为能够加载这些功能的形式。考虑重点包括为后续增加零件提供空间、安装孔、零件通道、工具通道、软件重新配置、额外的实用容量，以及升级的安全保障。

A8：确保产品寿命可以通过未来的升级得到扩展。早期考虑产品升级战略对于延长产品的使用寿命来说至关重要。应当预测技术的进步从而让产品可以在不进行重新设计的前提下得到升级。模块化设计理念（见4.7节）可让那些容易过时的模块被升级后的新模块取代。通过升级延长产品寿命能让产品在开发和导入成本收回之后产生更多的利润（图3-3显示了升级的价值）。

A9：适当地将产品结构化为各种模块和子组件的合集。使用子组件可以简化制造，因为我们可以单独地生产和检测各种子组件。如果子组件的工艺与产品的工艺差别很大的话，可以在一个专职部门建造这些子组件，如净室组装（在无尘室进行组装）。

如果整个产品由一系列预先测试过的组件组合而成，那么可以免于产品检测或只在产品出货之前进行一项最终合格 / 不合格测试。在设计中如果有一个子组件存在潜在的质量问题，那么测试和诊断的重点应当集中在该组件上。产品的其余部分则依靠过程控制系统。

用子组件构建而成的产品能够容易地在工厂或现场维修点进行维修，只需要简单地更换受损的子组件即可，而该受损子组件可以再发送回其专门装配点进行维修。见 4.7 节关于模块化设计的讨论。

A10：尽量不要使用液体黏合剂和密封剂。在紧固时，想方设法使用替代方案，例如使用涂有助留剂的螺钉或螺母、带有可变形螺钉的紧固件，以及最好利用防松垫圈。通过设计消除对液体密封剂的潜在需求，例如设计最佳的封装外壳和内置密封结构。液体黏合剂需要的干燥时间长，会降低流动制造的效率。

通过设计消除使用密封剂进行电弧防护的操作，例如设置最佳间距、嵌入绝缘层或分区。用预先测量过的现货零件或制造零件来实施密封过程，例如使用硬质垫片、柔性垫圈、自定义模制弹性垫圈或 O 形环，所有这些零件都应当能够自动固定在产品内部。

如果可以使用液体黏合剂或密封剂，选择一种后，一直贯彻下去；一定要优化零件调整和维修策略；对同一个应用程序进行标准化（避免程序错误）；对每个工作站的黏合剂进行标准化（避免选错黏合剂）；避免胶水收缩导致的缺口、开裂或结构破损。如果合理，使用机械自动涂抹黏合剂或利用拾放设备。

A11：尽量不要使用按压法。按压过程对零件的公差带来挑战，增加了零件出问题的可能。成功的组装和操作可能对温度、清洁度和程序都很敏感，而按压后的零件在服务或回收时可能无法成功分离。

设计的第一步是深入研究各种可替代品。如果需要使用按压零件，那么规划最佳的位置、方向、按压力度等；确保配对的零件不会刮伤、损坏或黏合；确

保接合表面不含污染物；在每个工作站仅设置一个固定夹具和程序；优化干扰 /
容限设计；保证配对零件的整体容限。

进行按压配合（过盈配合）和收缩配合的配对零件必须有合适的尺寸和公
差。[1] 配合过于宽松则无法承受所有的工作条件；配合太紧可能无法组装或拆卸
（详见 10.2 节关于公差的讨论）。确保按压配合不会损坏其服务性。使用轧制弹
簧钢板制成的 C 形弹性柱销或螺旋缠绕筒会放松按压配合的容限。更多的装配
准则（关于防错）可以参见第 10 章。

8.3 紧固准则

F1：使用总数量最小的紧固件。紧固件可能只占据产品直接材料成本的 5%，
但是与其相关的劳动力成本可能占据总装配成本的 75%。[2] 对于紧固型装配，零件
必须在装配之前选择合适的紧固件并定位、安置好工具、设置合适的扭力矩，并
且可能需要为下一个作业替换工具。此外，必须订购紧固件并运送到使用点。紧
固件本身可能还需要进行组装（例如，将螺栓和垫圈组合，但是可以订购附有垫
圈的螺栓）。在某些情况下，用机器人或其他自动化设备进行紧固件装配可能非常
困难甚至无法实现，这时可以通过整合零件来消除紧固件，如 9.5 节所讨论的。

F2：根据紧固件数量、紧固工具和紧固件扭矩设置让紧固件的标准最大化。
紧固件标准化很容易实现而且能够为制造带来巨大的好处，如减少订购、接收、
登记、存储、发行、装载、组装和重新补货的零件数量。采购成本将被削减，
而标准紧固件订单数量的增加将获得更高的折扣和更好的交付服务，供应商可
以通过"面包货车"的形式简单地对所有工厂的零件仓进行补货。[3]

无论什么样的输送系统，都不太可能出现标准紧固件短缺或耽误生产的情
况。此外，标准紧固件在现场更容易存放，也不需要太多维护工具——这在运
输途中修理复杂产品时，是一个很重要的考虑因素。

实施紧固件标准化最有效的方法是设定规范。我曾经重新设计了一个食品
加工设备，该设备经过多年的演变配备了 150 个不同类型的紧固件，现场维修
的工具箱非常繁重。重新设计的设备没有任何螺母并且只有两种类型的螺栓：

大尺寸和小尺寸。

仔细选择螺栓种类有利于更广泛地使用。多个等级（强度或防锈程度上）的螺栓可以合并为一个较好的等级，该等级能适用于所有的应用。紧固件成本的差异与标准化所带来的收益相比将是非常微小的。

F3：优化紧固策略。 考虑本节所介绍的准则，先确定标准紧固件，从而优化产品的紧固件策略。对工作站进行并行设计，使每个工作站使用的紧固件不超过一种，从而：

- 简化供应链；
- 实现防错组装（见 10.7 节）；
- 使用自动送料螺丝刀。

F4：确保螺钉是标准化的，并且有正确的几何形状，以便自动送料螺丝刀可以使用。 一个特制的电动螺丝刀能够从软管自动送入螺钉，将螺钉定位在刀头下。当螺丝刀定位在孔洞位置上并且被激活后，螺杆会将螺钉顶入洞口，并且施加一个预设的扭力来完成工作。

自动送料螺丝刀价格便宜，并且大大提高了生产效率。对于自动紧固操作而言，可以将它们安装在一个机械臂或特殊的自动化机械上。然而，自动送料螺丝刀有些笨重，因此设计师必须规划工具访问方式，如 A4 准则所描述的。螺钉的几何形状必须满足设备的规格。通常螺钉长度必须根据设备制造商规定的比例高于螺钉头的直径。

自动送料螺丝刀可以只使用一种类型的螺钉。但是由于太笨重，每个工作站只能安置一台，因此每个工作站使用的螺钉应当标准化为一个尺寸。开发团队需要实践并行工程并且在构建工作流程和每个工作站的规划时确定标准的螺钉。

F5：设计向下运动的螺钉安装过程。 特别是为了保持工具和螺钉的契合需要施加一个向下的力时，螺钉更容易从上方放置。对于人工操作而言，从上面使力不容易疲劳。许多机器人可以在水平平面上定位所有螺钉，同时垂直施加作用力。

F6：尽量少使用单独螺母。 单独的螺母通常需要一个工人在安装螺栓时定位螺母。这会减慢人工装配流程，尤其在螺母的位置很难看到或找到的情况下更是如此。对自动进料螺丝刀实施半自动操作的效率非常低，尤其工人需要在激活螺丝刀的同时定位螺母时。不建议为了安装螺栓和螺母而使用两台机器人。通过螺纹孔、自攻螺钉或依附在被紧固零件对应位置上的锁紧螺母来取消单独螺母。

F7：在适用的情况下，考虑系留紧固件。系留紧固件通过某些方式被依附在零件上，如按压式（锁紧螺母或螺栓）、附在零件身上（如螺纹铆钉）或焊接到零件身上（如焊接螺母或螺栓）。它们可以用作螺纹孔（螺母）或外螺纹（螺柱）。锁紧螺母或焊接螺母在零件上可以被用作螺纹孔，但它们必须从与螺栓相对的另一面进行安装。有数百种现成可购买的标准系留紧固件、铆接紧固件和焊接紧固件。

F8：避免使用单独的垫圈。单独的垫圈增加了订购、交付和组装的零件种类。如果不慎遗忘安装垫圈，可能会导致很多问题。工人通常很难与螺母一并安装这些垫圈，而且几乎不可能实现自动化安装。垫圈可以系留在螺栓或螺母上，这样它可以随着紧固件旋紧。或者垫圈层可以作为一个单件式螺栓或螺母集成的部分。

F9：避免使用单独的防松垫圈。关于单独垫圈的论点也适用于防松垫圈。有很多方法可用于锁紧紧固件，而不需要使用单独的防松垫圈。系留垫圈可以附加在螺母上作为一个独立的部分自由旋转。螺母或螺栓表面的闭锁突笋也是可行的方案。紧固件供应商使用多种防松螺纹技术，包括使用变形螺纹、对螺纹施力的塑料塞 / 环、化学锁定剂，以及通过设计让旋紧时螺母的一部分夹紧螺纹。数百种不同的自锁紧固件都可以购买现成品。一定要根据自锁紧固件可安全重复使用的次数来协调紧固件的选择和修理策略。

8.4　动态装配准则

M1：设计在装配时能够简单、正确而且准确对准的零件。按照以下的优先次序进行考虑：

- 不需要对准时，可以使用对称、防错技术（10.7 节有所讨论）和其他方式来实现目标；
- 自适应零件，使用巧妙的几何设计来对准和定位零件以便进行紧固、压制、胶合、焊接、铜焊或熔接；

- 某些零件的特性允许使用简单的夹具或自动化设备来实现对准；
- 采用简单手动对准技术，如借助气压进行辅助对准；
- 避免在压装操作中使用人工进行零件定位。

M2：除非客户需要，产品不应该进行任何微调或任何机械、电气调校。设计在装配时不需要微调或调校的产品。调整会减慢装配过程，如果未能正确操作还可能导致质量问题。产品设计的目标应当是零位调整，而且设计团队应当发挥所有的创意来实现这个目标。如果客户使用时需要调整，应当提供一个默认设置，能够在生产过程中方便地进行设定，例如设置一个扳手、一个清晰的标记或提供软件的最佳设置。

M3：如果必须进行调整，确保这些调整是独立而且容易实现的。确保必要的调整与其他调整不相互干涉，并且能够方便、一致地实现。

M4：消除在制造时进行校准的需要，如果必须校准，设计方便校准的方式。校准是一种形式的调整，它非常耗时而且需要使用特殊的设备和经过训练的人员。通常，校准只能在产品完全组装到位后再进行，这让校准的实施变得更加困难。如果校准是必要的，确保它能够方便、一致地实现。

M5：以方便进行单独测试 / 认证为目标进行设计。设计模块 / 组件及其工艺使其能够通过单独的测试和认证，从而最大限度地减少纠正措施的实施。设计合适的模块，确保其通过认证后组装的零件也必然能够通过认证，而不需要实施最终产品认证的步骤。

M6：尽量少使用电线；将电子组件直接连接到一起。电缆总成的构建和安装对工人来说是非常耗时的，而且几乎不可能进行自动化处理。更好的选择是通过设计并且使用合适的连接器将电子组件直接连到一起。

M7：最大限度地减少电缆和布线线束的种类。如果需要使用电缆，尽量减少电缆的针脚类型、长度和连接器主体样式。即使有些应用不需要使用所有的线路，也应对线束进行标准化，使其适用于多种产品。即使有些应用不需要太长的线路，也应使用一些常见的长度，对连接器主体类型进行标准化也会大大减少电缆装配时需要的工具数量。

8.5 测试策略和准则

根据需要开发测试策略（见图 10-1）。通过绘制严重程度与频率的关系图对经验教训进行优先排列。根据设计和制造阶段将质量整合到产品内部的程度，确定需要测试的范围和故障模式。决定是否需要诊断测试或工艺质量是否高到能够排除故障的程度。确保产品在架构阶段的可测试性，这要求测试工程师在早期参与产品开发。这种做法能够最大限度地减少测试开发和测试设备所消耗的时间和成本。具体准则如下：

- 保留足够的测试访问空间，包括测试用焊点和空间以便接入测试探头，需要在设计电路板时将其加入；
- 使用标准或柔性测试夹具，最大限度地减少夹具成本和转换时间；
- 与标准测试设备、程序、连接器等相兼容；
- 测试开发应当与测试设备并行进行，特别需要注意的是，多个生产基地在测试基础结构上的需求，其中每个站点都需要一个完备的测试基础结构；
- 开发通用的测试程序，以减少测试开发和转换时间；
- 电路板和系统需要提供测试端口和连接器；
- 内置测试，如果必要且可行的话，通过远程监控和诊断来实现；
- 根据几何尺寸和公差（GD & T）信息，优化基准尺寸以协助尺寸检查；
- 通过实验设计确保其统计学上的显著性。

对过去或预期测试的总成本进行量化，从而帮助实现以质量为目标的设计和将质量整合到产品内部的工作，同时有助于避免诊断测试在设备和开发上的成本。

T1：产品能够接受测试从而确保理想的质量。如果对过程控制和合格 / 不合格的功能测试的信心不足，在不进行复杂测试的前提下仅凭前者的结果无法保证发货质量，那么需要对这些产品进行测试。产品应当设计为能够有效率地接受测试的形式。测试开发可能需要包括复杂产品的诊断。使用足够高水准的产品加工工艺可以消除对复杂产品测试的需要（见 8.6 节）。

T2：组件和模块被设计成便于进行独立测试的结构。准则 A9 提倡使用模块和组件来简化制造流程。它们应该被构造为在组装之前可以分别进行测试的形式。如果所有的组件单独运行，组件之间的交互应当可以进行准确的估计，从而有效确定产品的工作状态。当组件被装配到产品内部之后，能够单独对组件进行测试也是非常有用的。

T3：可以通过标准测试仪器进行测试。设计能够快速地使用标准测试仪器来完成测试，标准测试仪器很容易获得，并且不需要设计、修改或调试，而定制的测试仪器则需要这些步骤。此外，使用标准测试仪器能够更容易地让客户进行现场维修，客户可能拥有这些仪器或知道如何使用这些仪器。也可考虑使用内置的自检测试，让产品本身能够进行测试而不需要外部测试仪器。

T4：测试仪器有足够的访问通道。正如准则 A4 所阐述的，零件和工具需要足够的访问通道一样，测试仪器也需要足够的访问通道。对于电子产品而言，可能需要将测试点设置在印刷电路板上，即使产品已经组装完成，内置的一些特殊的测试端口也依然能够访问。考虑到如果模块和组件需要在产品内进行单独测试，那么测试仪器通道需要预先规划。

T5：最大限度地减少花费在产品测试上的精力，使其与质量目标相一致。因为测试本身不是一个增值行为，所以应当以最少的测试工作来实现产品质量目标。过程控制能够省略大部分测试。如果质量缺陷足够少，则只需要进行简单的合格 / 不合格测试，而不需要实施诊断测试（见 8.6 节）。组件测试可能降低了组装产品的测试需求。

T6：测试之前应当进行充分的诊断以尽可能缩短维修时间。如果测试失败率高，测试应当辅助诊断以尽可能缩短维修时间。如果产品很复杂，测试诊断可能在进行任何维修时都需要执行。然而，制造企业应当努力让他们的工艺得到良好的控制，从而需要进行诊断。实际上，如果失败率足够低，可以直接淘汰最后未能通过合格 / 不合格测试的产品，这节约了诊断测试开发以及测试和维修本身的费用。

8.6　质量测试与在制造中控制质量

8.6.1　使用诊断测试检测质量

诊断测试（如对印刷电路板使用自动测试设备）在测试失败率高而且许多电路板需要进行维修的前提下是必要的。诊断测试能够找出问题元件然后通知返修人员来替换它。但是：

- 自动测试设备价格昂贵，耗资数百万美元，还有高额的培训费用、工具（测试夹具）和基础设施；

- 为了保持完整性，多个不同的工厂需要相同的设备和基础设施，即使有的工厂并不需要，因此，每一个建造该类型产品的工厂都需要安装价值百万美元的测试仪器；

- 测试开发在许多情况下等同于或超出了电路板开发所需要的成本和工作时间，进行测试开发的工程师如果能够致力于设计新产品，那么对企业发展来说更有益处。

8.6.2　在制造中控制质量以消除诊断测试

质量应当通过稳健设计和过程控制得到保证，并且在源头处确保零件质量（见第 10 章）。在一些情况下，功能测试结果会到达一个盈亏平衡点，即诊断测试的总成本即将超过废弃不合格产品的成本。

在印刷电路板的生产中，IBM 认为如果一次通过率高于 98.5%，那么可以免除诊断测试并丢弃故障的电路板。如果仍然需要产品测试而并未使用诊断测试，那么需要通过合格 / 不合格功能测试和内置的自检测试来测试所有在服务中使用到的功能。

8.7　维修和保养设计

产品越需要在工厂或现场进行维修，那么维修设计就越重要。维修策略的内容之一是简单地进行零件或模块的更换，对于故障的零件本身则进行修复、丢弃或回收。

产品易于修复的需求程度取决于产品的可靠性和对产品正常运行时间（产品的准备时间）的要求。

8.8　维修准则

R1：**能够运用测试来诊断问题**。根据产品的复杂性和产品在工厂或现场故障的概率来确定一个用于提供诊断信息的一致的方法。测试失败率高的产品如果难以修复，则会拖垮制造工厂。诊断信息可以确定问题所在，并且提供维修操作的相关建议。

是否需要在测试中加入诊断能力取决于独立诊断问题固有的难度。一些复杂的产品可能需要几小时才能被普通的诊断工具分析出结果，甚至可能需要运用高级的测试技术所包含的先进诊断能力。

R2：**确保最重要的维修任务能够容易地完成**。预先考虑最可能需要进行的维修任务和计划，以便降低维修难度。这适用于零件移除、零件重新安装、准备所需的工具和必要的技能。如果需要客户亲自维修，那么降低维修难度是非常重要的。

R3：**确保维修任务使用最少的零件**。如果通用的紧固件被设计到产品当中，那么它也意味着维修工具的通用。在确定了紧固件之后，确保对应的常用工具种类最少。可维修度对客户来说非常重要，而常用维修工具也可能是他们的购买标准之一。

避免使用专用工具，除非因为技术要求或安全因素无须考虑用户的使用需求。特殊工具增加了需要提供给维修处的工具种类。此外，客户可能因为常用工具无法实施维修工作而不满。用户甚至工厂的工人可能因为没有专用工具而使用了一些相近的工具，导致零件受损或组装不完整。如果现场维修需要远程进行，而维修人员无法携带大量工具，那么一个小型的工具套装将会非常有用。

R4：**设计能够快速拆卸的特性**。如果更换零件必须快速完成，应当提供快速拆卸功能以便快速地移除零件，如使用 1/4 转紧固件。如果需要快速分离，可以使用电子连接器和液压快卸配件。

R5：确保易坏和易损零件可以用一次性配件进行更换。如果一些零件在产品的寿命周期内很容易出现故障或磨损，那么这些零件应当被设计为可以很容易地使用一次性配件（或可修复配件）进行更换的形式。如果某个区域容易受到磨损，用可替换的耐磨条或耐磨片来保护该区域。汽车制动蹄块和制动蹄片是很常见的例子，尽管不同的车之间更换制动零件的难易度不同。

R6：在产品中附上价格低廉的备件。可以在产品中添加备件，这种做法对于廉价的零件而言并不会耗费太多成本，对于用户来说却非常有用。比如，在电子产品中附加保险丝、在衣服上缝上附加的纽扣、为喷漆罐附上额外的喷嘴，以及为信号灯、汽车尾灯和投影仪提供额外的灯泡。事实上，一些投影仪甚至可以通过移动一个外侧的杠杆来替换整个灯光组件。高耐磨零件可以列入产品的备件内，例如为伸缩道具提供额外的刀片。同样的原理可以应用到易损件上，例如为螺丝刀提供不同的附加工具头。如果不能在产品中加入备件，那么至少应当预留一个空间让用户保存自己的备件。

R7：确保备件的可获得性。确保备件是现成可获得的。试图独占备件业务或将产品设计为使用少见零件的形式是非常冒险的经营策略。使用工业标准零件可以极大地提高维修能力。客户很高兴能够从当地供应源处及时获得他们需要的零件。对于只能从产品制造商获得的零件，可建议客户购买一个备件包以应对紧急停工情况。

R8：使用可更换模块的模块化设计。模块化设计的一个优势是它把模块更换作为一种修复策略。故障模块可以返回维修处或工厂进行维修。

模块化维修尤其适用于需要快速维修的情况以及需要使用专业设备来维修的模块。它避免在产品使用点设置维修处，尤其在产品极为庞大并且难以移动的情况下，其维修将会非常困难。

R9：确保模块在产品内部的时候能够对模块进行测试、诊断和调整。直接对产品内部的模块或组件进行测试能够节约时间并避免处理不当造成的损坏。理想情况下，应当能够通过控制系统或使用软件指令来测试模块。如果需要的话，模块应该可以被断连（在安全的前提下），然后仍然能在产品内部对其进行测试。如果需要调整模块，确保能够在模块置于产品内部的前提下进行，优先选择从产品控制端进行调整。确保模块调整是独立的，不会影响其他功能。

R10：**应当确保一些敏感的调整不受其他意外变更的影响**。在服务、维修或维护期间，应当确保所有的调整不会受到意外变化的影响。调整和设置应当锁定在最终位置上。调整控制盘应当被锁定或进行加盖保护以防止意外。

R11：**避免产品在维修过程中受损**。产品应当受到保护，以免在工人进行维修操作、使用工具和移除其他零件时将其损坏。分区和隔离层有助于对零件进行保护。子组件可能需要使用机械脚或保护罩来保护，防止其在移除之后，因为处理不当而受损。

R12：**使用零件移除辅助工具以便快速地移除零件并避免损伤零件**。如果零件、模块或子组件需要被移除，可以使用各种移除辅助工具，如轨道、滑轨、导轨、钩子、手柄等来降低移除难度。许多汽车发动机在其重心处安装了钩子，以便辅助工厂组装和维修拆卸的操作。可以在适当的移除部位加上价格低廉的手柄。子组件的安装经常使用很多标准的滑动构件，这样能够让这些子组件滑出，以便于维修，这在很多电子系统中非常普遍。所有这些措施不仅让零件移除工作变得容易，而且让移除过程变得更加迅速和安全。

R13：**使用熔断器和过载保护装置来保护零件**。通过使用熔断器和过载保护装置对零件进行保护能够避免一些维修操作。电子熔线是保护电子设备的常用装置。机械过载保护装置可用于保护机械设备。在许多应用中，这些装置是确保安全性的必需品。

R14：**确保任何模块和子组件可以通过一个检修门或罩板进行访问**。对于较大系统而言，这会让维修变得更加方便。子组件的移除也应当能够通过单个检修门来完成。

R15：**不可拆卸的检修盖在打开状态下应当自动支撑**。如果系统设置了检修盖或检修门，它们在打开状态下应当能够自动支撑，例如大多数车门、发动机罩和行李箱盖。

R16：**模块和子组件的连接线应当方便访问并且容易断开**。如果需要移除或断开子组件，连接线必须能够访问（对于工人和工具）、容易断开，而且容易重新连接。

R17：**确保维修、服务或维护任务不会构成安全隐患**。预先规划所有可能的维修、服务和维护任务，并确保工人不会受到电击、高温、尖锐边缘、移动零件、化学污染等危害。预先考虑未受过训练的用户试图进行服务和维修的可能性，可以使用警示标志并在检修门打开时切断电源的联动装置。如果未经授权的维修可能会造成安全隐患，应使用锁扣或特殊访问工具来防止未经授权的访问。

对于大型产品和生产设备而言，维修人员经常会在一些特殊的"锁定"开关（被设计到设备自身内）上使用自己独有的挂锁，确保维修过程中没有人能够打开机器。如果很多人同时进行机器的维修，那么每个维修人员都会在这个"锁定"开关上锁上自己的挂锁，必须解开所有的挂锁才能开启机器。

R18：**确保子组件的安置方向被明确地标注在可以看见的位置**。如果模块或组件为了维修需要被移除，确保维修人员记住了它们的位置和方向，以便正确地重新安装。应当在可见位置嵌入明确的标识或标志，以指示零件哪个部位应当朝上，或者哪一面应当与其他零件相连。使用极化电子连接器以避免重新连接时出现错误。

R19：**在进行紧固之前，使用合适的方法来定位组件**。如准则 M1 所描述的，在紧固之前，如果子组件能够用导轨、销、轨道、卡扣等进行定位，那么模块和子组件的重新安装会更加容易而且更加精确。当元件正确的方向难以观察到的时候，这么做是非常重要的。

这与维修也有一定关系，参见 8.2 节的装配准则 A4 ~ A6。

8.9 服务与维修设计

除了在工厂内进行维修设计，设计团队还应当主动设计能够在现场进行快速方便的服务和维修的产品。设计便于现场维修的产品比设计便于工厂维修的产品难度更高，因为现场维修可能无法配备和工厂设备一样精密的测试和维修设备。

- 了解当前和过去产品在维护保养方面的经验，包括哪些设计特性非常有效，哪些会阻碍其服务性。
- 不要试图用过高水准的现场服务来弥补设计的缺陷、残缺或低质量问题。
- 避免"无知是福"的观念（对服务没有给予足够的重视）。

- 避免"根据传言进行管理"（侧重于流传广泛但是并不基于统计数据的服务故事）。
- 量化服务、维修、保修、法规和相关方面的成本；判断其中多大部分的成本能够通过面向服务的优秀设计来降低。
- 了解可靠性和可维护性的客户重要性等级和竞争力等级（见图 2-2），以确定应当花费多少精力来解决服务设计中应考虑的各种问题。
- 收集服务数据并且绘制服务频率和严重性关系的优先顺序图（与图 10-1相似，它显示的是质量方面的问题）。
- 优化产品概念 / 架构，通过设计确保产品具有足够高水平的质量和可靠性，以最大限度地减少服务需求。
- 确保熟悉服务（你、用户、客户和第三方所提供或需要的服务）领域的人员在早期积极地参与产品开发团队的工作。
- 重点关注优先顺序图中优先级最高的领域。
- 确定优先级最高的服务任务，并通过设计让这些服务能够方便地进行，包括：便于服务的架构设计；能够免除服务或辅助后续服务的有用诊断；能够容易打开或快速拆卸的模块；出现故障时，能够容易修理或替换的零件；维修之后无须校准或只需进行微小的校准；能够快速、简单、无误地完成封装和重组策略。
- 考虑将模块化作为服务策略的一部分，以便在现场进行故障模块的更换。
- 不要试图独占备件业务。客户喜欢能够在本地广泛购得的标准备件。定制生产和销售备件会消耗产品开发和客户服务的资源。
- 考虑使用一个内置的自检测试来快速确定产品状态和服务及维修方案。
- 考虑使用远程诊断来监控或确定产品状态，并且确定是否需要拨打服务电话。

8.10　维护

维护可以在产品出现故障（计划外维护）或在出现故障之前定期对零件进行

更换（预防性维护）。

- 计划外维护，即在出现故障后对操作进行恢复。在设计时考虑产品便于维修的特性将在整体上大大提高维护的难度。

- 预防性维护。如果想要避免停工状态，那么可以实施预防性维护，在零件预计损坏之前定期地对零件进行更换。规划维护计划需要依照对目标零件进行预测或统计得出的故障历史而定。可以从各种已购零件过去的性能表现来得到有用的数据。核心应用需要可靠的零件，而维护计划则需要良好可靠的数据。

8.11 维护的测量指标

8.11.1 平均修复时间

衡量修复时间的指标是平均修复时间（MeanTime to Repair，MTTR），它代表了修复某个产品所需要的平均时间。在维修开始之前，维修人员可能需要一些时间来反应，这被称为平均响应时间（Mean Response Time，MRT）。MTTR与 MRT 之和就是产品不能使用的停工时间。

8.11.2 可用性

可用性衡量的是产品处于工作状态的时间，这被称为正常运行时间。

$$可用性 = \frac{正常运行时间}{总时间} = \frac{正常运行时间}{正常运行时间 + 停工时间}$$

正常运行时间由相邻两次故障之间的平均工作时间表示（Mean Time Between Failure，MTBF）。

$$正常运行时间 = MTBF$$

停工时间由平均修复时间加上平均响应时间表示：

$$停工时间 =MTTR+MRT$$

$$可用性 = \frac{MTBF}{[MTBF+（MTTR+MRT）]}$$

8.12　维护准则设计

维护策略不应当在产品设计完成之后才加以考虑。易于维护的特性应当作为早期设计的目标之一被融入产品当中。可靠性研究应当能够预测零件的故障模式和频率，当然，需要将其作为零件选择的一个标准。应当尽早确定产品的使用环境。获得这些信息将有助于开发一个有效的产品维护策略。

R20：设计需要最低维护程度的产品。根据产品设计其维护需求。为了得到最佳的可靠性，应当慎重选择零件。近来，汽车行业在运用设计降低维护需求的目标上获得了很大进步，通过延长维护周期（例如，更换机油的周期）极大地降低了维护的基本标准。应当在安全方面设计最保守的因子，确保零件在最坏的情况下也不会过度负荷。

R21：设计具有自我纠错能力的产品。设计能够在发现问题时自主进行纠错的产品。一些核心应用，如航空航天领域，在设计中使用了能够自动切换到备份系统的功能。

R22 ：设计具有自检能力的产品。产品应当能够运行内置的自检测试以辅助诊断和维修工作。应当存储自检数据，以便维修人员和新产品开发团队能够调用。

R23：设计带有测试端口的产品，以便连接关键电气测试点。如果很难接入测试点，那么测试端口的设置是非常有用的。

R24：在产品设计中加入计数器和计时器的设计，以便进行预防性维护。

R25：为预防性维护计划确定关键测量指标。设计师在服务人员的协助下应当充分了解产品的弱点并且有能力使用关键的测量指标确定其磨损或恶化情况。核心零件，如传送带，应当定期测量并且在必要时进行更换。机械结构复杂的产品可以通过测量它们发出的噪声频率和幅度（它们的"声音特征"）进行分析，这可以用来预测零件是否接近故障状态。

R26：**加入报警装置以便传达故障信号**。通过信号（如红灯或蜂鸣器）等报警装置能够最小化维修人员的平均响应时间（MRT），使得维修工作可以快速展开。在复杂度高的工厂内，中央控制面板可以显示机器状态，并且在机器瘫痪时做出即时提醒。自我诊断功能也能够降低响应时间。

正如前面提到的，插入式模块能够有效提高现场维护效率，并且可以在异地维修和诊断。维护策略有可能决定装配顺序，如准则 A6 所指出的，最有可能出现故障的零件应当设计为最容易拆除的形式。

8.13　注释

1. 按压配合表（也被称为过盈配合表），可参见 "Allowances and Tolerances for Fits" in the chapter "Dimensioning, Gaging, and Measuring" in the *Machinery's Handbook*, 28th edition (2008, Industrial Press).

2. "The Best Engineered Part Is No Part at All," *Business Week*, May 8, 1989.

3. David M. Anderson, *Build-to-Order & Mass Customization: The Ultimate Supply Chain Management and Lean Manufacturing Strategy for Low-Cost On-Demand Production without Forecasts or Inventory* (2008, CIM Press), Chapter 7, "Spontaneous Supply Chain." See book description in Appendix D.

第9章 零件设计的 DFM 准则

本章列出了一些关于零件设计的总体方针，包括制造、零件标准化、对称学、公差、零件形状和零件与功能的整合。对于关键零件，零件设计师应当在早期积极参与产品或部件的系统工程工作，帮助优化用来确定零件要求的系统架构概念。零件设计师必须了解零件的作用，零件如何配合产品环境，零件如何与功能、性能、成本、刚性、重量和允许偏差的总体及相对重要性关联。

丰田的工艺并不注重在单独的环境下迅速完成单一组件的设计，而是着眼于设计完成之前各个设计在一个系统内会如何交互。换句话说，他们注重的是设计完成之前系统的兼容性。[1]

设计师应考察以前或相似的零件，学习它们在功能、质量、成本、可制造性、加速生产等方面好的或坏的经验，首选现货零件；深入考察并且搜索可用的候选零件；探索所有设计和制造零件的方式；不要立即使用浮现在脑海里的第一个念头；选择最佳的设计方法；在整个设计过程时刻思考如何制造零件。

如果系统工程没有得到优化，寻找更好的系统工程或能够改善零件设计和产品整体可制造性的一体化措施。这尤其适用于合理分配叠加公差的情况。

充分熟悉所有的候选工艺，从而选择性价比最高，而且在公差控制、质量、一致性、加速生产、交货时间、与企业运营和供应链的兼容性、设备和供应商的可达性、工具成本和备货时间、配置时间以及外观或成品表面等方面具有最优性的工艺。如果你不熟悉所有的候选工艺，设法询问了解这些工艺的同事、雇用外部专家或咨询相关的供应商，确保向他们详细解释问题的性质。

与预先优选的供应商合作，协作设计零件。确定是否允许供应商在接受认真监督和协调的前提下负责零件设计的工作。

牢记设计要点的最佳平衡，如功能、性能、强度、重量、成本、质量、可制造性。对于大型或复杂的结构而言，确保每个零件的所有尺寸能够在同样的操作环境下完成（准则 P14）。优化零件组合或将其划分成多个零件，使它们能够运用准则 A3 中介绍的技术精确校准。

研究和掌握某个零件的特定设计准则及其选定工艺，从而对功能、成本、质量和可制造性进行整体优化。应遵循下一节介绍的零件设计准则。

9.1 零件设计准则

P1：遵循特定工艺的设计准则。为每个工艺所制造的零件使用特定的设计准则是非常重要的，例如焊接、铸造、锻造、挤压、成型、冲压、车削、铣削、磨削、粉末冶金（烧结）、塑料成型工艺。对各种工艺的设计准则进行全面总结，将汇总为一部上千页的书册，因此超出了本书的范围。市面上有一些参考书籍对许多特定工艺的设计准则进行了总结。[2~5] 还有不少围绕单个工艺进行介绍的专业书籍。[6] 配备特定工艺的产业组织和供应商通常会无偿地为设计师提供他们所使用工艺的设计准则。[7]

P2：避免右手或左手型零件；使用成对的零件。避免设计右手或左手型（镜像）零件。设计产品时应使得同一个零件能够同时在右手和左手模式中运作。如果零件无法在两种模式下工作，为右手和左手型零件添加功能，使它们一样。另一种方式是使用成对的零件，而不是为正面和背面、顶部和底部以及左侧和右侧分别使用不同的零件。

购买左/右皆可的零件或成对零件（加上所有的内部材料供应功能）会让公司拥有两倍的零件数和减半的零件种类。对于成对模制零件或定制模具制造的零件而言，该准则可以将模具成本减半。

可能每个人都发生过从底部打开公文包或手提箱的经历，因为顶部和底部看起来几乎一样。这么设计的原因是顶部和底部的零件是成对而且完全相同的，这么做是为了让模具成本减半。

将相似的零件合并为一种能够减少零件的种类，并且使采购杠杆提高数倍。

P3：设计对称零件。设计从每一个"视角"（从草图的角度）都尽可能对称的零件，使零件不需要在装配中进行定向。对称零件不会被装反，这在人工装配过程中消除了一个重大的质量问题。在自动装配操作中，对称零件不需要特殊的传感器或机械装置对它们进行正确的定位。虽然制造对称零件有额外成本（额外的孔洞或任何其他必要的功能），但这将节约倍数成本，因为它避免了开发复杂的定向装置并且减少了质量问题。

关于毡尖签字笔有一个鲜为人知的事实，毡尖笔的毡头是两端对称的尖端，这样自动装配机在安装毡头的时候就不需要进行定向。

P4：如果零件不能对称化，那么尽量夸大其不对称性；极化所有的连接器。最容易装配的零件是对称的零件。最难装配的零件是仅在些微处呈现不对称的零件，因为工人或机器人容易识别不出零件的不对称性而导致安装错误。更差的是，工人可能强制将零件对准一个错误的方向（他可能认为不存在允差限制），而机器人在这方面并不会做得更好。

所以，如果无法实现对称性，要确保零件呈现极不对称的形态。这样工人才不太可能安装错误，因为零件不可能匹配在错误的方位上。自动化机械能够凭借较低廉的传感器和智能系统对零件进行定位。例如，极不对称的零件甚至可以用安装在传送带上的一个简单的静止导轨进行定向。

P5：并行地进行夹具设计。运用几何尺寸与公差（GD & T）准则，充分了解制造工艺，从而设计能够正确装夹的零件和尺寸，如 10.2 节准则 Q14 所介绍的。

柔性操作需要整个零件族在不需要进行任何设置更改的前提下被定位在一个共同的夹具上。[8] 图 4-2 介绍了这种夹具的一个范例。专门用于自动化或机械化的零件需要为装夹步骤设计配准特性。机床、装配站、自动转换和自动装配设备在执行每个操作时必须能够握紧或装夹零件到一个既定的位置，这需要确定零件在转换、加工、处理或组装时被装夹的配准位置（例如工具引脚或光学目标）。

并行地为焊接、装配和其他加工步骤设计夹具，以改进被装夹的零件和后续组装的成本、时间和质量。夹具对于大量生产的零件来说，可以是分离的。对于产品系列而言，夹具必须足够通用，可以适用于系列中的任何零件或部件。通用夹具也可以运用掣子或制动装置进行调整，或通过可编程的伺服机制进行定位。

P6 : 并行地设计加工设备以最小化其复杂性。对零件和加工设备实施并行工程，以减少加工设备的复杂性、成本和备货时间并且最大限度地提高吞吐量、质量和柔性。与预选的供应商 / 合作伙伴协作，这些供应商 / 合作伙伴应当让他们的工艺工程师和加工工程师加入设计开发团队，并尽早与设计工程师以及进行样式设计的人员展开工作。

P7：确保不同的零件有明显的差异性。对于工人而言，材料或内部特征的差异性可能不明显。在快速组装时，工人需要处理很多不同零件的情况下，零件明显的差异性尤为重要。为独立包装的零件使用标记、标签、颜色或不同的包装进行区分。企业可使用不同（但在功能性上等价）的涂层来区分公制和英制的紧固件。

P8：为一个稳健设计制订一个最佳的公差。通过实验设计可以确定各项公差的变化对零件或系统质量的影响。其结果是，所有的公差能够得到优化，使稳健设计能够以较低的成本实现较高的品质。[9]参见 10.2 节获得更多关于公差的内容。

P9 : 从可靠渠道选择，保证零件质量。由 "10 倍准则"（见表 9-1）可知，在下一个装配阶段为了寻找和修复上一阶段的缺陷会让成本增加 10 倍。因此，在子组件装配阶段寻找一个有缺陷的零件会耗费 10 倍的成本；在最终装配阶段寻找一个有缺陷的子组件会让成本扩大 10 倍；在分销渠道又扩大 10 倍；等等。这里所要阐述的是，所有零件都应当有可靠来源，从而确保所有的零件在质量上都有一致性。

表 9-1　10 倍准则

完成度	发现缺陷和修复缺陷的成本
零件本身	x
在子组件装配阶段	$10x$
在最终装配阶段	$100x$
在经销商 / 分销商处	$1000x$
在客户收到产品时	$10\,000x$

9.2　成品零件的 DFM 准则

在制造种类极多、小批量的零件时，最大限度地提高柔性数控机床能够制造的零件种类，将改变大规模生产零件在经济上的制约。

P10：**选择最佳的工艺**。使用并行工程技术主动选择最佳的工艺（机械加工、铸造、成型、模制等）以实现最小的总成本和生产时间。通用的初加工能够消除或减少一些二次操作，从而节省成本和生产时间。在设计中戒绝不必要的操作。深入了解制造工艺的工作原理及其能效与限制。

项目初期与预选的供应商一同协作进行零件、工艺和夹具的并行设计。在早期经常打印三维模型（快速原型），帮助优化设计、工艺和夹具。

P11：**设计快速、安全和一致的工件固定装置**。设计能够快速、安全和一致地固定到工件固定装置如夹钳、弹簧夹头、夹柄、台钳、卡盘、治具和夹具上的零件。确保平行、圆锥形或圆形的夹具表面始终平整。设计具有足够刚性以承受切削工具和工件固定装置的压力而不会让零件变形或损坏。避免装夹在分型线或其他不平整和不一致的表面。为切削工具、夹具和夹紧工具提供足够的操作空间。

P12：**尽可能使用存货尺寸**。零件设计非关键的尺寸可以使用标准原材料的储备尺寸，而不需要对这些非关键尺寸进行加工。

P13：**对尺寸和原材料的选择进行优化**。为实现最低总成本以及制造效率和原材料标准化之间的最佳平衡选定合适的尺寸和原材料。在按单生产和大规模定制的环境下需要更积极地推进原材料的标准化（见 5.10 节），如第 4 章所讨论的。

P14：**设计能够在一种设置（装夹设置）下制造加工的零件**。对零件重新定位或将其移动到另一台机器将增加设置成本和机器的时间成本；增加了额外设置和重新定位时出现错误的概率；与用同一个卡盘定位所有切口的精确度相比，重新定位降低了准确性；扰乱了精益生产流并且使机床作业进度复杂化；增加了加工时间、人工时间和工作时间。

要利用单一设置的优势，设计人员必须做到以下几点：

- 以最合理的基准为参照制订所有的尺寸，以对应夹具、机床床身或夹紧面；
- 并行设计夹具、定位特征、夹具几何等；
- 设计能够最小化所需切削工具数量的几何形状——理想情况下减少到一种工具；
- 使用总成本统计来合理化一个 5 轴操作，而不是使用多个 3 轴操作，因为这

　　会增加所有耗费在设置、装载、回零、机器时间、纠错、报废等方面的成本。

单一设置的加工操作是以低成本实现多个功能之间紧密公差的有效方式。

　　图 9-1 显示了我提供的咨询服务 [10]——如何提高一个机械自动轴承座的可制造性。在最初的设计中（见图 9-1 左图），轴承安装孔必须在对零件重新定位之后从末端进行配准，因此很难将轴承孔的对准控制在 ±0.001" 的同心度公差之内。此外，很难将孔洞研磨到轴承座需要的精确尺寸。新的零件（见图 9-1 右图）被设计为能在一次操作中将关键轴承孔研磨出来，这保证了顺利对准并且能很容易地研磨出紧密配合公差的尺寸。轴承隔圈功能可以由一个现货可购买的止动环（固定环）和廉价的套筒来实现。同样的原理也提倡用单一的切削设置来完成所有的加工步骤，从而避免更换工具导致的设置延误和误差，这两种情况在没有工具自动换位装置的时候非常容易出现。

从每端分别研磨单个孔洞增加了配准和研磨操作的难度

一次研磨成型的孔洞确保了配准和研磨操作能够简单完成

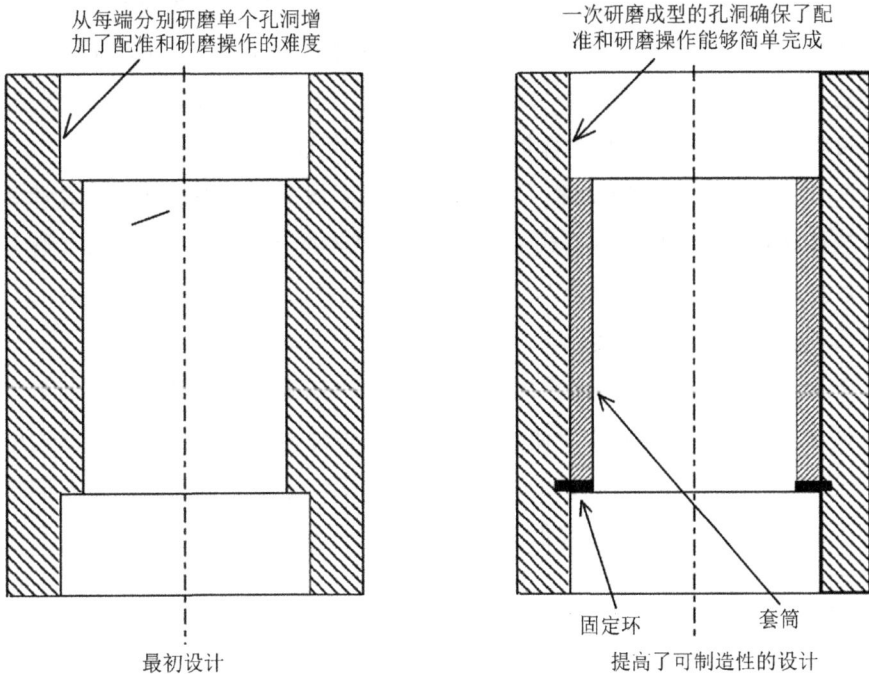

最初设计

固定环　　　套筒

提高了可制造性的设计

图 9-1　降低了配准难度并提高了配准精度的设计

　　P15：尽量减少加工件需要的切削工具数量。 对于加工件，应设计用最少的标准切削工具进行加工的零件，从而降低成本，如使用立铣刀。避免工具种类的增加和武断决策的干扰。确保整个产品系列需要的工具种类不超过工具自动换位装置的容量，理想情况下，能够在一个柔性工厂内制造所有的零件。

P16：避免因为武断决策而引入特殊工具，导致加工流程减慢，增加了不必要的成本。在确定需要独特工具加工的尺寸时避免武断决策的干扰，例如弯曲芯轴、打孔器和机床上的切削工具头。寻找商店中最常用的工具并且围绕这些工具进行设计，而不是武断选择可能不容易获得的工具。

P17：选择在后期处理时能够减少总成本的材料。材料的最优选择能够最小化甚至消除后期在加固、硬化、去毛刺、涂装、表面涂层等方面的处理成本。例如，选择不锈钢能够避免涂装成本和劣质金属的生锈问题。

正如第 5 章所提到的，通过订购预处理的材料，例如使用经过彩涂、预镀、压纹、扩大、阳极氧化处理或包镀了不同表面合金的材料，能够消除一些后期处理操作。使用不锈钢板材能够消除钣金材料的喷涂操作。在考虑了喷涂总成本的前提下，采用这种措施是合理的。订购预制材料时，可以在成品外侧覆盖一层可剥离的黏性衬里纸作为保护，装配时再将其取下。

P18：设计能够进行快速、高性价比而且高质量热处理的零件。设计者应负责选择高效、质量好而且具成本效益（从总成本的角度看）的热处理步骤和其他的后处理步骤。设计师应当与制造人员和供应商协作，考虑所有可能的方案，然后系统性地选择最佳方案。

P19：并行设计并使用通用的夹具。设计能够用同一个通用夹具进行处理的加工件族。如果同一个机床要使用多个夹具，设计能够具有标准安装结构的夹具。柔性夹具能够加速装载速度，还可以最大限度地减少因为使用了不同零件而产生的设置变更，从而在降低成本的基础上提高灵活性。新的柔性夹具应当随着产品设计进程同步进行（见第 3 章）。

P20：了解工件固定原则。设计能够在机械加工时完美装夹，并且能承受切削工具以及治具、夹具、夹钳、弹簧夹头、夹柄、台钳和卡盘施加的压力的零件。[11]

P21：避免断续切削和复杂的锥度和轮廓。断续切削在切削工具遇到工件上的孔洞或其他缝隙时发生，它会造成震动，对刀具过度磨损，并影响工件的尺寸和表面处理。

P22：尽量减少使用接合处、倒角 / 死角、难加工的材料，尤其是贴地切割

器以及预期零件种类超过了切削工具能力的情况。如果使用贴地切割器，那么其加工结果可能并不一致。尽管机械师接受的训练要求他们要研磨自己的切削工具，但在生产中应避免这种做法，以防工具不一致导致加工结果不一致。相反，应该使用具有一致切削刃并且能够一致地安装到配套刀柄中的标准切削工具。

P23：**掌握公差阶跃函数**。熟练掌握公差阶跃函数并且明智地选择公差。工艺的类型依赖于公差。每种工艺具有它独特的实际限度，在生产线上，一个给定的精度等级能够确定公差的严格程度。如果与某个工艺限度相比公差过紧，必须使用次精密等级而且成本较低的工艺。设计师必须深入了解这些阶跃函数并且知道每个工艺的公差限度（见图 9-2）。

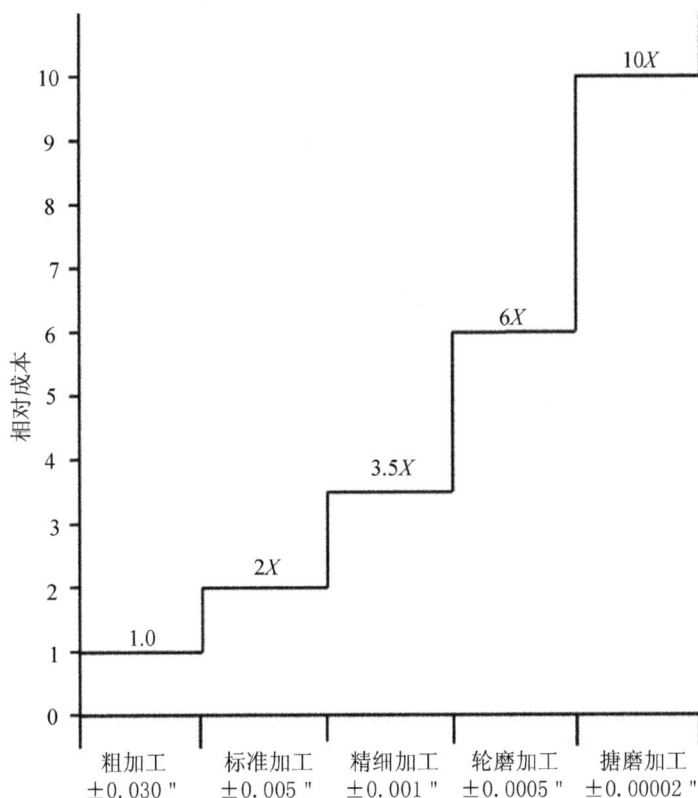

图 9-2 工艺与成本的关系

P24：一致考虑功能、质量、可靠性、安全性等因素并选择最宽容的公差。避免任意选择公差或选择过于严格的公差。

P25：注意一个零件需要过多操作的情况，尤其是零件必须通过多台机械时，应当设法降低成本和多重设置造成的延误，并且尽量减少加工失误带来的后果。

P26：并行设计零件和工艺，以获得最佳的可制造性、成本、质量和生产时间。

P27：避免需要使用锋利切削工具加工内部尖角，这容易损坏工具。

P28：主动去除毛刺，为毛刺和去除工具保留足够的空间。一般情况下，确保零件不要有锋利的边缘、尖端和毛刺，这可能会损坏其他零件或让工人甚至客户受伤。

P29：使用 45° 斜角面而不是圆边外角，避免使用少见工具和变更工具。

P30：不要对表面处理的要求过高。使用"比较器"来测量和显示不同表面处理的外观和触感，如加工表面、模具表面和铸造表面。

P31：以最佳基准为参考测量各个尺寸，以实现最佳的容错控制、清晰明确地表达设计意图、能够在同一台机器上以同样的设置制造出所有的关键尺寸、便于进行数控编程，以及能够在坐标测量机上完成初样检验（详见 10.1 节准则 Q13）。

9.3 铸件和模压件的 DFM 准则

9.3.1 铸件的 DFM 准则

在一个非柔性的工艺中，铸造每个不同的形状都需要使用不同的模具，所以应当鼓励使用通用形状。通用形状的铸件不适用于产品定制，除非所有版本的产品都基于标准原铸件。相比之下，金属制造工艺是一种柔性工艺，数控机床能够柔性地加工不同形状的零件。

P32：遵守所有铸件及模具设计的准则，可以参考使用手册的设计指南，更好的做法是让铸件供应商帮助团队进行设计。优化拔模的角度、表面处理、壁厚、厚度过渡、压筋、特征、孔洞、边角、分型面、模具填充、浇道/冒口位置、喷射、冷却时间等，同时最小化收缩率、翘曲和表面变化的影响。

P33：标准化铸件，以尽量减少零件的种类和模具的种类和成本。

P34：**设计涵盖了所有铸造版本任何形状和特性的通用原始铸件**，从而最大限度地减少原始铸件的种类、减少昂贵模具的数量，并且考虑到以后肯定会使用这些零件，可以保留一些存货，避免存储过多不同版本铸件的额外成本和风险。使用了额外金属所增加的成本（为了让零件通用）与模具成本、安装成本和多种原始铸件的库存管理成本相比，能够让总成本节约数倍。在一些对重量敏感的应用中，这可能让总成本更低。因此，不应使用多个不同的原始铸件。

P35：**选择其他适用的零件，避免加工"毛坯铸态"形状的零件**。准则 P30 中提到的"比较器"能够帮助操作人员确定什么时候可行。

P36：**从加工基准点开始，仔细规划加工铸件的顺序**，让原始铸件能够正确地定位在机床上。

9.3.2　塑料工艺的 DFM 准则

如铸件一样，塑料成型工艺是一种非柔性工艺，每个不同的形状需要一个不同的模具。因此，应鼓励使用通用的标准形状。

P37：**遵守所有零件设计和模具设计的准则**，可以参考使用手册的设计指南，更好的做法是，让注塑件供应商帮助团队进行设计。优化拔模的角度、表面处理、壁厚、厚度过渡、压筋、特征、孔洞、边角、分型面、模具填充、浇道／冒口位置、喷射、冷却时间等，同时最小化收缩率、翘曲和表面变化的影响。

P38：**标准化模制零件**，以尽量减少零件的种类和模具的种类和成本。

P39：**设计涵盖了所有版本任何形状和特性的通用模制零件**，从而最大限度地减少模具设计的种类。使用了任何额外塑料所增加的成本与模具成本、安装成本和多种原始铸件的库存管理成本相比，能够让总成本节约数倍。

P40：**规范化所有零件的原材料**，如果无法实现，至少规范化一个产品系列内所有零件的原材料。即使从表面上看，一些零件使用了更好的材料，但是对企业而言，总成本会更低，因为购买杠杆更高（经济规模效应），材料间接成本因为材料种类更少而降低，而且减少了制模工为了变更原材料所带来的变更设置成本。另外，因为没有变更设置而且需要采购的原材料种类减少，让交付过程能够更快地进行。

P41：**选择常用的原料**，尤其是向既定的供应商或合作伙伴购买，以避免额外的采购成本和变更设置。尽量选择整个供应商库中常用的材料。确保节约的成本计入供应商的费用。

P42：在使用塑料时，考虑所有相近的零件。在将其他材料替换成塑料时，不要将思维限制在以一换一的替换方式，寻找机会将多个零件或功能整合到一个最佳的系统中。

P43：优化每个零件的功能种类。在装配和供应链管理中，对零件或模具的复杂性与总成本节约之间的决策进行优化。

- 模具的复杂性 / 成本：比较一个复杂模具和多个简单模具之间的成本。
- 装配劳动力：比较多个零件与一个整合零件的装配成本。
- 材料间接成本：比较一个零件和多种零件的采购成本和物流成本。
- 供应商库：复杂模具和不常见工艺的使用可能会限制供应商库。
- 公差控制：整合零件控制了各个特性之间的公差，避免公差叠加。另一方面，精确的零件对准技术（见准则 A3）可保证多个零件之间的定位公差。
- 外观：整合零件避免有接缝。巧妙的外形设计能够减少这类问题。

P44：为模制件系统地选择公差。避免设定或选用不必要的严格公差和表面处理方式。熟悉公差阶跃函数（见 9.2 节）。使用田口方法确定一个稳健设计的最佳公差（见 10.2.5 节）。

P45：从早期就与预选的供应商 / 合作伙伴开始协作，并行地设计零件和模具。

P46：打印 3D 模型（快速原型）以帮助优化设计和模具。在制造模具之前，订购能够快速转变的零件。

9.4　金属板材的 DFM 准则

P47：在架构阶段将购买现成可用的金属板材作为设计考虑之一。

P48：在概念 / 架构阶段对金属板材进行优化。尽可能减少制造金属板材的需求，将其作为系统架构的一部分进行优化，而不是在一切都设计完成后才加以考虑。最大限度地减少对熟练 TIG（非熔化极惰性气体钨极保护）焊接的需求；考虑使用滚电焊或缝焊技术。考虑片槽焊接装配，使用小型 TIG 焊枪将连接片焊接到焊槽上。考虑能够自动定位的几何形状。

P49：**优化金属板材的加工工艺**。使用数控剪板机和折弯机来自动进行金属板材的加工。使用数控剪板机、激光切割机或等离子切割机来尽可能提高一次设置（见准则 P14）所能完成的操作数量。与同等功能的剪切机或冲压机相比，这些切割机的切割速度相对较慢，但是在同一个激光切割设置环境下完成所有的操作可能会使进度更快（包括节约了设置时间和成本），总成本更低。

使用优化的排样软件包来减少金属板材的浪费，可以将小零件嵌套在较大的零件中。在空间充足的基础上，这可以作为能够被嵌入各种板材的钣金件的一个看板来源。这些板件随后会被送到它们的看板站点，如 4.2 节所讨论的。

对一个厚度和等级进行标准化能够最小化金属板材的成本，让企业可以直接从生产地购买金属板卷材作为原料。这将进一步减少浪费，可以将金属板卷材通过矫平机处理后直接供给数控剪切机、激光切割机或等离子切割机，这么做能够实现更好的嵌套操作而不会有长度上的限制。随着金属价格和运输成本的上涨，这种更高的材料利用率（减少金属的浪费）将会对企业具有更大的吸引力。

金属板材表面应当保持干净，为后续焊接操作做准备，可以订购外表面覆盖了可剥离衬纸的板材，在运输和装配时再将其取下。

P50：**板材标准化**。所有钣金件应当以一种规格和类型为标准进行制造，以最小化供应链成本和时间延误，此外这种做法允许使用金属板卷材作为原料。让该标准化选择与供应商的业务相符合。如果金属板件由不同的板材制成，尽量减少不同板材尺寸的种类，并确保板材尺寸在工厂可用库存的容限之内。

P51：**金属板材工具标准化**。除非加工过程由可编程的等离子或激光切割机完成，否则以最少种类的孔洞和狭槽为目标进行标准化。以单一弯曲半径为目标对所有板材进行标准化，从而避免了芯轴设置变更。选择机床常用的芯轴，确保半径不会过小，否则金属板材容易断裂，而半径过大会导致板材卷到内部。

对于冲压制成的孔洞、狭槽和散热孔，避免需要订购特殊工具所带来的成本和时间延误，可以通过已经配备了对应工具集的预选本地供应商和其他潜在制造位置附近的供应商，以标准化的几何形状为基础进行建造。最好选择机床常加工的几何形状，避免变更设置。限制整个产品系列使用的自动换位装置上各种刀具的种类。

P52：**遵循金属板材的设计准则。**确保板材尺寸和所需应力在工艺处理的容限之内。为对弯管件的弯曲芯轴保留足够的空间，并且避免两个弯管之间的间距过于狭小，以至于很难夹紧。

公差不应当太紧密；通常控制在 ±0.020" 的范围内，而不低于 ±0.010"。每单位 0.005" 的平整度是能够实现的最佳值，而不需要进行二次矫平。

遵守孔洞和边缘或弯管之间的间距要求。遵守所有点焊方面的设计准则，包括保留工具的访问通路。通过最小化跨度或使用退火板材，避免板材出现焊接翘曲的情况。

9.5 焊接的 DFM 准则

9.5.1 发现局限性和复杂性

在考虑使用焊接技术之前，需了解焊接在以下方面的局限性和复杂性：翘曲；尺寸不确定性；整个焊接件的公差问题；外观和表面处理；需要的焊接技能；焊枪和焊机的可及性；质量成本，包括矫平、补焊、返工、报废等；在焊件的安装特征不精确时，需要增加额外的劳动力来定位安装零件；热影响区不同的退火程度导致硬度和强度降低；热影响区的易腐蚀性；除气问题；总工作时间，包括安装、焊接、补焊、研磨、返工、报废等。可以使用夹具和千斤顶来纠正焊接过程中的翘曲问题，这会带来更多的成本，耗费更多的时间，并且增加了残余应力，除非焊件在焊接后经过了退火处理。

为安装孔的使用设计策略。确保安装公差足够宽松，以便焊接带有预钻孔的部件。如果公差紧密，那么为安装和配准狭槽设计策略。

9.5.2 优化焊件策略提高可制造性

权衡优化整合焊件和模块化策略的利弊。安装孔的设计策略应当包括以下几个方面：

- 确保公差足够大以便焊接带有预钻孔的焊件；

- 制订狭槽安装和配准的策略；
- 使用焊接后能够加工安装面和安装孔的大型机械；
- 在小零件上预钻安装孔，以便运用 DFM 技术进行精准装配，如 9.6 节所讨论的。

9.5.3 遵守焊接设计准则

在以下方面遵守焊接设计准则：焊件的尺寸和公差策略；外观要求；罕见准备（尺寸、公差和边缘预整加工）；并行设计夹具；焊前准备和装夹；零件和夹具的预热；焊透规格；最佳的焊接顺序；失真和变形控制；工具和焊机的访问通道；焊后拉直；焊后加工；焊后打磨；质量控制程序。一定要尽量减少焊接人工和打磨人工的总成本，因为低水平的焊接会增加打磨成本。考虑让焊工打磨他们自己的焊件，这可以作为一种改善措施，能够及时反馈和纠正，并且容易制造更好的焊件。

9.5.4 与供应商 / 合作伙伴合作

在项目初期与预选的供应商或合作伙伴一同协作，并行设计焊件、焊接工艺和夹具。与焊工或供应商 / 合作伙伴进行讨论。

9.5.5 打印 3D 模型

打印 3D 模型（快速原型），必要时可对其按比例缩放，以便优化设计、焊接工艺和夹具。

9.5.6 学习如何焊接

即使是社区学校和职业学校的焊接课程，也能帮助工程师设计出可制造性更高的焊件。如果你想要在焊件和替代品之间得出最佳取舍，应当学习如何操作机床。

9.5.7 尽量减少技能需求

探索人工 TIG/MIG/ 手工焊接的替代方案，例如机器人或自动化 MIG 焊接。其他替代方案包括点焊或滚缝焊，这两者对技能的需求都低于手工焊接。对于钣金焊接件，考虑片槽焊接装配，通过使用 TIG 焊枪快速地将连接片焊接到狭槽上。为了尽量减少设置成本，开发能够自动定位的几何形状，以便自动使用数控机床进行加工，理想情况是，能够在同一种设置环境下完成操作，以制造出需要的功能。

9.5.8　深入探索无焊接方案

在大型或小型公差的装配过程中，深入探索无焊接方案，例如加工件的螺栓装配，这些加工件能够使用 8.2 节准则 A3 所介绍的对准技术，使用低成本的圆销和菱形销进行精确对准。

9.6　大型零件的 DFM 准则

9.6.1　大型零件的主要问题

对于焊接件，焊接的高温导致的翘曲让构件上的预钻孔精度的可靠性大打折扣。同样，对于铸件，精确定位的孔洞无法在铸造时制成。因此，必须在焊接或铸造大型零件完成之后加工安装孔。如果焊件或铸件对于一个普通机床来说过于庞大，那么后处理加工必须在庞大的大型机床上完成，这会导致以下后果：

- 造成很高的设置、加工、重定位和检查费用；
- 通常需要劳动密集型的在线设置，这增加了昂贵的机器时间，尤其在焊件过于沉重无法进行人工定位的情况下；
- 可能出现运输和队列延误；
- 可能需要长时间的工作场所设置和工具变更；
- 可能需要大型零件为后续加工重新定位，如果这些零件过重而无法人工移动，这个过程可能会非常缓慢，消耗了昂贵的机器时间并且违反了 DFM 准则 P14 的要求。

9.6.2　其他成本

焊接需要技术熟练的劳动力来制造品质好的焊件，在定位、装夹、平整翘曲和研磨上也会耗费劳动力。铸造金属是劳动力密集而且耗时的工作，涉及模具制造、浇注金属、冷却以及脱模等步骤。

9.6.3　残余应力

焊接增加了残余应力。如果残余应力降低了有效载荷或破坏了结构，可能需要使用更多的金属。残余应力还会导致外载移除后出现弯曲等现象。

焊接后对焊件进行退火处理时需要庞大的熔炉，每小时的费用非常昂贵，并且会导致交通和队列延误。

9.6.4　强度损失

热影响区因为经受了焊接和退火的过程，导致强度损失，因此与全强度冷轧组合钢相比需要更多的钢材。用于铸件的材料通常比冷轧棒材的强度小。

9.6.5　策略

应对策略是将经过验证的零件及其可向后兼容的替代品（具有同样的功能和强度，甚至经过增强）商业化，但其总成本、重量和材料消耗要少得多。这能降低当前产品的成本，还会鼓励使用"蛙跳战略"，让这些低成本零件成为新一代产品的基础或将该方法应用到新产品上。

消除上述成本的具体策略是利用下节介绍的方法来创造一个优化的概念 / 架构，以实现恒定应力的桁架和结构（并且使用最少的材料）。

9.6.6　方法

制作：所有加工件尺寸应当合适，以便运用普通数控机床在一次设置的环境下完成安装和制造（见准则 P14）。焊接尺寸合适的零件，以便在使用传统机床和熔炉焊接之后，可对其进行退火处理和加工处理。这适用于一些轴承座和其他连接件，无法对一个单一块进行加工。

装配：基于 DFM 原则对这些组合件进行精确对准，例如 DFM 准则 A3（见 8.2 节），其中提到配对零件，可以通过使用廉价的圆销和菱形销与铰孔对接来实现对准。然后，使用合适的螺栓、扭矩设置和紧固机制将对准的零件连接或铆接在一起。如果将这些原则应用于多个大型零件和多成分组件中，将带来更多的好处。

9.6.7　程序

将难以构建的焊件和铸件转换为可制造的组件需要完成以下步骤。

- 确定当前大型零件的所有附属组件。这些组件及其安装脚代表了零件的载荷。
- 确定所有附加载荷和安装脚的紧固接口。它们代表负载点。
- 确定每个负载点的最大载荷。在绘制 CAD 图时可以将这些载荷值用三维箭头标出，表示载荷路径。箭头的长度和方向应当大致与载荷值成比例。
- 安排一个研讨会[12]以进行头脑风暴（见 3.7 节），创造关于结构概念的各种想法，例如关于板材、棒材、管材、二维桁架或三维空间框架的各种概念。领头人将继续进行思维探索直到一个好点子诞生。另一种方法是，让一名有经验的工业设计师或委托有经验的从业者展开一项设计研究[13]来完成，得出结果之后，将结果交给工程师。
- 设计对应于载荷路径的结构构件，修改其尺寸以便承担这些路径对应的最大负荷。较小的结构可以用板料或棒料制成，运用普通数控机床（在相同设置的环境下）加工完成所有的安装和对准特征。较大的结构包括了由各种支柱和节点构成的桁架或三维空间框架，其中支柱指的是各种管材和棒材，节点指的是预先加工了紧固、对准和安装孔洞的加工块件。

9.6.8　结果

通过以下几个方面能够让成本更低。

- 使用普通自动数控机床能够快速完成加工任务。
- 通过快速设置的并行设计，进一步减少整个产品系列的机械设置时间，其中许多节点可能使用同样的装配程序。
- 合理设计加工特征，确保快速组装的精度。

- 单位重量对应更高的强度（即每单位材料成本能够产生更高的强度），因为这是一个结构更高效的设计（为了承载既定的负荷，零件承受的应力更低），并且与退火焊件或铸造材料相比，库存材料（如棒料）强度更高。库存材料将保留其冷轧强度和热处理强度，而焊接件的热影响区则不具备这些特性。
- 尤其是在许多组件由现成材料制成的情况下，可以有更低的材料成本和更好的材料可获得性。
- 采用重量更轻，甚至空心的结构能够降低运输成本，如果需要应对刚性或震动环境，可以在运输后对该结构填装水、沙、混凝土或其他填料。

9.7 注释

1. James Morgan and Jeffrey K. Liker, *The Toyota Product Development System* (2006, Productivity Press), Chapter 4, "Front-Load the PD Process to Explore Alternatives Thoroughly."

2. James G. Bralla, Editor, *Design for Manufacturability Handbook* (1998, McGraw-Hill).

3. R. Bakerjian, Editor, *Tool and Manufacturing Engineers Handbook, Volume 6, Design for Manufacturability*, (1992, Society of Manufacturing Engineers, Dearborn, MI). Chapter 1 is by David M. Anderson.

4. H. E. Trucks, *Designing for Economical Production,* 2nd edition (1987, Society of Manufacturing Engineers).

5. G. Pahl and W. Beitz, *Engineering Design: A Systematic Approach* (1988, Springer-Verlag), translated from German; 400 pages with 50 pages on DFM.

6. J. Hicks, *Welded Design: Theory and Practice* (2000, Woodhead Publishing), 160 pages.

7. John Campbell, *Complete Casting Handbook: Metal Casting Processes, Techniques and Design:* (2011, Butterworth-Heinemann), 1220 pages.

8. David M. Anderson, *Build-to-Order & Mass Customization: The Ultimate Supply Chain Management and Lean Manufacturing Strategy for Low-Cost On-Demand Production without Forecasts or Inventory* (2008, CIM Press), Chapter 8, "On-Demand Lean Production." See book description in Appendix D.

9. Lance Ealey, *Quality by Design* (1998, ASI Press, Dearborn, MI).

10. 欲了解更多关于 DFM 咨询和设计研究的内容，详见附录 D。安德森博士提供了突破性概念的设计研究（见附录 D），能够解决具有挑战性的设计问题并发掘关键的设计机会。

11. "Workholding" DVD (2010; 28 minutes; DV09PUB6) by Society of

Manufacturing Engineers; www.sme.org. See also a thorough, but dated, book that shows a wide range of off-the-shelf workholding products in one volume: *Workholding* (1982, SME; ISBN 0-87263-090-0).

12. 安德森博士参与主持了多个大型 DFM 替代品研讨班（见附录 D.5.3），并做了以下产品类型的咨询和设计研究：地下矿用车辆框架；电厂电流逆变器框架；为大型包装箱制造设备设计了 4 米高的框架；核电站使用的大型过滤器；设计为窗户玻璃添加涂层的真空室（120 米长）；邮政分拣设施使用的多层结构框架。他在农用机械、大型发动机、机床工具框架、大型医疗设备框架、公共变压器外科、石油工业设备和大型车架等方面也举办了相关的研讨班。

13. 参见附录 D 中更多关于安德森博士的研讨会、咨询服务和设计研究的内容。

DESIGN
for MANUFACTURABILITY

How to Use Concurrent Engineering
to
Rapidly Develop Low-Cost, High-Quality Products
for
Lean Production

第五部分
客户满意度

第 10 章 质量设计

1/3 的质量控制问题源自产品设计。

——约瑟夫·朱兰博士（Dr. Joseph Juran）

设计对质量的影响是大多数人没有意识到的，质量控制大师约瑟夫·朱兰博士很早就发现了这一点。[1]设计师确定零件的数量、决定购买哪些现货零件、选择外购件、设计各零件剩余的部分（间接地确定其制造方式）、确定零件如何装配，并且确定各个零件如何协同运作。"产品设计决定了工厂采用的工艺"，无论设计师是否意识到这一点，这都是无可辩驳的。如果设计师明白这一点，他们可能会倾向于与制造人员协作，并行地设计产品及其工艺。

通常，制造或质量部门负责产品质量。这些工作组可能会花费大量的精力试图确保高品质，以弥补设计时对产品内在质量的忽略。经过坚持不懈的努力，工厂可能会成功避免有质量问题的产品进入市场，但是可能会给企业带来较高的质量成本，如 6.9 节和第 7 章所讨论的。制造和产品开发会受到诊断、返工、库存过剩、紧急补救和质量控制工作的严重干扰。

如果产品设计对质量的考量不够全面，而且企业不了解客户对质量的重视程度，那么仅对质量进行讨论或启用一个质量计划是不够的。如果不遵循以下步骤，致使产品在制造现场出现质量问题，会因过多的订单变更和故障排除而消耗工程资源。最坏的情况是，质量问题会迫使团队重新设计——最终导致工程资源被耗光。

正如第 1 章所指出的，产品终生累计成本的 80% 由整个开发周期的前 8% 的阶段决定，也就是设计阶段。无论企业如何努力，只能够影响余下 20% 的成本。同样，产品质量也有很大比例是由设计决定的。

10.1 质量设计准则

以下列举了一些产品开发团队可以采用的主动性准则、程序和文化视角，以便在产品设计中加入对质量的考量。

Q1：建立一种质量文化。在这样的文化里，质量是每个人的责任而不仅仅是质量部门的责任。明确质量起源于产品开发的理念。

Q2：了解过去的质量问题。深入了解当前和过去产品质量问题的根本原因，从而避免新产品开发重复过去的错误，这包括零件选择、设计方案、工艺、选择供应商等。让制造、质量和现场服务人员为新成立的产品开发团队发表相关内容的演讲，展示一些现实案例非常有用，可以避免新设计中出现过去的错误。

通常，因为质量数据过于庞大，以至于很难掌握所有的历史信息，并且在新产品开发中很难全部考虑这些重要经验。这个问题可以通过绘制质量问题频率与严重性关系图来解决（见图 10-1）。

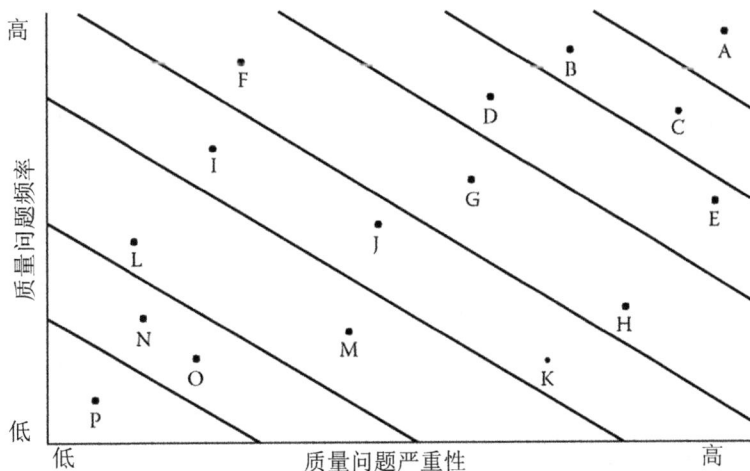

图 10-1　质量问题的频率与严重性的关系

频率可以指代每年每个类目的问题出现的次数。严重性可以基于该问题引发的费用、产品停工成本、解决该问题消耗的资源、导致的订单变更成本、产品开发延误、生产延误以及其他可统计的后果。严重性可能也包括一些无法统计的问题，如安全风险、工伤和企业责任。可以基于主观尺度对这些因素进行分级评定，比如 1 ~ 5 级。

这种做法能将质量和可靠性问题的优先性进行可视化，帮助产品开发团队根据一定的优先排序来解决质量问题，用最大的精力来解决最常发生的最严重的问题。关于图表格式，确保标识每个区域内的问题，以保证其可识性。

Q3：系统性地定义产品。 运用质量功能配置（QFD）对产品进行定义，使其满足客户的需求，这在 2.11 节中进行了讨论。这确保了首个设计能够在没有成本和变更设计风险的前提下，满足客户的需求。

Q4：将质量列为主要设计目标。 确保质量是一个主要设计目标，与功能性、可制造性以及第 2 章讨论的所有考量因素同等重要，在设计中积极加入质量因素。在传统的、反馈式的产品开发文化中，只有当质量问题在制造过程中浮出水面之后才能得到处理，更糟糕的情况是在现场出现质量问题才对其进行处理。

Q5：组建多功能型团队。 让多功能团队将各部门之间的壁垒打破（源自戴明博士 14 条品质管理准则的第 9 条），以确保所有的质量问题被发觉并尽早解决，确保质量确实被视为一个主要设计目标。

Q6：简化设计和工艺。 运用最少的零件、接口和加工步骤，从而简化概念 / 架构。巧妙地简化设计[2]和工艺流程，能够制造出本身具有高质量的产品。

Q7：选择质量好的零件。 大多数情况下，开发人员仅根据功能性和成本来选择零件。然而，为了通过设计来确保质量，必须根据质量选择零件。如果零件成本目标与质量目标不一致，那么成本统计可能并没有在总成本的基础（见第 7 章）上进行计算，而总成本核算应当包括质量成本（见 6.9 节）。当总成本被计入统计，产品开发团队绝不会武断地选择低价的零件。用包括了质量的总成本核算系统为标准选择零件和供应商是戴明管理准则的第 4 条。

Q8：优化工艺流程。 选择或并行设计工艺流程以确保生产质量。需要注意的是，必须确保新工艺足够稳健，从而在正常生产环境下能够批量制造出高质量的产品。根据工艺能力进行设计，设计可控制、能够可靠地生产出优质零件的工艺。

Q9：最小化累积效应。 明确零件质量的累积效应对产品质量的影响，如 10.3 节所讨论的。产品质量随着元件数量的增加以指数级下降。

Q10：深入进行产品设计以便一次成功。 使用第 1 章介绍的技术保证产品设计能够"一次成功"。如果初始设计不能保证质量，那么必定需要昂贵的订单变更（见 1.10 节），导致宝贵的工程资源被浪费，并可能进一步诱发质量问题。一定要在资源充裕的前提下满足所有设计目标和约束条件，而不应该只为推出产品使质量大打折扣。

Q11：防错设计。 通过设计主动避免缺陷并且在制造中运用防错技术。10.7 节对此进行了讨论。

Q12：不断改进产品。 使用持续改善理念逐步改进产品和工艺流程。传统模式被理解为如果产品的每个维度处于"规范内"或在规定的公差范围内，质量就能得到保证。如果零件在低质量的环境中制造，实行一个紧密的公差会提高成本，因为公差范围之外的零件必须报废。因此，这种做法意味着合格的零件有很高的比例位于公差范围的极端位置。如果这些零件和其他零件配对，有可能出现最坏的组合，导致问题出现。

从另一方面看，持续改进计划力求不断收紧制成件的精度，使各个维度越来越接近目标。这使得大部分零件接近公差范围的中心，而少数零件靠近极端位置。

Q13：做好全面的文档工作。 在急于完成产品开发的心态影响下，许多设计师未能完整地记录设计的各个方面。文档记录应当保证 100% 完整和准确，一旦出现变化应当立即更新文档记录。

发送给制造部门或供应商的图纸需要明确地传达制造、加工、检验等方面的设计意图。不精确的图纸会引起误解或需要解释，这增加了成本，浪费了时间，并且可能会影响质量。

几何尺寸与公差（GD ＆ T）设计法是一个明确的方法，它能够清晰地传达设计意图，从而消除延误和文件记录出错导致的质量问题。在 GD ＆ T 中，每个尺寸都从最符合逻辑而且精确的基准算起。例如，为了在一块金属上加工多个孔洞，可能从一个基准面算起，而不是以彼此作为基准（这会导致累积误差）或从多个边缘算起（边缘公差会影响孔间距的精度）。

GD & T 对尺寸进行优化，从而保证：（1）功能上，确保零件按照计划进行制造；（2）制造上，优化工艺和夹具；（3）检查上，允许使用坐标测量设备。正确的参照基准也能够保证在相同的设置条件下实现最大数量的操作，而不需要对零件重新定位（见准则 P14）。

Q14：实施质量奖励机制。许多机构，员工会为了得到回报而完成一些任务。如果员工因为按时完成设计而受到奖励，那么他们实际上会"按时"将设计甩手丢给下一个部门，无论设计是否完备！如果他们因为实现了"成本目标"而受到奖励，他们会通过购买最廉价的现货零件，很可能是质量低劣的零件来完成目标。因此，在构建奖励制度的时候必须包括质量指标。

10.2　公差

Q15：优化公差以实现（符合制造工艺）稳健设计。正确指定公差是让设计具备可制造性的一个最重要的步骤。过于严格的公差通常需要更精确的工艺，这会导致更高的成本和更多延误。设计人员必须了解各个工艺流程，从而掌握公差对工艺的影响。

不要忽略指定公差的步骤。尤其对于一些非关键零件而言，例如支架，不要用 CAD 或绘图格式使用的块状公差带来决定实际公差。不要重复使用以前工作中采用的公差。不要因为缺乏了解导致公差过于宽松。不要为了保险制订过于严格的公差。

10.2.1　过于严格的公差

如果公差在制造中过于严格，很多糟糕的事情将会发生。制造人员会对过于严格的公差产生怀疑，困惑于"为什么指定如此严格的公差，实际上这只会让工艺成本更加昂贵。"如果他们在工程中产生了这样的担忧，指定公差的设计师应当倾听他们的意见然后对公差进行调整。最糟糕的情况是，设计师因为太忙或固执而拒绝修改，实际上这些修改是非常必要的。

不幸的是，大多数情况下，制造部门只会收到一个关于公差变更的口头通知，而没有对下一个版本或类似产品的变更进行记录。这导致问题再次出现，而且暗示制造部门这个严格公差并非真的有必要，从而影响了公差的可信度。

因为公差的可信度低，所以制造人员会自行理解公差。如果在制造某些零件时，对零件的一些关键尺寸采用了不够严格的公差，这种危险的做法将带来不良后果。零件被发往供应商后，公差问题愈演愈烈，供应商并不清楚哪些公差必须严格遵守，哪些公差可以变动。供应商将会（也应该）基于图纸上规定的公差进行决策。公差的双重标准带来的不良后果是，可能会歪曲制造从而影响购买决策，使其偏向于内部制造。这种情况下可能会对同一个零件采用更为宽松的公差。

如果公差被规定得（或者被理解得）过于宽松，该产品可能无法通过功能测试，在装配阶段会遇到随机出现的问题，产生质量问题，过早地出现磨损或在使用过程中造成安全隐患。

10.2.2　最坏情况下的公差设计

与公差相关的问题有公差累积和最坏情况下的公差设计。公差累积指的是所有公差在“一连串”尺寸相互关联（这些公差的合集会影响整体尺寸的公差）的情况下出现的累积效应。最坏情况下的公差设计指的是将所有公差中“最差”的成分结合起来，分析其实际效果将会如何。例如，要进行一个轴与一个孔之间间隙的最坏情况分析，人们会考虑最大轴与最小孔结合，以及最小轴与最大孔结合的情况。这种分析将会得出间隙的两个极端值，这应当与设计要求相对应。

在所有最坏的公差情况下，产品必须可靠而且安全地工作。相关人员应当在相关的零件堆、模块、组件以及产品本身上全面进行公差累积分析。

在多个尺度结合起来决定一个总体尺度（具有自己单独的期望公差）的情况下，所有元素的公差应基于供应链中维持所有尺寸的最低总成本进行合理分摊。如果没有对公差进行计划性分配，结果可能是设计的最后一个零件有非常严格的公差，因为之前设计（也许已经生产）的零件公差已经被固定。

10.2.3　公差策略

为了实现功能、质量、安全性和可制造性之间的平衡，应当优化公差。公差要具有足够的可信度，让制造部门能够按要求完成。设计人员需要根据流程对公差的选定进行深入研究。在早期与制造工程师合作有助于这项任务的完成，但是最好的办法是设计师深入了解工艺流程及其局限性。一个版本的公差出现变更应当立即对其进行记录，以便未来的版本可以参考。

应当根据稳健设计的田口方法对公差进行系统性的选定（见 10.2.5 节）。

10.2.4　块状公差带

公差的另一个问题普遍存在于图纸上打印的块状公差带，例如，线性尺寸的公差为 ±0.005″、除另行规定，任何表面的表面光洁度公差为 63RMS。这通常造成许多公差超过了必要的严格程度，而且如果被严格遵守，会导致标准库存件无法使用，比方说，一个 ½″ 的尺寸对应的是 ½″ 的库存件。从技术上看，块状公差甚至可以应用于倒角和半径，而这些特征通常只是为了间隙、外观或安全的考量而存在。

如果企业必须采用块状公差带，应当为不同的应用指定几种不同的公差范围，例如：

- 用 ××× 尺度来表示 ±0.005″ 或 ±0.001″ 级别的公差。
- 用 ×× 来表示 ±0.015″ 或 ±0.020″ 级别的公差。
- 用分数来表示诸如 ±1/32″ 级别的公差。

任何企业都应当确定最常用的公差，并且在块状公差带中列出它们。设计师需要明白公差为 5/8 英寸（约合 1.6 厘米）的两位数尺度值应当被规定为 0.62 或 0.63，而不是 0.625。

10.2.5　稳健设计的田口方法

为一个稳健设计指定最优公差以确保设计能够实现高质量水准。稳健设计的田口方法是一种系统性的方法，通过优化公差能够实现低成本高质量的目标。[3] 该方法利用实验设计来分析各项公差对功能性、质量和可制造性的影响，以便分析公差累积和最坏情况公差的效应。该程序能够识别需要严格公差的关键尺寸和精密零件，从而系统性地设计公差。这种方法的独特优势是它能够在确保高质量的同时最小化成本，因为该方法能够确定非关键尺寸，从而可在设计中对这些尺寸赋予较宽松的公差或选择较便宜的零件。

如果一项设计被预计为在任何使用环境下，都能够达到高质量和足够的性能，那么这样的设计可被认为是稳健的。如果无法系统性地确定公差，会出现以下情况。

（1）严格规定所有的公差以确保其质量，但这种做法代价昂贵。过于严格的公差会产生可信度问题并且造成相关人员对其自行解读。

（2）无意（或故意）指定宽松的公差，会引发制造和质量问题。性能、质量和可制造性问题可能互不关联，因而导致检修和纠正工作难以进行。

10.3　产品质量的累积效应

掌握零件的数量和质量的累积效应是非常重要的。所有统计都基于这样一个假设——任何单个部件的故障都会导致产品失败。除非产品具有在关键应用（如航空）中常见的冗余特征或备份特征，否则应当这样假设。

统计上看，这种情况类似于一个可靠性串联模型，它认为系统的可靠性由系统中所有零件独立的可靠性相乘而得出，前提假设任何单一故障都会造成系统故障（串联效应）：

$$R_s = R_1 \cdot R_2 \cdot R_3 \cdot R_4 \cdots R_n = \prod_{i=1}^{n} R_i$$

其中，

R_s= 系统的可靠性

R_n= 零件 n 的可靠性

产品质量也有一个类似的等效公式，它代表产品工作正常或没有缺陷的概率，等号右边的分量代表的是单个零件没有缺陷的概率：

$$Q_P = Q_1 \cdot Q_2 \cdot Q_3 \cdot Q_4 \cdots Q_n = \prod_{i=1}^{n} Q_i$$

其中，

Q_P= 产品的质量水平，被记为产品正常工作或没有缺陷的概率

Q_n＝零件 n 的质量水平

零件的质量水平可以方便地计算为无缺陷零件的百分比。质量水平的不断提高使得良率变成了一个长的数据串，例如 99.95%。在这种情况下，质量水平被表示为百万缺陷率（Defects Per Million，DPM），例如 99.95% 等同于500DPM——这是一个更容易处理的数值。DPM 统计从感官上更适用于零缺陷项目，因为目标是 0DPM。在进行这些计算的时候，一定要将百分率转化为小数形式（例如用 0.9995 表示 99.95%）。

利用零件平均的质量水平可以近似估计产品质量，采用以下公式：

$$Q_p = (Q_a)^n$$

其中，

Q_p = 产品的质量水平

Q_a = 零件的平均质量水平

n = 零件数量

10.3.1 示例

一个由 25 个 99% 良率的零件构成的产品，其

$$Q_p = (Q_a)^n = (0.99)^{25} = 0.78$$

这意味着只有 78% 的产品是良品，因为这 25 个零件只有 99% 的良率。这个结果的前提是生产的加工品质及其优异程度。

如果将上面例子里的缺陷零件的比率降低一半（99.5% 的良率），那么该产品的质量水平会变为：

$$Q_p = (Q_a)^n = (0.995)^{25} = 0.88$$

产品质量跃升至 88%——仅仅选择一个更高质量等级的零件，就能显著提高产品质量。

10.3.2 零件数量和零件质量对产品质量的影响

图 10-2 显示了产品质量与产品数量的关系，其中的曲线对应了方程 $Q_p = (Q_a)^n$。

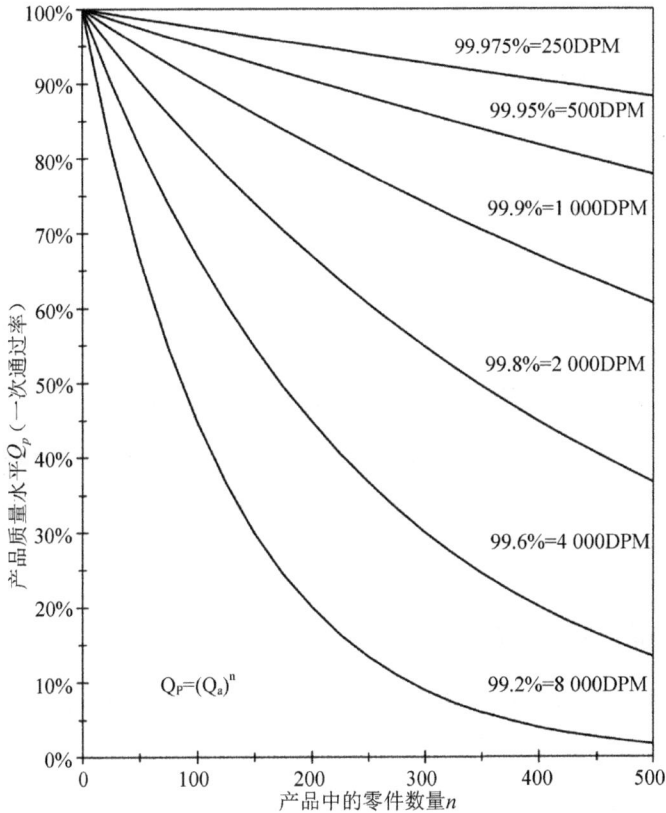

注：图中曲线代表零件的平均质量水平，Q_a 表示良率百分比或DPM
（缺陷/百万）

图 10-2　在零件的平均质量水平中，质量可以表示为零件数量的一个函数

不同的零件质量水平，其每条曲线对应的零件缺陷率是其上方零件缺陷率的两倍。

印制电路板由成百上千的元件构成，这些元件涵盖了图中曲线的全部范围。所有的设计师都应当谨慎使用这些公式，利用元件的数量来预测产品质量的下降趋势。

10.3.3　质量预测模型

对于由各组具有不同质量水平的零件构成的产品，可以采用以下公式：

$$Q_p = Q_{a1}{}^{n1} \cdot Q_{a2}{}^{n2} \cdot Q_{a3}{}^{n3} \cdot Q_{a4}{}^{n4} \cdot \cdots$$

其中，

Q_p = 产品的质量水平

Q_{a1} = 第一组零件的平均质量水平

$n1$ = 第一组零件的数量

这个公式是一个非常强大的工具，可以预测模型，可以根据一份零件清单来估计产品质量，使设计人员在早期比较不同的产品架构。这个公式可以很方便地嵌入一个电子表格，用于计算各种不同的"假设"情景。

重要的是，要认识到产品质量随着零件数量的增加而成倍下降。因此，除非零件的质量水平非常高——接近六西格玛标准（约 3DPM），否则零件数量过多都会导致产品质量呈指数级下降！

10.3.4 产品的质量策略

鉴于上述零件质量对产品质量的影响，可以通过以下几个方面来最大化 $(Q_a)^n$：

（1）最大化平均零件质量水平 Q_a；

（2）最小化零件数量 n；

（3）同时优化上述两个方面。

设计师要不断以最大化 $(Q_a)^n$ 为目标展开思考。在为竞选方案做权衡分析的时候，应选择 $(Q_a)^n$ 最高的方案。如果产品朝着复杂性更高的方向发展，意味着零件数量更多，而零件质量保持不变，那么零件质量的指数级累积效应会导致产品质量受到影响。高级管理人员可能无法理解为什么复杂度更高的产品在其零件质量不变的情况下质量反而下降。

这个问题的解决方案包括零件质量和工厂工艺质量的持续改进[4]，从而弥补增加的复杂性。另一个方案是在产品复杂性增加的情况下，继续努力减少零件数量。复杂电子电路的设计师可以将数十个小型的集成电路组合成一个单一标准的超大规模集成电路芯片或定制专用集成电路设备，它们应当与那些被替代的芯片具有相同的质量水平。这种方案能够显著提升产品质量，或者在某些情况下，可能是让产品质量合格的唯一方法。根据图 5-5 列出的总成本因素，可以看出广泛使用多功能 ASIC 是非常合理的。

10.4　可靠性设计准则

可靠性可以被定义为质量在时间维度上的表现。具有良好可靠性的产品在使用中不会出现故障。可靠性的经典定义是：产品在一系列规定的使用条件下、在一个特定时段内能够良好运行的概率。可靠性的要素包括概率、性能、时间和使用条件。以下是通过设计来优化可靠性的一些准则。

Q16：简化概念。简化概念是实现固有可靠性的关键，虽然在面向可靠性的统计学手册中很少提到这一点。显著地减少零件、接口、连接器、交互性和复杂性的数量，一般来说会大大提高产品的可靠性。

Q17：将可靠性列为一个主要的设计目标。确保可靠性是设计的主要目标，并且与功能性、成本、可制造性和在第 3 章中讨论过的设计要素同等重要，使可靠性能够通过设计巩固到产品内部。在传统的、反馈式的产品开发文化中，可靠性问题只有当它们在现场出现之后才会得到处理。

Q18：基于过去的经验教训了解零件的可靠性问题。根据早期的经验数据（见 3.3 节），充分掌握当前和过去产品出现可靠性问题的根本原因，防止新产品开发重复过去的错误。这包括零件选择、设计方案、工艺、选择供应商、使用条件等。让制造、可靠性和现场服务人员为新成立的产品开发团队发表相关内容的演讲，通过现实案例分析展示过去可靠性问题的成因，可以避免新设计中出现过去的错误。

调查同类产品的可靠性，以及相似环境下可靠性所面临的挑战，从而了解其他系统随着时间推移如何工作，并且研究这些产品成功或失败的关键原因。

使用失效模式与影响分析（Failure Mode and Effect Analysis，FMEA）技术来了解可靠性故障模式及其后果，然后制订策略和行动目标来尽量减少故障。FMEA 还可被当作主动设计工具，帮助团队识别故障模式并制订预防策略。这可以作为各种产品概念的决策标准。

Q19：早期进行模拟。早期使用模拟技术和计算机模型实现可靠性的最大化，从而优化早期的设计决策，与到了后期从原型或现场测试得到的数据来进行各种设计变更相比，这种做法更容易而且更有效。

尽早完成 FMEA 以便预测最有可能出现的故障模式，并且制订策略尽量减少故障。尽早对设计中最棘手的问题进行选择性试验和加速可靠性试验。

Q20：基于经过证实的可靠性数据优化零件选择。基于经过证实的可靠性数据来选择零件，而不是根据广告宣传的零件特性来选择。如果缺乏经过证实的可靠性数据（这常见于新型零件），那么应当鼓励尽量使用经过验证确认为合格的零件。

Q21：使用验证过的零件和设计特性。使用已经验证而且在以前的产品中正常工作、能够提供可靠服务的标准零件和设计特性。过去的性能数据能够快速引导设计师找到最好的零件和设计特性，帮助他们最大限度地提高产品的可靠性。设计团队的主要目标是重新使用经过验证的设计、零件和模块。应当谨慎使用任何验证程度不足并且可能低于目前质量门槛和可靠性门槛的设计、零件和模块。

如 3.1 节所讨论的，更高比例的投诉、现场故障、召回和诉讼并不是因为新功能或新技术。相反，这些问题源于产品的基本功能，这些功能本应当采用经过验证的设计、零件和模块。例如，在电子行业里，许多问题出自最普通常用的电源。在汽车行业里，最严重的问题源于燃油系统、安全带、转向、制动、悬挂、轮胎等。这些并不是汽车企业宣传或客户所追求的元素，企业或客户更青睐于造型、杯架、音响和导航系统。

Q22：使用经过验证、可控和有记录其能够生产可靠零件的制造工艺，以避免引入新工艺后，需要加入附加变量的情况。讽刺的是，一些产品无法通过验证过的工艺来制造，因为它们的设计不具有足够的可制造性，无法运用这些特定的工艺。

Q23：使用认证过的模块。使用经过验证、核证并且能够进行单独认证的模块。如果产品使用的所有模块都通过了认证，则可以认为产品是合格的。

Q24：运用防错技术最大限度地减少错误。在设计中，运用防错技术设法主动减少制造、组装、安装、维护和维修中的错误，如 10.7 节和 10.8 节所讨论的。

Q25：通过设计最大限度地减少运输、安装或者维修导致的损伤。对产品和包装进行设计，以便产品在运输过程中不会遭受损伤。规范安装过程，确保安装或修理过程涉及的所有步骤不会降低产品的可靠性。

Q26：尽量少用机械电气连接器，尤其在腐蚀性或容易受到冲击和振动的环境，以及低电压连接的环境下。此问题一个常见的例子是，在摇晃手电时，尽管电池接触了两个极板却无法立即开始工作，导致手电出现自动反射现象。一些避免低电压机械连接的具体解决方案如下。

- 将电路板整合，消除线路和连接器。
- 使用机械连接最少的连接方式，例如柔性电缆。可以运用焊接，在电路板上连接电路板两面组件的柔性线路（电路板上导线）来连接不同的电路板。
- 尽量减少插孔的使用。

Q27：避免所有的手工焊接。手工焊接是制造电路连接最不可靠的方式。英特尔系统事业组可靠性方面的人员发现了一些令人不安的数据，手工焊接的接点虽然通过了工厂内部的测试，但是在现场使用中出现了故障。相比之下，电路板的自动焊接（回流或波峰焊）技术是更精确的工艺，可以实现六西格玛的质量水平。

运用以下 3 个策略可以避免手工焊接。

- 可以通过使用组合电路板、柔性线路和巧妙使用连接器和电线来避免手工焊接。
- 在早期深入检索能够自动焊接的零件并围绕这些零件进行设计。即使零件成本稍高，但总成本相对更低而且会提高产品质量。
- 根据印制电路板的 DFM 设计准则进行设计，使元件位置不会冲突而导致元件必须通过手工焊接到电路板上。

Q28：为电路板的维修设定限制。大多数企业没有限定元件能够脱焊或更换的次数。过多的手工焊接会损坏电路板焊盘或孔洞，而且可能损害相邻的部件。《表面贴装技术》（*Surface Mount Technology*）的作者雷·普拉萨德（Ray Prasad）建议，最多进行两次维修，以防止印制电路板出现内部热损伤[5]。

Q29：合理地使用烧机技术。使用烧机或试机技术来诱发初期故障，直到能够单独识别问题所在，然后使用这些信息来消除导致这些问题出现的成因。

10.5　可靠性测量

测量可靠性的尺度可表示为平均故障间隔时间，其数学形式为：

$$MTBF = 1/\lambda$$

其中，λ = 故障率。

这个公式体现了在平均操作水平下，经过一段等同于 MTBF 的时间段预计将会出现一次故障。

于是，产品的可靠性在数学上可以表示为：

$$R(t) = e^{-\lambda t}$$

其中，t = 时间。

10.6　各个阶段的可靠性

产品在 3 个阶段会呈现不同的可靠性，分别是早期失效阶段、有效寿命阶段和损耗阶段，如图 10-3 所示。下面列出了在早期失效阶段造成可靠性失效的原因。请注意，其中很多原因可以通过主动优化产品和工艺的设计来避免。

图 10-3　各个阶段的可靠性

10.6.1 早期失效阶段

早期失效阶段表明产品在开始使用时失效率很高，这一阶段失效的原因有以下几项。

- 固有的工艺缺陷
  - 低劣的焊接或密封工艺
  - 铸件开裂
  - 焊点工艺差
  - 表面污染
  - 化学杂质
  - 操作或静电损坏
  - 不正确的零件定位
- 运输损坏
  - 零件物理受损
  - 不抗震的零件受到过大的压力
  - 在运输过程中零件松动
- 安装和设置错误
  - 工厂错误
  - 客户错误

10.6.2 损耗阶段

损耗阶段是产品故障率开始上升并加重的阶段。其成因包括下列几项。

- 摩擦损耗
- 疲劳
- 蠕变
- 腐蚀或氧化
- 化学变化
- 绝缘击穿

- 塑料的收缩或开裂

10.7 防错技术

防错（Poka-Yoke）是一个源自日本的术语，逐渐演变为防止制造过程中出现错误的一门技术。[6] 防错可以作为一种设计方法，在设计的过程中进行防错处理，使零件不会出现装配错误或产品不会出现制造错误。这些巧妙的设计特征仅被创造一次，但它们会在产品的生命周期内持续避免制造错误。下面将介绍应用于产品开发的防错技术的总体准则，其后，还将介绍各种最小化错误的准则。

经过零件标准化，零件种类减少，选择错误零件的机会也大大减少。对称的零件不会出现安装颠倒的情况。非对称零件带有夸大的不对称特性也很难被错误地装载，这种做法能够避免使用最容易出现安装错误的一种零件——外形接近全正方形的零件。非对称零件应当使用极化连接器或底座。

如果不同的零件有不同的安装结构，那么就能将产品设计为错误结构的零件不能被装载的形式，例如使用具有特定直径的独特转轴、具有特定孔腔的独特齿轮、独特的紧固件或具有特定螺纹的阀门。

通过指定唯一正确的零件，并且随着标准化的推行，最大限度地减少了零件种类——理想状态下每个工作站只使用一种类型的零件，则可以避免选错零件。

可以增加避免错误装配的特性，例如使用定位销或对准标记、独特的几何结构和形状，以及通过标识展示正确装配方式同时辅助检验操作。通过概念简化可以彻底抛弃可能引起混淆的组件，例如将零件进行组合或完全消除它们。

10.8 防错准则

10.8.1 如何在设计中保证防错能力

为了避免倒插零件的情况出现，可以使用：

- 对称零件（见准则 P3）；

- 夸大非对称零件的不对称性（见准则 P4）；
- 为非对称零件选择极化的连接器或底座；
- 在零件上增加一个孔洞，同时在工具或配对零件上安装一个钉销，从而确保以正确的形态插入或装载。

为了避免选错零件，可以使用：

- 通过标准化最大限度地减少零件种类，理想状态下每个工作站只使用一种类型的零件；
- 仅指定正确的零件。

为了避免将零件装入错误的位置，可以使用：

- 独特的几何装载结构
    - 各种不同的带有配准装置的软管
    - 针对不同零件使用独特的紧固件
    - 不同的转轴匹配合适的齿轮
- 增加能够防止错误装配的特性
    - 定位销或对准标记
    - 独特的几何结构和形状
    - 标记或模板，以便展示正确的装配方式并辅助检验操作

以下情景能够避免零件遗漏的情况：

- 如果缺少某个零件，则其相邻的零件便无法安装；
- 在基座上印刷零件的外轮廓能够提示和标识缺少零件、零件错误或安装方向错误的情况；
- 使用自动传感器或自动衡量装置来检测缺乏零件和使用了多余零件的产品。

为了避免装配错误，可以：

- 将零件进行组合或彻底弃用这些零件；
- 弃用依赖操作者技能或记忆力的工序；
- 逐步废除选择、决策和判断过程；
- 使用避免出错的装配流程。

为了避免序列性错误，可以：

- 对装配工艺进行优化设计，废除序列；

- 使用能够避免错误序列出现的特性；

- 使序列直观而且明显；

- 明确标明正确的序列。

为了避免时序错误，可以：

- 设计不需要定时流程的产品；

- 废除需要操作人员计时的流程；

- 使所有需要定时的操作具有一致的时间段；

- 使时序不同的操作有很明显的时间差异。

10.8.2　设计完成之后的防错方案

如果设计中没有加入防错方案，工厂将不得不雇用更多（也更昂贵）技术熟练的工人，为他们提供更多培训，并且在加工流程和检查过程中时刻保持警惕。

设计只需要进行一次，但是招聘和训练必须重复进行，因为不断有新的人员加入系统，所以必须长期保持警惕性。

10.9　质量设计策略

本书所介绍的方法可以在设计中主动确保产品的高质量和高可靠性，以下列出了其中的技术。

- 从经验数据库、研究项目和相关项目人员的介绍中掌握过去质量问题的经验教训。

- 遵守 Q1 ～ Q29 的设计准则。

- 考虑使用质量功能配置（QFD）来定义产品，以捕捉客户的声音（见2.11 节）。QFD 是著名的"六西格玛设计"工具集中的一种技术。

- 使用多功能型团队工作（戴明管理准则第 9 条）来确保质量是主要的设计考量因素，并且所有质量问题都能够在早期被提出和解决，同时通过设计主动地将质量巩固到产品内部。

- 进行充分的前期准备工作，尽早实现上述所有目标并且避免在后期出现更显著的质量和生产增速问题。
- 简化设计，从而保证高质量和高可靠性。
- 最大限度地减少零件质量和数量带来的指数累积效应，选用高质量零件并且通过使用更少的零件来简化设计。
- 选择最高质量的工艺。提高工艺流程的自动化水平并且创造比人工加工更一致的质量水平。
- 尽早发现并且解决问题，可以学习过去质量问题的经验教训；早期进行研究、实验和建模；创建 B 计划应急方案；主动制订和实施所有早期问题的解决计划（见 3.3 节）。
- 使用田口方法确定一个稳健设计的最佳公差（准则 Q12）。稳健设计是"六西格玛设计"工具集中的一种技术。
- 根据质量选择原料（戴明管理准则第 4 条），而不是通过拍卖、低价投标或为了追求低价而更换供应商。
- 在产品设计中运用防错准则，通过设计防止错误的出现，还要并行设计制造流程以避免使用错误的制造工艺（见 10.7 节）。
- 重用经过验证的设计、零件、模块和工艺，从而最大限度地降低风险并确保质量，特别是设计的关键方面。
- 通过废除不常见、小批量的产品（见附录 A，通常具有最低的质量）来合理化产品线以提高企业质量。
- 对确保质量的奖励行动实施全局性指标和补偿，并且避免为了节约成本使用廉价的原料、廉价劳动力导致质量受到影响的行为，或将一个次优的设计甩手丢给下一个部门的做法。
- 使用总成本核算方法（包括量化质量成本）作为所有零件和工艺决策的基础；质量成本的所有元素都应进行量化。

好的质量设计能够让五西格玛质量水平提高到六西格玛质量水平。[7]

六西格玛设计（DFSS）是六西格玛质量计划的产品开发元素[8]。六西格玛是一种旨在消除错误、返工和浪费现象的管理方法。DFSS 的目标是通过设计将质量巩固到产品内部从而预防缺陷。

六西格玛设计通过提供深入严谨的计算和统计方法来支持 DFM 质量策略，例如使用 QFD 来捕捉客户的声音、使用田口方法来优化稳健参数和公差、使用创新式问题解决理论（TRIZ）来创造想法，并进行 FMEA。

10.10 客户满意度

质量设计是提供客户满意度的关键要素，如 QFD 所追求的（见 2.11 节）。J.D. 鲍尔（J. D. Power）等人编写的《满意度：每个伟大的公司如何倾听客户的声音》（*Satisfaction: How Every Great Company Listens to the Voice of the Customer*）一书，向人们展示了客户满意度如何能够极大地提高销售、利润和股东价值：

"提升客户满意度能够增加声誉，而你可以从中获得一本万利的效果。"

"你应当承担争取边际客户满意度以提升声誉的责任，而建立市场份额的唯一方法是通过折扣或其他优惠措施，尽管这些做法会降低你的基本利润。"[9]

J. D. 鲍尔为客户满意度与销售和股东价值建立了关联。在汽车行业中，客户满意度低的品牌 5 年内销售量下降了 4%，而满意度高的品牌其销售增长了 44%！在同一时期，客户满意度下降，企业的股东价值下降 28%，而那些客户满意度得到提升的企业，其股东价值上涨了 52%！[10]

10.11 注释

1. Seth Godin and Chip Conley, *Business Rules of Thumb* (1987, Warner Books).

2. Matthew E. May, *The Elegant Solution* (2007, Free Press).

3. Lance A. Ealey, *Quality by Design: Taguchi Methods and US Industry* (1998, ASI Press).

4. Kiyoshi Suzaki, *The New Manufacturing Challenge: Techniques for Continuous Improvement* (1987, Free Press).

5. Ray P. Prasad, *Surface Mount Technology: Principles and Practice* (1989, Van Nostrand Reinhold), p. 547.

6. Poka-Yoke: *Improving Product Quality by Preventing Defects* (1989, Productivity Press/Taylor & Francis); 295 pages with 240 examples.

7. Subir Chowdhury, *"Design for Six Sigma"* (2002, Dearborn Trade Publishing).

8. Ibid.

9. Chris Denove and J. D. Power, IV, *Satisfaction: How Every Great Company Listens to the Voice of the Customer* (2006, Portfolio).

10. Denove and Power, *Satisfaction*, Chapter 1, "Show Me the Money."

D E S I G N
for MANUFACTURABILITY

How to Use Concurrent Engineering
to
Rapidly Develop Low-Cost, High-Quality Products
for
Lean Production

第六部分
实施

第 11 章 实施 DFM

套用一句 IBM 广告妙语：没有实现 DFM 的神奇工具——没有神奇的软件、神奇包装的解决方案、神奇的品牌模型。换句话说，你买不到 DFM。企业也无法简单地找到完成伟大产品开发的方法。

项目管理技术让管理人员能够跟踪进展并且觉得事项"按照预定进度"前进，但这些措施在不熟悉产品应当如何开发的背景下可能带来反效果，特别是进行可制造性设计时。举例来说，如果管理人员随意设定中期期限或没有了解前期工作的重要性，他们可能会迫使工程师们过早地完成设计并且错失了简化概念、优化产品结构以及在早期发现和解决问题的机会。成本的 60% 在概念 / 架构阶段被确定（见图 1-1），这个阶段也是最快到达稳定生产的关键（见图 2-1 和图 3-1）。

管理产品开发的另一种流行方法是测量性能，但如果没有基于总成本和稳定生产时间进行测量，采用这种做法同样会产生反效果。如果基于成本对团队进行测量、判断和评估，但仅统计零件和劳动力成本，那么团队可能会被迫选择廉价的零件、将生产转移到低劳动力成本的地区，并且抵制标准化、模块化和现货零件的使用，因为他们错误地认为这些措施会导致项目成本增加。同样，如果根据完工时间对工程师进行测量、判断和评估，那么他们可能只会准时把工作结果甩手丢给下一个部门。

在目前盛行的门径管理体系里，DFM 通常被当作一个后期步骤（有时候着重检查 DFM）。然而，DFM 并不是某个阶段的一个步骤，它是工程师在整个设计阶段以可制造性为目标进行设计的方式。优秀的 DFM 并非出自一些众所周知的工具、模型或流程。在所有宏伟的模型中，团队必须进行创造性的可制造性设计。优秀的 DFM 并不注重定义不清的醒目数据，它注重的是实际上能够设计出总成本最低、质量最好而且最快实现稳定生产的产品。

成功的 DFM 源自教育、团队精神、多样性、领导力、责任感、创造力、宏观指标、了解客户需求、了解生产流程、管理支持和所有有助于上述要素发展的措施的集合。本章将介绍如何成功实施 DFM 和并行工程技术（以下统称 DFM）。

11.1　变更

在实施任何变更之前，企业需要了解变更的需要以及变更的好处。在这一点上，可能需要再认真阅读一遍 1.1 节关于产品设计不以可制造性为目标将会产生的后果，以及对一家不应用 DFM 技术的企业进行的调查结果，确定有哪些现象出现在日常经历中。但在实施变更之前，必须先克服最常见的反对意见。

- **"事情没有那么糟糕，没必要进行改变。"** 这种逃避的想法忽略了市场、客户、技术、人员、竞争和其他变化趋势中的许多真相。一项针对企业倒闭的大型研究发现："几乎每一个重大商业灾难的核心周围都存在一个盲点，即高级管理人员严重缺乏对现实状况的感知。"[1]

  戴明博士曾表示，企业不愿意做出改变，除非出现了危机。然而，拒绝做出改变直到危机的出现是一种糟糕的策略，因为在面对销售萎缩、股票价格下跌、市场份额萎缩、更苛刻的客户、具有威胁性的竞争、不断变化的规律、负面宣传、信用评级被下调或质量问题高热化等各种现象时，有价值的改变更难以实施。"危机管理"通常试图对眼前的症状进行紧急补救，而不是寻求其根本原因，并且实施系统化的解决方案。产品开发既可以是这些问题的成因也可能是它们的解决方案。但是产品开发是一个长期的过程，处于危机中的企业需要接受产品设计的缺点，直到它们被重新设计。为了防止这样的困境出现，企业应当从现在做起，开发良好的产品，并且在必要时改变产品开发、制造、采购和分销的方式。

- **"我不理解。"** 虽然没有人会承认这一点，但很多人其实并不理解产品开发所面临的挑战。如果他们不明白其中的问题，可能也不会了解像

DFM、标准化、质量保证和面向精益生产、按单生产和总成本核算进行产品设计的解决方案。

- **"我们已经在做了。"** 综合头两种反对意见，很多人可能认为企业已经在实施某个提议的解决方案。尽管有一家企业信心十足地宣称"我们实行的是并行工程"，经过进一步调查，我们发现该企业指的是他们只是邀请了一位制造工程师对设计发布进行审查。

- **"整个行业都这么做。"** 许多增加了难度的行为出现在整个行业内，例如对所有产品进行校准，如果有一个企业能够避免这些行为，竞争优势会偏向它，特别是当它能够改善成本、质量和交付过程时。如果确实无法避免，竞争优势会偏向做得最好的一方，比如更快、更稳定，或者成本更低。

- **"我们一直在这样做。"** 即使人们察觉了一些模糊的变更需求，许多企业还是会被历史惯性所阻碍。

想想下面的谚语：

> 如果你每天都在重复过去做过的事情，那么你只会获得已经拥有的东西。

在没有竞争的稳定市场，现状是很难改变的，但这种情况在当下非常罕见。通常情况下，企业会遭遇与利润、销售、成本、市场变化、技术进步和更快、更好的产品开发相关的诸多挑战。

在本田公司，企业鼓励管理者尊重切实可靠的理论，并毫不犹豫地用新想法挑战旧习惯。企业文化鼓励员工挥洒野心和青春，凭借对学习新鲜而且开放的激情挑战外界的各种可能性。[2]

- **"我们从未这样做过。"** 因为解决方案是全新的，所以实施改变受到了10倍的阻力。可以通过学习新的方法，并运用书籍、文章、学习班、研讨会以及引进外部专家来介绍经验从而克服这些阻力。许多企业（见前言列表）拥有本书早期版本的多个副本，帮助决策者熟悉各种解决方案。

- **"我们已经试过了，但是没什么用。"** 因为早期的失败经历导致一些具体的解决方案被否定，早期失败可能源于下列原因。

  - 在研究资金、时间和人才方面没有足够的投资。

  - 仅在零件层面执行，而没有在整个系统层面执行，实际上，创新能够影响甚至决定产品架构。

  - 将现有产品作为一项订单变更任务进行尝试。

  - 在未对间接成本进行量化的前提下，无法合理化方案。

  - 使用了性能不足的原料、样品、资源或供应商。

  - 没有全面搜索现成的解决方案，这需要付出很大的精力（见 5.19 节）。

  - 没有足够的支持或共识。

  - 使用了错误的解决方案，或以错误的方式执行一个很好的解决方案。

  - 没有专注于客户的需求，而是根据解决方案来确定问题。

  - 听信其他员工关于过去"失败"经验的口头描述，而没有切实了解实际情况，这会妨碍内部创新者或外部顾问的工作。这种反对态度的另一种表现是说其他人已经试过了，但是没什么用。这种态度的一个漏洞是使用了"尝试"这个字眼。真正的改变并非来自尝试，而是靠切实的行动。

- **"我们没有时间或资源。"** 使用这个借口的企业很可能将大部分工程师的时间和精力都花费在了纠正以前产品缺陷的工作上，如图 2-1 上图和图 3-1 的上半部分所示。在过去，许多人都认为质量会增加更多成本，直到菲利普·克洛斯比写了《质量免费》一书，他在书中表明更高质量所能带来的回报将超过为了实现质量所付出的努力。[3] 同样，执行并行工程和 DFM 的成本不仅能够被更好产品所带来的利润补偿，还能减少总成本、通过设计巩固质量，并且快速实现产品递增，如图 2-1 下图和图 3-1 的下半部分所示。

- **"我们只需要改变目标。"** 如 1.6 节强调的，真正的变化不可能简单地仅仅通过施加更大的压力或设立更宏大的目标来实现。很多企业忽视了一个真理：试图以同样的方式来获得更好的结果是一种疯狂的想法。[4]

- **"做些什么事情？任何事情都行。"** 如果决策者意识到需要进行某种变革的必要，但是并不了解问题所在或解决方案，他们可能会采用任何一个看起来像是解决方案的计划。这种情况会发生在员工会议中（成员展示高新项目的会议），或出现在一个寻找"解决一切问题"的方案、华而不实的销售演示中。许多企业管理者认为他们为了应对变化采取了措施，引进一些看起来不错的计划或用软件来解决问题就完成了变革。

挑战的难度决定了所需要的变化程度。宏大的目标需要从根本上以不同的方式来行事。

伟大的结果需要巨大的改变。

11.1.1　领先企业对内部变化的态度

如下面例子所示，领先企业将变化作为前进的方式。

丰田公司的元老丰田佐吉（1867—1930 年）曾经说过："虽然新的行为总会挑起对立意见，但是那些安于现状的人会落后并最终被击败。"[5]

美敦力公司的董事长兼首席执行官比尔·乔治表示："整个公司现在把接纳变化和创新作为一种生活方式和一种竞争优势。这些创新是美敦力公司不断进步的关键因素，让美敦力从 20 世纪 80 年代一家制造起搏器的公司成长为 21 世纪一家创新的、快速成长的医疗领域的领先企业。"[6]

在美敦力施美德公司，上层管理者推动文化变革——不是快速的转型，而是逐步地增加员工的信心和能力，使变化充满乐趣，而不是威胁。[7]

11.2　初步调查

11.2.1　展开调查

第一步应当了解当前产品开发系统的工作情况或者了解其缺点。在产品开发的所有成员中进行匿名调查，可以询问下列问题。

- 与竞争对手、行业和业界中的领先者相比，你如何评价我们产品的可制造性？
- 有什么 DFM 的优秀案例？
- 有什么 DFM 设计不足的案例？
- DFM 设计不足的后果是什么？
- 实施优秀 DFM 会遇到什么障碍？
- 优秀的 DFM 能带来什么机遇？

15 年来，我在自己举办的内部研讨会上经常进行这种调查，并且发现从中得到的信息对于执行 DFM 非常有价值——能够听到很多关于产品开发文化及其成效的坦诚意见。这些信息对于定制培训也非常有用。此外，分析调查结果对 DFM 研讨会来说是一个很好的开幕方式，让人们参与讨论其中的问题。这些调查意见有特殊的影响力，因为它们与真实的企业产品和流程相关。1.1.2 节介绍了很多丰富多彩的评论。

表 11-1 列出了人们对实施 DFM 会产生的后果、遇到的障碍和机遇的看法，这些信息源自一项针对 10 家企业的 650 个员工所进行的调查，其中包含两家消费品企业、两家 OEM 供应商、两家科学仪器制造商、两家加工设备制造商和两家航天企业。

表 11-1　研讨会前调查结果

结果		障碍		机遇	
质量	33%	时间	19%	并行工程团队	23%
装配困难	18%	缺乏团队精神	17%	方法	13%
成本问题	12%	态度	12%	总体	9%
时间 / 增速	8%	文化	12%	供应商关系	8%
变更	7%	通信	7%	质量	6%
服务 / 维修	5%	抗拒改变	5%	文化变迁	6%
非柔性	4%	变更	5%	资源 / 工具	5%
没有竞争力	4%	纪律	4%	利润 / 成功	5%

11.2.2　评估 DFM 带来的进步

总结衡量企业"底线"性能的指标，如利润、财务收入、增长率和股票价格，然后确定这些指标的驱动因素。换句话说，有助于促进目标达成的行为和计划（如降低成本、缩短上市时间、更好的质量和更好的客户满意度）。

确定产品开发的执行程度以及哪些管理目标有助于改善计划。分析 DFM 能够如何提高企业绩效。

为了评估成本降低措施，参见第 6 章介绍的成本降低技术，并判断在相关领域内实施 DFM 能够节约多少成本，例如装配、质量、订单变更、库存、原料成本等方面。仔细审查现有产品，观察概念 / 架构阶段能够确定多少成本，见图 1-1 示范的数据。[8]

咨询装配主管，实施更好的 DFM 能够节约多少劳动力成本和装配步骤；询问采购经理，如果新产品围绕标准件设计能够节约多少原料成本；与操作人员交流，了解面向精益制造的产品设计能够如何降低设置成本并提高生产流和机床的利用率；了解有多少工程和制造预算被耗费在紧急补救和订单变更上；评估更好的可制造性设计能够节约多少成本；分析反馈表（见附录 C）。

为了估计质量能够带来的收益，确定质量问题的主要成因，并提出解决方案，例如使用更好的零件、更少的零件（见图 10-3）、防错技术、公差优化、与供应商形成良好的合作关系，以及使用并行工艺设计和选择技术。

为了估计上市时间所能带来的收益，分析过去产品开发项目在完成所有修订、返工和加速生产（见图 3-1），以及完成生产量、生产质量和生产率目标（见图 2-1）之后真实的上市时间。

惠普针对一个复杂了的科学仪器的设计实施了并行工程技术，相较于之前的产品，该仪器的性能比原先提高了 4 倍，价格是原先的 70%，可靠性提高到了原先的 4.4 倍，零件数量减少到了原先的 1/3，需要的地面空间只有原来的 2/3，开发时间被缩减到了原来的 1/4，成本则削减了一半。综上所述，销售量扩大了 4.4 倍而利润增长了 3 倍。

11.2.3 获得管理层的资助

要正式实施 DFM，应当组建并设立一个 DFM 计划。将该计划呈献给管理层以获得他们的支持和注资。DFM 计划可以参考上节评估策略和其他定性收益指标。可以为该计划设立一个 DFM 工作组来实施本书提出的各个步骤。

不太正式的 DFM 实施则可以从任何级别开始，例如，由个人或产品开发团队来实施本书介绍的 DFM 准则（见 11.6 节）或进行 DFM 培训。早期的成功可以为其他项目或更多正式计划的实施铺路。

11.3 DFM 培训

11.3.1 DFM 培训的需求

企业需要提供 DFM 培训，因为只有少数院校教授 DFM 技术。[9] 工程师的学习重心通常是功能性设计，而设计工具主要帮助工程师设计满足功能性的产品。多年来的工作让这种偏重变成了一种习惯。因此，需要对产品设计师培训可制造性设计技术。

此外，除了这些明显的好处，提供 DFM 培训是推动改善行为的催化剂。许多企业使用 DFM 培训作为 DFM 计划的开端。实施 DFM 所带来的益处（见 1.13 节）远超培训开支。

11.3.2 不要开展廉价的 DFM 培训

不要试图举办廉价的 DFM 培训，因为在 DFM 培训中你只有一次机会。如果培训质量差，会让人产生 DFM 没用的概念，导致工程师会继续以功能性为目标进行设计。如果出现了这种情况，很难让工程师再参加一个更好的培训计划，更不要说在间隔时间里错过的各种机会了。请记住，企业培训的最大支出是与会者的时间价值，所以请合理分配时间并且尽可能提供更好的培训。

11.3.3　根据产品定制培训计划

为所有的产品开发人员制订培训日程。DFM 培训应当根据企业的产品线和文化进行定制。注意在培训中不要让培训师仅仅基于一般原则进行演讲或发表"标准范式"的演讲。不要让培训局限于特定的程序或项目管理技术。注意一些基于某个软件或培训师销售的工具展开的培训项目。过于依赖某种工具的危害在于管理者和工程师们可能会认为产品开发的目标可以通过工具来实现，继而认为并不需要实施真正的解决方案，例如本书所介绍的并行工程和 DFM 原则。

询问培训师对未来的材料进行什么样的定制，该定制的基础是什么（如调查还是访问），以及主讲者的经验与你生产的产品类型有多大程度的关联，不仅仅是与受训企业有相似的产品。注意：有时由经验丰富的培训师发表了精力充沛的培训演说，但他们会派遣经验不足的人来完成实际的培训。

11.3.4　培训师资格

DFM 培训应当由非常熟悉 DFM 原则的人员来完成。培训师应当有足够的经验来回答所有的问题，并且鼓励听众加入讨论，研究如何在自己的企业应用这些准则，并且为改善现状寻找更好的替代品。兼备设计和制造的知识，培训师能够以设计师（列举个人的设计案例）和制造人员（与可制造和不可制造设计相关的个人经历）的视角进行讲解。

可以由内部人员进行 DFM 培训，但前提是内部培训师要全面了解 DFM 原则（这可能需要展开一些研究），投入足够的精力好做培训前准备，并有足够的经验和引导技能来回答问题、推动讨论，并传达所有的重要准则。本书可以用作这类课程的教材。

内部培训师的职位和职能可作为一项资产或负债。制造人员开展的 DFM 培训可能显得比较"唠叨"，而来自设计工程部的培训师可能无法彻底掌握可制造性的问题。高级管理人员比普通的工作者有更多的权力，但是他们通常没有时间或精力来充分准备和主持培训。此外，内部培训师与外部培训师相比可能没有足够高的可信度。实际上，外部培训师能够获得比内部培训师更高的赞誉，尽管内部培训师也一直在试图强调相似的重点，但是收效甚微，因为他们缺乏外部培训师的可信度和经验。

11.3.5 DFM 培训日程

DFM 研讨会的开幕式上可以由工程部的总裁、副总裁或事业部经理发表开场演说。这些意见很重要，能够向所有员工传达管理层的支持态度，鼓励他们学习这些原则并且将其付诸实践。激励的重点除了强调其中的机遇，还可以表示"我们必须为了生存而这么做"。

举一个例子，一位总裁在 DFM 研讨会的开幕式上讲述了将一台价值百万美元的加工设备运输到一家半导体制造工厂的经历，当时没人知道这台设备为什么无法正常工作，最后他们发现一个感光外壳没有被妥善密封，是因为有人使用了工具箱里错误的螺钉。

开幕演讲者应当对培训师进行介绍并附上培训师的个人简介，培训师至少参与过高层次的主题研讨。

一个有效的开幕仪式包括对调查结果进行审议和讨论，这些调查以与会者自己的语言述说当前产品开发文化的缺陷并且详细介绍设计改进的方法。

建议培训从宏观的话题开始，让高层管理人员也能参与第一天的会议，该会议应强调以下几个方面的重要性和实施方式：

- 产品线规划（见 2.3 节）、优先化和合理化（见附录 A）；
- 明确的产品定义，能够满足客户的需求（见 2.11 节）；
- 对关键的概念 / 架构阶段全面优化，该阶段能够确定产品 60% 的终生累积成本（见 1.3 节、3.2 节和 3.3 节）；
- 通过彻底的前期优化和设计工作让真实的上市时间减半（见 1.5 节、2.1 节和 3.2 节）；
- 保证资源的可获得性，以确保团队的所有专业人员在早期能够集结并开始工作（见 2.6 节）；
- 一个高效的团队领导者（见 2.7 节）；
- 确保团队有合适的目标（见 1.6 节）；

- 尽早发现和解决问题（见 3.3.5 节）；
- 基于总成本核算系统制定决策，进行成本核算、产品定价和绩效测量（见第 7 章）。

余下的课程应当将下列内容教授给工程师和中层管理人员，以及愿意继续学习的高级管理人员：

- 促进 DFM、克服实施 DFM 过程中的阻力（见 1.7 节和 11.1 节）；
- 在经验和团队合作中掌握制造过程（见 11.6 节）；
- 通过满足所有的设计考量来优化产品设计（见 3.5 节）；
- 避免武断决策（见 1.8 节）；
- 创造性产品开发（见 3.6 节）和头脑风暴（见 3.7 节）；
- 一次成功（见 1.11 节），以尽量减少变更的成本和延误（见 6.8 节）；
- 尽早考虑使用现货零件（见 5.18 节）；
- 围绕标准件进行设计（见第 5 章）；
- 围绕精益生产、按单生产和大规模定制进行设计（见第 4 章）；
- 遵循产品（见第 8 章）和零件（见第 9 章）的设计准则；
- 以质量和可靠性（见第 10 章）为目标进行设计以消除质量成本（见 6.9 节）；
- 总成本最小化（见第 6 章）和测量（见第 7 章）；
- 变更（见 11.1 节）；
- 实施 DFM（见第 11 章）；
- DFM 的重要性和好处（见 1.13 节和 1.14 节）。

11.3.6　接下来做什么

培训最后的活动是询问听众"接下来要做什么？"他们的答案对于制订实施策略非常有帮助。例如，DFM 内部研讨会结束之后，我在活动挂图上列出了所有的答案，然后让听众投票选择他们认为最重要的要素。安排投票最简单的方法是向每个与会者提供 8 张圆形的贴纸作为选票，每个人都可以把选票贴在他们认为重要的区域（一张票代表一个选择）。经验证明，这种做法能够让研讨会在愉快中结束，因为大多数人会聚在一起等待投票结果揭晓。应当对 DFM

的冠军结果进行优化，然后将方案发给所有与会者、管理层和 DFM 工作组。

以下总结了排名前 11 位的回复，代表了 3622 票中 80% 的意见，这些投票结果均出自我过去几年主持的研讨会。

556 票	团队合作和全面的前期工作
355 票	标准化
323 票	总成本
266 票	产品组合规划
252 票	更新产品开发流程和程序
207 票	经验教训
206 票	供应商和合作伙伴
203 票	资源的可获得性
181 票	管理层的投资和支持
159 票	产品定义、产品需求和 QFD
150 票	培训和管理教育

要在一定程度上停止不良的习惯就要做出必要的变化，11.5 节会对此进行讨论。

11.3.7 培训与会者

有的 DFM 培训班，与会者仅是制造工程师或 DFM 工程师，他们会介绍大家已经知道的技巧，然后在培训结束后，只让这些与会者参与设计团队例会，帮助团队转向可靠性更高的设计。这种做法和本书的主要原则相违背，本书认为 DFM 应当包括产品开发团队的每一个成员，应当在整个团队的努力之下被整合到产品内部。因此，所有团队成员都应当参与 DFM 培训。

DFM 培训也不应仅限于工程师，管理者应当和工程师一同参与培训。高级管理人员可以选择参加一个"高管培训"环节或参加研讨会第一天的早会——会议重点会面向更高层次的话题，如附录 D 所示。缺乏管理人员的参与会导致两种后果：（1）管理层意识不到他们在确保 DFM 成功实施的过程中的关键作用；（2）在参会者看来，管理人员的缺席意味着缺乏管理层的支持。

DFM 培训能够为各种受众带来好处，除了一般的设计工程师和制造工程师，还包括采购代理、材料管理者、供应商、来自质量和现场服务的核心人员等。

最重要的与会者应当是当前和潜在的未来团队负责人，他们需要掌握所有的 DFM 准则、了解自己作为团队领导的作用（见 2.7 节）、争取资源（见 2.2 节）、坚持鼓励前期准备工作的时间安排（见 3.2 节）、在总成本的基础上对成本进行统计（见第 7 章）、抵制具有负面效应的策略（见 11.5 节）以及在必要时为团队创建一种微气候环境（见 11.7.2 节），直到 DFM 准则在全公司范围内完全启用。

11.4　DFM 工作组

DFM 可以在多个层面实施，包括个人实施、产品开发团队实施和工作组实施。一个新产品开发项目可以在初期应用新的 DFM 准则（见 11.6 节）。对第一个 DFM 应用来说，选择一个合适的产品，保持该产品与产品组合规划一致，该产品应当面向很多开放的机遇，而不是制造压倒性的难题。

常见的实施策略是创建一个 DFM 实施工作组，总体上实现 DFM 的应用，具体表现如下。

- 从合适的工程组、制造工程、供应链管理、质量管理等部门抽取代表组成工作组。多部门企业可能需要设立一个联合工作组协调各个部门的工作。如果成员是备受尊敬的员工，特别是领导者，该小组会很容易受到管理层的认可，并且能让设计团队服从。
- 基于研讨会前的调查和其他方面的调查结果，总结当前产品开发文化的运作状况。
- 评估实施 DFM 为企业带来了哪些改善（见 11.2.2 节）。
- 让管理层为 DFM 的实施提供资金、支持和资源。
- 安排 DFM 培训；对研讨会后的投票结果进行优化和交流（见 11.3.6 节）。
- 在团队刚开始开发每个产品（经过 DFM 培训之后）的时候，安排一个特定产品的研讨班[10]，由经验丰富的人员带领，对该特定产品的开发项目实施 DFM 准则。这种做法能让一个新产品开发项目成功起步并且确保团队能以可制造性、低成本、柔性、质量和可靠性为目标进行设计。研讨班的日程包括一系列头脑风暴会议，以鼓励团队探索多种实施 DFM 原则的方法。这些研讨会是许多任务的开端，在研讨会结束之后，应继续进行这些任务。

- 提前与供应商建立合作伙伴关系，使供应商愿意参与产品开发团队并帮助团队设计能够在供应商工厂制造的零件。
- 对于产品开发方法和工艺而言，确定其中需要保留、修改、丢弃和添加的部分，使用本书和 DFM 培训课程介绍的准则。
- 为相关工艺编制 DFM 准则。可以从第 8 ~ 10 章提出的 165 条设计准则出发，附录 B 列出了所有的准则。
- 如果需要的话，将设计规则和准则归纳为一个清单。清单能够提醒设计团队在设计过程的不同阶段需要完成的所有事项。清单还是一种衡量遵守情况的方式，从可制造性、零件数和标准件的使用率上对产品进行评价。清单还可以用来监控并确保设计团队没有违反实施细则，以及如果没有违反实施细则，应当实施哪些程序。

然而，必须注意不要让清单成为产品开发过程的焦点，例如，项目管理软件和清单这样的定量工具，会很容易地占据产品开发流程并且将注意力从"比较温和"的定性层面转移，如简化概念和优化产品结构（见第 1 章至第 3 章）。

11.5 停止使用会带来反效果的策略

在某个 DFM 研讨会上，有人曾经询问需要花费多少时间才能从原始的传统时间线转变为更先进的并行工程时间线（见图 3-1），简单的描述是：需要花费多少时间才能停止坏习惯？

企业通过废除现有的、具有反效果的策略能够让实施方案所遇到的困难减半。对于产品开发而言，以下是一些最恶劣的策略，同时列出下列对应的纠正措施。

- 在规划产品组合的时候，不要好高骛远，如摩托罗拉的案例（见 2.2.3 节）。不要针对所有的竞争对手、为所有的市场开发全系列产品。要优化新产品开发组合，如 2.2.1 节到 2.2.5 节所讨论的。确保在产品组合需要扩大的时候，配备了足够的资源。

- 不要鼓励销售人员接受所有的订单或接受所有的定制要求。相反，制订合理的策略来筛选利润最高的订单，如 2.2.5 节到 2.2.8 节所讨论的。这将避免小批量、难以制造的产品扰乱生产操作，同时避免这些生产行为耗费产品开发和其他改善计划需要的资源。对产品线进行合理化（见附录 A）。

- 不要为了获得"早期进展"而随意设定过早的中期期限。因为它会导致关键的前期工作无法展开（见 3.2 节），以至于产品开发受到过度管理而走向衰亡。

- 不要阻挠并行工程团队的合作，否则会使新产品开发运营资源（主要是制造工程人员）不足，而无法降低间接成本，还会妨碍制造工程师帮助团队设计产品（见 2.5 节），使产品难以上市，不仅增加了成本，同时也进一步降低了制造工程师支持其他新产品开发的机动性，加剧了螺旋式下降的程度。相反，当产品开发由产品开发项目组承担了，其间接成本的争论也就消失了（如 2.2 节建议的），最终还能带来净节约的效果。

- 不要只量化劳动力和零件成本并且之后将所有其他成本（间接成本）分配（平均）到所有产品上，无论其优劣（见第 7 章）。

- 不要将制造移往海外。如果没有足够的制造人员能够并行参与设计，并行工程是很难实施的。在许多离岸外包的案例中，工程和制造人员甚至无法在同一时间协同工作。更多内容可以参见 2.8 节和 4.8 节。

- 不要在产品设计完成之后试图缩减成本。这是非常困难的任务，而且是对资源的浪费，如 6.1 节所介绍的。

- 对定制件而言，不要选择低价投标方式，这会损害与供应商的合作关系，并进一步阻止了这些供应商帮助企业设计零件的可能性，2.6 节对此进行了详述。

如 6.22 节所指出的，触碰了上述三个"炸弹"（离岸外包、设计后降低成本、低价投标）的企业将不得不把产品开发资源的大部分耗费在以下几项上：变更订单以试图实施 DFM（因为无法通过并行工程来完成）；在产品设计完成后，试图通过变更订单来缩减成本；转换外包文档；让外包商跟上进度；处理质量和交付问题等。作者在访问的过程中遇到许多企业耗费了 2/3 的产品开发资源用于完成上述 3 种行为（离岸外包、设计后降低成本、低价投标），如果未来取决于新产品开发，那么这些企业在未来能否继续生存是不确定的。讽刺的是，这些反效果的策略违背了八项成本减半策略中的六项。

11.6　企业执行

企业执行指的是企业需要采取某些措施让产品开发能够在最短的时间内、以最低的开发预算实现最好的结果。

11.6.1　优化 NPD 小组

优化 NPD 小组的措施如下。

- 确保有足够的资源能够在早期组成完整的团队，拥有最佳的人才组合，在整个项目周期内协同工作。通过选择性聘用补足缺少的资源，如 2.2.15 所讨论的。为从现有资源中获得最大的回报而规划产品组合，将那些抢夺了 NPD 资源的不常见产品或选项合理化地淘汰。建立销售和市场营销策略，以利润为目标进行优化，而不是接受所有的订单，弥补所有的市场空隙。将与当前运营和供应链管理方式冲突的传统产品和备用件的生产外包。
- 改善多功能型团队中关键资源短缺或存在缺陷的现象，释放团队人员的压力，避免他们制造传统产品和备用件以及赔钱的定制产品，避免试图变更已有产品的订单来实现成本削减的行为以及影响产品开发专注度的其他行为。
- 鼓励全面的前期工作，准备足够的资源，早日形成完整的设计团队，并构建时间线，鼓励从经验教训中学习、尽早解决问题、简化概念和优化架构的行为，确保最低总成本、最快实现稳定生产，确保客户认可所需时间。
- 让工程和制造人员同地办公以实现最佳的并行工程协作，与遥远的离岸外包相比，能够节约更多资金，原因可参见 4.8 节。
- 在新产品开发阶段努力削减成本，而不是当设计尘埃落定、难以变更的时候实施成本削减计划。

- 积极与供应商建立合作伙伴关系，让供应商（制造定制零件）早期积极参与设计团队的工作，以实现最佳的成本、质量和上市时间。
- 尽一切努力确保第一个项目能够获得成功，如 11.7.3 节所讨论的。

11.6.2 优化 NPD 的措施

优化 NPD 的措施如下。

- 支持将 DFM 和并行工程原则融入产品开发流程的做法，并且组织和支持其他的独立项目，例如，为了标准化零件，适当听取客户的意见、创建经验数据库并且量化总成本。
- 雇用或开发优秀的团队负责人和兼具技能和经验的团队成员。
- 为设计、建模、原型设计、操作和信息技术提供合适的工具和培训。
- 提供项目室，以鼓励按需举办团队会议，并且最大化团队效率，以最少的成本、最少的时间实现项目目标。请记住，应该是由商业模型确定设施规划，而不是相反。
- 量化所有的成本，包括间接成本，并且以总成本为基础进行所有的成本决策和定价，从而能基于总成本预测制订产品组合决策；确保自定义配置的成本被量化，而且人员配置由客户或投资承担；以总成本最低为目标制订最佳的成本决策；鼓励能够持续降低成本的措施；消除交叉补偿的情况；基于总成本进行定价；确保更好的产品不会为可制造性低的产品支付"亏损产品税"。
- 实施标准化，从而让设计团队能够围绕标准件进行产品设计；可以对现有产品制造更好的替代品；基于当前产品对昂贵的零件和组件进行升级，避免变更订单的情况出现。
- 实施奖惩机制以支持上述所有措施并消除阻碍这些措施的因素。

11.6.3 将 DFM 结合到 NPD 的过程中

企业应将 DFM 和并行工程准则结合到企业的产品开发过程中。图 11-2 显示了典型的产品"阶段—关卡"流程，其中突出显示了产品设计阶段。一些步骤会被转移到该流程内更早的时间节点，如典型的后期步骤"检查 DFM"、布线和现货零件，它们位于图 11-1 水平箭头最右端的节点。可能还需要增加新的步骤和任务，例如经验教训、提出和解决问题以及第 3 章讨论过的前期准备工作和设计策略。早期步骤将会耗费更多时间，而时间轴的末端被压缩了（见图 3-1）。

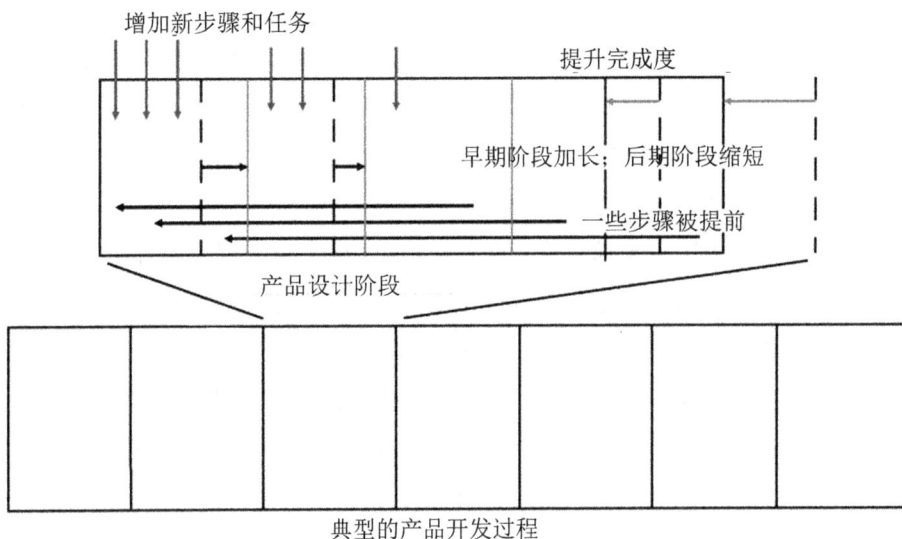

图 11-1　将 DFM 结合到 NPD 过程中

11.7　团队执行

每个团队应该根据本书介绍的原则来开发产品，即使这些原则尚未在全公司范围内执行。无论执行的程度，一定要做到以下几点。

- 从数据库、调查或演示中获得经验教训。
- 进行讨论，尽早发现并解决所有问题。
- 确保所有专业人员能够在早期参与工作，团队领导可能需要为此说服相关人员。
- 拒绝消耗资源的外来干分散团队成员精力。

- 确保生产、采购、质量、服务等环节提供的有价值的贡献能够容易访问和获得。

- 确保有足够的时间进行全面的前期工作；在必要时拒绝设定过早的期限。

- 确保在建立与供应商的合作伙伴关系上得到支持和赞同。

- 与采购人员协作，与特定的供应商达成合作伙伴关系。

- 设立一个专门的项目室。

- 基于总成本数据进行所有决策，如果无法实现，尽量做到以下事项。

  ◆ 使用总成本思维方式，如果指标度量（成本、利润等）没有基于总成本，寻找其他的指标。

  ◆ 争取相关的间接成本分配额。

- 着眼于最大限度地通过设计降低成本；能够抗拒压力，抵制将资源转移到更低效或有违成本削减理念的工作（离岸外包、招投标、设计后降低成本和 11.5 节所讨论的其他行为）。

如果这几点没办法实现，那么：（1）总结来自公司内外的研讨会、书、文章和经验中介绍的准则和理由；（2）在必要情况下，可以说"实现这个项目目标唯一的方法，是我们必须具备 _____（自行补足）"；（3）如果需要的资源仍然无法获得，可以说"好吧，让我们来讨论一下如何缩减项目目标"（最后期限、功能性、特性集等）；（4）如果依然没有着落，可以说"我们只能等到公司能够支持这项开发的时候再做下一步规划"。

11.7.1 挑战性项目的重要性

对于重要、关键、尖端或具有挑战性的项目，团队必须做到以下各项。

- 运用所有的 DFM 和并行工程准则。

- 避免可能成为障碍的习惯、传统和策略（见 11.5 节）。

- 创造一个能够让先进的产品开发茁壮成长的环境。

  ◆ 确保所有专业人员能够在早期参与工作。

  ◆ 根据能力、涉及领域、能否到位和对新产品开发方法的接受程度选择成员；适应力慢的员工只能参加后续项目。

◆ 建立不受变化影响的优秀的产品定义和稳定的产品需求文档。

◆ 设置专用项目室（第一个项目只需要找到一间项目室）。

◆ 寻找一位企业赞助人，如 2.7.3 节所讨论的。

11.7.2　微气候

在进行全公司范围的变革之前，这些准则可以在项目组自己创建的一个微气候环境中进行实践。在极端情况下，一个"臭鼬工厂"类型的项目能够创造属于它自己的文化，该项目能够快速进行、废除不良习惯，并且绕过烦琐的限制。

一个微气候项目甚至可以绕过或修改根深蒂固的公司策略（低价招标、带来反效果的采购压力、超过收益递减点的成本削减策略），以"让项目更好"为由得到一些例外准许权限。曾经在一家企业的 DFM 研讨会上，与会者们对各种能够带来反效果的行为（如 11.5 节所列）进行了讨论，最后发起了一项名为"DFM 对抗政策"的倡议。

11.7.3　确保第一个团队并行工程项目能够获得成功

第一次运用 DFM 准则的结果会对下一个产品开发产生重要影响，如果成功则无须等待新的措施被正式纳入公司的程序。企业应当尽一切可能确保第一个并行工程项目的成功，通过事先做好周全的准备或赋予该项目优先地位来实现，确保团队执行了本章介绍的以下准则。

- 团队确实具备多功能性，同时所有专业人员能够在早期参与工作。

- 根据能力、涉及领域、能否到位和对新产品开发方法的接受程度选择成员；适应力慢的员工只能参加后续项目。

- 确保团队成员不会陷入项目之外的紧急情况。

- 团队有一位优秀的领导者，其领导特质在前文有提及。

- 团队能够运用本书介绍的所有准则，尤其是为全面的前期工作分配足够的时间。

- 即使这些准则尚未被纳入公司的程序，团队和团队领导者也有足够的权利来执行它们。

- 项目有良好的产品定义和稳定的产品需求文档（不被更改）。
- 团队有自己专门的项目室，第一个项目只需要一间项目室。
- 团队随时都能获得他们需要的任何工具。
- 决策和间接成本以总成本核算为基础。如果无法实现，应当根据总成本思维进行决策，而间接成本则必须手工计算，以避免为可制造性较低的产品支付过多的间接成本。
- 有一位企业赞助商来帮助团队克服障碍、越过烦琐的规章制度，并且简洁有效地向管理层报告进度，避免为了通过管理层的正式审查，耗费大量时间准备演示材料，以及由此造成的延误。

11.8 个人执行

在全公司范围内实施 DFM 之前，个体工程师有很多能做的事情。

- 热情接纳新的 NPD 准则，尤其是对多功能型团队非常有效的准则。
- 共同参与所有的团队活动，尤其是讨论环节和头脑风暴会议。
- 能够接受来自其他团队成员的建议；积极主动地与他人对话，将个人工作和项目视为整体进行优化。
- 自愿开展工作或引导创新性工作。
- 应用任何你掌握的方法来提高你所及范围内的可制造性。
- 持续思考如何优化产品，而不只是你的零件。
- 与其他团队成员交互协作，完成任何与你工作相关或对他们的工作有影响的任务。
- 与制造、采购、质量、服务和其他部门尽早展开对话，针对每一个能够影响可制造性的设计决策进行咨询和讨论。
- 为你的零件并行地制订模具、制造和供应链策略。
- 在工作以及影响力提升的过程中，时刻回顾本书所传递的信息。

    无论是个人还是团队都能采取下列举措：
- 使用反馈表来了解你的产品的可制造性（见附录 C 用于工厂、供应商和现场服务的表格）。

· 积极、持续地和制造、采购、质量和现场服务人员进行交流。

· 进场观察制造和供应商的操作。丰田生产系统之父大野耐一曾经在工厂
车间的地板上画了一个圆圈（简称"大野圈"），然后让员工们站在里面
花费一整天时间观察各个流程并对其提出质疑。他的观点是，新的思路
和想法出自于对工艺流程的观察和理解。[11]

· 在你的工厂或供应商处设置展示间，面向设计工程师展示各种案例，让
他们知道什么样的设计能够让零件制造变得更容易或更困难。

· 学习零件的制造工艺。

11.9 学生和求职者与 DFM

对于学生和求职者来说，是否具备以可制造性为目标的产品设计能力，对潜在雇主
是非常重要的。确保在简历和面试中你会提到自己在以下几个方面的知识和经验。

（1）书籍。仔细阅读本书，以及每章的参考文献和附录 D 中"引用图书"部分所
介绍的书目。《丰田产品开发系统》[12]是最好的介绍企业经验的著作，该书的内容和本
书所介绍的准则相对应。《丰田产品开发系统》中最重要的章节包括第 4 章（关于彻底
的前期工作）、第 7 章（关于团队领导者）和第 10 章（关于供应商的早期加入）。

（2）课程。未来的雇主会重视相关的课程，包括你参加过的具体的大学课
程到继续教育研讨会。相关的课程应列入你的简历中。在你早期的职业生涯规
划中，要分析哪些课程能够帮助你实现整体职业目标。确定你的目标行业使用
了哪种 CAD 程序，然后研修与这个程序相关的课程。大多数 CAD 软件供应商
会为学生提供优惠，以帮助学生学习他们的软件。

（3）行业活动。学生和已经工作的工程师可以通过参加会议、贸易展会和
大型展览学到很多关于制造领域的知识。通常已经工作的工程师能够公费参会。
有些会议费学生有折扣，而很多展览都是免费的或只收取一些象征性的费用。
在展会的演示和演讲阶段，学生能够学习最新的设计和制造技术，也可以在展
览上看到各种设备和功能展示。

（4）经验。大多数工作经验对于下一份工作来说都是非常有价值的。你的职业生涯应该规划为有目的地积累经验从而最终支持一个战略性职业目标。首先，求职者应当寻找其过去的经验会被未来雇主重视的工作；其次，求职者应当在简历和面试中强调这些过去的经验。学生可以通过暑期工作和实习来获得经验。行业内的任何工作都算作是该行业的经验。例如，我离开学校之后在罐头厂担任机械师，这使得我在后来找到一份设计食品加工机械的工作。当加入一家新公司，设计工程师可以在进行设计任务之前提出要求，预先体验制造流程，这也是 1.6 节所建议的。

了解制造工艺，你的设计或想要设计的产品将会使用该工艺来制造，例如，机械加工、CNC 编程、焊接等工艺。设计师可以在当地的社区学校学习一些夜间课程，从而掌握相关的工作技能。工程专业的学生应当把这些课程当作他们训练的一部分，如果学校未设置这些课程，可以报名参加附近社区大学的相关课程。这些工厂教学课程通常由经验丰富的从业讲师来主持，而且能够给学生提供实际动手的机会。针对每个技能学习一门通识课程就足够了。

企业应当鼓励工程师学习这些课程，为他们支付学费并且提供足够的时间。有内部车间的企业可以组织设计师参加现场的车间课程。让社区学院的教师或工厂工人担任讲师。

能够说出"我是机械师""我是焊工"或"我能给数据机床编程"的学生是制造企业偏爱的人才。编者曾经通过在当地社区学院参加课程，掌握并精通了焊接和加工工艺。

即使只是相关的爱好也有所帮助。例如，在焊接课程上学到的技能可以成为一个爱好，即使你的焊接作品只是简单地用气焊枪或基本的电弧焊机完成的，也会给面试官留下深刻印象。使用可编程的家庭版切割机或原始铣床的经验对于使用数控机床的企业来说也是有价值的。

1.6 节罗列的建议事项中的建议企业聘请在制造领域有经验的设计师，可以指工作经验也可以指从业技能。

（5）特性表。2.3 节介绍了产品组合规划的内容，并建议企业编写特性表来确定最佳时机。同样，任何想要在新工作中运用 DFM 技术的个人都应当根据公司特性来编写一张特性表，例如：

- 多功能型团队的使用；
- 通过设计实现低成本、高质量产品的策略；
- 同地制造产品，并且同地完成设计；
- 合理使用供应商的合作伙伴关系，使供应商愿意并且能够帮助企业设计产品，在此过程中供应商和制造商能够相互学习；
- 统计总成本，第 6 章和第 7 章列举了相关理由；
- 在投资产品开发上，获得管理层的鼓励和支持。

反之，如果特性表显示某个企业在实施 DFM 的过程中困难重重，并因此给员工带来了一段没有成就感的工作经验，那么该企业可能使用了一些具有反效果的措施，如 6.22 节和 11.5 节所指出的。这些好的和差的特性能够帮助学生和求职者选择最有价值的就业机会。

11.10 DFM 的主要任务、结果和工具

表 11-2 总结了 DFM 的主要任务、结果和工具。

表 11-2 DFM 的主要任务、结果和工具

任务	结果	工具
组建具备所有功能并且能够在早期开展工作的多功能型团队	• 以可制造性为目标对产品进行并行设计并确保一次成功	团队合作、领导力、资源的可获得性
在早期发现并解决问题	• 早期发现所有问题 • 早期解决所有问题 • 避免问题出现和导致延误	强大的团队领导力、团队共识、前期工作重点
简化产品和生产理念	• 固有成本低的产品 • 固有质量高的产品 • 固有可靠性高的产品	全面的前期工作、团队合作、创新文化、前期工作重点
优化产品架构和工艺设计	• 确保低成本 • 确保快速开发 • 确保产品无故障进入市场	全面的前期工作、多功能型团队、架构重点

（续表）

任务	结果	工具
优化产品和工艺设计	• 可制造性设计 • 优化的工艺流程 • 设计巩固质量	并行工程、工艺设计准则、质量设计准则
标准化零件和工艺	• 最小化材料间接成本 • 更快的产品设计	较少的设置步骤和较小的批次标准化清单、动机和纪律、跨团队协作
量化总成本	• 最佳决策 • 合适的成本核算 / 定价 • 尽可能低的总成本	作业成本法、总成本思维
优化供应链以最大限度地提高质量和响应能力	• 物料成本和时间最低 • 从源头保证质量 • 最小的批次和库存	供应商合作伙伴关系、总成本统计、与供应商合作
鼓励团队精神和总体目标的措施和补偿机制	• 最小化总成本 • 最小化上市时间 • 最佳决策	基于总成本和实际的上市时间的度量和补偿机制
管理层支持并理解并行工程	• 产品开发成为一个强有力的竞争优势	高管培训

11.11　结论

　　DFM 本身能够决定企业能否有竞争力以及能否在市场上获得成功。大多数市场的竞争非常激烈，所以微小的竞争优势（或劣势）能够产生显著的影响。

　　DFM 凭借很少的投资可以为产品成本、质量和上市时间带来巨大利益。在正确执行的情况下，DFM 实际上耗费更少的精力，因为产品设计能够一次成功。

11.12 注释

1. Sydney Finkelstein, *Why Smart Executives Fail: And What You Can Learn from Their Mistakes* (2003, Portfolio/Penguin), p. 138.

2. Micheline Maynard, *The End of Detroit: How the Big Three Lost Their Grip on the American Car Market* (2003, Currency/Doubleday), Chapter 2 on Toyota and Honda, p. 75.

3. Philip B. Crosby, *Quality Is Free: The Art of Making Quality Certain* (1979, McGraw-Hill).

4. This quote is attributed to both Benjamin Franklin and Albert Einstein.

5. Satoshi Hino, *Inside the Mind of Toyota* (2006, Productivity Press), Chapter 1, "Toyota's Genes and DNA," p. 3.

6. Bill George, *Authentic Leadership: Rediscovering the Secrets of Creating Lasting Value* (2003, Jossey-Bass), Chapter 12, "Innovations from the Heart," p. 141.

7. Robert W. Hall, "Medtronic Xomed: Change at 'People Speed'," *Target*, 2004, Vol. 20, p. 14.

8. 该数据由 DataQuest 生成，并发表在一篇具有里程碑意义、开启了并行工程运动的文章中——A Smarter Way to Manufacture: How Concurrent Engineering Can Invigorate American Industry, *Business Week*, April 30, 1990, p. 110.

9. 各个院校使用本书的不同版本作为课程教材。

10. 安德森博士在专项内部研讨会后主持了多次特定产品研讨班（见附录 D）。这些研讨班讨论了以简化概念和优化架构为主题的各种头脑风暴。更多有挑战性的主题，如开发成本减半产品，可能需要他的概念研究内容，其中他提出了很多突破性的想法，并行工程团队能够将其开发成为可制造性的产品。

11. Matthew E. May, *The Elegant Solution* (2007, Free Press), p. 73.

12. James Morgan and Jeffrey K. Liker, *The Toyota Product Development System* (2006, Productivity Press), Chapter 4, "Front-Load the PD Process to Explore Alternatives Thoroughly."

D E S I G N
for MANUFACTURABILITY

How to Use Concurrent Engineering
to
Rapidly Develop Low-Cost, High-Quality Products
for
Lean Production

第七部分
附录

附录 A　产品线合理化

产品线合理化是增加利润、简化运营和供应链，以及为产品开发释放宝贵资源的强大技术。废除或外包容易发生问题、销量低、有过多间接需求、未来发展空间受限的产品和赔钱的产品以及变型产品能够实现产品线合理化。

通过停止生产赔钱的产品并且废除所有低效产品额外的间接成本有助于产品线合理化并迅速提高利润。这样一来，让宝贵的资源集中于利润最高的产品而不是低杠杆率的产品，将会提高销量并进一步降低成本。经过合理化之后，剩余产品的成本会更低，因为它们不再需要补贴赔钱的产品或边缘产品。

所有这些成本节约措施可以用来降低价格以应对价格敏感的市场，或者增加利润。实际上，合理化能够创造足够高的利润使之成为一个独立项目。以下场景将证明，只需要简单地废除最低杠杆率的产品，就能让利润增加 3 倍！

A.1　产品线的帕累托法则

所有企业都会遇到一定程度的帕累托效应，通常利润或销售额的 80% 来自 20% 的产品。这是因为几乎所有企业不断向产品组合中增加产品却很少删除产品。此外，销售动机和重点面对增长的市场份额鼓励在销售时"接下所有的订单"，因此让生产经营超过负荷并且导致供应链装载了过多小批量的产品，这些产品往往由不常见的零件和制造工艺制成。这造成了过多的设置变更、引发超额的间接费用、降低工厂的产能、使供应链管理复杂化，并且稀释了工程和制造部门的资源。

很少有企业意识到这些问题的存在，因为他们的成本系统对间接成本进行

（平均）分配，这意味着所有的产品都具有相同的间接成本——这其实是不可能出现的情况。

A.1.1 重点

产品线合理化鼓励企业将边际产品废除或外包，从而专注于生产自己最好的产品。那些浪费在低杠杆率产品上的资源能够集中用于高利润产品。

阿德里安·斯莱沃茨基后来在一篇与罗伯特·阿特金斯共同编写的文章中表示，即使在顺境期，将资源平均分配在所有产品上也是不明智的，在衰退期则是灾难性的做法。

在 2010 年《哈佛商业评论》发表的一篇以"从衰退中复苏"为主题的重点文章提出："泡沫破裂之后，企业必须更加无情地终止生产赔钱的产品。"[1]

A.1.2 不进行合理化将要面临的竞争挑战

与高利润产品相比，销售大量传统产品和小批量产品单位产品的间接成本更多，所以这些间接成本必须由高利润产品来补贴。换句话说，赔钱产品为高利润产品创造了一个"亏损产品税"，从而迫使它们以相较于竞争对手更高的价格（或更低的利润）出售。

在意识到这一点时，高利润产品的销售工作组支持合理化的实施，而亏损产品的工作组则会对此进行抵制，所以销售任务可能需要调整。

合理化会减少一些成本（见 A.3 节），在一个成长型企业里则能减少更多的成本。在大多数企业内，释放的间接资源应当重新投入新产品开发和 A.3 节所列出的其他活动。

如 2.3 节所讨论的，产品组合激增让新产品开发承受双重打击。新产品不仅需要支付"亏损产品税"（从百分比来看，这对低成本产品而言影响更大），而且将资源从产品开发项目上抽离，用于制造不常见的产品，从而降低了新产品的竞争力。

通过总成本核算（见第 7 章）可以发现潜在的补贴情况。实际上，总成本具有自动合理化的作用，让所有间接成本能够被适当地分配到每一个产品上，因而提高了亏损产品的成本，市场才能将这些产品合理地淘汰出去。

A.2 合理化如何带来三倍利润

下面通过例子介绍这个方法的作用（见图 A-1）。真正的产品线合理化会考虑更多的因素，但是这个例子显示了合理化对利润增长的潜在影响。

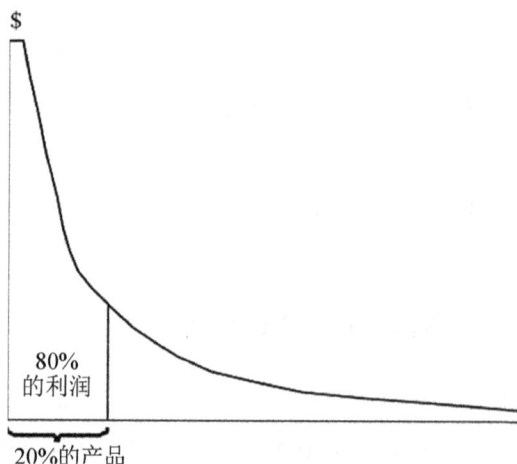

$

图 A-1 产品的帕累托法则

如果一家企业以 20% 的产品创造了 80% 的利润，它将其余 80% 的产品废弃，那么这只会导致收入下降 20%。从成本的分配方式考虑，这里成本降低的幅度将大大超过收入下降的幅度。材料、零件和劳动力等直接成本与收入成正比；换言之，出售更多的产品，更多的材料、零件和劳动力将被消耗。然而，间接成本会产生相反的效果。高利润产品的间接成本（如采购、制造工程和其他支持部门）相对较低，因为这些产品具有更好的可制造性、理性的零件采购方式、质量问题已经解决，而且因为它通常面向大批量生产，其生产工艺已经趋于稳定。相比之下，小批量产品的间接成本很高，可能占据总数的 80%，因为制造各种小批量、不常见的产品存在其固有的低效性。此外，这些产品没有被设计成可制造性高的形式，而且质量成本更高。图 A-2 显示了直接和间接成本的细目。

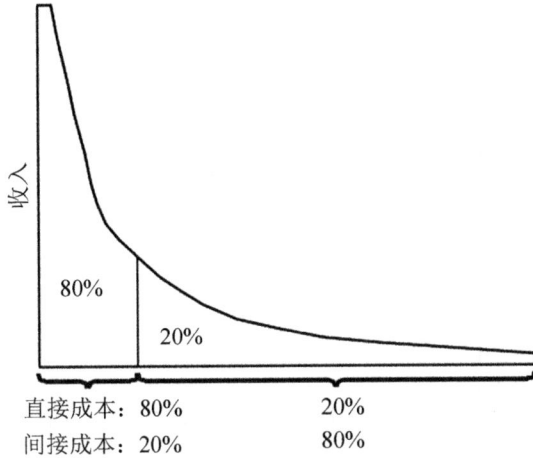

图 A-2　成本细目

　　为了让例子更具真实性，图 A-3 将这些百分比转换成美元，并对应一项营收 1 亿美元的业务，其中，根据大多数企业经历过的帕累托效应，盈利产品创造了 8000 万美元的收入，其他产品则创造了 2000 万美元的收入。成本细目显示间接成本占据总成本的一半，这是一个合理的假设。实际上，在许多行业里，间接成本超过了总成本的一半（见图 6-1），这会产生更明显的影响。

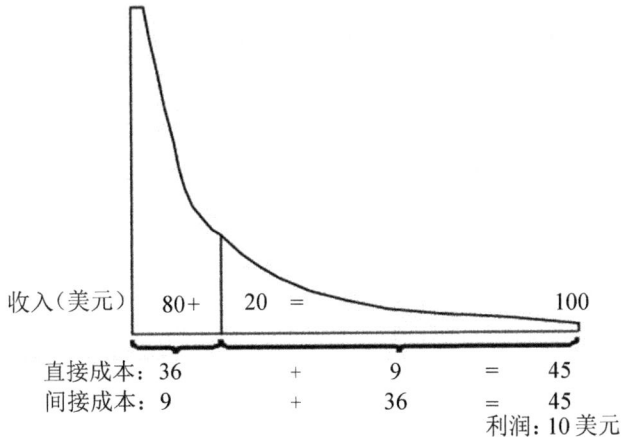

图 A-3　成本分布（以美元计）

　　现在，为了显示这个方法的强大作用，仅简单地除去 80% 的小批量产品，然后保留 20% 的盈利产品，其效果如图 A-4 所示。

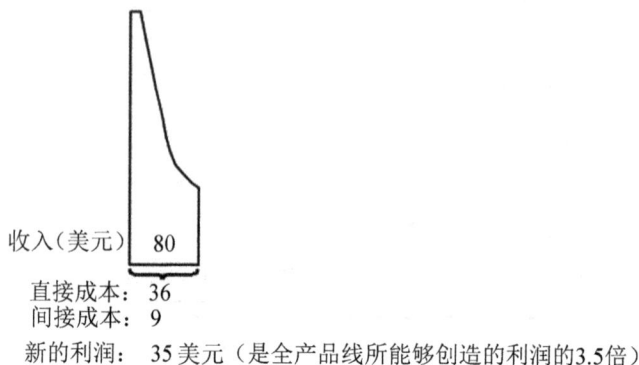

收入（美元）：80
直接成本：36
间接成本：9
新的利润：35 美元（是全产品线所能够创造的利润的3.5倍）

图 A-4　保留盈利产品的效果

尽管收入下降了 20%（这将在后面讨论），废除间接成本高的产品意味着消除了大部分间接成本，所以其利润是引入完整产品线利润的 3.5 倍！

在这个例子中，为了显示合理化对利润的影响，没有考虑间接成本的节约效应。这常出现于一个快速成长的企业内，企业的生产焦点从当前的亏损产品逐步转移到未来的增长型产品。

为了节约短期的间接成本而进行裁员是一种短视的策略。[2] 反之，应当让"腾出"的员工投入项目其他方面的工作。接下来，我们讨论实际的成本节约和再投资的细目。

A.3　通过合理化节约成本

合理化导致的成本节约有两种形式：资金和人力资源。合理化措施，如精益生产，有效地释放了多种类型的资源，可以提前安排这些资源。精益生产的终极指南《精益思想》一书中某一节的内容对应了这个话题——在初期配置多余的人员。[3]

A.3.1　短期资金节约

产品线的合理化带来很多短期资金节约和资源利用机会。它使企业能够：

- 避免为合理化废除的产品购买零件和原料，这些产品可能有更低的采购杠杆、更高的采购成本以及高于一般的设置和催交成本；

- 取消了少见产品的质量成本，它可能高于一般的成本，原因可参见A.10；

- 限制、推迟或取消更换磨损部件的需要；

- 避免加班；

- 取消临时工，他们可能不具备关键的知识和技能；

- 将目前外包的服务收回，尤其在同地办公能够实现更好的并行工程；

- 延迟设施扩建。不常见产品通常需要占用更多的空间，而受益于持续改进计划中的常见产品，通过实施节约空间的精益准则能够减少其占据的空间。

A.3.2　投资

节约的成本可以进行下列投资：

- 着眼于提高剩余产品的销量，它们现在能够获得更高的利润（或更低的价格）而不需要交叉补贴亏损产品；

- 提高质量并降低质量成本；

- 不断提高操作运营和生产率；

- 扩展相关业务；

- 获得认证（ISO 9000、QS 9000 等）或参加奖项评比，从而改善运营并提高声望；

- 升级 CAD 工具、信息系统和网站；

- 投资培训以提高员工技能；

- 实现新的功能，例如按单生产和大规模定制，从而有能力按需制造各种类型的大规模定制或标准产品，而不需要对库存进行预测（见 4.3 节）；

- 投资内部的初创业务；

- 使用释放的资金和资源来购买和转型供应链上方和下方相关的支持业务（不是竞争对手）；释放的资金也可以投入其他转型公司；《精益思考》一

书举了一个例子："每次 Wiremold 公司纳入一家批量生产制造商之后，它吐出来的钱足够买下一家新的批量生产制造商！"[4]

- 改善产品开发。由于每天不需要处理低效率产品的运营和采购，制造和采购人员有更多的时间参与产品开发团队，这是一个成功的产品开发的关键因素。

A.4 把重点转向最有利可图的产品

如图 A-5 所示，产品线合理化后，被浪费在低杠杆率产品（虚线下方）的资源现在可以专注于改善剩余的产品。

电信设备公司的客户表示，在他们将边际产品废除之后，他们在两个月内就恢复到了原来的收入！

这归功于让释放的资源（人员和资金）专注于盈利产品，同时加强广告力度、销售渠道、产品设计、运营和供应链管理。所有这些措施在重点关注的产品种类更少的情况下，更容易实现并且更高效。由于大大减少了零件和工艺，运营和供应链管理可以从中获益，同时也有更多的时间进行改善。

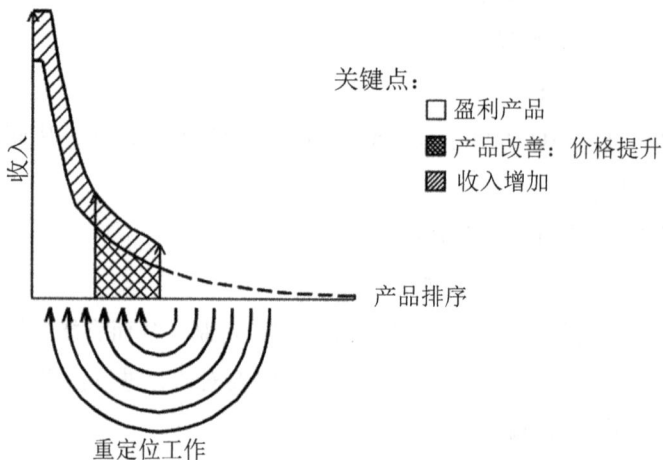

图 A-5 重新关注盈利产品

由于运营和采购部门人员的加入，多功能产品开发团队能够取得更快的进展并开发出更好的产品。此外，节约的资金能够用于改善项目、降低价格，或直接提高盈利能力。

除了改善已知的盈利产品，还可以培养有潜力的产品，或者专注于改善特定产品，特别是如果它们与盈利产品相关联。例如，市场能够接受的话，可以考虑提高价格，如果产品能继续生存，会带来更多的利润。寻找容易降低总成本的产品，但是需要注意那些无法在产品预计的生命周期内偿清其成本的成本削减项目，如 6.1 节所讨论的。

确保好的产品不会承担不公的间接成本，例如缴纳亏损产品税以补贴边际产品。除了这些技术，选择能够在上述广告、销售力度、产品设计、运营和供应链管理等改善措施中获益的产品。

密歇根大学商学院的教授金·卡梅伦建议，企业在低迷期应当"完全退出其薄弱业务"。[5]

有时候，将重心从只是不错的产品转移到有潜力变得伟大的产品上，能够为企业带来利润。《从优秀到卓越》的作者吉姆·柯林斯指出："几乎没有高管敢于放弃赚钱的业务，尽管这些业务对他们的企业而言只是不错，远远不够伟大"。[6]

A.5 合理化策略

A.5.1 哪个更重要，数量还是利润

许多管理者仍然不能接受让收入下降20%，即使这么做能够带来 3 倍利润。这引发了对公司目标的思考。如高德拉特[7]和其他人曾经指出的，一个以营利为目的的企业的真正目标是赚钱，而不是优化其他常见指标，如生产率、市场占有率或以任何代价来实现的增长。

在斯莱沃茨基和莫里森的《利润区：战略商业设计如何引导你实现未来的盈利》[8]一书中，开篇第一章的标题是"市场份额已经消失"，下面引用了其中部分内容：

在旧的经济秩序中最优价值的两个概念是市场份额和增长，它们成为新秩序中最危险的概念。

矛盾的是，一心追求市场份额可能是经济无利润区一个最大的创造者。

詹姆斯·沃麦克在 2010 年追溯了丰田公司 2002 年发生的安全和召回问题，当时，丰田为自己设立了一个目标，将其全球市场份额从 11% 提高到 15%。[9] 快速增长的目标占据了优先地位，这损害了丰田对基本原则的坚持，而它仍然是精益生产和产品开发的标杆。

同样，关于调查企业失败原因的研究《聪明的高管为什么会失败：你能够从他们的错误中学到什么》[10] 指出，市场份额是错误的指标，因为"市场份额无法转化为盈利能力，而且需要通过大量投资来提高市场份额。"

理查德·科赫（Richard Koch）所著《80/20 原则》（*The 80/20 Principle*）[11] 一书的主题之一便是"成功的企业在市场中有可能以最少的投入创造最高的收入。"

A.5.2 利润增长

《80/20 原则》的另一句名言是："通往地狱的道路由对数量的追求铺成。"[12]

当然，"追求数量"在这里指的是一个数量增长策略。许多最近遭遇磕磕碰碰的企业将产量增长作为公司战略的基石，还设立了每季度和每年的增长目标。但是帕累托法则的基本主旨是：所有的机会都不是均等的，也不能对盈利做出同等的贡献。

数量增长策略宣扬"接收所有的订单"。因此，面对需要发展业务的压力时，企业最终会拓展任何可能的业务——不仅仅是最盈利的业务。如果销售激励机制以数量增长而不是利润为基础，那么这种行为会被内置到系统中。这是制造业计件奖励机制在销售上的表现，然而只注重数量而不重视质量的计件奖励机制早已被废弃。

利润增长的关键是把重点放在最有潜力的产品上，而不是将资源均摊到数量众多的产品上。

A.5.3　合理化的前提条件——消除重复的产品

　　展开合理化过程之前，企业可以先实施一些初期步骤来简化工艺。搜索并且消除或合并重复的产品、重叠的产品以及被取代的产品，即使有些客户还在使用旧的产品，你也以鼓励或要求客户将他们所订购的旧的、较落后的产品转换为更新的版本，他们订购旧的产品可能受到武断决策或惯性的影响，抑或是对新的替代品缺乏了解。

A.6　合理化过程

　　合理化过程将产品线分为 4 个区域，如图 A-6 所示。大多数最不赚钱、产量最低的产品会被遗弃（第 4 区），可能的例外情况包括高产量产品的轻变型产品，这些产品应当满足能够在柔性制造单元中生产的条件；产品类目中有些产品可以被外包（第 3 区），从而简化了内部供应链和制造运营；应当保留盈利产品（第 1 区）；余下的是可以被改善的产品（第 2 区）。

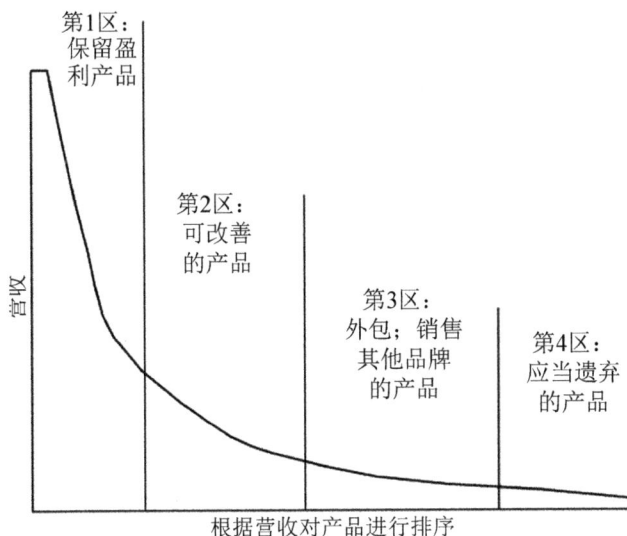

图 A-6　合理化的过程

更详细的分类如下。

第 1 区：应当保留盈利产品，因为它们创造的收入和利润可能占据总收入和利润的 80%。有些产品已经有适合其生产的专用的大规模生产线。一些产品可能要求生产本身不进行变更，而其他产品可以一同在柔性生产线上完成。

第 2 区：通过产品重定向，如图 A-5 所示，可以对这些产品进行改善和增强。

第 3 区：这个类别包括了不适合第 1 区和第 2 区但是为了保持产品系列的完整性仍然需要列入目录的产品，从而满足忠实客户或履行服务义务。这些产品可能保留在产品目录中，但是不需要由内部工厂制造。它们可以被外包并且由某个供应商以公司的名义进行制造。企业还可以把其他来源的产品列入目录，并向客户保证这些产品具有同等效应和功能。

第 4 区：这个类别的产品是应该从产品线上撤出的产品。如果可能的话，抛售亏损产品，如果这些产品更适合购买者的产品规划和运营方式，那么购买者也许能够从中盈利。这不会成为一个竞争威胁，因为这些产品的盈利能力远远不及新产品的盈利能力，运用本书的技术能够设计出重点更明确的新产品。

A.7　总成本影响

第 7 章讨论了总成本测量方法及其对企业决策的影响。成本核算系统对产品线合理化有非常显著的影响。大多数企业平均分配间接成本，报告中记录的单独产品的成本并不反映其真实成本。实际情况是，优秀的产品通常需要补贴不好的产品。同时因为收益率是基于成本而统计的，其值也被扭曲了。

实施了总成本测量方法之后，产品的收益率更贴近真实情况，如图 A-7 所示，能够清晰地揭示哪些产品实际上是亏损的。这些产品将成为优先淘汰的候选对象，与图 A-6 的第 4 区一样。

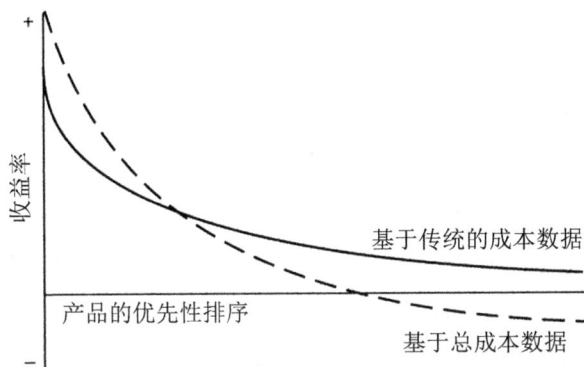

图 A-7 收益率优先性排序（传统成本核算与总成本核算）

除非使用了总成本核算方法并且能够将企业利润细化为特定产品、细分市场等层面的利润，否则无法制订盈利策略。

有时候，实施总成本核算方法能够解决合理化的僵局。一项哈佛案例研究[13]分析了施拉德·贝洛斯公司制造的 7 个产品。该公司工厂里的大多数产品每年有成千上万件，但是有一个产品每年的产量只有 53 件。当然，生产管理人员希望将这个产品剔除，因为他们非常清楚其中的低效率问题，但是公司当时使用的成本系统显示了一个非常不合逻辑的结果，表明该产品拥有最高的利润率，所以公司不得不予以保留。然而，实施了总成本分析之后，这个原本被认为拥有最高利润率的产品被证明实际上的利润率是负 59%。[14]

A.7.1 利润陷阱

如果成本计算没有基于总成本核算方法进行并及时更新，根据产品的利润率进行决策可能是一种危险的做法。如果低利润或亏损的产品被错误地认为具有较高的利润率，将继续被生产。对经过几次大批量生产之后的产品计算其利润率，并且将这些数据长期保留在系统中，有可能误导成本核算，因为这些产品的产量可能在之后不断下降。陈旧的利润率数据会误导决策者并且阻止合理化的实施。

A.7.2　很少制造的产品

"死而复生"的产品有高昂的间接费用，无论记录的利润如何。一种合理化方法是调查最近没有被生产的产品，如在过去的 1 年、2 年、3 年、4 年以及 5 年内有哪些产品没有被生产。这些"死而复生"的产品有很高的间接成本，企业需要花费精力记录这些产品的生产方式、备齐所有的文档、采购不常见的材料并且找到合适的工具。如在某家企业内，一个很少生产的产品的生产设备被堆砌在外好几个月，还需要进行大量的修复。企业可以简单地为所有没有在生产的产品设立一项策略，比如，以 3 年为期，如果产品没有任何生产需求，则应当立即废除，或至少阻止其生产，也可设立特别的审查过程。

A.7.3　废弃成本

如果大规模生产者生产了过多小批量的产品，会让由于市场变化和工程订单变更所导致的废弃风险和成本增加。美国运营管理协会（APICS）的一篇关于产品扩张的文章写道："低产量产品特别容易'过时'，因为企业经常增加批量，为了生产 6 个月或更多的供应量，而改变生产量。这些产品会被放置在库存中，这显著增加了工程变更或需求等级变化带来的废弃风险。"[15]

A.8　克服顾虑、恐惧和抗拒心理

尽管产品线合理化可以轻松地提高利润、释放宝贵的资源并且简化运营和供应链管理，但很多管理人员依然对其持有顾虑、恐惧和抗拒心理。

- 强调增长。如果过分关注收入增长，则很难让企业实施一些看起来会减少收入流（即使这只是暂时的），却能够废除低杠杆率产品、改善盈利产品、提高收益率并且最终增加收入的措施。
- 成本系统缺陷。当间接成本被（平均）分配，所有产品会表现出接近的收益率。需要运用总成本核算方法来筛除那些低利润产品。
- 惯性。很多人天生抗拒变化，尤其成本系统或个人交流无法展示一个宏观的视角——生产线的合理化能够如何为产品开发腾出资源。

- 本位主义。阻力通常来自那些以整个公司的成本为代价提高自己部门业绩（例如销售）的管理人员。需要改变评定指标，最大限度地以实现公司目标为基础引导他们的行为。

- 不健康的依附心理。每个产品都曾经是某个人或某些人的"宝贝"。但是请记住，一家企业的目标是生产最能盈利的产品，而不是一系列的收藏品。

- 夸大担忧。对负面结果的担忧往往被夸大，尤其是担心失去客户的想法，实际上客户很乐意选择同一目录内更好的同类产品。当低杠杆率的产品被淘汰之后：

  ◆ 企业可以提高剩余产品的销量，并且更好地将精力放在研究、产品开发、制造、质量和市场营销等领域；

  ◆ 不需要补贴低杠杆率的产品，剩余产品能够创造更多的利润，或实现较低的定价；

  ◆ 客户能够从更陈旧、较落后的产品转向其余产品，他们订购原有的产品可能受到武断决策或惯性的影响，抑或是对新的替代品缺乏了解。

下面是研讨班中常见的问题，我对每个问题都进行了回答。

问：关于"完整的产品线"的言论有什么看法？

答：保留完整的产品目录（见图 A-6 中第 3 区），并不意味着你需要制造所有的产品或变型产品。进行外包或设立一个单独的盈亏中心来建造不常见的产品或变型产品，使原来浪费在这些产品上的资源能够用来开发更好的新产品组合。

问：会不会降低客户满意度？

答：如果你浪费资源制造低杠杆率的产品，而不是利用机会给客户带来更好的创新、更低的成本、更好的质量和更好的客户服务，那么实际上总体客户满意度会更低。然而，客户并不会注意到你在亏损产品上给他们的优惠。

问：我们是不是限制了客户的选择？

答：通常情况下，客户因为受到了武断决策或惯性的影响，抑或是对新的替代品缺乏了解，才会继续订购较陈旧或不常见的产品。可以向他们介绍产品得到了什么样的改善，然后通过合理化废除亏损产品税让产品以更低的价格销售。

问：对亏损产品的看法？

答：如果低杠杆率的产品被保留下来并且亏本出售，那么管理层应当了解真正的亏损额，包括资源浪费的程度。如果在实施了总成本核算之后，亏本销售这些产品仍然是一个有效策略，那么应当将这些产品外包出去，避免工厂偏离其工作重心。

问：我们的利润非常高，出售几个亏损产品不会降低太多利润，是吗？

答：所有亏损产品的总成本可能会超出传统成本系统所呈现的数据。合理化的真正影响是能够腾出资源，用于开发更好的新产品。如果一家成功的企业想要继续制造高间接成本的亏损产品，那么它应当设立一个盈亏中心并且聘请足够的人员来运营该中心，而不应当挪用 NPD 的资源。

问：你对于我们需要生产一些少见产品以获得大订单的想法有什么意见？

答：首先，多年来，销售人员付出的不必要的让步宠坏了客户，他们并不了解或关心小批量产品在运营和供应链管理中造成的麻烦。如果无法有效地运用大规模定制技术（见 4.3 节）来完成定制产品的生产，那么这些产品也属于这一类别。

其次，客观地询问客户，是否真的会因为几个小批量产品终止一段长期而且可靠的合作关系。

再次，指出如果客户急需购买老旧的产品，他们会越来越容易受到产品报废和零件供应问题的影响。

最后，如果客户仍坚持成套交易，可以将少见产品的制造外包，不要让重心偏离新产品开发。成套交易的产品组合规划在 2.2.8 节中进行了讨论。

如果上述所有论点都不能令你信服，那么考虑模拟一个"竞争场景"。

A.8.1 竞争场景

精密的竞争对手不会盲目地与你的整条产品线竞争，他们只会出售最赚钱的产品。与你不同的是，他们没有低杠杆产品带来的负担，而且他们合理化后的产品线能够更快、更好地制造出价格更低的产品。

另一个竞争场景是"摘樱桃"（专门挑选对自己有利的事物），指的是一个现存的或新的竞争者抢走了最赚钱的产品[16]。因此，竞争对手能够窃取你的盈利产品，只给你留下低盈利的产品。

A.8.2 角色扮演

对各种竞争场景进行角色扮演是一个宝贵的锻炼机会，假装你自己或你的头脑风暴团队是一个资金充足的新的竞争者，然后提出下列几个问题：

- 你的产品线需要哪些产品？
- 你将如何组合产品并构建生产线以实现最大效率？
- 简练的产品线如何从标准化中受益？所需零件和材料的最简清单是什么？
- 你如何柔性制造这些产品从而覆盖最广泛的市场？
- 你想完成哪些在现有产品线的限制之下做不到的事情？

下面是拉里·唐斯（Larry Downes）和梅振家在《释放杀手级应用》（*Unleashing the Killer App*）[17] 一书中提到的。

一家企业让高管团队扮演资金雄厚的外来人，包括新进入市场的竞争者和现有竞争者的角色，并要求他们制订商业计划来攻击该企业的主要市场，同时"偷走"企业最能盈利的客户群。因为了解企业的盲点及其产品暴露的弱点，这些团队很容易结成联盟并制订商业提案，挑战真实的企业现状。

同样，通用电气采用"企业毁灭"演习来确定商业威胁。[18]

达特茅斯商学院关于企业成功和失败的研究报告表示："成立'魔鬼代言人'小组是一个高回报的做法，这些小组的任务是发现过去和当前政策中的漏洞"。[19]

桂格（Quaker）燕麦因为收购思拿多（Snapple）白白浪费了 14 亿美元，3 年后桂格的 CEO 承认："我们确实应该让一些人针对收购案评估的'反对面'进行讨论"。[20]

A.8.3 与其他改善计划协同进行合理化

单独的合理化举措可能会被认为限制了产品销售，因为它没有：（1）任何补偿利益；（2）任何能够弥补销售损失的方式；（3）对总成本进行深入理解，从而区分各种机遇的优先次序。

为了支持合理化，每个人都必须有一定的动机。不是在演示文稿中加入一页介绍其优势就能说服所有人。合理化真正的优势是能够支持部门创新策略的实施，能够释放足够的资源（工程、制造和供应链管理层面），使得：（1）公司能够开发创新产品；（2）有能力快速制造更多品种，但仅侧重于优秀的品种，能够运用柔性工艺制造多样化的产品系列的各种变型产品，如第4章所述，这些工艺也是并行设计的产物。

这种合理化策略不仅能将那些销售额低的产品筛除，实际上还能更专注于废除赔钱产品，然后用各个方面都更好的产品来替换，包括更多种类的盈利产品。

因此，合理化工作应当与DMF和按单生产及大规模定制的实施工作建立协同联系，以便快速、轻松地制造能够在柔性工厂生产的最佳组合的产品系列。

A.9　企业策略实践

合理化的实施方法取决于企业的商业模式。

A.9.1　大规模生产型企业

在大规模生产中，企业根据预估的库存量来制造各批次的产品，而单独产品的决策则是独立进行的。确保量化统计所有设置、库存的总成本和创造最低利润的小批量产品的间接成本。一般情况下，企业应当取消生产设置与运行时间比率高的、小批量的产品。

如果迫于压力需要不惜一切代价保留某些产品，那么会造成：制造企业为了生存不得不承担昂贵的设置成本；承担这些产品带来的延误以及终端生产进行更多设置所导致的延误；制造小批量库存产品，对于品种多样的产品系列而言是有风险而且低效的。

保留产品的一种方案是将它们外包，从而让内部人员能够将精力投放到新产品开发上。如果这些产品在以前是接受补贴的产品，那么成本将会上升，因为外包商将收取真实的总费用。另一种方案是设立一个单独的自筹资金盈亏中心，以生产这些不常见的产品或变型产品。

A.9.2　大规模定制和按单生产型企业

柔性制造单元能够制造一个产品系列（或平台）内某个范围内的任何产品，只需要最小的设置成本和延误。在这样的环境内，如果一些小批量产品能够被组合成一个产品系列，在专用的微型生产线、柔性生产线或制造单元上制造，那么这些单独的小批量产品可以被废除。不对应任何产品系列的产品应当从柔性操作中移除，可将其废除或外包。因此，一个柔性（精益/按单生产）工厂与一个非柔性的大规模生产工厂相比，将有能力保留更多的产品。

合理化将引导客户选择符合本模型的产品，它能够提供更好的交付（因为柔性生产）和更低的价格，因为剩余的产品不需要为了补贴赔钱的产品而支付"亏损产品税"。

A.9.3　实施步骤

合理化应当从以下几个步骤进行。

（1）收集数据。以图 A.6 的格式绘制收入（或销售单位）与产品排名关系的帕累托图。首先，绘制所有的产品，这是为了调动积极性和鼓励投入，所以不需要太过严格；然后，用每个产品系列、市场细分或其他符合逻辑的分组法绘制，同时将产品识别号标注在旁。

（2）整合多余的变型产品。寻找产品的冗余版本并且将它们整合到一个单独的产品中：各方面最好的；最先进的；最具可制造性的；最容易制造的；最常见的；在一个柔性生产环境中，最符合产品系列和制造单元特征的产品。冗余版本停产之后，应当引导客户选择更好的产品并且告诉他们为什么该产品更好。

（3）开展民意测验和调查。通过民意测验和调查能够迅速找到难以制造的产品，可对产品进行审查。对每个参与了产品制造、采购零件以及进行定制工程或配置的人员询问以下问题："哪些产品或变型产品与我们预想的相比花费更高并且带来更多的延误？"然后将结果绘制成清单，并从清单的顶部开始审议。

（4）安排研讨会和培训班。[21] 为所有相关人员安排产品线合理化的培训课程。该培训课程应当有足够的交互性，让员工参与讨论、解决问题，还应获得领导层的支持和投资从而得以继续进行。这类研讨会形式的活动能够根据前几个步骤得到的初级数据来开始合理化进程。

（5）创建配置文件。可以快速创建配置文件来标记某次产品的审查。配置文件应当基于能够进行标记的任何标准来编写：小批量、少量制造、特殊原料、少见零件、罕见工艺、高难度的定制化或任何其他不寻常的需求。配置文件很重要，在合理化过程完成之前，根据现有数据或其他经验能够立即创建这些文件。如果没有这些数据信息，在进行民意调查时应要求每个参与操作的人员投票表决哪些产品与我们预想的相比利润更低，哪些产品迫使他们无法专心完成本职工作并且无法全身心参与新产品开发团队的工作。首先，经过标记的产品将接受特别审查，并且在接下相应订单之前，需要获得来自制造、采购、工程等部门的签字。可能还需设置一位高级经理来快速解决纠纷和冲突。随着配置文件越来越完整，它们能够自动排除不可接受的订单。

（6）使用配置器。配置文件能够被编入一个配置器，这是一个订单录入软件，有能力的话可以实现以下功能：

- 纳入所有的规则、配置文件、数据和公式来证明订单是否有效，并且将即时报价和交货时间表提供给客户；
- 向客户提供各种假设场景，显示标准和定制订单的成本和交货时间；
- 将处理订单、进行设计工作、采购原料、配置生产和推出产品所需要的数据发送给相关部门。

（7）分析数据。分区的帕累托图见图 A-6。审查销售量低的产品并研究哪些产品应当废弃，以及保留在产品目录中的哪些产品需要外包。找机会将资源用在改善更有价值的产品上，如图 A-5 所示。

（8）实施总成本核算方法。改善成本核算系统（见第 7 章），使所有变型产品的所有成本都得到量化，从而实现以下目标。

- 清楚所有变型产品的实际盈利能力，这将极大地改善企业策略、产品组合规划以及产品线的合理化。

- 根据所有变型产品的总成本客观地定价，这会产生一种自动而且持久的合理化效应。这种做法的结果是此前受到补贴的、有高间接成本低效的产品的价格会被提升，而市场将自动淘汰这些产品，因为它们不能为客户提供很好的价值。另一方面，高效的产品价格会降低（或其利润会增加），因为它们不需要补贴亏损产品，同时价格反映出其在制造和供应链管理中的效率提高了，随着低效产品从系统中剔除，这些高效产品将变得更加有效。

（9）立即调整停产产品相关人员和小组的责任、激励和补偿机制，最大限度地减少当前和未来的干扰和阻力。如果总成本核算方法能够对淘汰产品糟糕的财务绩效进行量化，那么这个过程会更容易。

（10）执行建议。执行关于淘汰、外包、整合或改善哪些产品以及这些措施应当如何实施的建议。

A.10　合理化如何提高企业质量

质量指标代表所有产品质量的总和。通过合理化，淘汰不常见的、小批量的产品能够提高企业质量。被淘汰的产品质量通常是最差的，原因如下。

- 不常见的、小批量的产品受到持续改善计划的影响较少，而且不需要太精确的工具和程序。
- 不常见的产品可能有遗漏或模糊的指令、程序和技术诀窍；生锈或已损坏的工具；丢失的工具、生产夹具、测试夹具或维修工具，这将需要昂贵而且容易出错的手动操作或者"B计划"程序。在第一件良品成功制造之前，需要进行复杂的设置并且会产生很多废品。
- 较早产品的工具可能出现磨损；诊断、测试和维修工具较为粗糙；产品设计不具备较高的可制造性和质量；旧的原料质量可能下降，这出现在一些买断了零件终身供应权的情况中。

合理化不仅提高了现有产品质量，还能让质量改进计划（如六西格玛）更有效、更容易实现，因为质量改进工作能够更专注于余下的产品，这些工作不需要处理本身质量较差的产品，以及改进计划的结果不会被这些本身质量较差、难以改善的产品拉低。

A.11　合理化的价值

废除或外包低杠杆产品能够实现以下目标。

- 避免制造低盈利或赔钱的产品，从而增加利润。因为这类产品有很高的（未被记录）间接费用，而且其生产或采购过程效率极低。
- 提高运营的柔性并且使精益生产的实施进行得更快、更成功，因为通常情况下，低杠杆率的产品本身就有很多问题，它使用不常见的零件、材料、配置和工艺。通常，这些是比较陈旧的产品，由老式设备、粗略的文档和经验少的员工制造。以下内容介绍了合理化对一家钻头制造商产生的影响。

转化为使用制造单元进行小批量生产的方式变得容易了许多。通过废除非常低产量的产品线，该公司能够在成品和制造单元之间建立一个简单的看板系统，这避免了操作一个复杂的、基于计算机的工作流系统。[22]

- 简化供应链管理。废除使用罕见零件和材料生产而成的产品将大大简化供应链管理。例如，合理化使上述钻头制造商将其使用的 24 种不同的棒料减少到了 6 种。
- 腾出宝贵的资源，用于提高运营和质量、实施更好的产品开发方案，并且引入新的功能。我的客户之一（艾默生电气费希尔控制组工程部副总裁乔恩·米立肯）对此进行了总结："产品线的合理化解救了大量员工！"
- 通过废除旧的、很少生产的产品，能够让质量得到提升，这些产品与现有的、大批量的产品相比，本身具有更多的质量问题，而现有的大批量产品受益于持续的质量改进计划以及目前使用的质量指标和技术。
- 在产品开发、生产制造、质量改善和销售重点上专注最能盈利的产品。着眼于最有利可图的产品能够促进利润增长。根据理查德·科赫在《80/20 原则》[23] 一书中所写的："如果你着眼于最能盈利的部分,则能让它们以最令人惊讶的速度成长——一般每年都有 20% 的增长率,有时候甚至更快。请记住,初始起点和客户的专营权都表现很强,因此与整体业务增长相比,最盈利部分的增长要容易得多。"

- 更好的质量。同样,摆脱质量最差的产品提高了现有质量并且能够更好地集中精力进行质量改进计划,如 A.10 节所讨论的。
- 保护最能盈利的产品不被夺走(对最能盈利的产品发起竞争性攻击),如果被竞争对手夺走了最能盈利的产品,将成为很大的威胁。[24]
- 停止交叉补贴。余下的产品不需要补贴低利润率的产品,所以它们能够创造更多利润,或以更具竞争力的价格上市。
- 确保资源的可获得性。让多功能产品开发团队在早期就能集结所有的专业人员并开始设计具有良好可制造性的产品。

A.12　注释

1. Pankaj Ghemawat, "Finding Your Strategy in the New Landscape: The Postcrisis World Demands a Much More Flexible Approach to Global Strategy and Organization," *Harvard Business Review*, March 2010, pp. 54–60.

2. David M. Anderson, *Build-to-Order* & Mass *Customization: The Ultimate Supply Chain Management and Lean Manufacturing Strategy for Low-Cost On-Demand Production Without Forecasts or Inventory* (2008, CIM Press); see "Downturn Strategies," on why not to lay off workers, in Chapter 13. This book is described in Appendix D.

3. James P. Womack and Daniel T. Jones, *Lean Thinking: Banish Waste and Create Wealth in Your Corporation*, (1996, Simon & Schuster), p. 257.

4. Ibid., p. 147.

5. Jon E. Hilsenrath, "Many Say Layoffs Hurt Companies More Than They Help," *Wall Street Journal*, February 21, 2001.

6. Jim Collins, "Beware of the Self-Promoting CEO," *Wall Street Journal*, November 26, 2001.

7. Eliyahu M. Goldratt, *The Goal*, Second edition (1992, North River Press).

8. Adrian J. Slywotzky and David J. Morrison, *The Profit Zone: How Strategic Business Design Will Lead You to Tomorrow's Profits* (1997, Times Business/ Random House), Chapter 1, "Market Share is Dead."

9. "The Machine That Ran Too Hot," *The Economist*, February 27–March 5, 2010, p. 74.

10. Sydney Finkelstein, *Why Smart Executives Fail: And What You Can Learn from Their Mistakes* (2003, Portfolio/Penguin), p. 142.

11. Richard Koch, *The 80/20 Principle: The Secret of Achieving More with Less* (1998, Currency/Doubleday), p. 53.

12. Ibid., p. 93.

13. The Schrader-Bellows case study is described in Harvard Business School Case Series 9-186-272; a summary appears in "How Cost Accounting Distorts Product Costs," by Robin Cooper and Robert S. Kaplan, *Management Accounting* (April 1988).

14. Robin Cooper and Robert Kaplan, "How Cost Accounting Distorts Product Costs," *World-Class Accounting for World-Class Manufacturing*, Edited by Lamont F. Steedle (1990, Institute of Management Accountants), p. 122.

15. C. Karry Kouvelas, "Getting a Grip on Product Proliferation," *APICS—The Performance Advantage*, April 2002, pp. 26–31.

16. Larry Downes and Chunka Mui, *Unleashing the Killer App* (1998, Harvard Business School Press), p. 140.

17. Downes and Mui, *Unleashing the Killer App*, p. 171.

18. Thomas H. Davenport and Laurence Prusak with H. James Wilson, *What's the Big Idea? Creating and Capitalizing on the Best Management Thinking* (2003, Harvard Business School Press), p. 37.

19. Finkelstein, *Why Smart Executives Fail*, p. 185.

20. Ibid., pp. 79 and 98.

21. 作者提供了有关产品线合理化的内部定制研讨会（见附录 D.5.5），介绍了相关的准则和实施策略。合理化培训班在初期即对帕累托图进行分析和讨论，发现合理化的机遇、制定策略并且提出实施建议。作者的 BTO & MC 研讨会也包括了合理化的内容。

22. Kouvelas, "Product Proliferation," pp. 26–30.

23. Koch, *The 80/20 Principle*, p. 90.

24. Downes and Mui, *Unleashing the Killer App*, p. 140.

附录 B　准则概要

为了帮助读者创建公司的具体指导方针，本书介绍的 140 条准则列在了本附录中，但不再做详细解释。

B.1　装配策略准则（第 8 章）

A1：学习现在、以前和其他相关产品中出现的制造问题。

A2：为实现有效的生产、处理和装配过程而设计，识别出难以执行的工作项目并通过设计避免这些项目。

A3：消除过度约束条件从而降低对容限的要求。

A4：能够无障碍地安装零件和使用工具。

A5：使用能够单独更换的零件。

A6：对装配进行排序，先安装最可靠的零件，最后安装最可能损坏的零件。

A7：确保能够方便地添加别的功能。

A8：确保产品寿命可以通过未来的升级得到延续。

A9：适当地将产品结构化为各种模块和子组件的合集。

A10：尽量不要使用液体黏合剂和密封剂。

A11：尽量不要使用按压法。

B.2　紧固准则（第 8 章）

F1：使用总数量最小的紧固件。

F2：根据紧固件数量、紧固工具和紧固件扭矩设置让紧固件的标准最大化。

F3：优化紧固策略。

F4：确保螺钉是标准化的，并且有正确的几何形状，以便自动送料螺丝刀可以使用。

F5：设计向下运动的螺钉安装过程。

F6：尽量减少使用单独螺母。

F7：在适用的情况下，考虑系留紧固件。

F8：避免使用单独的垫圈。

F9：避免使用单独的防松垫圈。

B.3　动态装配准则（第 8 章）

M1：设计在装配时能够简单、正确而且准确对准的零件。

M2：除非客户需要，产品不应该进行任何微调或任何机械、电气调校。

M3：如果必须进行调整，确保这些调整是独立而且容易实现的。

M4：消除在制造时进行校准的需要；如果必须校准，设计方便校准的方式。

M5：以方便进行单独测试 / 认证为目标进行设计。

M6：尽量减少电线的使用；将电子组件直接连接到一起。

M7：最大限度地减少电缆和布线线束的种类。

B.4　测试准则（第 8 章）

T1：产品能够接受测试从而确保理想的质量。

T2：组件和模块被设计成便于进行独立测试的结构。

T3：可以通过标准测试仪器进行测试。

T4：测试仪器有足够的访问通道。

T5：最大限度地减少花费在产品测试上的精力，使其与质量目标相一致。

T6：测试之前应当进行充分的诊断以尽可能缩短维修时间。

B.5　修理准则（第 8 章）

R1：能够运用测试来诊断问题。

R2：确保最重要的维修任务能够容易地完成。

R3：确保维修任务使用最少的零件。

R4：设计具有快速拆卸的特性。

R5：确保易坏和易损零件可以用一次性配件进行更换。

R6：在产品中附上价格低廉的备件。

R7：确保备件的可获得性。

R8：使用可更换模块的模块化设计。

R9：确保模块在产品内部的时候能够对模块进行测试、诊断和调整。

R10：应当确保一些敏感的调整不受意外变更的影响。

R11：避免产品在维修过程中受损。

R12：使用零件移除辅助工具以便快速地移除零件并避免损伤零件。

R13：使用熔断器和过载保护装置来保护零件。

R14：确保任何模块或子组件可以通过一个检修门或罩板进行访问。

R15：不可拆卸的检修盖在打开状态下应当自动支撑。

R16：模块或子组件的连接线应当方便访问并且容易断开。

R17：确保维修、服务或维护任务不会构成安全隐患。

R18：确保子组件的安置方向被明确地标注在可以看见的位置。

B.6　维护准则（第 8 章）

R19：在进行紧固之前，使用合适的方法来定位组件。

R20：设计需要最低维护程度的产品。

R21：设计具有自我纠错能力的产品。

R22：设计具有自检能力的产品。

R23：设计带有测试端口的产品。

R24：在产品设计中加入计数器和计时器，以便进行预防性维护。

R25：为预防性维护计划确定关键测量指标。

R26：加入报警装置以便传达故障信号。

B.7　零件设计准则（第 9 章）

P1：遵循特定工艺的设计准则。

P2：避免右手或左手型零件；使用成对的零件。

P3：设计对称零件。

P4：如果零件不可能对称化，那么尽量夸大其不对称性；极化所有的连接器。

P5：并行地进行夹具设计。

P6：并行地设计加工设备以最小化其复杂性。

P7：确保不同的零件有明显的差异性。

P8：为一个稳健设计制订最佳的公差。

P9：从可靠渠道选择，保证零件质量。

B.8　成品零件的 DFM 准则（第 9 章）

P10：选择最佳的工艺。

P11：设计快速、安全和一致的工件固定装置。

P12：尽可能使用存货尺寸。

P13：对尺寸和原材料的库存选择进行优化。

P14：设计能够在一种设置（装夹设置）下制造加工的零件。

P15：尽量减少加工件需要的切削工具数量。

P16：避免因为武断决策将特殊工具引入，导致加工流程减慢并且增加了不必要的成本。

P17：选择在后期处理时能够减少总成本的材料。

P18：设计能够进行快速、高性价比而且高质量热处理的零件。

P19：并行设计并使用通用的夹具。

P20：了解工件固定原则。

P21：避免断续切削和复杂的锥度和轮廓。

P22：尽量减少接合处、倒角 / 死角、难加工材料的使用，尤其是贴地切割器以及预期零件种类超过了切削工具能力的情况。

P23：掌握公差阶跃函数。

P24：一致考虑功能、质量、可靠性、安全性等因素并选择最宽容的公差。

P25：注意一个零件需要过多操作的情况。

P26：并行设计零件和工艺。

P27：避免需要使用锋利切削工具加工的内部尖角，这容易损坏工具。

P28：主动去除毛刺。

P29：使用 45° 斜角面而不是圆边外角。

P30：不要对表面处理的要求过高。

P31：以最佳基准为参考测量各个尺寸。

B.9　铸件的 DFM 准则（第 9 章）

P32：遵守所有铸件及模具设计的准则。

P33：标准化铸件。

P34：设计通用原始铸件。

P35：选择其他适用的零件，避免加工"毛坯铸态"形状的零件。

P36：仔细规划加工铸件的顺序。

B.10　塑料工艺的 DFM 准则（第 9 章）

P37：遵守所有零件设计和模具设计的准则。

P38：标准化模制零件。

P39：设计通用模制零件。

P40：规范化所有零件的原材料。

P41：选择常用的原料。

P42：在将其他材料替换成塑料时，不要将思维限制在以一换一的替换方式上。

P43：优化每个零件的功能种类。

P44：为模制件系统地选择公差。

P45：从早期就与预选的供应商 / 合作伙伴协作。

P46：打印 3D 模型（快速原型）以帮助优化设计和模具。

B.11 金属板材的 DFM 准则（第 9 章）

P47：购买现成可用的金属板材框。

P48：在概念 / 架构阶段对金属板材进行优化。

P49：优化金属板材的加工工艺。

P50：板材标准化。

P51：金属板材工具标准化。

P52：遵循金属板材的设计准则。

B.12 质量设计准则（第 10 章）

Q1：建立一种质量文化。

Q2：了解过去的质量问题。

Q3：系统性地定义产品。

Q4：将质量列为主要设计目标。

Q5：使用多功能型团队开展工作。

Q6：简化设计和工艺。

Q7：选择质量好的零件。

Q8：优化工艺流程。

Q9：最小化累积效应。

Q10：深入进行产品设计以便一次成功。

Q11：防错设计。

Q12：不断改进产品。

Q13：做好全面的文档工作。

Q14：实施质量奖励机制。

Q15：优化公差以实现（符合制造工艺）稳健设计。

B.13　可靠性设计准则（第 10 章）

Q16：简化概念。

Q17：将可靠性列为一个主要的设计目标。

Q18：基于过去的经验教训了解零件的可靠性问题。

Q19：早期进行模拟。

Q20：基于经过证实的可靠性数据选择零件。

Q21：使用验证过的零件和设计特性。

Q22：使用经过验证的工艺。

Q23：使用认证过的模块。

Q24：运用防错技术最大限度地减少错误。

Q25：通过设计最大限度地减少运输、安装或者维修导致的损伤。

Q26：尽量少用机械电气连接器。

Q27：避免所有的手工焊接。

Q28：对电路板的维修进行限制。

Q29：合理地使用烧机技术。

附录 C　反馈表

通过反馈表可以从客户、工厂、供应商和现场服务处征求宝贵的反馈意见，以帮助企业开发更好的产品。其过程如下。

（1）将反馈表发放给目标受众，请他们提供帮助，让产品更好、更容易制造。强调这些意见的重要性和作用。客户反馈表应当由客户填写，如 2.11 节所讨论的。工厂反馈表应当发放给所有的生产人员，从主管到流水线工人。供应商反馈表应当发放给所有为公司制造零件的供应商。现场服务反馈表应当发放给企业雇用的现场服务人员、客户或第三方服务提供商。

（2）深入分析反馈信息。跟进并访问来源。调查原因、提出解决方案并实施提案。

（3）回馈受访者。至少感谢他们的反馈。向他们告知现在的进展，即使这只是某个举措的开端，让他们知道即将实施的任何解决方案，考虑为这些宝贵意见设立某种形式的奖励制度。

（4）跟进那些表示愿意为新产品开发团队提供意见（表格的最后一个问题）的受访者。在合适的时机征求他们的意见或邀请他们参与设计团队的活动。

表 C-1　客户反馈表

		日期 ＿＿＿＿＿＿
重要性评分	等级	竞争对象
＿＿ 功能性	＿＿＿	＿＿＿＿＿＿＿
＿＿ 采购成本	＿＿＿	＿＿＿＿＿＿＿
＿＿ 质量	＿＿＿	＿＿＿＿＿＿＿
＿＿ 可靠性 / 耐久性	＿＿＿	＿＿＿＿＿＿＿
＿＿ 交付 / 可获得性	＿＿＿	＿＿＿＿＿＿＿

（续表）

_____ 外观 / 美感	_____	_____
_____ 服务、维修、维护	_____	_____
_____ 拥有成本	_____	_____
_____ 技术支持	_____	_____
_____ 可定制性 / 选项	_____	_____
_____ 安全性	_____	_____
_____ 环保性	_____	_____
_____ 其他	_____	_____

我们的产品需要在哪些方面改进   □ 更多内容见背面   □ 更多内容见附件
你最欣赏我们的竞争对手的产品的哪些特性或功能   □ 更多内容见背面   □ 更多内容见附件
如果我们彻底重新设计产品，你最希望新产品有哪些特性？请列出你认为有价值的特性，即使市场上没有任何产品具备这些特性   □ 更多内容见背面   □ 更多内容见附件

姓名	职务	
公司	E-mail	电话
地址		
你是否愿意为新产品开发团队提供意见		□ 是的，请联系我

表 C-2　工厂反馈表

（每张表对应一个问题）将表返回至：_____　日期：_____

1. 问题类型（质量、装配、成本、吞吐量、交付等），列出所有符合情况的类型
2. 该问题发生在哪些产品、组件、零件、图纸或程序中
3. 问题描述   □ 更多内容见背面   □ 更多内容见附件
4. 推测其原因   □ 更多内容见背面   □ 更多内容见附件

（续表）

5. 潜在的解决方案（可选）			
		☐ 更多内容见背面	
		☐ 更多内容见附件	
姓名（可选）	部门	邮寄地址	电话
你是否愿意为新产品开发团队提供意见		☐ 是☐ 也许☐ 否	

表 C-3 供应商反馈表

（每张表对应一个问题）将表返回至：＿＿＿＿＿＿＿＿＿ 日期：＿＿＿＿＿＿＿＿＿＿

1. 问题类型（制造、装配、成本、质量、公差、时间、文档等）	
2. 该问题发生在哪些产品、组件、零件、图纸或程序中	
3. 问题描述	
	☐ 更多内容见背面
	☐ 更多内容见附件
4. 推测其原因	
	☐ 更多内容见背面
	☐ 更多内容见附件
5. 潜在的解决方案（可选）	
	☐ 更多内容见背面
	☐ 更多内容见附件

姓名（可选）	公司	邮寄地址	电话
你是否愿意为新产品开发团队提供意见			☐ 是☐ 也许☐ 否

表 C-4 现场服务反馈表

（每张表对应一个问题）将表返回至：＿＿＿＿＿＿＿＿＿ 日期：＿＿＿＿＿＿＿＿＿＿

1. 问题类型（服务、维修、维护、可靠性、客户满意度等）	
2. 该问题发生在哪些产品、组件、零件、图纸或程序中	
3. 问题描述	
	☐ 更多内容见背面
	☐ 更多内容见附件
4. 推测其原因	
	☐ 更多内容见背面
	☐ 更多内容见附件

（续表）

5. 潜在的解决方案（可选）			
			□ 更多内容见背面 □ 更多内容见附件
姓名（可选）	公司	邮寄地址	电话
你是否愿意为新产品开发团队提供意见			□ 是□ 也许□ 否

附录 D　参考资料

D.1　参考书目

The Toyota Product Development System, by James Morgan and Jeffrey K. Liker (2006,Productivity Press). This is cited 17 times because Toyota's design process, especially Chapters 4, 7, and 10, closely parallels DFM and concurrent engineering principles.

The Machine That Changed the World: The Story of Lean Production, by James Womack, Daniel Jones, and Daniel Roos (1991, Harper Perennial). Cited 12 times in this book.

Change By Design, by Tim Brown (2009, Harper Business). Cited 9 times.

Why Smart Executives Fail: And What You Can Learn from Their Mistakes, by Sydney Finkelstein (2003, Portfolio/Penguin Group). Cited 9 times.

The Connected Corporation: How Leading Companies Win Through Customer–Supplier Alliances, by Jordan D. Lewis (1995, Free Press). Cited 9 times.

The Elegant Solution, by Matthew E. May (2007, Free Press). Cited 7 times.

Lean Thinking: Banish Waste and Create Wealth in Your Corporation, by James P. Womack and Daniel T. Jones (1996, Simon & Schuster). Cited 7 times.

Authentic Leadership: Rediscovering the Secrets of Creating Lasting Value, by Bill George (2003, Jossey-Bass). Cited 4 times.

D.2 提高企业运营的随身指南

Build-to-Order & Mass Customization: The Ultimate Supply Chain Management and Lean Manufacturing Strategy for Low-Cost On-Demand Production Without Forecasts or Inventory, by David M. Anderson (2008, CIM Press).

按单生产和大规模定制代表一种商业模式，它是一个"无敌"的模式，包括响应能力、成本考量和在客户需要时为他们提供符合所需产品的能力。它允许企业制造任何产品（标准的或定制的），在无须预测、成批作业、库存或营运资金的基础上按需生产。

按单生产（BTO）型企业通过取消产品定制过程中对库存、预测、催货、工具配套、设置和低效的紧急补救措施的需求，获得了很大的成本优势。BTO使企业能够更有效地利用人力资源、设备和地面空间。

按单生产从实质上大大简化了供应链——不仅可以对供应链进行管理，还可以使零件和原料能够在无须预测、MRP、采购、等待或调用库存的前提下，自发地对生产线进行补给。

按单生产是为原始设备制造商或产品专卖店补给零件的最佳途径，这些厂商通常对快速交付、低成本和高订单履行率有很高的要求。BTO避免了传统的库存困境：较少的库存节约了成本，但是增加了缺货的可能性，错失了销售机会，因催货降低了客户的满意度；较多的库存则增加了库存持有成本和报废的风险。

BTO型企业可以通过扩大标准化、定制化、衍生品和利基市场产品的销售来提高销售额和利润，同时避免陷入商品陷阱。BTO型企业是第一个将新技术推向市场的企业，因为它不需要预先将分配渠道清空。

BTO型企业有足够的大规模定制能力，可以有效地为利基市场、国家、地区、工业和单独客户定制产品。

面临以下挑战的制造企业需要这本指南：

- 产品品种繁多，每个批次有太多的单品需要制造；

- 随着产品种类和市场波动的增加，预测的可靠性越来越低；
- 库存困境，有太多的单品需要分别存储，同时因为库存不足错失了不少销售机会；
- 定制化消耗资源并且在非柔性生产线上的生产成本提高；
- 零件订购、等待、设置和批量制造的响应时间太慢。

D.3 DFM 研讨会

安德森博士在过去 25 年内一直举办各项 DFM 和并行工程的内部研讨会。他亲自编写教材并且在所有研讨会上发表演讲，同时在研讨会上和与会者进行了激烈的讨论。这些研讨会的基本议程包括下列内容。

（1）产品开发战略。经理和高级管理人员参加这一部分课程，学习如何将产品开发效益提高到最高水平。课程主题包括确保项目初期资源的可获得性以组建完整的多功能型团队、全面的前期准备工作、如何将上市时间削减一半，以及如何大幅降低总成本。

（2）多功能型团队。这部分并行工程课程介绍了如何通过创造性的概念简化来优化产品开发、优化产品架构、早期发现和解决问题、并行规划生产策略、优化现有工程技术和模块及现货零件的利用率，以及一次成功策略。

（3）以低成本为目标进行设计。这部分课程展示了如何通过设计实施全面的架构优化、使用便于制造和装配的设计、最小化质量成本的设计、一次成功而无须变更的产品设计、总成本核算以及在设计中设法最小化所有总成本要素等措施来最大限度地降低成本。

（4）质量和可靠性设计。这部分课程展示了如何运用集成的产品／工艺设计、概念计算、公差优化、选择高质量的零件、最小化累积效应以及使用防错设计来确保产品的质量和可靠性。

（5）精益设计。安德森博士针对精益生产、BTO 和大规模定制开发产品的主题著有两部图书。他在 2008 年的一本关于 BTO & MC 的著作将在后面进行介绍。

（6）设计准则。这部分课程介绍了数十种关于装配、零件制造、质量和可靠性的设计准则。

（7）标准化。这部分课程介绍了一种创建标准件清单的实用而且有效的策略，这份清单是企业中常见的零件清单的一小部分，包括最常用的零件种类。

（8）接下来要做什么？这部分是进行课堂讨论，与会者可以提出各种改善建议，并对彼此的建议进行投票，从而总结出一个优先级项目列表，该列表可以作为与会者实施 DFM 的参考。

D.4 BTO 和大规模定制的研讨会

（1）简介。研讨会首先讨论相关企业在响应速度、成本、产品种类、增长和利润方面遇到的挑战和机遇。

（2）大规模生产的缺点。在 20 世纪 20 年代大规模生产是生产 T 型车的理想方式，但它已经不适合当今品种繁多和市场波动的环境。

（3）简化供应链。研讨会将展示如何合理化产品线、标准化零件和原料、建立可自发补给标准零件和材料的供应链。

（4）外包与整合。安德森博士将介绍过度外包对供应链响应速度的阻碍，以及它无法真正降低总成本的实际情况。相比之下，他会介绍最佳的整合策略对产品开发的好处，通过整合制造商，能够快速地、高效地按需制造零件，然后根据订单将它们组装。

按需精益生产扩展了精益生产、取消设置、单元制造和流水生产的公认准则，使企业能够在"批次大小为 1"的模式下任何时间、以任何数量制造任何产品，而不需要进行预测或创建库存。

（5）大规模定制。与标准产品使用的操作和供应链管理方式一样，这部分内容介绍的策略能够为各种利基市场、国家、地区、工业和单独客户定制各种类型的产品。

（6）BTO & MC 的产品开发策略。安德森博士介绍了如何为按单生产和大规模定制并行地设计产品系列和通用的生产工艺。

（7）成本削减策略。BTO 和大规模定制提供了很多大幅降低总成本的机会，通过取消设置和库存的所有成本，同时最大限度地减少定制化、质量、分配和间接成本来实现。

（8）执行。实际执行策略将在这一部分进行介绍，包括各种独立式和自承式的实施步骤。随后，安德森博士将针对所有策略、实施方案、路线图和后续执行计划展开讨论。

（9）商业案例。最后，研讨会将介绍按单生产和大规模定制的案例，逐项分析其在成本、响应速度和客户满意度上的优势，其中也包括销售和利润增长的策略。

D.5　安德森博士创办的研讨班

D.5.1　特定产品研讨班

该研讨班的研究重点是全面的前期工作应该包括哪些内容，例如经验教训、概念创新和架构优化。这些活动本身将成为许多实际工作的开端。

D.5.2　商业化研讨班

该研讨班向企业展示如何将各种想法、实验、实验板、研究、原理、原型、专利或已获得的技术商业化。为了让初创企业的创新产品获得商业上的成功，或者为了推广企业在保留核心功能（"皇冠宝石"技术）的同时，通过设计降低成本、提高可制造性并保持高质量水平所获得的研发成果，商业化是必要的。对于小型企业或初创企业而言，这可以作为一个独立的研讨培训课程。

D.5.3　大型焊件和铸件的 DFM 替代品

该研讨会的目的是演示如何开发大型焊件的替代品。大型焊件的制造成本非常昂贵，因为必须用大型机床直接在毛坯焊件或铸件上钻孔，这将耗费大量的设置、加工、重定位和检验的时间。DFM 准则可用于替换这些难以制造的大型零件，通过使用能够在普通数控机床上完成加工的、已建成的组件，并且根据 DFM 技术将它们精密、严格地组装在一起，从而构成能够取代高成本大型焊件的低成本替代品。这些零件可以作为现有产品和新产品的基础（9.5 节讨论了具体方案）。

D.5.4　标准化研讨班

该研讨班介绍了标准化的准则，总结了标准化的所有优点，然后引入了标准化的早期步骤，例如列出所有现有零件清单、停止零件激增的继续并废除经过批准但已经不再使用的零件。然后，一个标准化工作组将对需要标准化的零件进行优先排序，并实施第 5 章介绍的标准化步骤。标准化的实施让精益生产和 BTO 成为可能，提高了产品开发的进度、确保了零件的可获得性、降低了零件成本和催货及库存的需要，同时大幅度地减少了材料管理成本。

D.5.5　产品线合理化研讨班

该研讨班介绍了产品线合理化准则，确定应当保留的高盈利产品和应当废除的亏损产品（将其外包、改善或合并到协同的产品系列中）。合理化为产品开发团队腾出了资源，让自发型供应链和按需生产能够满足企业按单生产和大规模定制的需求，第 4 章对此进行了总结。

D.6　设计研究与咨询

D.6.1　成本减半设计研究

成本减半产品依赖于突破性的概念。例如，安德森博士在其创办的研讨班上进行的头脑风暴会议。更具挑战性的创意可能需要用到他的概念研究理论，凭借这些突破性的理念，并行工程团队能够开发高可制造性的产品。安德森博士认为复杂产品极大地受益于简化的概念、巧妙的架构、易于构建的结构和控制并引导零件运动的巧妙技术。

D.6.2 机械设计研究

安德森博士擅长于联动机制设计，他的博士论文、35 年的行业经验、4 项专利以及他在众多关于机器人、机械手、原料处理系统、生产设备、补料机制和低成本、轻便的运动引导和机械耦合方面的动力学和设计研究均可证明他的权威性。

D.6.3 转换大型零件的设计研究

安德森博士的 DFM 准则、多年来的从业经验以及在加工和焊接领域上的经验技能使他能够开发出一套设计研究理论，将难以制造的焊件和铸件转换为更具有可制造性的组装结构，如 9.5 节所讨论的。对于大型结构，可以使用轻量、低成本桁架和三维空间框架来构建，其中的结构节点既能连接框架支杆，还能为所有连接点提供精确的孔位。

D.6.4 咨询服务

经过 DFM 培训或研讨班的学习，产品开发团队可以从相关的咨询服务中获益，以帮助团队实施 DFM 准则、优化设计，并在整个项目周期内做出最佳的战略决策。